高等院校新形态一体化系列教材

# 教师职业技能训练教程

主 编 陈建军 王 梅 岳 强

中国言实出版社

**图书在版编目（CIP）数据**

教师职业技能训练教程 / 陈建军，王梅，岳强主编
. — 北京：中国言实出版社，2022.9
ISBN 978-7-5171-4308-6

Ⅰ.①教… Ⅱ.①陈… ②王… ③岳… Ⅲ.①师资培
训—教材 Ⅳ.①G451.2

中国版本图书馆CIP数据核字（2022）第166066号

**教师职业技能训练教程**

责任编辑：王战星
责任校对：王建玲

出版发行：中国言实出版社
   地 址：北京市朝阳区北苑路180号加利大厦5号楼105室
   邮 编：100101
   编辑部：北京市海淀区花园路6号院B座6层
   邮 编：100088
   电 话：010-64924853（总编室）  010-64924716（发行部）
   网 址：www.zgyscbs.cn  电子邮箱：zgyscbs@263.net

经  销：新华书店
印  刷：三河市海新印务有限公司
版  次：2023年1月第1版  2023年1月第1次印刷
规  格：787毫米×1092毫米  1/16  18.25印张
字  数：466千字

定  价：49.90元
书  号：ISBN 978-7-5171-4308-6

荀子云："国将兴，必贵师而重傅。"近年来，随着我国建设创新型国家发展战略的不断推进、质量工程的全面启动，以及"双减政策"的推行，引发了教育教学的新一轮变革。师范院校作为专业培养教师的摇篮，对提高我国教师队伍的整体素质责无旁贷。因此，师范院校要加强对师范生的专业培养和技能训练，使其具有良好的专业素质，为其从事教师职业后的专业发展奠定坚实的基础。

本书以原国家教育部师范教育司制定的《高等师范院校学生的教师职业技能训练基本要求（试行稿）》和《高等师范院校学生的教师职业技能训练教学大纲（试行）》，以及教育部办公厅印发的《小学教育专业师范生教师职业能力标准（试行）》为理论基础，立足教师职业理念和技能培养，系统地概括教师职业技能的基本结构框架，对教师的基本职业素养、教学技能、管理教育学生技能等做了详细的理论概括和实际操作训练分析，为教师的成长和发展做出功能性的指导。具体内容包括普通话训练、口语表达技能训练、规范汉字与书写技能训练、教师常用文体写作技能训练、教学设计技能训练、课堂教学技能训练、教学媒体使用技能训练、指导课外活动技能训练、教学研究技能训练、班主任工作技能训练等，最后一章针对教师资格考试的笔试与面试，做了相关介绍与备考指导。

本书努力做到理论阐释深入浅出，技能训练要领明确，范例分析透彻易懂，训练设计联系实际。训练内容与教师资格考试融合，与岗位需求对接，使其既可作为对师范生进行教师职业技能训练的教材，也可作为新教师入职辅导和在职教师持续进修的辅助教材。

本书旨在为高等师范院校学生提供教师职业技能训练教学活动的具体实践参考，故未过多从理论层面进行详细探讨。教师可根据本书所提供的内容、范围、方式及训练要求等，补充或拓展更多适合本地区、本学校或一定教学对象特点和训练需要的具体内容，以求达到教材使用的最佳效果。

本书在编写过程中，参考和借鉴了业界近年来学者、教师的相关研究与实践成果，引用了一些案例及学习资源，在此谨致谢忱！书中或有疏漏与不足之处，恳请读者批评指正！愿与广大教育界同人一起探讨和学习，以促进教师专业化理论探讨与教师职业技能训练实践的深入和可持续发展，为我国教育事业的发展尽一份绵薄之力！

编　者

# 目录 CONTENTS

一

教师是教育的基础。高等师范院校是教师职前培养的摇篮，师范院校学生（师范生）必须掌握未来从事教育教学工作所应具备的职业技能，这是教师教育专业学生区别于其他学科专业学生的一个重要特征。对学生进行教师职业技能训练，应是师范院校人才培养方案的重要组成部分。

## 一、教师职业技能训练是师范生的必修课

教师职业技能主要指从事教育事业所需要的各种专业素质，包括专业认知、专业技能、专业知识、专业情意等。教师职业技能是建立在一定的专业知识积累和智力训练基础之上的，它既是教师专业教育教学能力形成的必要前提和重要组成部分，又是其外化于教学对象的基础表现和重要凭借。教师职业技能训练是教师专业化理论与专业教学实践相结合的产物，通过加强对师范生的专业思想教育而使其"乐于从教"，加强人文与学科专业知识教育而使其"利于从教"，进而达到"善于从教""精于从教"的培养目标。随着基础教育课程改革的不断深化，强化高等师范院校学生专业成长过程中的教师职业技能训练，借此促进其专业价值的濡养与培育，是十分必要的。

### （一）教师职业技能训练是民族文化传承的需要

中国优秀传统文化博大精深。作为"教书育人"之人，开展中华民族优秀传统文化教育，教师更要先行。教师"笔"下形体独特的方块字，"口"中四声悠扬的普通话，不但是教师完成常规教育教学任务的重要工具，更是中华文化传承不衰的示范样板。很难想象一个缺乏规范母语应用能力的教师会出色地完成教育教学任务，更不要说对母语文化传承产生积极的示范作用了。

### （二）教师职业技能训练是教师专业化发展的需要

教师的专业化发展要求教师既要具有广博精深的学术性，又要具有"师之所以为师"的师范性，学术性和师范性并重是教师专业化的特征。教师职业技能训练是师范性的重要体现，是实现教师专业化的实践基础。良好的教师职业技能训练是培养优秀教师必不可少的重要阶段和重要方面。

### （三）教师职业技能训练是教师专业成长的需要

研究表明，教师的专业成长大致需要经过对象物模仿、理念自觉和自为创造三个阶段。绝大多数教师第二、第三阶段的能力觉醒大约要在入职四五年之后开始发生发展。对对象物模仿能力的训练则需要在职前教育阶段完成。这种训练是师范生获得"生存技能"的必由之路。过硬的职业技能训练，不但有助于师范生掌握并熟稔教育教学专业知识，提高从师任教能力，也有助于培养并激发师范生学习师范专业的使命感和责任感，增强其掌握和运用专业知识的决心与信心，为毕业后从事教师职业打下坚实的物质和精神基础。一些师范院校通过对毕业生进行跟踪调查，发现在校期间经过职业技能训练、掌握了必要从教技能的毕业生，可以更快适应教育教学工作，缩短了入职适应期。

### （四）教师职业技能训练是服务基础教育的需要

基础教育课程改革对教师角色提出了新的要求，教师将不再是知识的灌输者，而是学生学习活动的组织者、引导者、合作者和促进者，以及课程的设计者和开发者。教师不仅应是一个饱学之士，更应该是一个可以帮助学生在知识的海洋中自由遨游的导航者。"专业化的教师必须具备从事教育教学工作的基本技能和能力"。高等师范院校适应基础教育变革、服务基础教育发展、改善教师教育"实践环节薄弱"问题最基础、最直接、最有力的方法就是加强职业技能训练。

## 二、教师职业技能训练的内容

教师职业技能是一种综合的教育教学能力系统，层次丰富、形式多样，训练内容之间互有关联，互相生成。具体说来，主要包括以下方面：说普通话技能、教师口语表达技能、规范汉字书写技能、教师常用文体写作技能等语文基本技能；课堂教学工作技能；现代教育教学技术运用技能；教育教学研究技能；班主任工作技能；等等。

### （一）语文基本技能

语文基本技能主要指师范生应用国家通用语言文字的基本能力。它包括说普通话和教师口语表达技能、写规范字和教师书面表达技能。语言和文字是教育教学活动过程中师生之间信息交流的媒介，是教师完成教育教学任务的基本载体。语文基本技能训练内容不能简单地概括为"三字一话"（粉笔字、钢笔字、毛笔字和普通话），这是不科学的，也是不深刻的。事实上，教师语言运用能力的核心在于教师的口语表达能力，普通话训练是语言运用技能训练的前提，而不是训练的最终目的；教师文字运用能力包含规范汉字书写、规范汉字运用及书面语表达等多项技能，对此，"三字"也不能全面涵盖。况且，我国母语文化中诸如独具表意性、象形性并生成深厚书法文化的方块汉字，以及独具四声调值并承载着源同流异众多方言的汉语普通话等，都要求我国教师所掌握的语言和文字，不但要具有能够顺利完成常规教育教学任务的工具性，更要具有母语文化传承的示范性。正确理解师范生职业技能训练中语文基本技能所包含的深刻内容及其训练特点是十分必要的。

### （二）课堂教学工作技能

课堂教学工作技能是教师通过课堂教学完成学科专业知识传授的核心能力，是学科专业知识教学目的得以实现的重要依托。教师教学能力的强弱是决定课堂教学质量优劣的关键。它通常包括制定教学目标技能、教材分析和教案编写技能、课堂教学实施技能、课程评价技能、反思技能等。课堂教学工作技能训练首先需要对专业教学工作技能进行科学分解，然后从单项技能训练到综合能力融合，通过一系列由低到高、由浅入深、由单一向组合的训练流程，来达到培养和提高师范生课堂教学工作能力的目的。

### （三）现代教育教学技术运用技能

《基础教育课程改革纲要》指出，要"大力推进信息技术在教学过程中的普遍应用，促进信息技术与学科课程的整合，逐步实现教学内容的呈现方式、学生的学习方式、教师的教学方式和师生互动方式的变革，充分发挥信息技术的优势，为学生的学习和发展提供丰富多彩的教育环境和有力的学习工具"。随着科学技术的发展和进步，现代教育教学技术手段在基础教育领域得到越来越广泛的运用，使得教育教学技术手段产生了质的飞跃，显著提高了教育质量和教学效率。作为一名合格的人民教师，不但要具备过硬的传统教学工作技能，更应当熟练掌握选择、运用现代化教育教学技术手段，这样才能适应基础教育"面向现代化"的长远要求。现代教育技术运用技能主要是指使用幻灯、投影、录音、录像、电脑及多媒体等科技手段完成教育教学任务的能力。

### （四）教育教学研究技能

作为一名合格的教师，无论是面对自己所从事的处于不断发展之中的学科专业教学，还是自己面前"日日新"的学生群体，都应该是一个终身学习者和研究者。随着基础教育新课改的深入发展，教师作为课堂教学的组织者、建构者和实施者，应学会进行专业性教学思考，培养相应的教育教学研究技能，以便高质量、高效率地完成基础教育课程改革重任。教学研究技能应成为每一位教师都具备的专业教育教学能力之一。

### （五）班主任工作技能

班主任工作技能是小学教师教育能力的核心。面对未来的社会主义接班人，小学教师不仅要知识广博，口笔俱佳，还要为人师表，关爱学生。班主任作为班集体的管理者和组织者，其工作主旨就是以"教书"为手段达到"育人"的目的。班主任工作技能主要体现在对班级的管理、组织、指导及教育等技能上，与此相关的还有了解评价学生技能、与家长沟通技能等。

教师职业技能训练的诸项内容决定了该课不是基础理论课，不是专业知识课，而是一门实践性很强的能力培养和训练课。它操作性强，在训练过程中不宜过多讲授理论知识，而应注重实践，注意讲练结合，以练为主。由于教师职业技能养成体现着一种综合性的心理特征，所以，职业技能训练更要十分注意其科学性原则、整体效应原则。在训练中，施教者与受教者都要注意各单项技能之间的内在有机联系，使其协调发展，互相生成，形成合理的能力结构，从而提高专业教育教学能力的整体培养质量。此外，技能的培养要有一个强化训练过程，要有一个长期、反复的熟练过程。因此，各高等师范院校应将职业技能训练贯穿于教学全过程，要注意从宏观上营造齐抓共管、强化训练的浓厚校园文化氛围，要通过多层次、多渠道、多途径的训练方式来激发和培养师范生训练的主动性与积极性，也只有这样，才能真正编织起教师职业技能训练的强大工程网络系统，从而取得预期教学效果。

高等师范院校学生的教师职业技能训练基本要求

高等师范学校学生的教师职业技能训练大纲

小学教育专业师范生教师职业能力标准（试行）

# 普通话训练

普通话是教师的职业语言。普通话水平测试是师范院校各专业学生必须认真对待的一项资格准入考试。说一口清晰、标准、流利的普通话，是每一名师范生必须做好的职前准备。师范院校学生应全面掌握有关普通话基础知识、普通话语音系统、普通话水平测试等级标准与具体评分标准等，并对照进行普通话训练，提高普通话水平。

**目标引导**

掌握普通话声母、韵母的发音要领；掌握声调的性质及特点；掌握上声变调、"一"和"不"的变调、"啊"的变读规律等；掌握轻声的规律、儿化的正确读音；了解普通话水平测试的内容与评分标准，进行有针对性的训练。

**思政小课堂**

1982年，"国家推广全国通用的普通话"被写进宪法，普通话具有了明确的法律地位，成为全国通用的语言。经过多年的推广，普通话在促进各民族、各地区政治、经济、文化交流和发展的同时，也维护了国家统一，增强了民族凝聚力。普通话还是联合国规定的六种工作语言之一，在国际交往中发挥着巨大的作用。但推广普通话并不意味着替代和消灭方言，方言本身是地域文化的重要载体，包含了丰富的文化内涵，我国悠久的地域文化一直是借方言来传承。推广普通话主要是为了消除方言隔阂，促进各民族之间更好地沟通交流。普通话的推行与方言的使用是和谐共存的关系。

# 第一节　普通话声母

普通话包括语音、词汇、语法三个方面。音节是语音的基本结构单位，是听觉所能分辨出的最小语音片段。按照汉语传统的分析方法，把一个音节分成声母和韵母两部分，再加上一个贯通整个音节的声调。声母是普通话音节开头部分的辅音。有一些音节的开头部分没有辅音声母，这种音节的声母就是"零声母"，这种音节被称为零声母音节。

## 一、普通话声母的分类

普通话中有21个声母（不包括零声母），即b、p、m、f、d、t、n、l、g、k、h、j、q、x、zh、ch、sh、r、z、c、s。普通话的声母可以根据发音部位和发音方法分类（表1-1）。

表 1-1　普通话声母分类表

| 发音部位 | 塞音 | | 塞擦音 | | 擦音 | | 鼻音 | 边音 |
| | 清音 | | 清音 | | 清音 | 浊音 | 浊音 | 浊音 |
| | 不送气 | 送气 | 不送气 | 送气 | | | | |
|---|---|---|---|---|---|---|---|---|
| 双唇音 | b | p | | | | | m | |
| 唇齿音 | | | | | f | | | |
| 舌尖前音 | | | z | c | s | | | |
| 舌尖中音 | d | t | | | | | n | l |
| 舌尖后音 | | | zh | ch | sh | r | | |
| 舌面音 | | | j | q | x | | | |
| 舌根音 | g | k | | | h | | | |

## （一）按照发音部位分类

发音部位是指发音时气流在发音器官中受到阻碍的部位。普通话声母按发音部位，可以分为七类：双唇音、唇齿音、舌尖前音、舌尖中音、舌尖后音、舌面音、舌根音。

### 1. 双唇音

双唇音（b、p、m）由上唇和下唇阻碍气流而形成。如"辨别""标本""乒乓""批评""美妙""密码"的声母。

### 2. 唇齿音

唇齿音（f）由上齿和下唇接近阻碍气流而形成。如"肺腑""芬芳"的声母。

### 3. 舌尖前音

舌尖前音（z、c、s）由舌尖抵住或接近齿背阻碍气流而形成。如"粽子""造作""猜测""仓促""琐碎""松散"的声母。

### 4. 舌尖中音

舌尖中音（d、t、n、l）由舌尖抵住上齿龈阻碍气流而形成。如"等待""定夺""淘汰""团体""能耐""泥泞""玲珑""嘹亮"的声母。

### 5. 舌尖后音

舌尖后音（zh、ch、sh、r）由舌尖抵住或接近硬腭前部阻碍气流而形成。如"庄重""主张""车床""长城""闪烁""山水""容忍""柔弱"的声母。

### 6. 舌面音

舌面音（j、q、x）由舌面前部抵住或接近硬腭前部阻碍气流而形成。如"境界""讲究""秋千""亲切""形象""虚心"的声母。

### 7. 舌根音

舌根音（g、k、h）由舌面后部抵住或接近软腭阻碍气流而形成。如"巩固""改革""宽阔""刻苦""欢呼""辉煌"的声母。

### （二）按照发音方法分类

声母的发音方法可以从阻碍方式、声带是否振动、气流强弱三方面来观察。

#### 1. 阻碍方式

根据形成阻碍和解除阻碍的方式的不同，可以把普通话声母分成塞音、擦音、塞擦音、鼻音、边音五类。

（1）塞音（b、p、d、t、g、k）：发音部位形成闭塞，气流骤然冲破阻碍，爆发成声。

（2）擦音（f、h、x、sh、r、s）：发音时，形成阻碍的发音器官相互接近，形成缝隙，气流从缝隙中挤出，摩擦成声。

（3）塞擦音（j、q、zh、ch、z、c）：发音部位先形成闭塞，然后气流把阻塞部位冲开一条窄缝，从窄缝中挤出，摩擦成声。

（4）鼻音（m、n）：发音时，口腔闭住，软腭下降，打开鼻腔通路，声带振动，气流从鼻腔流出，共鸣成声。

（5）边音（l）：舌尖顶住上齿龈，舌的两边留有空隙，软腭上升，阻塞鼻腔的通路，气流振动声带，从舌的两边或一边通过发声。

#### 2. 声带是否振动

按发音时声带是否振动，可以把声母分为清音和浊音。

（1）发音时，声带不振动的是清音。清音有b、p、f、d、t、g、k、h、j、q、x、zh、ch、sh、z、c、s。

（2）发音时，声带振动的是浊音。浊音共有m、n、l、r。

#### 3. 气流强弱

塞音和塞擦音有送气强弱的区别。按发音时呼出气流的强弱，可以把声母中的塞音和塞擦音分为送气音和不送气音两类。

（1）送气音，指发音时气流较强的塞音和塞擦音，共有p、t、k、q、ch、c。

（2）不送气音，指发音时气流较弱的塞音和塞擦音，共有b、d、g、j、zh、z。

## 二、声母的发音

按照普通话声母发音部位和发音方法，练习21个声母发音。

b　双唇、不送气、清、塞音

发音时，双唇闭合，软腭上升，堵塞鼻腔通路，声带不振动，较弱的气流冲破双唇的阻碍，迸裂而出，爆发成声。

标—标本　　板—板报　　傍—傍晚　　奔—奔腾　　边—边疆

p　双唇、送气、清、塞音

发音的情况和b相比，只是气流较强，其余都相同。

判—判断　　拼—拼凑　　凭—凭借　　偏—偏离　　朋—朋辈

m 双唇、浊、鼻音

发音时，双唇闭合，软腭下降，鼻腔畅通。气流振动声带，从鼻腔通过形成鼻音；阻碍解除时，余气冲破双唇的阻碍，发出轻微的塞音。

慕—慕名　　秘—秘密　　买—买卖　　埋—埋没　　麦—麦苗

f 唇齿、清、擦音

发音时，下唇接近上齿，形成窄缝，软腭上升，堵塞鼻腔通路，声带不振动，气流从唇齿间的窄缝中挤出，摩擦成声。

封—封条　　方—方法　　范—范畴　　焚—焚烧　　否—否定

d 舌尖中、不送气、清、塞音

发音时，舌尖抵住上齿龈，软腭上升，堵塞鼻腔通路，声带不振动，较弱的气流冲破舌尖的阻碍，迸裂而出，爆发成声。

栋—栋梁　　督—督查　　端—端正　　盾—盾牌　　踱—踱步

t 舌尖中、送气、清、塞音

发音的情况和d相比，只是气流较强，其余都相同。

忐—忐忑　　烫—烫伤　　陶—陶冶　　题—题词　　填—填充

n 舌尖中、浊、鼻音

发音时，舌尖抵住上齿龈，软腭下降，打开鼻腔通路，气流振动声带，从鼻腔通过发音；阻碍解除时，气流冲破舌尖的阻碍，发出轻微的塞音。

呢—呢喃　　酿—酿造　　涅—涅槃　　浓—浓稠　　懦—懦弱

l 舌尖中、浊、边音

发音时，舌尖抵住上齿龈，软腭上升，堵塞鼻腔通路，气流振动声带，从舌头两边或一边通过。

褴—褴褛　　羸—羸弱　　罹—罹难　　涟—涟漪　　寥—寥廓

g 舌根、不送气、清、塞音

发音时，舌根抵住软腭，软腭后部上升堵塞鼻腔通路，声带不振动，较弱的气流冲破阻碍，爆发成声。

罡—罡风　　耿—耿介　　佝—佝偻　　辜—辜负　　冠—冠冕

k 舌根、送气、清、塞音

发音的情况和g相比，只是气流较强，其余都相同。

坎—坎坷　　慷—慷慨　　窠—窠臼　　恪—恪守　　窥—窥探

h 舌根、清、擦音

发音时，舌根接近软腭，留出窄缝，软腭上升，堵塞鼻腔通路，声带不振动，气流从舌根和软腭形成的窄缝中挤出，摩擦成声。

骸—骸骨　　骇—骇然　　涵—涵养　　皓—皓首　　恒—恒定

j 舌面、不送气、清、塞擦音

发音时，舌面前部抵住硬腭前部，软腭上升，堵塞鼻腔通路，声带不振动，较弱的气流把舌面前部的阻碍冲开一道窄缝并从中挤出，摩擦成声。

讥—讥讽　　忌—忌惮　　缄—缄默　　谏—谏净　　矫—矫饰

q 舌面、送气、清、塞擦音

发音的情况和 j 相比，只是气流较强，其余都相同。

栖—栖居　　洽—洽谈　　缱—缱绻　　戕—戕害　　翘—翘首

x 舌面、清、擦音

发音时，舌面前部接近硬腭前部，留出窄缝，软腭上升，堵塞鼻腔通路，声带不振动，气流从舌面前部和硬腭前部形成的窄缝中挤出，摩擦成声。

翕—翕张　　遐—遐思　　罅—罅隙　　娴—娴熟　　渲—渲染

zh 舌尖后、不送气、清、塞擦音

发音时，舌尖上翘，抵住硬腭前部，软腭上升，堵塞鼻腔通路，声带不振动，较弱的气流把舌尖的阻碍冲开一道窄缝，并从中挤出，摩擦成声。

峥—峥嵘　　脂—脂肪　　咫—咫尺　　驻—驻扎　　茁—茁壮

ch 舌尖后、送气、清、塞擦音

发音的情况和 zh 相比，只是气流较强，其余都相同。

刹—刹那　　倡—倡议　　诚—诚挚　　筹—筹措　　创—创痛

sh 舌尖后、清、擦音

发音时，舌尖上翘，接近硬腭前部，形成窄缝，软腭上升，堵塞鼻腔通路，声带不振动，气流从舌尖和硬腭前部形成的窄缝中挤出，摩擦成声。

煞—煞尾　　涉—涉及　　黍—黍子　　硕—硕果　　嗜—嗜好

r 舌尖后、浊、擦音

发音的情况和 sh 相近，只是摩擦比 sh 弱，同时声带振动，气流带音。

燃—燃放　　韧—韧劲　　蹂—蹂躏　　睿—睿智　　润—润泽

z 舌尖前、不送气、清、塞擦音

发音时，舌尖轻轻抵住齿背，软腭上升，堵塞鼻腔通路，声带不振动，较弱的气流把舌尖与上齿背的阻碍冲开一道窄缝，并从中挤出，摩擦成声。

糟—糟粕　　载—载体　　憎—憎恨　　咨—咨询　　恣—恣肆

c 舌尖前、送气、清、塞擦音

发音的情况和 z 相比，只是气流较强，其余都相同。

猝—猝然　　篡—篡改　　萃—萃取　　措—措辞　　挫—挫折

s 舌尖前、清、擦音

发音时，舌尖抵住齿背，软腭上升，堵塞鼻腔通路，声带不振动，气流从舌尖和上齿背的窄缝中挤出，摩擦成声。

溯—溯源　　隧—隧道　　夙—夙愿　　索—索引　　颂—颂扬

零声母音节书面上以元音开头，其实严格地说，并不是以纯粹的元音开头，而是以轻微的喉塞音，或者与起始元音部位相同的轻微的摩擦音开头。在实际发音时，这些喉塞或摩擦成分不明显。书面上，为了使音节界限分明，《汉语拼音方案》规定，以"i、u、ü"开头的音节要分别加上或改写为"y、w、yu"，如"言（yán）""位（wèi）"和"圆（yuán）"。需要注意的是，"y、w"这两个字母不是声母，只是起隔音作用的字母。

### 三、声母辨正

#### （一）平舌音 z、c、s 与翘舌音 zh、ch、sh

发舌尖前音 z、c、s 时，舌尖不翘，抵住下齿背，舌叶对准（抵住或接近）上齿背；发舌尖后音 zh、ch、sh 时，舌尖要翘起来，对准（抵住或接近）硬腭前部。

【词语发声训练】

| | | | | | | | | | |
|---|---|---|---|---|---|---|---|---|---|
| 嘈杂 | 随从 | 早操 | 色素 | 蚕丝 | 仓促 | 栽赃 | 酸菜 | 罪责 | 草丛 |
| 松散 | 阻塞 | 专职 | 乘车 | 出差 | 茶水 | 驰骋 | 城池 | 声势 | 撰著 |
| 神圣 | 船厂 | 专政 | 终止 | 职责 | 振作 | 磁场 | 正宗 | 沼泽 | 制作 |
| 杂志 | 栽种 | 增长 | 操场 | 散失 | 残喘 | 促成 | 差错 | 深思 | 陈醋 |
| 宿舍 | 成材 | 储藏 | 除草 | 随时 | 财产 | 哨所 | 绳索 | | |

宗旨—中止　　姿势—知识　　搜集—收集　　资源—支援　　自愿—志愿
鱼刺—鱼翅　　私人—诗人　　肃立—树立　　仿造—仿照　　粗布—初步
近似—近视　　资助—支柱

【绕口令】

这是蚕，那是蝉，蚕常在叶里藏，蝉常在叶中唱。

公园有四排石狮子，每排是十四只大石狮子，每只大石狮子背上是一只小石狮子，每只大石狮子脚边是四只小石狮子，史老师领四十四个学生去数石狮子，你说共数出多少只大石狮子和多少只小石狮子？

#### （二）鼻音 n 与边音 l

n 和 l 发音部位相同，都是舌尖中音，舌尖与上齿龈形成阻碍，但发音方法不同。n 是浊鼻音，发音时软腭、小舌要下降，形成阻碍，关闭口腔通路，鼻腔通路打开，让气流从鼻腔通过，气流振动声带；l 是浊边音，发音时软腭、小舌上升，堵住鼻腔通路，气流振动声带进入口腔，沿舌两边流出。

【词语发声训练】

| | | | | | | | | | |
|---|---|---|---|---|---|---|---|---|---|
| 流露 | 牛奶 | 老农 | 纳凉 | 来年 | 恼怒 | 履历 | 理论 | 哪里 | 奶酪 |
| 岭南 | 冷暖 | 扭捏 | 联络 | 脑力 | 呢喃 | 拉力 | 流脑 | 留念 | 老练 |
| 能力 | 内涝 | 男女 | 能耐 | | | | | | |

女客—旅客　　无奈—无赖　　烂泥—烂梨　　留念—留恋　　南部—蓝布
水牛—水流　　浓重—隆重　　男裤—蓝裤　　牛黄—硫磺　　脑子—老子
大娘—大梁　　年夜—连夜

【绕口令】

蓝教练是女教练，吕教练是男教练，蓝教练不是男教练，吕教练不是女教练。蓝南是男篮主力，吕楠是女篮主力，吕教练在男篮训练蓝南，蓝教练在女篮训练吕楠。

#### （三）舌面音 j、q、x

j、q、x 正确的发音应该是舌面前部与硬腭前部构成阻碍而发声，把握不好发音部位便会发成舌尖音。

【词语发声训练】

| | | | | | | | | |
|---|---|---|---|---|---|---|---|---|
| 瓷器 | 资金 | 缉私 | 司机 | 刺激 | 集资 | 丝线 | 字迹 | 四季 | 思绪 |
| 其次 | 自己 | 字据 | 私交 | 私情 | 下策 | 精致 | 私心 | 趋势 | 急切 |
| 自觉 | 沉寂 | 秩序 | 机器 | | | | | | |

计量—质量　　挤出—指出　　密集—密植　　机体—肢体　　边际—编制

即位—职位　　砖墙—专长　　西经—诗经　　习气—石器　　姓名—盛名

洗尘—使臣　　旗子—池子

【绕口令】

小芹手脚灵，轻手擒蜻蜓。小青人精明，天天学钢琴。擒蜻蜓，趁天晴，小芹晴天擒住大蜻蜓。学钢琴，趁年轻，小青精益求精练本领。你想学小青，还是学小芹？

小金到北京看风景，小京到天津买纱巾。看风景，用眼睛，还带一个望远镜；买纱巾，用现金，到了天津把商店进。买纱巾，用现金，看风景，用眼睛。巾、金、京、津、晴、景，都要分得清。

## （四）唇齿音 f 与舌根音 h

f 和 h 发音方法相同，都是清擦音，但发音部位不同，f 是唇齿音，上齿和下唇阻碍气流。h 是舌根音，舌面后部和软腭阻碍气流。

【词语发声训练】

| | | | | | | | | |
|---|---|---|---|---|---|---|---|---|
| 发慌 | 后方 | 发话 | 混纺 | 繁华 | 洪峰 | 复合 | 花粉 | 丰厚 | 画符 |
| 反悔 | 化肥 | 凤凰 | 妨害 | 恢复 | 发挥 | 返航 | 横幅 | 耗费 | 焕发 |
| 含混 | 豪放 | 番号 | 废话 | | | | | | |

弧线—浮现　　心寒—心烦　　舅父—救护　　汉化—泛化　　防空—航空

飞机—黑鸡　　附注—互助　　斧头—虎头　　湖笔—伏笔　　幅面—湖面

富集—户籍　　复员—互援

【绕口令】

丰丰和芳芳，上街买混纺。红混纺，粉混纺，黄混纺，灰混纺，红花混纺做裙子，粉花混纺做衣裳。红、粉、灰、黄花样多，五颜六色好混纺。

粉红墙上画凤凰，红凤凰，粉凤凰，粉红凤凰黄凤凰，还有一只花凤凰。

风吹灰飞，灰飞花上花堆灰。风吹花灰灰飞去，灰在风里飞呀飞。

## （五）卷舌音 r 与零声母 y

r 音如果发得不好，往往发成 y 音。主要是找不准 r 的发音部位。要分清这两个辅音，只要把舌尖上翘，略为靠后（从齿龈往后移到硬腭前端）并且保持一点缝隙就能发成 r 音了。y 音等同于韵母 i，发 y 音时，嘴微张成扁平状，舌尖抵住下齿龈，舌面抬高，靠近上硬腭，声带振动。主要是舌面用力，但舌尖也需要密切配合，才能准确发出 y 的音。

【词语发声训练】

| | | | | | | | | |
|---|---|---|---|---|---|---|---|---|
| 鱼肉 | 任用 | 惹眼 | 热映 | 热源 | 人烟 | 认养 | 仍然 | 仁义 | 儒雅 |
| 容颜 | 椰肉 | 人员 | 如愿 | 热饮 | 肉眼 | 燃油 | 锐意 | 软硬 | 依然 |

日月　　翌日　　鸭绒　　熔岩

【绕口令】

老舅进城看老六，老六高兴买油又买肉。买完了油和肉，老六就要走，老板说："你给了油钱没给肉钱。"老板娘说："你给了肉钱没给油钱。"老六说："我给了油钱也给了肉钱。"

# 第二节　普通话韵母

韵母是普通话音节中声母后面的部分，一般由元音组成，也可以由元音带辅音构成。普通话中共有 39 个韵母。

## 一、普通话韵母的分类

普通话韵母按结构可分为单韵母、复韵母和鼻韵母三类。

### （一）单韵母

由一个元音构成的韵母称为单韵母，又称单元音韵母。单元音韵母的发音特点是由始至终口型不变，舌位不移动。普通话中单元音韵母共有 10 个：a、o、e、i、u、ü、ê、-i（前）、-i（后）、er。

### （二）复韵母

复韵母是由两个或三个元音构成的韵母，又称复元音韵母。普通话中共有 13 个复韵母：ai、ei、ao、ou、ia、ie、ua、uo、üe、iao、iou、uai、uei。

发单韵母时，舌部、嘴唇等发音器官形状固定，相对没有变化，声音是单一的。发复韵母时，舌头、唇形和整个共鸣器的形状要逐渐变动，由前一个音向后面的音过渡，中间包括许多过渡音。一个复韵母中只有一个发音响亮的主要元音，其他都是次要元音，发音轻短模糊。发音响亮的主要元音，称为"韵腹"；韵腹前面发音轻短的次要元音，称为"韵头"；韵腹后面发音含混模糊的元音，称为"韵尾。

普通话复韵母根据响度较大的主要元音所在的位置，可以分为三类。

#### 1. 前响复韵母

前响复韵母由两个元音复合而成，前面的元音是韵腹，后面的元音是韵尾。发音时，前重后轻，前长后短，前紧后松。普通话中前响复韵母共有 4 个：ai、ei、ao、ou。

#### 2. 后响复韵母

后响复韵母也由两个元音复合而成，前面的元音是韵头，后面的元音是韵腹。发音时，前轻后重，前短后长。普通话中后响复韵母共有 5 个：ia、ie、ua、uo、üe。

#### 3. 中响复韵母

中响复韵母由三个元音复合而成，中间的元音是韵腹，前面的元音是韵头，后面的元音是韵尾。发音时，中间的元音最长最响，两头的元音比较短而弱，口腔有从小到大再到小的显著变化。普通话中中响复韵母共有 4 个：iao、iou、uai、uei。

### （三）鼻韵母

鼻韵母是由单元音或复元音与鼻辅音结合构成的韵母。发音时，从元音发音状态滑动，过渡到鼻辅音，以鼻辅音结束。普通话中鼻韵母共有 16 个：an、ian、uan、üan、en、in、uen、ün、ang、iang、uang、eng、ing、ueng、ong、iong。

根据鼻辅音韵尾的不同，可分为前鼻韵母和后鼻韵母两类。

#### 1. 前鼻韵母

韵尾是鼻辅音 n 的韵母为前鼻韵母。共有 8 个：an、en、in、ün、ian、uan、üan、uen。

#### 2. 后鼻韵母

韵尾是鼻辅音 ng 的韵母为后鼻韵母。共有 8 个：ang、eng、ing、ong、iang、uang、ueng、iong。

## 二、韵母的发音

### （一）单韵母

a　舌面、央、低、不圆唇元音

发音时，口腔大开，舌位低，舌头居中央，不前不后，双唇平展。

马达　　打靶　　喇叭　　旮旯　　邋遢　　大厦　　拉萨　　发达　　哪怕　　沙发

o　舌面、后、半高、圆唇元音

发音时，口腔半闭，舌面后部往后缩并略向软腭抬起，使舌面升至半高程度，嘴角向中央靠拢，双唇敛成较小圆形。

泼墨　　默默　　薄膜　　磨破　　寂寞　　婆婆　　磨墨　　胳膊　　颠簸　　琥珀

e　舌面、后、半高、不圆唇元音

发音方法与 o 基本相同，但双唇要自然平展。

隔阂　　合格　　客车　　特色　　折射　　色泽　　割舍　　隔热　　可乐　　呵唱

i　舌面、前、高、不圆唇元音

发音时，口腔开度很小，舌头前伸，舌尖接近下齿背，双唇平展。

笔记　　激励　　基地　　记忆　　霹雳　　习题　　积极　　试题　　睥睨　　裨益

u　舌面、后、高、圆唇元音

发音时，口腔开度很小，舌头后缩，舌面后靠近软腭，双唇拢圆，留一小孔。

补助　　读物　　辜负　　瀑布　　入伍　　疏忽　　复苏　　父母　　图书　　互助

ü　舌面、前、高、圆唇元音

发音方法与 i 基本相同，但双唇要前伸拢圆。

聚居　　区域　　语句　　屈居　　须臾　　序曲　　语序　　女婿　　豫剧　　渔具

ê　舌面、前、半低、不圆唇元音

发音时，口腔半开，舌头前伸，舌尖抵住下齿背，舌位半低，双唇展开。ê 作为单元音韵母只出现在叹词"欸"中。

–i（前） 舌尖前、高、不圆唇元音

发音时，舌尖前伸，接近上齿背，气流通过舌尖与上齿背之间的缝隙时不发生摩擦，双唇平展。这个韵母不能自成音节，只出现在声母z、c、s之后。

恣肆　　自私　　此次　　次子　　四次　　刺字　　赐死　　字词　　孜孜　　子嗣

–i（后） 舌尖后、高、不圆唇元音

发音时，舌尖上举，对着硬腭形成狭窄的缝隙，气流通过时不发生摩擦，双唇平展。这个韵母也不能自成音节，只出现在声母zh、ch、sh、r之后。

实施　　知识　　时事　　日蚀　　史诗　　纸质　　直至　　值日　　迟滞　　志士

er 卷舌、央、中、不圆唇元音

发音时，舌面中央升到中间高度，舌尖稍后缩，卷起，对着硬腭，嘴唇略微展开。《汉语拼音方案》中用er表示这个韵母，实际上它是一个单元音韵母，"r"只表示卷舌动作。er只能自成音节，不与辅音声母相拼。

而且　　儿歌　　耳朵　　二胡　　洱海　　儿化　　耳饰　　尔雅　　遐迩　　钓饵

## （二）复韵母

### 1. 前响复韵母

ai 舌尖抵住下齿背，使舌面前部隆起与硬腭相对，从前a开始，舌位向i的方向滑动升高。

爱戴　　采摘　　再来　　拍卖　　海外　　开采　　白菜　　灾害　　买卖　　百态

ei 舌尖抵住下齿背，使舌面前部（略后）隆起对着硬腭中部，舌位从e开始，舌位升高，向i的方向往前往高滑动。ei是普通话中动程较短的复合元音。

肥美　　妹妹　　配备　　美味　　味蕾　　北美　　黑煤　　蓓蕾　　贝类　　卑微

ao 舌头后缩，使舌面后部隆起，从后a开始，舌位向u（拼写作o，但实际发音接近于u）的方向滑动升高。

懊恼　　报道　　操刀　　骚扰　　搞好　　号召　　劳保　　逃跑　　宝岛　　早操

ou 从略带圆唇的央元音 [ə] 开始，舌位向u的方向滑动，收尾–u音比单元音u的舌位略低。ou是普通话复韵母中动程最短的复合元音。

丑陋　　兜售　　口头　　后楼　　收购　　喉头　　漏斗　　优厚　　邮购　　守候

### 2. 后响复韵母

ia 发音时，i表示舌位起始的地方，发得轻短，很快滑向a，a发得长而响亮。

下架　　恰恰　　加价　　家鸭　　加压　　假牙　　戛戛　　掐架　　下嫁　　夏家

ie 先发i，很快发ê，前音轻短，后音响亮。

贴切　　谢谢　　铁鞋　　结业　　结节　　铁屑　　歇业　　爹爹　　裂解　　喋喋

ua 发音时，u念得轻短，很快滑向a，a念得清晰响亮。

刮花　　画面　　耍滑　　花袜　　抓蛙　　呱呱　　挂花　　刮画　　跨越　　夸奖

uo 发音时，u念得轻短，舌位很快降到o，o念得清晰响亮。

国货　　骆驼　　过错　　脱落　　活络　　过火　　阔绰　　堕落　　陀螺　　蹉跎

üe 发音时，先发高元音ü，ü念得轻短，舌位很快降到ê，ê念得清晰响亮。

雀跃　　约略　　绝学　　决绝　　月缺　　雪月　　略略　　缺略　　削弱　　确定

### 3. 中响复韵母

iao 由前高元音 i 开始，舌位降至低元音 ɑ，然后再向后高圆唇元音 u 的方向滑升。发音过程中，舌位先降后升，由前到后，曲折幅度大。唇形从中间的元音 ɑ 开始由不圆唇变为圆唇。

秒表　　萧条　　校表　　料峭　　渺小　　巧妙　　吊销　　疗效　　苗条　　缥缈

iou 由前高元音 i 开始，舌位降至央（略后）元音 [ə]，然后再向后高圆唇元音 u 的方向滑升。发音过程中，舌位先降后升，由前到后，曲折幅度较大。发央（略后）元音 [ə] 时，逐渐圆唇。

牛油　　绣球　　久留　　琉球　　悠久　　有救　　球友　　求救　　啾啾　　久久

uai 由后高圆唇元音 u 开始，舌位向前滑降到前低不圆唇元音 ɑ，然后再向前高不圆唇元音 i 的方向滑升。舌位先降后升，由后到前，曲折幅度大。唇形从最圆开始，逐渐减弱圆唇度，发前元音 ɑ 以后渐变为不圆唇。

外快　　怀揣　　摔坏　　拐卖　　乖乖　　外踝　　欢快　　碗筷　　鬼怪　　将帅

uei 由后高圆唇元音 u 开始，舌位向前向下滑到前半高不圆唇元音 e 偏后靠下的位置（相当于央元音 [ə] 偏前的位置），然后再向前高不圆唇元音 i 的方向滑升。发音过程中，舌位先降后升，由后到前，曲折幅度大。唇形从最圆开始，随着舌位的前移圆唇度减弱，发 e 以后变为不圆唇。

回归　　会徽　　兑水　　悔罪　　推诿　　归队　　愧对　　荟萃　　水位　　摧毁

## （三）鼻韵母

### 1. 前鼻韵母

an 起点元音是前低不圆唇元音 ɑ，舌尖接触下齿背，舌位降到最低，软腭上升，关闭鼻腔通路；然后舌面升高，舌面前部抵住硬腭前部，当两者将要接触时，软腭下降，打开鼻腔通路，紧接着舌面前部与硬腭前部闭合，使在口腔受到阻碍的气流从鼻腔里透出。

汗衫　　橄榄　　灿烂　　谈判　　感染　　散漫　　参展　　反感　　赞叹　　翻山

en 先发 e，然后舌尖向上齿龈移动，抵住上齿龈，发鼻音 n。

深圳　　人参　　本分　　深沉　　认真　　根本　　门诊　　振奋　　审慎　　粉尘

in 先发 i，然后舌尖向上齿龈移动，抵住上齿龈，发鼻音 n。

金银　　禁品　　信心　　辛勤　　引进　　贫民　　濒临　　殷勤　　新晋　　拼音

ün 先发 ü，舌尖向上齿龈移动，抵住上齿龈，气流从鼻腔通过。

军训　　逡巡　　均匀　　音韵　　遵循　　菌群　　纭纭　　云云　　昀昀　　芸芸

ian 发音时，先发 i，i 轻短，接着发 an，i 与 an 结合得很紧密。

电线　　天边　　偏见　　艰险　　片面　　显眼　　年鉴　　脸面　　显现　　前线

uan 发音时，先发 u，紧接着发 an，u 与 an 结合成一个整体。

专款　　宛转　　传唤　　贯穿　　转弯　　宦官　　专断　　换算　　宽缓　　酸软

üan 从前高圆唇元音 ü 开始，向前低元音 ɑ 的方向滑降。舌位只降到次低前元音 ɑ 略后就开始升高，接续鼻音 n。

轩辕　　源泉　　全院　　圆圈　　渊源　　涓涓　　全员　　旋转　　军权　　全权

uen　由圆唇后高元音u开始，向央元音[ə]滑降，然后舌位升高，接续鼻音n。唇形由圆唇在向中间折点元音滑动的过程中，渐变为展唇。

温顺　　温存　　昆仑　　论文　　分寸　　春笋　　混沌　　温吞　　困顿　　谆谆

### 2. 后鼻韵母

ang　起点元音是后低不圆唇元音a，口大开，舌尖离开下齿背，舌头后缩，从后a开始，舌面后部抬起，当贴近软腭时，软腭下降，打开鼻腔通路，紧接着舌根与软腭接触，封闭了口腔通路，气流从鼻腔里透出。

厂长　　商场　　党章　　帮忙　　上当　　沧桑　　仓房　　行当　　苍莽　　烫伤

eng　发音时，先发e，舌根向软腭移动，抵住软腭，气流从鼻腔通过。

风筝　　丰盛　　更正　　生成　　征程　　争胜　　承蒙　　升腾　　逞能　　声称

ing　发音时，先发i，舌头后缩，舌根抵住软腭，发后鼻音ng。

姓名　　命令　　行星　　清明　　宁静　　评定　　秉性　　叮咛　　酩酊　　兵营

ong　起点元音是比后高圆唇元音u舌位略低的后次高圆唇元音[ʊ]，舌尖离开下齿背，舌头后缩，舌面后部隆起，软腭上升，关闭鼻腔通路。从后次高圆唇元音[ʊ]开始，舌面后部贴向软腭。当两者将要接触时，软腭下降，打开鼻腔通路，紧接着舌面后部抵住软腭，封闭口腔通路，气流从鼻腔里透出。

工农　　通融　　公众　　从容　　冲动　　隆重　　通红　　瞳孔　　浓重　　洪钟

iang　发音时，先发i，接着发ang，使二者结合成一个整体。

亮相　　湘江　　良将　　响亮　　两样　　想象　　向阳　　踉跄　　洋相　　降将

uang　发音时，先发u，接着发ang，由u和ang紧密结合而成。

装潢　　慌忙　　狂妄　　矿床　　双簧　　状况　　网状　　窗框　　亮光　　往往

ueng　发音时，先发u，接着发eng，由u和eng紧密结合而成。

嗡嗡　　渔翁　　水瓮　　老翁　　蓊蓊郁郁　　蕹菜

iong　iong是韵头i和ong连发而成的；受后面的后次高圆唇元音[ʊ]影响，前面的前高元音i也带有圆唇动作。

汹涌　　炯炯　　茕茕　　泂泂　　弟兄　　运用　　穷凶　　熊熊　　困窘　　窘迫

## 三、韵母辨正

### （一）区分o与e

韵母o是圆唇元音，e是不圆唇元音，注意不要把o读成e。如把"波（bō）""泼（pō）""摸（mō）""佛（fó）"读成"be""pe""me""fé"。普通话韵母o只与声母b、p、m、f相拼，而韵母e却相反，不能和这四个声母相拼（除了"什么"的"么"字），所以方言中读be、pe、me、fe的音节应该为bo、po、mo、fo。

【词语发声训练】

薄膜　　磨破　　伯伯　　婆婆　　默默　　合格　　特色　　色泽　　车辙　　隔阂

破格　　磨合　　叵测　　隔膜　　刻薄

剥离—隔离　　伯乐—可乐　　博士—格式　　薄情—合情

【绕口令】

哥哥弟弟坡前坐，坡上卧着一只鹅，坡下流着一条河。哥哥说："宽宽的河。"弟弟说："肥肥的鹅。"鹅要过河，河要渡鹅。不知是鹅过河，还是河渡鹅。

打南坡走来个老婆婆，两手托着两筐箩。左手托的筐箩装的是菠萝，右手托着的筐箩装的是萝卜。你说说，是老婆婆左手托着的筐箩装的菠萝多，还是老婆婆右手托着的筐箩装的萝卜多？说得对送你一筐箩菠萝，说不对不给菠萝也不给萝卜，罚你替老婆婆把装菠萝的筐箩和装萝卜的筐箩送到大北坡。

波波和哥哥，坐下分果果。波波让哥哥，哥哥让波波，都说要少不要多，奶奶嘴上笑呵呵。

## （二）区分 n 与 ng

n 是前鼻音，ng 是后鼻音，在普通话语音系统中，前后鼻韵母大多是成对的。前、后鼻韵母的发音问题，一般表现为相当一部分前、后鼻韵母相混或某部分缺失。

前鼻音 n，发音部位靠前，舌根压低，舌位向前运动，舌面较宽展；后鼻音 ng，发音部位靠后，软腭抬高，舌根隆起，舌尖向后收缩。

练习 n 发音时，在 -n 韵母字的后面，加一个用 d、t、n、l 作声母的音节，两字连读，如"心得""寸头""温暖""暗恋"。因为发音部位都是舌尖与齿龈，后面的字可引衬前字的前鼻音韵母归音准确。

练习 ng 发音时，在 ng 韵母字的后面，加一个用 g、k、h 作声母的音节，两字连读，如"唱歌""疯狂""动画"。因为发音部位都是舌根，后面的字可引衬前字的后鼻音韵母归音准确。

### 1. an 与 ang 的对比辨音

比较

烂漫—浪漫　　担心—当心　　和善—和尚　　三页—桑叶　　反问—访问　　开饭—开放

连用

| 南方 | 反抗 | 盘账 | 肝脏 | 担当 | 散场 | 班长 | 擅长 | 繁忙 | 安放 |
| 放胆 | 盎然 | 档案 | 怅然 | 当然 | 钢板 | 傍晚 | 方案 | 账单 | 上班 |

朗读

我的家在东北松花江上，那里有森林煤矿，还有那满山遍野的大豆高粱。我的家在东北松花江上，那里有我的同胞，还有那衰老的爹娘。"九一八"，"九一八"，从那个悲惨的时候，脱离了我的家乡，抛弃那无尽的宝藏，流浪！流浪！整日价在关内，流浪！流浪！哪年哪月，才能够回到我那可爱的故乡？哪年哪月，才能够收回我那无尽的宝藏？爹娘啊，爹娘啊，什么时候才能欢聚在一堂。

### 2. en 与 eng 的对比辨音

比较

陈旧—成就　　诊治—整治　　吩咐—丰富　　身世—声势　　申明—声明　　木盆—木棚

连用

| 深层 | 真正 | 纷争 | 人称 | 本能 | 人生 | 真诚 | 奔腾 | 深耕 | 神圣 |
| 冷门 | 诚恳 | 风尘 | 承认 | 烹饪 | 省份 | 成本 | 登门 | 证人 | 生根 |

朗读

怎肯轻言愤世，说甚看破红尘。无病呻吟其何益，空负好时辰。问人生真谛何在？少冷漠，要热忱，坚韧忠贞。趁青春年华，挑重任，显身手，报国门。

### 3. in 与 ing 的对比辨音

比较

信服—幸福　　辛勤—心情　　不信—不幸　　亲近—清净　　亲生—轻声　　金鱼—鲸鱼

连用

| 心病 | 民情 | 禁令 | 银杏 | 金星 | 品行 | 心灵 | 民兵 | 新颖 | 尽情 |
| 听信 | 青筋 | 行进 | 清贫 | 惊心 | 评聘 | 清音 | 挺进 | 灵敏 | 迎新 |

朗读

志士镇守在边庭。统猛丁，将精英，依形恃险筑长屏，亭燧座座警号鸣，惨淡经营。屏侵凌、震顽冥，敌胆破，望影心惊，其锋谁撄？八方平定四境宁，赢得史册彪炳，千古令名。

### 4. ian 与 iang 的对比辨音

比较

鲜花—香花　　险象—想象　　钳制—强制　　坚硬—僵硬　　简历—奖励　　铜钱—铜墙

连用

| 绵阳 | 演讲 | 岩浆 | 现象 | 点将 | 电量 | 健将 | 边疆 | 勉强 | 联想 |
| 镶嵌 | 量变 | 香甜 | 想念 | 相见 | 相片 | 抢险 | 两边 | 量变 | 乡恋 |

绕口令

杨家养了一只羊，蒋家修了一堵墙，杨家的羊撞倒了蒋家的墙，蒋家的墙压死了杨家的羊。杨家要蒋家赔杨家的羊，蒋家要杨家赔蒋家的墙。

### 5. uan 与 uang 的对比辨音

比较

专车—装车　　环球—黄球　　机关—激光　　关头—光头　　慌惜—往昔　　木船—木床

连用

| 观光 | 管状 | 宽广 | 观望 | 软装 | 端庄 | 关窗 | 乱撞 | 罐装 | 冠状 |
| 光环 | 慌乱 | 狂欢 | 双关 | 王冠 | 皇冠 | 壮观 | 装船 | 双环 | 匡算 |

绕口令

王庄卖筐，匡庄卖网，王庄卖筐不卖网，匡庄卖网不卖筐，你要买筐别去匡庄去王庄，你要买网别去王庄去匡庄。

## （三）其他情况

（1）以 o 代 ou，如"某""眸""剖""否"等韵母都是 ou 音，而在东北地区常常错读为"o"音。

（2）卷舌韵母 er 发音不准确，发成 a、ao、ai、e 或加上声母 l，如"儿""而""贰""尔""耳""迩""饵""二"等。

（3）注意分清 uen 和 en 的发音，如"沉沦""认准""分寸""闷棍""衬裙""人伦"和"文本""浑身""存根""昏沉""蠢笨""军人""春分"等。

# 第三节　普通话声调

## 一、调值和调类

声调，就是普通话音节中具有区别意义作用的高低升降变化。例如zhengzhi这两个音节，标注不同的声调可以写出不同的词，"正直—政治—整治—争执"。可见，是声调起着区别意义的作用。声调主要是由音高决定的，包括调值和调类两个方面。

### （一）调值

调值是指音节高低、升降、曲直、长短的变化形式，也就是声调的实际音值或读法。普通话调值有四种：55高平调、35中升调、214降升调、51全降调。一般采用五度标记法来标记声调，如图1-1所示。

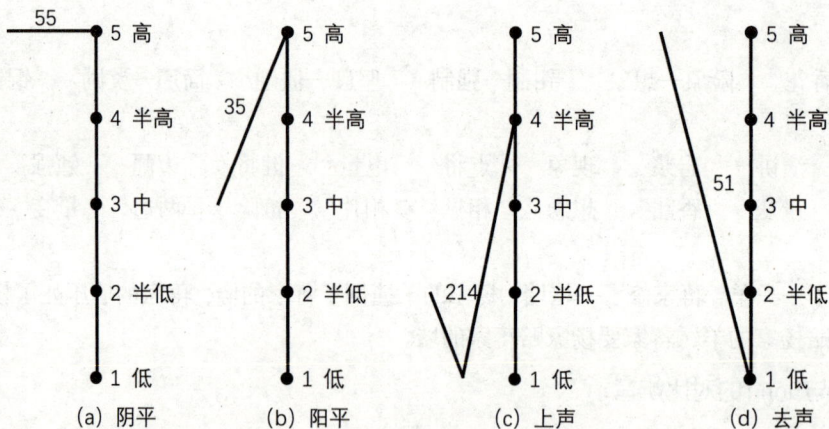

图 1-1　普通话声调调值五度标记法

### （二）调类

调类是声调的种类。普通话有阴平、阳平、上声、去声四个调类（图1-1），这四个调类就是日常口语中所说的"四声"，即第一声、第二声、第三声、第四声。《汉语拼音方案》采用简化五度标记法的办法，以"ˉ ˊ ˇ ˋ"分别表示四个声调，标在拼音的主要元音上。

普通话四个声调的发音过程中容易出现的问题是：阴平调值不够高；阳平上不去；上声拐弯不到位；去声降不下来。这四个声调的发音，要注意，调值高低抑扬的变化要和气息控制结合起来。要做到：阴平起音高平莫低昂，气势平均不紧张；阳平从中起音向上扬，用气弱起逐渐强；上声先降转上挑，降时气稳扬时强；去声高起直降向低唱，强起到弱气通畅。

## 二、声调训练

### （一）常见的调类错读情况

#### 1. 阴平错读情况

（1）阴平错读为阳平。

| 稽查 | 敷衍 | 胚胎 | 尘埃 | 通缉 | 虽然 | 拨款 | 危险 | 剥夺 |

（2）阴平错读为上声。

| 蝙蝠 | 皮肤 | 脂肪 | 细菌 | 睾丸 | 揩油 | 干戈 | 削弱 | 依靠 |

（3）阴平错读为去声。

| 氛围 | 创伤 | 滑稽 | 憎恨 | 根茎 | 窥视 | 祛除 | 剔除 | 压缩 |

#### 2. 阳平错读情况

（1）阳平错读为阴平。

| 嘈杂 | 挨饿 | 卓越 | 搽粉 | 疾苦 | 唠叨 | 仍然 | 填空 | 愚蠢 |

（2）阳平错读为上声。

| 惩罚 | 崇高 | 的确 | 而且 | 辐射 | 符合 | 潜伏 | 贫瘠 | 脾胃 |

（3）阳平错读为去声。

| 即使 | 聊斋 | 嫉妒 | 翘首 | 筵席 | 沿着 | 还有 | 旋涡 | 逾期 |

#### 3. 上声错读情况

（1）上声错读为阴平。

| 菲薄 | 坎坷 | 训诂 | 针灸 | 匹配 | 侮辱 | 悄然 | 请帖 | 顷刻 |

（2）上声错读为阳平。

| 脊梁 | 蓓蕾 | 披靡 | 绮丽 | 法子 | 享受 | 骨髓 | 枸杞 | 窈窕 |

（3）上声错读为去声。

| 屏气 | 卑鄙 | 收敛 | 规矩 | 而且 | 匕首 | 哈巴狗 | 杀一儆百 |

#### 4. 去声错读情况

（1）去声错读为阴平。

| 脱白 | 勒索 | 生肖 | 船坞 | 内疚 | 恣意 | 痉挛 | 字帖 | 咎由自取 |

（2）去声错读为阳平。

| 束缚 | 覆盖 | 复习 | 亲昵 | 眩晕 | 友谊 | 遂愿 | 徇私 | 瞭望 |

（3）去声错读为上声。

| 包庇 | 掠夺 | 混淆 | 鲫鱼 | 档次 | 挫折 | 逮捕 | 迄今 | 教诲 |

### （二）调值练习

#### 1. 阴平与阳平对比练习

| 抽丝—愁思 | 欺人—奇人 | 大川—大船 | 呼喊—胡喊 | 知道—直道 | 抹布—麻布 |
| 包子—雹子 | 拍球—排球 | 大锅—大国 | 猎枪—列强 | 窗帘—床帘 | 小蛙—小娃 |

## 2. 阳平与上声对比练习

牧童—木桶　　好麻—好马　　情调—请调　　战国—战果　　大学—大雪　　小乔—小巧

返回—反悔　　直绳—纸绳　　老胡—老虎　　琴室—寝室　　油井—有井　　白色—百色

## 3. 阳平与去声对比练习

正直—政治　　池水—赤水　　同情—同庆　　发愁—发臭　　荆棘—经济　　斗奇—斗气

协议—谢意　　凡人—犯人　　符合—复合　　肥料—废料　　钱款—欠款　　壶口—户口

## 4. 绕口令

石室诗士施氏，嗜狮，誓食十狮，氏时时适市视狮。十时，适十狮适市。是时，适施氏适市。氏视是十狮，恃矢势，使是十狮逝世。氏拾是十狮尸，适石室。石室湿，氏使侍拭石室。石室拭，氏始试食是十狮。食时，始识是十狮，实十石狮尸。试释是事。

# 第四节　普通话音变

在语流中，由于相邻音节的相互影响，有些音节的读音发生了一定的变化，这就是音变。普通话音变现象主要包括变调、轻声、儿化和语气词"啊"的音变。

## 一、变调

普通话的四个声调是单个音节发音时的声调。在语流中，有些音节的声调因相邻音节的声调影响会发生音高变化，这就是变调。普通话里最常见的是上声变调和"一""不"变调。而轻声可以看作是一种特殊的变调。

### （一）上声变调

普通话上声调值是214，上声处在阴平、阳平、上声、去声前面都会产生变调，只有在单念或处在词语、句子的末尾时，才有可能读原调。上声的变调规则如下。

#### 1. 上声与非上声相连时的变调

上声在非上声（阴平、阳平、去声、轻声）前变成半上，调值由214变成21，只降不升。

（1）上声+阴平：

小说　　保温　　奖杯　　纺织　　警钟　　省心　　指标　　酒精

（2）上声+阳平：

旅行　　偶然　　考察　　海拔　　改革　　抢夺　　朗读　　考核

（3）上声+去声：

讨论　　感谢　　稿件　　款待　　典范　　渴望　　宝贵　　挑战

（4）上声+轻声：

斧子　　马虎　　里头　　口袋　　尾巴　　老婆　　嗓子　　矮子

#### 2. 上声与上声相连时的变调

（1）两个上声相连，前者变阳平，调值由214变为35。

懒散　　旅馆　　解渴　　友好　　主讲　　彼此　　简短　　反省　　保险　　远景

（2）三个上声相连时，按语音停顿情况来变。

①双音节＋单音节：前两个音节都变阳平，调值由214变为35。

胆小鬼　　管理组　　勇敢者　　展览馆　　手写体　　演讲稿　　选举法　　洗脸水

②单音节＋双音节：第一个音节处在被强调的逻辑重音时，读成"半上"，调值变为21；中间音节变阳平，调值变为35。

好导演　　冷处理　　党小组　　纸老虎　　小拇指　　海产品　　耍笔杆　　搞管理

（3）多个上声相连时，按照语意或气息自然划分节拍，再按照上述规律变调。

岂有/此理。

我/很/了解/你。

理想/永远/很/美好。

我想/买五把/铁锁。

老李/请你/给我/买把/小/雨伞。

### （二）"一""不"变调

"一"的原声调是阴平55。"一"单念或出现在词语末尾及表示日期或序数时读原调，如"一二三四""五分之一""十月一日""一号房间""第一"等。"不"的原声调是去声51，单念或在非去声前时不变调。

#### 1."一"变调

"一"有两种变调。

（1）"一"在去声前读阳平35。

一半　　一定　　一个　　一贯　　一向　　一倍　　一阵　　一瞬　　一概　　一次

（2）"一"在非去声前读去声51。

一般　　一瞥　　一家　　一排　　一两　　一举　　一经　　一端　　一批　　一行

#### 2."不"变调

"不"只有一种变调，即在去声前调值变为阳平35。

不够　　不济　　不怕　　不逊　　不必　　不愧　　不振　　不论　　不料　　不是

#### 3."一""不"轻声变调

当"一""不"夹在相同的动词中间或动词与补语之间时，读轻声。

听一听　　想一想　　尝一尝　　苦不苦　　来不来　　拿不动　　看不清

### （三）"七""八"变调

"七""八"在去声前调值可变为35，也可保持原调55。其余场合念阴平原调值55。

七万　　七岁　　七块　　七路　　七个　　七月　　七上八下

八倍　　八岁　　八块　　八处　　八路

### （四）重叠形容词变调

（1）单音节形容词重叠构成的词语，如果重叠部分儿化，则后一个叠音要变成阴平。

满满儿的　　　长长儿的　　　慢慢儿的　　　快快儿的　　　好好儿的　　　远远儿的

（2）单音节形容词后加叠音词构成的ABB式词语，有些词语的"BB"部分具有较浓的口语色彩，习惯上要求变调，读作阴平。

红彤彤　　　沉甸甸　　　羞答答　　　亮堂堂　　　文绉绉　　　血淋淋　　　热腾腾

另外，还有一些书面语色彩较强的ABB重叠式形容词，是不需要变调的，如"赤裸裸""亮闪闪""圆滚滚""白茫茫""阴沉沉""绿茸茸"等。ABB式形容词在具体应用时，可具体问题具体分析，不必一概而论。

（3）双音节形容词重叠构成的AABB式四音节形容词，有时第一个音节的叠音部分轻读，后一个音节及重叠部分则变成阴平。

漂漂亮亮　　　哭哭啼啼　　　明明白白　　　稳稳当当　　　马马虎虎　　　痛痛快快

## 二、轻声

有些音节在词语或句子里失去原有声调而读成一个较轻、较短的调子，这种调子就是轻声。例如："老实"中的"实"原本是阳平调，但在这个词中是轻声（lǎoshi）。需要注意的是，轻声的本质首先在于短，其次才是轻。

### （一）轻声的作用

普通话里有些词语或短语依靠读轻声区别其意义和词性（表1-2）。

表1-2　轻声的作用示例

| 词语示例 | 是否轻声 | 词性对比 | 词义对比 |
|---|---|---|---|
| 编辑 | biānji | 名词 | 从事编辑工作的人 |
| | biānjí | 动词 | 对资料或现成的作品进行整理、加工 |
| 地道 | dìdao | 形容词 | 真正的、纯粹的、够标准的 |
| | dìdào | 名词 | 在地下挖掘的交通坑道 |
| 利害 | lìhai | 形容词 | 同"厉害"，指难对付、严格等 |
| | lìhài | 名词 | 利益和损害 |

### （二）轻声的规律

普通话中的必读轻声音节大都带有一定的规律性，如带有附着性（附着在别的词或语素后边），缺乏独立性。带有规律性读轻声的词语主要有以下几种。

（1）助词"的""地""得""着""了""过"和语气词"呢""啊""吗""吧"等读轻声。

美丽的花园　　　深刻地论述　　　冻得龇牙咧嘴　　　走着　　　听人说了　　　读过这本书
还早呢　　　快吃啊　　　是吗　　　轻吗　　　去吧　　　放心吧　　　都走啦　　　有话好说嘛

（2）叠音词和重叠式动词的后一个音节读轻声。

弟弟　　　妈妈　　　娃娃　　　星星　　　试试　　　催催　　　打听打听　　　商量商量　　　拾掇拾掇

（3）名词和代词的后缀为"子""儿""头""们""巴""么"等时，后缀读轻声。

被子　　带头儿　　骨头　　学生们　　我们　　嘴巴　　尾巴　　下巴　　这么
怎么　　什么

（4）"上""下""里""头""面""边"等表示方位的语素或词读轻声。

马路上　　地底下　　校园里　　墙外头　　门后头　　前面　　心里面　　往右边
在南边

（5）用在动词、形容词后面，表示趋向的词读轻声，如"来""去""开""起来""下去"等。

快进来　　上去　　走下去　　打开　　藏起来　　跑过去　　夺回来　　做下去
溜出去

（6）量词"个"常读轻声，如"这个""两个"。

（7）其他规律性不强，但普通话习惯上必读轻声的词语。

蘑菇　　阔气　　暖和　　清楚　　商量　　痛快　　名堂　　规矩　　扫帚　　眯缝
粮食　　萝卜　　态度　　庄稼　　呵欠　　窗户　　簸箕　　学问　　累赘　　糊涂
冤枉　　打量　　疙瘩　　报酬

## 三、儿化

er在普通话里是一个比较特殊的韵母。er可以自成音节，但它自成的音节很少，它更多的是附着在其他音节后边，使这个音节带一个卷舌动作，使其韵母发生音变成为儿化韵，这就是儿化现象。带儿化的音节一般用两个汉字来表示，如"花儿""鸟儿"等。儿化音节虽然用两个汉字表示，但拼写时只需在原韵母后加上"r"，所以它是一个音节，如huār（花儿）、niǎor（鸟儿）等。普通话中有一些是必读儿化词，如"小孩儿""冰棍儿"等；还有一些是非必读儿化词，这就要根据具体语境来判断了。

### （一）儿化的作用

#### 1. 区别词性

兼动词、名词两类的词或形容词，儿化后固定为名词；有的名词、动词，儿化后可借用为量词。

盖（动词、名词）—— 盖儿（名词）

尖（形容词）—— 尖儿（名词）

手（名词）——（一）手儿（量词）

堆（动词）——（一）堆儿（量词）

#### 2. 区别词义

有的词儿化后具有比喻义。

头（脑袋）——头儿（首领；为首的人）

针眼（一种眼疾）——针眼儿（针上供穿线的孔洞或被针扎过后留下的小孔）

#### 3. 表达感情色彩或语气

（1）表达细小、轻微、短暂的色彩。例如：牙签儿、棉球儿、火苗儿、信封儿、雨点儿、门缝儿、脚印儿、一阵儿、半截儿、差点儿、抽空儿、一会儿。

（2）表达喜爱、亲切、委婉的色彩。例如：小孩儿、花瓣儿、熊猫儿、脸蛋儿、宝贝儿、媳妇儿、两口儿、红包儿、开窍儿、贴心话儿。

（3）表达戏谑、轻蔑、憎恶的色彩。例如：

这人，简直就是个败家子儿！

他都五十多岁了，还是光棍儿一个。

那不就是小菜一碟儿吗！

五十来斤儿，还扛不动吗？

### （二）儿化的发音

（1）韵腹或韵尾是a、o、e、ê、u的韵母儿化，在原韵母之后直接加上表示卷舌动作的"r"。包括a、ia、ua、o、uo、ao、iao、e、ie、üe、u、ou、iou13个韵母的儿化，用这种音变方式。

| a—ar | 树杈儿 | 腊八儿 | 打杂儿 | 板擦儿 |
| ia—iar | 脚丫儿 | 摸瞎儿 | 豆芽儿 | 人家儿 |
| ua—uar | 鸡娃儿 | 香瓜儿 | 牙刷儿 | 雪花儿 |
| o—or | 泡沫儿 | 山坡儿 | 薄膜儿 | 粉末儿 |
| uo—uor | 大伙儿 | 酒窝儿 | 花朵儿 | 干活儿 |
| ao—aor | 跳高儿 | 灯泡儿 | 笔帽儿 | 小道儿 |
| iao—iaor | 跑调儿 | 麦苗儿 | 线条儿 | 豆角儿 |
| e—er | 山歌儿 | 风车儿 | 方格儿 | 吃喝儿 |
| ie—ier | 树叶儿 | 菜碟儿 | 台阶儿 | 小鞋儿 |
| üe—üer | 旦角儿 | 正月儿 | 木橛儿 | 空缺儿 |
| u—ur | 水珠儿 | 面糊儿 | 没谱儿 | 里屋儿 |
| ou—our | 耍猴儿 | 纽扣儿 | 网兜儿 | 水沟儿 |
| iou—iour | 抓阄儿 | 加油儿 | 踢球儿 | 蜗牛儿 |

（2）韵母是i、ü的，儿化时韵母不变，在词尾加上"er"。

| i—ier | 玩意儿 | 眼皮儿 | 没气儿 | 米粒儿 |
| ü—üer | 有趣儿 | 孙女儿 | 毛驴儿 | 小曲儿 |

（3）韵母是舌尖前音-i（前）或舌尖后音-i（后）的，把"-i"去掉，韵母变作"er"。

| -i（前）—er | 瓜子儿 | 歌词儿 | 识字儿 | 铁丝儿 |
| -i（后）—er | 树枝儿 | 橘汁儿 | 夜市儿 | 汤匙儿 |

（4）韵尾是i、n的，包括ai、uai、ei、an、ian、uan、üan、en，不包括ui、in、un、ün，儿化时去掉韵尾i或n，加上儿化符号"r"。

| ai—ar | 冒牌儿 | 锅盖儿 | 小菜儿 | 鞋带儿 | |
| uai—uar | 一块儿 | 乖乖儿 | | | |
| ei—er | 宝贝儿 | 刀背儿 | 眼泪儿 | 摸黑儿 | |
| an—ar | 花瓣儿 | 竹竿儿 | 心肝儿 | 被单儿 | |
| ian—iar | 书签儿 | 心眼儿 | 小辫儿 | 门帘儿 | 唱片儿 |
| uan—uar | 茶馆儿 | 小船儿 | 拐弯儿 | | |
| üan—üar | 眼圈儿 | 手绢儿 | 汤圆儿 | 圆圈儿 | |

| en—er | 书本儿 | 脸盆儿 | 后门儿 | 赔本儿 |

（5）上一类中排除的 ui、in、un、ün 这四个韵母的音变规律是把韵尾 i 或 n 去掉，加上 "er"。

| ui—uer | 一会儿 | 跑腿儿 | 壶嘴儿 | 墨水儿 |
| in—ier | 脚印儿 | 背心儿 | 干劲儿 | 手心儿 |
| un—uer | 没准儿 | 打盹儿 | 冰棍儿 | 保准儿 |
| ün—üer | 合群儿 | 花裙儿 | 喜讯儿 | |

（6）后鼻音韵母，包括 ang、iang、uang、eng、ing、ueng、ong、iong 8 个，儿化时韵尾 "ng" 消失，韵腹变为鼻化元音，加上卷舌动作。为了描写方便，在鼻化元音的上面标上符号 "~"。

| ang—ãr | 肩膀儿 | 帮忙儿 | 药方儿 | 后晌儿 |
| iang—iãr | 身量儿 | 瓜秧儿 | 花样儿 | 官腔儿 |
| uang—uãr | 蛋黄儿 | 眼光儿 | 橱窗儿 | 小床儿 |
| eng—ẽr | 门缝儿 | 板凳儿 | 现成儿 | 头绳儿 |
| ing—ĩr | 电影儿 | 花瓶儿 | 山顶儿 | 打鸣儿 |
| ueng—uẽr | 小瓮儿 | | | |
| ong—õr | 胡同儿 | 没空儿 | 小葱儿 | 门洞儿 |
| iong—iõr | 小熊儿 | | | |

## 四、语气词 "啊" 的音变

出现在句尾或句中的语气词 "啊"，用来表示语气缓和，增加感情色彩。发音时，由于受到前面音节韵母的影响，"啊" 会产生 "同化" "增音" 等音变现象，其规律如下。

（1）"啊" 前面音节末尾的音素是 a、o（ao、iao 除外）、e、ê、i、ü 时，读作 ya，汉语可写作 "呀"。例如：

这是多么聪明的回答呀（dá ya）！

袁隆平是当之无愧的国家劳模呀（mó ya）！

他的态度挺坚决呀（jué ya）！

你练的字是欧体呀（tǐ ya）！

张老师说话可真风趣呀（qù ya）！

（2）"啊" 前面音节末尾的音素是 u，以及 ao、iao 中的 o 时，读作 wa，汉语可写作 "哇"。例如：

好大的一棵树哇（shù wa）！

你做川菜挺拿手哇（shǒu wa）！

这个城市的建设规划真好哇（hǎo wa）！

发言人的回答可真妙哇（miào wa）！

（3）"啊" 前面音节末尾的音素是 n 时，读作 na，汉语可写作 "哪"。例如：

多么壮观、热烈的场面哪（miàn na）！

今天的天气真闷哪（mēn na）！

这种防盗门挺安全哪（quán na）！

（4）"啊" 前面音节末尾的音素是 ng 时，读作 nga，仍写作 "啊"。例如：

这个人可真犟啊（jiàng nga）！

多么真挚的感情啊（qíng nga）！

这家商场的生意可真兴隆啊（lóng nga）！

（5）"啊"前面音节末尾的音素是 –i（前）时，读作 za，仍写作"啊"。例如：

多漂亮的粉笔字啊（zì za）！

还要说多少次啊（cì za）！

这合同可不能撕啊（sī za）！

（6）"啊"前面音节末尾的音素是 –i（后）、r（er 或儿化韵）时，读作 ra，仍写作"啊"。例如：

妈妈做的菜真好吃啊（chī ra）！

多么优美的爱情诗啊（shī ra）！

诚实守信是多么可敬的品质啊（zhì ra）！

多好的女儿啊（er ra）！

# 第五节　普通话水平测试

## 一、普通话水平测试的意义和性质

普通话不仅是汉民族的共同语，也是全中华民族（包括各少数民族、港澳台同胞和全世界华人）通用的共同语。

《中华人民共和国宪法》规定："国家推广全国通用的普通话。"推广普通话不但可以进一步消除方言的隔阂，有利于国家的统一和社会的安定团结，还可以促进国际交往和交流，并且对教育的普及和提高、科学技术的进步与发展都具有深远的意义。

普通话水平测试（Putonghua Shuiping Ceshi，缩写为 PSC）正是推广普通话工作的重要组成部分，是使推广普通话工作逐步走向制度化、科学化、规范化的重要举措。开展普通话水平测试不仅仅是评定应试人普通话水平等级，更重要的是"以测促普，逐步提高"，从而更有效地推广普通话。普通话水平测试工作的顺利开展必将对社会语言生活，对我国政治、经济、文化、教育、科学事业的发展，对现代化建设产生深远的影响。

普通话水平测试是一种标准参照性考试，是测查应试人普通话规范程度、熟练程度，并认定其普通话水平等级的国家级口语考试。

普通话水平测试等级标准

## 二、普通话水平测试应试练习方法

要想在普通话水平测试中取得理想的成绩，一方面有赖于在正确理论指导下的反复训练，另一方面还要掌握一定的练习方法。

### （一）单音节字词训练策略

单音节字词占普通话水平测试总分的 10%，也就是 10 分，分值虽不高，

普通话水平测试内容及评分标准

但直接影响应试人水平等级的评定。如果扣分达到 1 分，就不能进入一级。因此，不可掉以轻心。读单音节字词，吐字要清晰，调节好音节发声的长度，控制音节的响度，注意发音的力度，时间要分配得当，保证在 3 分钟内读完 100 个单音节字词。

### 1. 声母的发音部位要准确

声母的音色取决于发音部位和发音方法。一般而言，发音部位不够准确，是造成普通话中带有方言色彩的主要原因，所以如果忽视声母的发音部位，将使整个音节的发音受到影响。例如，以 zh、ch、sh 和 j、q、x 做声母的字词，如果声母的发音部位不准确，会直接导致发音错误或缺陷，如把"知道"读成"机道"，"少数"读成"小数"；再比如"武""完""汪""洼"等字，是以 u 为韵头或韵腹的零声母音节，发音时，上齿和下唇之间是没有任何接触的，如果接触，就会出现错误或缺陷。

### 2. 复韵母、带鼻音韵母的舌位动程要完整

复韵母、带鼻音韵母都是由两个或三个音素结合而成的。因此，在发音过程中，舌位的前后、高低和唇形的圆展都发生明显的移动、变化，否则，整个发音会因缺少动程而变得"扁平"、不够响亮，甚至发生错误。尤其注意在读鼻韵母时，一方面主要元音的发音要到位、完整；另一方面要注意韵尾的归音，避免丢失韵尾而读成鼻化音。

### 3. 单个字的声调要读全调

对于单个的字，不存在任何的语流音变问题，尤其是声调，是不会受到前后字的影响的。因此，每个字都要读全调，阴平调字发音时，要把气提起来，读得高而平稳；阳平调字发音时，要努力上扬，用气为开头弱然后逐渐加强；上声调字发音尤其是难点，发音时尽量避免降升拐弯过于僵硬、不够平滑，尾音上扬高度不够的现象，上扬时要气势平稳、坚定有力；去声调字朗读时要注意高起直降，避免降不下来的缺点。

### 4. 要控制好字与字之间的语速

读单音节字词时不能一味图快，以免影响整个音节发音的准确、到位。因为如果把相邻的字词很快地连起来读，音节之间就会相互影响，不能保证把每个字的声母、韵母、声调都读得完整、清楚。为保证每个字音都读得字正腔圆，务必保持字与字之间的语速。

## （二）多音节词语训练策略

普通话水平测试的第二题要求读多音节词语，虽然音节数量较第一题没有增加，但分值增加至 20 分，翻了一倍，而且扣分达到 2 分就不能进入一级。双音节词语的考查项目比第一题有所增加，在读时要加以注意。

### 1. 努力分辨轻声词与非轻声词

轻声是普通话的一种特殊的音变现象。对于绝大多数应试人来说，正确地读出轻声词是不成问题的，读得"又轻又短"基本上都能做到，难点是在朗读过程中准确迅速地判断出哪些是轻声词，哪些不是轻声词。要解决这个问题，需要从两方面入手：一是了解轻声的音变规律；二是重点记忆一些习惯性的轻声词。

### 2. 读准变调音节的发音

读双音节词语时，要充分注意上声的变调、"一""不"的变调等。在读变调词语时，一方面要把调值读准，另一方面还要注意音节之间的连续性，避免出现为了把变调读准而顾此失彼的情况。

### 3. 重视双音节词语中第二个音节的声调发音

在双音节词语的朗读中，要注意，只有第一个音节可能出现变调现象，第二个音节是不发生变调的。也就是说，在读双音节词语时，除了轻声、儿化等音变现象外，第二个音节必须读原调，且调值要读准、读到位。

### 4. 适当注意双音节词语的轻重音格式

读双音节词语时，为了确保发音准确、规范，符合普通话要求，一方面要准确把握声母、韵母、声调、变调等的正确发音；另一方面也要适当注意词语的轻重音格式。如果不注意词语的轻重音格式，就会以一个模式把所有词语都读下来，使语音状态显得僵硬。普通话水平测试等级越高，轻重音格式对其的影响就越大。

## （三）朗读训练策略

普通话水平测试的第三题，是朗读一段 400 个音节左右的短文，分值 30 分，分值较大，应该给予充分重视。

### 1. 注意词语的正确发音

在朗读项目测试中，仍然要注意字、词、句的正确发音，如语气词"啊"的音变。儿化韵的处理也较第二项测试灵活，除了字面上清晰地表示出来的儿化韵发音外，那些书面上没有儿化的音节，也要依据语感和表情达意的需要儿化。

### 2. 注意朗读的基本技巧

朗读是一个有着复杂的心理、生理变化的驾驭语言的过程，朗读必须掌握一定的技巧。在深入地理解和体悟作品的基础上，在停连、重音、节奏、语气语调等方面进行艺术加工，通过有声语言准确、鲜明、生动地体现原作的特有风格，把作者所要表达的思想感情较完整、真实地予以复现。

### 3. 针对难点强化练习

60 篇短文中，每一篇都有一些朗读难点。这些难点一旦把握不好，在测试过程中非常容易引起失误。如有些结构复杂的长句的停顿，即使事先有练习，没有朗读经验的人还是容易读错。又如有的短文中儿化较为集中，有的短文中外国人名多，有的短文中还有些拗口的句子。对于这类难点，必须进行强化训练，而方法只有一个，即反复朗读，读到准确、流畅为止。

### 4. 克服不良的语言习惯

有些应试人有一些不良的语言习惯，如通篇用一种语调，或全扬，或全抑；又如每句话的末尾读得特别重或特别轻；再如常回头重复读；等等。在普通话水平测试中，这些现象会被判为方言语调或被视为严重失误。练习时，要注意发现自己的不良语言习惯，并加以克服。

### 5. 充分利用示范朗读

依据国家语言文字工作委员会（以下简称国家语委）普通话培训测试中心编制的《普通话水平测试实施纲要》，本书有配套示范朗读音频资源，在练习时可以反复听辨跟读，对提高朗读水平非常有益。

普通话水平测试
语段朗读音频

## （四）命题说话训练策略

命题说话在普通话水平测试中，分数占到40%，即40分。它考查应试人在自然状况下的语音面貌，是最能反映其普通话水平的测试方法，对于应试人来说，也是最难和最容易失分的项目。

命题说话就是表达主体在某种特定情境中，针对某一话题，将自己头脑中关于这一话题的诸多信息相互交织，将内部语言转化为由诸多词汇按一定的语法结构组合而成的呈线性结构的外部语言的行为活动。

### 1. 命题说话的训练原则

（1）循序渐进。这一测试项目要求应试人在说任何一个话题时，都能做到普通话语音标准，词汇语法符合规范，表达自然流畅，并说满3分钟。对于一些来自方言区的应试人来说，发标准的普通话语音，不使用方言词、方言句式，不说明显的病句，自然流畅地说满3分钟话并非易事。在进行训练时，可以"一步步来，一项项来"。如先说句，再说段，最后说篇；先纠正语音错误，再纠正词汇错误，最后纠正语法错误；先练叙述类话题，再练说明性话题，最后练议论性话题；由不到3分钟的说话到超过3分钟的说话；由吞吞吐吐或死记硬背到自然流畅表达。循序渐进的训练，有助于应试人自信心的建立。

（2）从根本问题着手。一些应试人在参加普通话水平测试的过程中，由于心理状态不好，不能正常发挥自己的普通话水平，造成错误出现频率增多，说话时间不足、不自然流畅，出现朗读、背诵和"无效语料"的情况，导致不能取得理想成绩。针对这一情况，应试人在进行命题训练时，应从根本问题着手。首先，要解决的问题是，打开自己的思维空间，激发说话欲望，克服紧张情绪，让自己乐于说话、有话可说，并说得流利、顺畅。其次，就是纠正错误发音。在进行命题说话的时候，要从整体上把握语音面貌，包括语音失误的类型、方言色彩的流露等，要具体累计语音失误的次数。不仅能说，还要说得标准，在这一基础上去改正不规范的词汇和语法问题就不用费很多工夫了。

### 2. 命题说话的基本技巧

（1）审题。审题就是对话题进行分析，理解其要求，确定其中心。

（2）选择合适的材料。材料就是用以表现中心意思的事实、情节或有说服力的现成说法。合适的材料就是符合话题要求的材料。

（3）安排恰当的顺序。确定了中心，有了相关的材料后，还要想好怎样开头，重点说什么，怎样结束。这就需要安排恰当的说话顺序。

### 3. 命题说话的训练方法

（1）示范法。一些方言区应试人初学普通话发音不准，难点音多，方言语调重，在用普通话表达时找不到感觉，不知道到底该怎么说。这种情况下，命题说话训练可以从提供范例做起，将说普通话的范例，特别是与应试有关的说普通话的范例常摆在应试人面前，使他们学有榜样、学有目标、学有动力。提供范例有如下方法。

①学生示范。可以选用班级里语言表达较好的学生，从普通话语音到说话的语气语调、说话的速度、说话时的表情及说话内容等方面作为范例。这种示范可以让应试人从形式到内容，从感性到理性认识命题说话，知道到底应该怎么说。心中有"样例"了，就可以刻苦去学。这比盲目练习效果要好得多。

②影视作品精彩片段示范。许多应试人说不好普通话的最大原因是找不到感觉。针对这种情况，光有学生的说话示范还不够，还可以利用课内外时间欣赏影视作品中用标准普通话表达的精彩片段，应试人应用心去倾听、去感知、去模仿、去领悟，培养说纯正普通话的语感。

（2）对比法。应试人要迅速提高说普通话的水平，就一定要清楚地了解自己说普通话的真实情况，明白自己的问题所在。最好的办法就是让应试人一次次把自己的说话练习情况录音，先由教师或其他学生分析点评，指出应试人在语音、词汇、语法、语调等各方面存在的问题，再播放普通话的精彩片段与之对比。在对比下，应试人能更清楚地意识到自己的差距，从而更好地改进。

（3）创设情境法。在命题说话训练中，有的应试人会碰到这种情况：事先准备了很好的内容，自以为能讲得很好的话题，可一到测试就出问题。有的应试人紧张得无法开口，有的说到中途"卡壳"或者三言两语就结束了说话内容。这种情况主要是由于应试人平时在公开场合正式说话的机会太少，没有得到应有的锻炼。因此，应试人训练时可以创设各种不同的情境练习说话，感受不同的说话氛围，得到多方面的锻炼。

①课堂情境创设。第一，课前练说。利用每节课课前三分钟，由一名同学到讲台前面对全班同学进行命题说话，讲完后，其他同学从语音、语汇、语法、内容等方面点评。这种训练，一是锻炼在公众面前说话不紧张的心理素质；二是提高说普通话的水平；三是可以让其他同学吸取经验教训，取长补短。第二，专题练说。提前选定一个话题，让全班同学做好准备，临时抽取学号，被抽到的同学逐一上台练说。这种训练有比较，有鉴别，可以互相学习、互相促进。

②课外情境创设。寝室同学集体练说（可统一话题，也可抽签定题）；二人游戏练说（可锤子剪刀布定谁说，一人说另一人评）；个人面壁练说（一个一个话题地练）。

（4）逐题过关法。按照命题说话的要求，针对每个话题逐一练习。"世上无难事，只怕有心人"，命题说话再难，只要训练得法，加上勤学苦练，怎么也难不住有心人。

4. 不同类型命题说话的训练方法

《普通话水平测试实施纲要》给出了 30 个话题。命题说话题目就出自这 30 个话题。应试人对这 30 个话题应有正确的理解，如果将其理解为口头作文或演讲的题目，那么会影响说话的状态，导致背诵、朗读或情绪激动状态的出现。《普通话水平测试实施纲要》在测试用话题的说明中强调，"30 则话题仅是对话题范围的规定，并不是规定话题的具体内容"，可见，30 个话题只是圈定了说话的范围，在题目规定的范围内，可以想到什么说什么，不必有过多的顾虑和约束。这样就能保证以自然说话的状态完成这项测试。

在具体训练过程中，为了解决"没话说"的问题，应试人可以根据自己的生活经验和对话题内容的理解，把这 30 个话题进行归类整合，将内容相近或相通的归为一类。对于每一类话题，应试人都可以依据自己的经历和体会，有侧重地进行准备。说话的内容，一定要根据自己的情况来定，不要机械地照搬他人的说话材料，或是直接抄袭书上、网上那些现成的范文，也不要随便拿一些自己不了解、不熟悉的故事进行臆造，这样做会影响说话时的自然流畅度，造成说话时僵硬、不自然或出现朗读背诵的状态，导致不必要的失分。

除了对话题涉及的内容作认真地了解、准备，积累说话素材外，还可以给每一类话题列出概括性的提纲，以提纲为思路，针对提纲逐项开谈，这样就可以避免"没话说"的情况发生了。

（1）话题类型一：记叙描述类。这类话题比较容易，只要按照事情发展的时间顺序往下说就行了：①是谁（是什么）？②为什么？③举例子。④怎么办？

在给定的 30 个话题范围内，记叙描述类的话题有很多，如我的愿望（理想）、我尊敬的人、童年的记忆、难忘的旅行、我的朋友、我的假日生活、我的成长之路、我的家乡、我向往的地方等。

**微案例**

下面以话题"我的愿望"为例，介绍记叙描述类话题应如何开启话题、如何展开，以及如何结尾。

①是谁（是什么）？

我有很多愿望，比如……我最大的愿望是……（成为一名教师；玩遍中国；长高）

②为什么？

有人会问，你为什么会有这样一个愿望呢？因为……

③举例子。

列举古今中外令你印象深刻的教学名师或身边普通教师的事例；好玩的地方，在旅游中学到的知识，了解到的风俗；个子矮的苦恼等。

④怎么办？

今后我要努力学好专业知识，练好教师职业技能……；今后我打算找一份与旅游有关的工作……；今后我要加强营养，多进行有利于长高的运动……

（2）话题类型二：说明介绍类。这类话题忌讳只列出干巴巴的几个条目，不能展开详细说明。应试人可以从一个事物的几个方面进行说明或介绍：①是什么（是谁或什么样的）？②表现在哪几个方面？③每个方面是怎么样的？④自己的态度或打算。

在给定的 30 个话题范围内，说明介绍类的话题也比较多，如我的学习生活、我喜爱的动物（或植物）、我喜爱的职业、我喜爱的文学艺术形式、我的业余生活、我喜欢的季节（或天气）、我知道的风俗、我和体育、我喜欢的节日、我所在的集体（学校、机关、公司等）、我喜欢的明星、我喜爱的书刊、购物（消费）的感受等。

**微案例**

下面以话题"我的业余生活"为例，介绍说明介绍类话题应如何开启话题、如何展开，以及如何结尾。

①是什么（是谁或什么样的）？

每个人都有不同的爱好和业余生活。我觉得自己的业余生活是很丰富多彩的。

②表现在哪几个方面？

很多时候，我会在业余时间去打篮球/听音乐/练书法。

③每个方面是怎么样的？

我觉得打篮球有很多好处……

除了打篮球之外，我还喜欢听音乐／练书法……我最喜欢听……，它让我……

④自己的态度或打算。

丰富的课余生活给我带来了……今后我想再多培养一些兴趣爱好，让生活更加……

（3）话题类型三：议论评说类。这类话题需要比较缜密的思维和比较强的概括能力。应试人可以从几个方面去展开：①是什么（提出自己的观点）？②为什么（归纳出几条理由）？③举例子（每条理由后分别举）。④怎么办（提出建议）？

在给定的30个话题范围内，议论评说类的话题有：谈谈卫生与健康、学习普通话的体会、谈谈服饰、谈谈科技发展与社会生活、谈谈美食、谈谈社会公德（或职业道德）、谈谈个人修养、谈谈对环境保护的认识等。

### 💬 微案例

下面以话题"谈谈卫生与健康"为例，介绍议论评说类话题应如何开启话题、如何展开，以及如何结尾。

①是什么（提出自己的观点）？

人们常说，健康是人生最大的财富，是美好生活的基础。健康非常重要。我觉得，要想拥有健康的体魄，那么良好的卫生习惯是必不可少的。

②为什么（归纳出几条理由）？

因为良好的卫生习惯……

③举例子（每条理由后分别举）。

首先，注意饮食卫生，可以……其次，注意环境卫生，可以……

④怎么办（提出建议）？

在饮食卫生方面，我们可以……在环境卫生方面，我们需要从……做起……

对30个话题逐一进行准备，需要花费一定的时间和精力。但是如果对话题的内容范围进行梳理，会发现有的话题的内容范围是相互交叉和相互联系的。据此，应试人可以针对这些话题做内容上的迁移。比如我的愿望（或理想）、我喜爱的职业、我的业余生活、我的成长之路、我和体育、我向往的地方等话题在内容上都是相互关联的，可以形成一个有机的整体。如"我的成长之路"，应试人可以从"我的愿望"开始谈，而愿望又与爱好、向往密切关联；体育与健康密不可分，有一个健康的身体也是每一个人的愿望，有许多人还曾有过体育明星梦；业余活动与成长同样密不可分；等等。说话范围可以不断扩大，这样无话可说的问题自然也就解决了。

## 实训设计

1. 结合自己所说方言的实际情况，谈谈声母、韵母的辨正问题。
2. 下面这首诗涵盖了汉语普通话的38个韵母，请朗读并写出每个字的韵母。

### 捕鱼歌
周有光

人远江空夜，浪滑一舟轻。
网罩波心月，竿穿水面云。
儿咏欸唉调，橹和嗳啊声。
鱼虾留瓮内，快活四时春。

3. 参照《普通话水平测试用词语表》，正确朗读其中的词语。

4. 熟读《普通话水平测试用朗读作品》。

5. 参考普通话测试命题说话的训练方法，以班级、小组、寝室、同桌为单位进行练习。

# 口语表达技能训练

本章导语

教师所从事的是"舌耕笔耘"的事业,其"传道、授业、解惑"使用的最基本、最直接的手段就是语言。教师通过情真意切、语重心长的语言来"传道",通过准确、鲜明、生动、简练的语言来"授业",通过循循善诱、因势利导的语言来"解惑"。可以说,教师的语言修养直接决定着教学效果和教育质量,直接影响到其教育事业的成败。苏联教育家苏霍姆林斯基说:"如果不想知识变成僵死的、静止的学问,就要把语言变成一个最主要的创造工具。"因此,要想成为一名合格的教师,必须苦练语言表达这一基本功,以掌握高超、完美的语言表达艺术,从而强化和优化教育教学效果。

目标引导

了解教师口语表达的基本要求;理解并把握教学口语和教育口语的特点和要求;掌握主要教学环节和常用教育口语的口语表达技能;了解态势语在一般口语交际和教师职业口语中的作用;掌握态势语运用的要领,初步养成态势语运用的良好习惯;掌握朗读、讲故事、口头作文、演讲等口语表达技巧,提高口语表达能力、思维能力。

思政小课堂

有人说:"教师无意间的一句话,可以扼杀一个天才,也可能扶起一个伟人。"每天,教师所面对的都是一群活泼向上、充满朝气,并且具有巨大可塑性的学生。这些学生都有获得成功的意愿,都希望能够得到来自各方的鼓励和赏识。教师应以一种平和、欣赏的心态去相信学生、了解学生,让自己所扮演的"教师"角色,成为推动学生进行自主探究学习的"促进者"和"欣赏者",而不是"扼杀者"。"谁能说得更好?""很好,你是怎么想到这一点的?""太棒了!"等赞赏的话语对于教师来讲,说出来并不困难,那就请教师不要太过吝啬,给学生一点夸奖、一点赞扬、一点鼓舞。让他们快快乐乐、健健康康地长大成人吧!

# 第一节　教学口语

在教育教学实践中,教师的工作任务主要是通过语言来完成的。苏霍姆林斯基曾说:"教师的语言修养,在极大程度上决定着学生在课堂上的脑力劳动的效率。"而教师教学口语的水平不仅会影响教学质量和教学效率,也会对学生的语言学习及语言习惯的养成形成示范作用,甚至产生深远的影响。

## 一、教学口语概说

### （一）教学口语的含义

教学口语是教师在教学活动中所使用的工作用语。它是教师根据教学目的和要求，针对一定的教学对象，依据规定的教材，按照教师教案所设计的教学方法及教学步骤，在有限的教学时间内，完成一定数量和一定质量要求的教学任务而使用的一种语言。

### （二）教学口语的特点

教学口语不同于一般的口语，它是经过转化的书面语和经过精心设计、优化的口头语的结合。它以通俗、流畅的口头语言为主，以表情、手势、体态作为辅助手段，向学生传达知识，激发学生的思考和感悟；同时，由于受到教学内容和教学任务的约束，教学口语较之日常口语显得更加规范、严谨。因此，教学口语兼具口语的灵活生动和书面语的典雅蕴藉。小学教师教学口语具有以下几个基本特点。

#### 1. 具有科学性和规范性

不同学科的教学口语应体现其教学内容的科学性。具体来说，就是要求教师在讲授知识时必须概念准确，语言精练且符合学科特点，讲解符合客观实际，推理合乎逻辑，评价精准恰当。例如，有位教师这样评价学生的回答："这位同学的解释，有人认为不对，我认为是对的。"这句评价可以有不同的理解，究竟是教师认为"这位同学的解释"是对的，还是教师认为"有人认为不对"是对的，教师没有表述清楚，会使学生思维混乱，影响教学效果。

教学口语的规范性是指教师要用标准的普通话讲授知识、答疑解惑。在教学过程中不能使用方言词、生造词、网络用语等不规范的词汇；在语法方面，要格外讲究语句完整通顺、词语搭配恰当、语序正确等语法规范，尽量避免出现语法错误、口头禅等现象。

#### 2. 具有启发性和量力性

教师富有启发性的语言是开启学生智力，引发学生产生联想和想象，激励学生主动去探求未知领域的有效手段。教学口语的启发性需要教师根据教学规律和学生的学情特点，适时地运用巧妙的话语，或创设情境，或设障立疑，使学生在不断质疑、解疑的过程中获得启迪、开导和点拨。在教学过程中，教师要做到话不说透，留有余地，恰当地运用提问、反问等方式，推动学生不断思考、不断创新，激发学生的求知欲；多方位、多形式地启发、激励学生，拓展学生的思维角度，使学生在思考过程中获取知识，获得乐趣。

教学口语还应具有量力性，即问题的难度设置要适中，过分的浅显或过分的深入都会打击学生学习的积极性；提问与追问要有层次性、渐进性，点拨要到位，举例要贴切。教师的语言中应当包含较丰富的理性信息，即讲授的内容里有新知识，这样，学生听起来才不会走神。但信息量又不宜过大，过长的句子，过多的严密句，其句意不能完全进入学生的意识里，因此，也会导致学生注意力分散。教师说话的语速要快慢适度，语言要贴近学生的生活，通俗明白，深入浅出，善于把书面语言转化成口头语言，只有这样才易被学生接受。

#### 3. 具有艺术性和示范性

"言之无文，行而不远。"所谓艺术性，就是要求教师应在课堂上以饱满的情绪，运用新颖、风趣、幽默、富有感染力和节奏感的语言，来吸引学生的注意力，调动学生学习的兴趣。为了增强教学口语的表达效果，教师应学会恰当运用比喻、拟人、对比、夸张等修辞手法来修饰自己的语言，用生动、形象的教学口语激发学生的学习兴趣，调动学生的智力因素和非智力因素，提高教学效率。同时，教师还可适当使用态势语、教具等辅助手段，提高教学口语的感染力，引导学生不断地加深对知识的理解。

所谓示范性，是要求教师在教学活动中，选择的课堂用语必须体现出教师的高尚情操，符合道德规范。在一切教学环节中，教师的教学口语应表现出亲切、真挚、诚恳和热情的心态，即符合感情规范。只有这样，才能形成尊师重教的社会风尚，才能体现"人类灵魂工程师"的真正含义。

### 4. 具有教育性和可接受性

"立德树人"是教师的神圣职责，教师在任何学科、任何教学环节中都要肩负起教育学生的重任。教师在教学过程中除了按照课程教学大纲的要求，准确地向学生传授科学知识外，还要从情感、态度、价值观等各方面对学生进行积极、正面的引导。正如我国著名教育家叶圣陶所说："教习某科为教学工作，熏陶善诱为教育工作，凡为教师，固宜教学与教育兼任也。"

教师的语言是为教学而服务的，如果其不能被学生所接受，甚至让学生产生反感或抵触情绪，即使语言再优美，也起不到教育的作用，达不到教育的目标。因此，教师的言语表达，要想使学生乐于接受、易于接受，必须在可接受性上下功夫，尽量做到教育性与接受性相统一。教师无论表扬还是批评，都要以鼓励为主，注意保护学生的自尊心。教师如果经常使用赏识性用语，会使学生的心灵得到舒展，让他们变得越来越有信心，越来越优秀，从而达到最佳的教育效果。

## 二、教学口语表达的基本形式

授课是教育教学中普遍使用的一种手段，它是教师给学生传授知识和技能的全过程。教师在授课过程中，要妥善处理教材，精心设计教学口语，既不能照本宣科，也不能随心所欲、信口开河。一般来说，教师教学时通常采用叙述的方式，客观、准确地讲授教材中的基础知识；用描述的方式对教学内容进行形象化的阐述，供学生领略和欣赏；对于教材中出现的难点、疑点，则用解说的方式让学生理解；针对教材中的观点和学生的课堂表现等，则需要用评述的方式发表教师的个人见解和评价。教师在教学过程中，要根据教学内容、教学目的、教学方法、学生反馈等各种因素，创造性地交替使用不同的表达方式，才能使课堂教学有效、生动。归纳起来，教学口语有四种基本的表达方式。进行这四种表达方式的训练，对小学教师掌握教学口语的基本技能是非常必要且重要的。

### （一）叙述语

叙述语，又称讲述语。在教学过程中，叙述是指教师将教材中的文化知识向学生做客观的陈述、介绍，是课堂教学中应用最广泛、最普遍的一种口语表达方式。叙述不但给学生提供丰富的语言信息，为学生搭建迅速通向知识的桥梁，而且与教科书、学具、标本、挂图、音响和网络这些"冷冰冰"的课程载体相比，教师的语言更易于与学生沟通和交流，使课堂教学产生情境性和感召力，从而激发学生学习的热情和信心。例如，内容概括、作者介绍、历史背景、名词解释等内容，都可以采用叙述的口语表达方式。在教学过程中使用叙述语，需要注意以下几点。

### 1. 叙述态度要客观

教师在叙述时，只做客观陈述，不做主观描绘；只叙述事实、事件的过程等，不发表主观性评议，以便学生能够准确地把握学习内容。

### 2. 精心组织叙述的内容

学生注意力集中的时间是有限的，教师的长篇大论势必会给学生带来思维上的怠惰，使学生处于被动接受状态。因此，要求教师叙述的内容要集中、凝炼，中心要明确，重点要突出，目的是紧扣关键，突破难点，解决疑点。此外，还要求教师语言准确、简明，条理清晰，深入浅出，更要给学生留有足够的思考空间。

### 3. 增强叙述的吸引力

教师要使自己的讲述具有感染力，不仅要注意措辞用语，还需要注意吐字发音、语速、语调及使用无声语言等。发音吐字应准确、清晰；语调、语速要根据说话内容、环境而调整。要根据课堂学生的数量和教室大小控制音量的大小强弱；根据话语内容的重要程度控制语速的缓急，选择适当的停顿。此外，教师的体态、动作表情的变化，也是传递信息的辅助手段。如目光交流、表情变换、手势辅助等，这些如果运用得好，那么就会增强表达效果，吸引学生的注意力，提高教学效率。

### 微案例

语文教师在教授《七律·长征》一课时，运用了下面一段叙述语来介绍创作背景：

无数个感人的故事就发生在这条二万五千里的长征路上（出示长征线路图）。前后短短一年的时间，中国工农红军 30 万，如滚滚洪流般纵横 11 个省，跨过 18 条河，翻过 24 座山，完成了举世无双的二万五千里长征后，只剩下 3 万人马。毛泽东只用 56 个字记录了这惊心动魄的历程。

在上述案例中，教师用简洁的语言介绍了《七律·长征》一课的写作背景，用确切的数字帮助学生了解了长征过程中的艰难险阻，为接下来引导学生细细品味诗歌中的革命英雄主义和革命乐观主义精神做了铺垫。

## （二）描述语

描述语是指教师在讲授的过程中，使用生动形象的语言，对人物、事件、环境等进行具体描述的教学口语。与叙述语相比，描述语增加了许多修饰成分，增强了语言的感染力，容易唤起学生的情感和想象，引发学生情感的共鸣，让学生产生如临其境、如闻其声、如见其人、如睹其物的感觉，能够更加深入地感知教材内容。在教学过程中使用描述语时，需要注意以下几点。

### 1. 描述的目的要明确

需要描述的才描述，不需要描述的而进行描述会给人以矫揉造作、故弄玄虚的感觉。即使是在需要描述时，也不能为了描述而描述，必须明确描述的目的，描述的内容要紧扣教学，不可不着边际。例如，讲授《再见了，亲人》，教师要描述志愿军和朝鲜人民十里相送、依依不舍的场景，而无须过度描述朝鲜战场的惨烈残酷。

### 2. 描述要自然贴切

教师在描述时，免不了会融入自己的感情因素，但是这种因素应当是自然的、贴切的，应当符合被描述对象的基本状况，否则，会影响教学效果，甚至适得其反。

### 3. 描述要突出特点

为了帮助学生更好地认识、理解描述对象，产生强烈的感觉，必须抓住描述对象最突出的特点来描述，用简短明快的句子勾勒出鲜明的形象。在描述过程中，可使用比喻、拟人、夸张等修辞手法，具体生动地描述事物，但不宜使用过多的修饰语或冗长的句式，以免影响学生的感知和思维。

💬 **微案例**

一位教师讲授杜甫的《绝句》时的描述语：

啊！新绿的柳枝上成对的黄鹂在欢唱；一碧如洗的天空中，一字儿排开的白鹭在自由自在地飞翔；凭窗向西远眺，终年积雪的山头，仿佛是嵌在窗框中的图画；门前的山脚下，停泊着一艘艘远航的船只。这是诗人给我们描绘出来的一幅色彩鲜明如画、动静有致、层次分明、意味深邃的立体画。

在上述案例中，教师这段描述优美动人，把学生引入想象的空间；颇具艺术感染力，让学生自然融入教学情境，与诗人的情感产生共鸣。

## （三）解说语

解说语是指教师在教学中诠释事物、分析事理的教学口语。解说不仅要对事物的形态、性质、构造、成因、种类、功能等做清晰准确的诠释，也要对事理的概念、特点、来源、关系、演变等做通俗易懂的剖析，以帮助学生加深理解、形成概念。

解说可以分为定义性解说、诠释性解说、比较性解说、分类性解说、比喻性解说、举例性解说等。在解说过程中，应多种解说形式相互融合，以便达到更好的教学效果。

### 1. 定义性解说

定义性解说就是用简练的语言为事物下一个明确的定义，以揭示事物的本质和内涵。

💬 **微案例**

一位小学科学课教师对指南针的定义性解说：

2 000多年前，我们的祖先把天然磁石制成勺子的形状，放在一个光滑的铜盘上，铜盘上刻着方向，轻轻转动勺子，当它停止转动后，勺柄总是指向南方，人们把它叫作"司南"，这就是世界上最早的指南针了。

### 2. 诠释性解说

诠释性解说是对事物各方面的特征做具体而详细的解释说明，通常用以解决教学中的重点和难点。

💬 **微案例**

一位教师为了说明"确数"和"约数"的用法，运用了诠释性解说的方法。

什么情况下用确数？什么情况下用约数呢？对客观事物的认识和了解达到了全面、精确的程度，应用确数说明，反之，就用约数说明。约数是力求近似全面、精确的一种估计和推测，也是建立在科学计算和调查基础上的，如"赵州桥建于公元605年左右"，是说不能肯定到底建于哪一年，但接近605年。从实事求是出发，能用确数就不用约数，不能用确数就用约数。用约数也是尊重客观事实的表现，同样是科学的。

### 3. 分类性解说

分类性解说是为了揭示事理的类属关系，将事理分成若干类别来进行解说，使学生明确事物的对象、范围或概念的外延情况的解说方式。例如，在数学课上学习三角形时，教师将三角形分为锐角三角形、直角三角形、钝角三角形，再分别解说其特征。

### 4. 比较性解说

比较性解说是把两个或两个以上的、彼此存在一定联系或区别的事物放在一起，通过对照、比较来揭示、辨析它们的特点和区别的解说方法。

**微案例**

一位教师这样解说"为什么说梵蒂冈是袖珍国"：

什么是袖珍国？袖珍国就是很小的国家。为什么说梵蒂冈是袖珍国呢？首先，它的人口不足1 000人。我们的学校有多少人？1 180人。这就是说，它全国的人口比我们一所学校的人数还少。其次，它的国土面积不足0.5平方千米。0.5平方千米有多大？我们学校的面积是0.25平方千米，梵蒂冈一个国家的面积也就是我们学校面积的两倍。如果骑自行车从国家的最东边到最西边，只要几分钟就行。大家说，梵蒂冈小不小？

上述案例中，教师将梵蒂冈的人口、国土面积与学校的人口、面积进行比较，使学生直观地感受了梵蒂冈之小，深刻地理解了"为什么说梵蒂冈是袖珍国"。

### 5. 举例性解说

举例性解说是指教师通过列举具体、典型的事例来说明事物的特点、原理的解说方法。使用举例性解说时，教师选取的事例要通俗、典型、针对性强、富有启发性。在低年级课堂教学中，举例性解说是一种常用的解说方法。

**微案例**

一位教师讲解"月"字旁时，这样解说：

在汉字中，"月"是常见的偏旁。以"月"为偏旁的字，一类与月亮有关，一般表示时间，如阴、朔、望、期、朝等；还有一类是由"肉"演变而来的，通常表示身体的某一部分或某种性状等，如肺、脑、脸、肘、胖等。

### 6. 比喻性解说

比喻性解说是指运用恰当的比喻来解释某一抽象事物的含义。它的特点是能把抽象的事物形象化，使说明显得生动、活泼。

**微案例**

一位小学科学教师在讲解地球的内部构造时，这样解说：

地球的内部构造很像一个半熟的鸡蛋，由三部分构成：蛋壳好比地壳，坚硬无比，承受着地心的压力；蛋清好似地幔，是地壳和地心的过渡层；蛋黄好似地核，半熟液态的蛋黄仿若岩浆。

在小学教学过程中，由于学生受到知识水平、人生阅历的限制，需要教师通过比喻性解说使学生将抽象的概念转化为具象的事物加以理解。

总之，无论运用哪种解说方法，都要求做到：

第一，内容要真实准确。解说是向人们阐明事理，传授知识。因此，解说必须实事求是。解说的内容本身要具有科学性，一般应该是经过科学实验或人们的社会实践证明了是正确的客观知识或主观经验。解说要求做到准确无误，不得违背事实、任意夸大。

第二，条理要清晰明白。为了使解说清楚明白，必须注意解说的条理与顺序。解说必须根据事物本身的条理与特征及人们认识事物的特点或规律，精心安排顺序，尽量做到层次分明、条理清晰。

第三，语言要简洁通俗。解说的语言要准确精当、简洁明了，要能抓住事物的要害，使人一听就明白其主要特征。解说的语言还要做到深入浅出，通俗易懂，要能够把各种抽象深奥的事理或专业性的知识通俗化、具体化，使人一听就明白。

### （四）评述语

评述语是指教师在教学中针对某个具体问题提出自己的见解，做出恰如其分的评述的教学口语。课堂教学中的评述，依附于课堂教学内容或学生的行为表现，具有灵活性。评述的目的是帮助学生提高认识、增强信心，推动教学目标的达成。

常见的评述方式有三种：先述后评、边评边述、先评后述。先述后评，是先用复述或描述的方式把要评论的内容介绍出来，而后进行全面或重点评述。边述边评，即一边复述或描述客观事物，一边进行评述。这种评述以评重点、评片段为主。先评后述，是先阐明自己的见解和感受，再述说事实的理由来证明自己观点的正确。使用这种评述方法引述事实时，不限于某一材料，可以广泛地选取能够支持和证明自己观点的诸多材料，并且不求周详具体地复述或描述，多用概述的方法。先评后述有利于学生迅速直接地了解教师的观点，引起学生的注意。但先评后述要注意场合和语境，以免学生出现注意力分散、无心聆听的情况。

在教学中使用评述语，应当注意以下几点。

第一，评的态度要公正，意见要公允、中肯，不可有偏见，也不能够主观片面；述要实事求是，准确无误，不可夸大其词，修饰无度。

第二，评述要观点明确，态度要鲜明，理由要充分。观点与材料要统一，观点不能偏离主题，材料不能东拉西扯。

第三，在评述的过程中，要讲究逻辑严密、条理分明、概念明确、推论合理；在语言运用方面，评述要用词精当准确、通俗流畅。评要做到要言不烦，述要做到简练。

### 微案例

某班级有个别学生经常为了一些琐事争吵不休。在道德与法治课上，教师讲到同学之间的相处之道时，通过讲故事的方式，让学生们在愉悦的气氛中接受了教育。教师是这样评述的：

在拥挤的公交车上，一位胖大嫂提着一条鱼。一不小心，胖大嫂手里的鱼把一个年轻人的裤子蹭脏了。没等年轻人开口，大嫂先说了："没关系，回家擦一擦就没事了。"年轻人听了一愣，耸了耸肩，说："大嫂，本来应该你说'对不起'，我说'没关系'的；现在，既然你已经说了'没关系'，那我就只好说'谢谢你'了。"周围的乘客哄笑了起来，胖大嫂一下子涨红了脸。不小心擦碰了别人，这样的事情在我们的生活中经常发生，你会怎样处理呢？是会宽容大度地原谅他人，还是斤斤计较、毫不相让呢？宽容别人，其实就是宽容我们自己。多一点宽容，人生路上才会有关爱和扶持，才不会有寂寞和孤独呀！

在教学过程中，以上几种基础表达形式是相互融合、相辅相成的。教师需要根据教学的内容、场合，学生的性别、年龄、接受能力等，进行适当调整，综合运用，这样才能形成更加普遍而适用的教学口语表达方式。

### 三、教学口语技能训练要点

#### （一）主要教学环节口语

在课堂教学过程的不同环节中，教学口语所发挥的作用也是不同的。按照在教学过程中的不同作用和不同方式，教学口语可以分为导入语、讲授语、提问语、应变语和结束语。

#### 1. 导入语

导入语也称导语或开讲语，它是教师在讲授新课之前所讲的引导性话语。导入语的基本作用是激发学生学习的欲望和兴致，使学生对将要学的内容产生好奇感。导入语要求目的明确，简明扼要，新颖有趣，富有启发性。不同的导入语会体现在不同的导入方法中。

（1）开门见山式导入。开门见山式导入就是教师通过审题、释题来直接导入新课的方法。使用开门见山式导入时，教师的开场白是直接点题，用准确精练的语言，主动提出一堂课的教学内容，给学生一个整体入微的感觉。开门见山地导入课题，能够促使学生迅速集中注意力，明确学习目标，对学习内容有较为清晰的认识。

**微案例**

一位教师在讲小学语文《将相和》一课时，板书课题后讲道：

这是一个有名的历史故事，记载在西汉时期司马迁写的《史记》里。"将"，指将领，就是率领军队的人，这里指赵国的大将军廉颇；"相"，是古时辅助国王、掌握政权的最高官吏，后来也叫"宰相"，这里指蔺相如。"和"是和好，说明他们原来是有矛盾的。廉颇、蔺相如为什么有矛盾？后来又是怎样和好的？我们学了这篇课文就知道了。

在上述案例中，这位教师从解题开讲，并简要地补充了一点历史知识，帮助学生审清题意，初步理清课文脉络，有助于学生深入理解课文内容。

（2）趣味诱导式导入。趣味诱导式导入是教师利用与教学内容有关的新颖的趣闻轶事、富有哲理的名人名言、熟悉的生活事例、撩人心弦的故事等设计为导语，达到调动学生以兴趣学习为基础的学习动机的目的。

小学口语教学优秀案例

**微案例**

一位数学教师在教学"比较分数的大小"时，用了故事来导入：

话说唐僧师徒四人去西天取经，走进火焰山，热得要命。这时，猪八戒到一户人家要来一个西瓜，大家十分高兴。八戒心想：如果四个人平均分，我只能吃到这个西瓜的1/4，但西瓜

是我要来的，我应该多吃一份。于是，八戒提出给他1/5的要求。悟空一听，哈哈大笑，满口答应。谁知八戒分到1/5的西瓜后，嘟着长嘴气极了。猪八戒究竟为什么这么生气呢？今天我们学了比较分数的大小就可以知道了。

在上述案例中，教师用学生熟悉的人物形象来编故事，使学生更加容易被教师带入故事的情境中，进而跟随教师的语言开展想象和思考。但需注意的是，运用故事导入时，教师使用的口语一定要生动形象，否则无法吸引学生。

（3）直观演示式导入。直观演示式导入是指在教学伊始，教师运用与教学内容有一定联系的挂图、模型、影音资料、实验演示等方式来对抽象的教学内容进行具体化诠释的一种导入方式。这种方法能迅速将学生带入教学情境，使学生从"要我学"变为"我要学"。

💬 微案例

一位教师在讲授《小壁虎借尾巴》一课时，这样说："今天，老师带来了一只小动物的画像，你们谁认识它？（教师出示用水彩画成的小壁虎的动画形象，壁虎的尾巴做成活动的，可以摘掉）学生们惊喜地回答："小壁虎。"教师接着问："谁知道它是什么样的动物？"当学生交流说到壁虎吃苍蝇、蚊子后，教师趁机说："壁虎虽然长得不好看，可是它吃苍蝇、蚊子，是人类的朋友。你们看，这只小壁虎的尾巴怎么了？"学生们惊奇地说："哎呀，断了！"教师马上因势利导："这只小壁虎的尾巴是怎么断的？断了以后又怎么办呢？今天我们要学习的《小壁虎借尾巴》讲的就是这只小壁虎尾巴断了之后的事……"

教师在使用直观演示式导入方法时，可以创造性地选择生活中常见的教具，不必拘泥于图片、视频。

（4）温故知新式导入。温故知新式导入是教师在讲授新课前，通过提问、练习等方式带领学生复习旧知识，以达到为学生学习新知识提供支撑的目的的导入方法。这是一种比较常用的方法。教师应该针对学生的好奇心，利用新知识与旧知识之间的承接或矛盾关系，引起学生的注意，使其形成解决问题、探寻新知的内部动力，从而顺利地导入新课。

💬 微案例

在教授课文《美丽的小兴安岭》时，一位教师认为，《美丽的小兴安岭》是描写春天景色的课文，为了更好地使学生学习这篇课文的内容，他这样设计导入：先让学生回忆以前学过的有关描写春天美丽景色的课文。学生的思维马上活跃起来，想起了《春晓》《咏柳》等古诗，有的学生还一口气把这几首诗背诵了下来。这位教师因势利导，表扬回答好的同学，鼓励回答差的同学，并向学生提出新的要求，使学生充满活力地进入新课的学习。

温故知新式导入能够帮助学生从已学过的知识自然地过渡到未知领域，使学生在巩固旧知识的同时，获取学习新知识的动力。这种导入方法的目的在于承前启后。所选择的复习内容必须和新授知识有较为密切的关系，不能生拉硬拽。同时，复习旧知识应当简明扼要，不能占用太多的课堂时间，以免影响教学任务的完成。

（5）创设情境式导入。教师根据不同的教学内容，运用语言、设备、环境、活动、音乐、表演等手段，创设新奇有趣的学习情境，使学生有一种身临其境的感受，从而唤起学生情感上的共鸣，激发学生的学习兴趣，把学生不知不觉引入到学习活动中去。语文课上最常用的导入方式就是创设情境式导入。

## 微案例

一位教师在讲授《草原》这篇课文时，先播放了《草原上升起不落的太阳》的第一段歌词，接着用抒情的语调描述了内蒙古辽阔的大草原的美丽景象："那儿的草原一碧千里，空气清新，天空明朗，牧草茂盛，牛肥马壮，繁花似锦，百鸟歌唱……现在就让我们跟着老舍爷爷一起去风景如画的内蒙古大草原游览一番……"

在上述案例中，教师利用这样的导入方法，使学生神往于内蒙古大草原的景物，唤起他们丰富的想象，从而对学习这篇文章产生了极大的兴趣。

导入的形式不限于以上几种，无论采用何种形式和方法导入新课，都是为了激发小学生求知的兴趣，达到课堂教学的最优化。

### 2. 讲授语

讲授语是教师在课堂上系统连贯、完整地向学生传授知识和技能，培养情感价值观的教学语言形式。讲授语在课堂教学语言中应用最广泛。讲授语要求规范、明了、准确、流畅，针对小学生的特点，还要讲得通俗、生动、活泼，具有趣味性和启发性。

讲授语按照在课堂教学过程中不同的使用目的，大致分为讲述语、讲析语、归纳语、点拨语四种类型。

（1）讲述语。讲述就是教师根据教学内容，运用叙述、描述的语言表达方式向学生说明事物特征、发展变化规律过程等。讲述语一定要讲究逻辑关系，这就要求教师在语言表达上要遵循一定的顺序或规律，有一定的条理性，详略得当地将教学信息传达给学生。

## 微案例

一位教师在给学生讲解"风是怎样形成的"这个原理时，利用多媒体教学课件，使用了一段讲述语：

地面上由于地形环境不同，温度也不一样。比如在太阳的照射下，湖泊等水体的温度上升比较慢，而沙漠地区温度上升快，这就造成湖泊附近温度较低，沙漠附近温度较高。温度较高的地方，空气受热膨胀，开始向高空移动，在地面附近形成低压区；温度较低的地方，空气仍停留在地面，形成高压区。高压区的空气向低压区流动，填充低压区流走的空气，就形成了风。因此，风是由空气流动引起的一种自然现象，是由太阳辐射热引起的。

（2）讲析语。讲析，顾名思义，即讲解分析，重点在"析"。讲析一般用于解释名词概念、定义、定理，阐释定义概念的具体含义及其外延，阐释某种现象的成因或事物的构造成分等。讲析语的设计应灵活多样，既深入浅出、通俗晓畅，又要严谨缜密、富有启发。讲析的方法也是灵活多样的，有因果关系讲析、比较讲析、比喻讲析及类比讲析等。

## 微案例

下面是一位语文教师在阅读理解课上的讲析语。

师：……对一篇文章，你们想一想，都在哪儿可能有问题？

生：课题。

生：内容。

师：说得具体一些，内容这个概念可太大了。

生：句子。

生：段落。

生：词语。

生：标点也可能有问题。

师：（提示）有的文章会配有一幅小小的插图。

生：插图也可能有问题。

师：（补充）有的文章还会有看似前后矛盾的地方，此处也可能有问题。这是老师和同学们一起构建起来的"问题在哪儿"的图式。（教师出示"问题在哪儿"的图式）

上述案例中的讲析语采用谈话方式，教师通过典型的内容教给学生学习的策略。教师帮助学生一起构建了"问题在哪儿"的图式，分析造成阅读理解中产生问题的因素，包括课题、句子、段落、词语、标点和插图等。在讲析过程中，教师起到了学习的组织者、指导者、参与者的作用。

（3）归纳语。是边讲边归纳内容要点的讲授语，是教师最常用的语言策略。归纳语是在内容较多、时间较长的讲授中给学生的一个简明提要。这种边讲边归纳、简明扼要的授课模式，有利于学生及时消化、巩固所传授的知识，能取得较好的教学效果。从思维角度来讲，效果讲析是从整体到局部，由深入浅，那么归纳就是从局部到整体，由感性到理性的整合。

**微案例**

一位数学教师在讲授"推导圆周率"时运用了先讲析后归纳的讲授方式：

我们刚才把直径分别是1分米、1.5分米、2分米的硬纸板圆在米尺上滚动一周，得到了这三个圆的周长大约是3.14分米、4.71分米、6.28分米。我们可以直接看出，第一个圆、第二个圆、第三个圆的周长分别是它们直径的3倍多一些。这个倍数是个固定的数，我们把它叫作圆周率。因此，圆周长＝直径×圆周率。

教师在使用归纳语时，要由具有共性的一些个别性例证推导出具有普遍性的结论。所以，在设计时，选例要准确，要把握住个别例证中所包含的共同特征，要注意结论的普遍正确性。这种教学口语的使用既应是教学内容的需要，也应是培养学生综合能力的需要。

（4）点拨语。教师不能只教给学生现成的知识，更重要的是教给学生获取知识的方法。因此，在教学中要适时点拨学生的思路。点拨语的表达方式有引向纵深、增设台阶、变换角度、联系已知、对照比较、纠正谬误等。点拨语要言简意赅，并具有一定的启发性及导向性，使学生在点拨下思维活跃，探究出知识的重点，并准确无误地理解和消化知识。

**微案例**

一位教师在讲《冬眠》一课时，这样引导学生理解"冬眠"一词。

师：眠是什么意思？

生：是睡觉的意思。

师：冬眠呢？

生：冬眠是冬天睡觉的意思。

师：人冬天也睡觉，是冬眠吗？

生：（知道自己回答有误）不是。冬眠是指动物在冬天不吃不喝，只睡觉。

师：（风趣地）噢，骑兵部的战马到冬天不吃不喝，睡觉了，敌人来了怎么办？

生：（笑了，知道自己又错了，于是补充）冬眠是指有的动物在冬天不吃不喝去睡觉。

师：这样解释就对了。冬眠是指有些动物，如青蛙、蛇在冬天不吃不喝一直睡一个冬天。看来把词理解准确是要动一番脑筋的。

### 3. 提问语

提问语是教师根据具体的教学要求，以发问的形式促使学生进行主动思考的一种教学口语。教学过程实质上是提出问题、分析问题、解决问题的过程，所以提问是一种常规教学手段。提问语有训练思维、集中注意和反馈调控的作用。提问语要有针对性、层次性、启发性、应变性和深刻性。课堂提问语一般有以下几种类型。

（1）正向式提问语。正向式提问语是指教师根据教学内容从正面提出问题，让学生顺藤摸瓜，在探求问题答案的过程中获取知识，发展智力。正向式提问应做到问题简洁明了，紧扣教学内容。

**微案例**

一位教师在《"精彩极了"和"糟糕透了"》教学中的提问语如下。

师：同学们，今天我们学习一篇新课文，题目是《"精彩极了"和"糟糕透了"》。同学们结合课前预习情况，有什么想要问的吗？

生：母亲和父亲分别是在什么情况下这样说的？

生：巴迪对这两种根本不同的评价的反应是什么？

生：巴迪写的诗真像他母亲说的那么精彩吗？或者像他父亲说的那么糟糕吗？

生：母亲说巴迪的诗"精彩极了"，用意是什么？父亲说"糟糕透了"，用意是什么？

在上述案例中，这位教师直截了当地正面提出问题，并引导学生畅谈了问题，这些问题分别从"精彩极了"和"糟糕透了"的语境、听者的反应、评价对象的实际情况及说者的用意四个方面提出问题，反映了学生思考问题的深度，也引导着后续教学的方向。

这类提问语的常用句式是：你（大家）有什么要问的吗？你（大家）想到了什么问题？你（大家）的问题是什么？你（大家）能试着提些问题吗？

（2）逆向式提问语。逆向式提问语是指教师为了促进学生深层次的思考，不直接问"为什么"，而是从相反的角度提出假设，让学生通过对照分析，作出正确判断。这种提问语要求所提问题具有思辨性。

**微案例**

一位教师在《田忌赛马》教学中的提问语如下。

师：假如第二次比赛中，田忌按孙膑的方法去做，但结果不是胜利，而是失败，这可能是什么原因呢？

（经过思考，不少学生认为，很可能是田忌以下等马与齐威王的上等马比赛后，齐威王发现了其中的秘密，随即采取了对策：用自己的下等马对孙膑的上等马，先输一场，再用自己的中等马对孙膑的中等马，再胜一场。这样，齐威王最终还是以二比一获胜。）

师：（进一步追问）难道孙膑没有考虑到这种情况吗？孙膑的胜利是不是偶然取得的？

生：（已豁然开朗，语气肯定）孙膑断定齐威王不会这样做，因为他看到齐威王已被胜利冲昏了头脑，趾高气扬，忘乎所以，认定战胜田忌不费吹灰之力，所以是不会提防的。

师：（再问）你们从哪里看出齐威王的骄傲自大？……

在上述案例中，教师提出的第一个问题，是要求学生联系课文变换思维，从相反的角度去假设，由结果去设想原因。教师在利用递向式方法提出问题后，提出的第二、第三个问题则是引导学生深入课文学习，使学生进一步认识孙膑、齐威王的不同心态，更深入地了解人物的心理，感悟课文的中心思想，培养他们的思维能力。

（3）选择式提问语。在面对较难的提问或是容易使学生产生混淆的答案时，教师可以在提问之后，给学生提示几个与问题相关的备选答案，使学生进行比较性的思考，从而引导学生作出正确的判断。

**微案例**

在执教《将相和》中的"渑池会"时，教师设计了这样的问题："渑池会上的斗争是打成了平局，还是分出了胜负？为什么？"

开始时，学生觉得这个问题很简单，没有很好地读书就脱口而出："是打成了平局。赵王为秦王鼓瑟了，秦王也为赵王击缶了，一比一。"

教师让学生再读书，再思考，学生的看法就有了转变。

同学甲说："我现在认为是秦国输了，赵国胜了。因为赵王鼓瑟是秦王叫鼓的，而秦王击缶是蔺相如叫击的，秦国显得更难堪。"

同学乙说："我也认为是赵国胜了，因为秦国大，赵国小，小国的相为大国的王演奏乐器，大国的王也为小国的相演奏乐器，比较起来，也是秦王更难堪。"

最后，大家一致认为渑池会上的斗争决出了胜负——赵国胜了，是蔺相如的勇敢机智使赵国取得了胜利。

在上述案例中，教师进行选择性提问，引导学生进行自主性探究，学生从不同的角度分析问题，进行深刻的思考。

（4）递进式提问语。递进式提问就是对提问语作整体的设计，由浅入深、由易到难，步步铺垫、层层深入，最后水到渠成，轻松自然地解决问题。这种提问语有助于学生把握问题的方向，深化对问题的思考，培养他们的逻辑思维能力。

**微案例**

一位数学教师在执教"圆的认识"一课时的提问语如下。

师：同学们，你们见到的车轮都是什么形状的？

生：圆形的。

师：为什么车轮都是圆形的呢？

生：老师，如果车轮不是圆形的，那就有可能走不快。

生：车轮不是圆形的，是正方形或三角形的就会走起来上下颠簸，车子就会走不稳。

师：圆形车轮为什么会转得很稳呢？你们能不能根据实际的车轮，想一想它的奥秘呢？

（学生兴致盎然地展开观察、思考、讨论，最后得出了"车轮的辐条是一样长的"的结论。）

师：为什么是一样长的呢？

生：车轴与轮子的距离相等，就保证了车与地面的距离始终不变，所以车子行走时就稳了。

师：正像你们所说的那样，每根辐条的长度是一样的，即车轴与轮子的距离相等，才能使轮子转动起来始终和地面保持相等的距离。那么，车轴到轮子上的距离又是圆的什么呢？圆还有哪些特性呢？这也就是我们这节课要学习的内容——圆的认识。

（5）比较式提问语语。比较式提问不是从正面入手，而往往是从相反的方向作出假设提问。

用比较的方式提问时，比较的对象可以是概念、词语，也可以是段落篇章，还可以是观点、方法、风格。比较式提问语不仅有助于培养学生的发散思维能力，而且可以扩大学生的知识面，开阔学生的视野。

📣 **微案例**

一位教师在《东郭先生和狼》的教学中使用了比较式提问语。

师：如果不是遇到老农，东郭先生的处境会怎样？

生：东郭先生将会被狼吃掉。

师：要是东郭先生再次遇到狼，他会怎么办？结果会怎样？

生：他会想办法对付狼，比如他可以用文中的办法先诱狼上钩，然后再同猎人一起收拾狼。这样狼就无计可施了。

师：救狼差点被狼吃，斗狼却无任何风险，这给了我们什么启示？

生：这说明做好事要分清善恶，明辨是非，对待像狼这样的坏蛋不能有同情心，否则就会害了自己。

### 4. 应变语

应变语是教师在课堂教学过程中及时调解师生关系，处理课堂突发事件时所使用的语言，是教师驾驭课堂的一种能力表现，也是一种教学机智的体现。常用的应变语有以下几种类型。

（1）幽默风趣式应变语。风趣幽默的语言不仅可以增加教师的个人魅力，还能起到引起学生的兴趣和注意力，缓解课堂气氛的作用。

📣 **微案例**

一位数学教师发现一些学生总是把小数末尾的"0"保留下来，讲了多次都不见效。一次，当一名学生上黑板演算出现同样错误时，这位教师从讲桌下拿起一把剪刀，并问学生："谁知道我要用这把剪刀做什么吗？"学生们都愣住了。他接着说："我要给这个数剪尾巴了。"这时学生才恍然大悟，在会心的笑声中对这一毛病有了深刻的印象。

（2）自嘲解围式应变法。课堂上，当教师面对自己偶尔有之的失言失态，或者临时发生的"小插曲"时，不要为了面子而掩饰错误或表现出生气的情绪，可以以轻松的心态，用轻松幽默的自嘲方式来解围或缓解课堂氛围。

📣 **微案例**

新学期伊始，一位姓缪（miào）的教师精神抖擞地走进教室，他先作自我介绍："同学们，我姓缪……"这时不知从哪个座位上传出一声猫叫"喵——"，引起哄堂大笑。面对这一恶作剧，缪教师神情自若地说："同学们，先别忙着夸我'妙'啊，从今天起，等咱们一起学习一段时间后，你们再来评价我'妙不妙'。"同学们安静下来，随之，"暴风雨就要来临"的担心也消失了，课堂上出现了和谐的气氛，奠定了融洽的师生关系基础。

（3）以退为进式应变法。在课堂上，某些调皮生可能会提出稀奇古怪，甚至是故意刁难的问题，教师通常不好回答。这种时候，教师可以以退为进，将问题巧妙地抛还给学生，启发学生思考，然后再综合学生的回答及自己的理解进行解答。

📣 **微案例**

一位教师正在讲读《小交通员》一文。在讲读到"立安在家里，像影子一样，处处跟着我"

时，学生甲突然举手问："老师，立安的妈妈去小便，立安也跟着吗？"此言一出，同学们立即把目光集中在了教师身上。对于这突如其来的提问，这位教师是这样处理的。

师：（面带微笑）你怎么会想到提这个问题的？

生甲：像影子一样处处跟着她，是讲立安寸步不离地跟着妈妈。那么妈妈去小便，他也跟着吗？

师：大家想一想，立安为什么要像影子一样，处处跟着妈妈？

（学生纷纷举手）

生乙：立安跟着妈妈是看妈妈怎样干革命，要学点干革命的本领。

生丙：立安跟着妈妈是想帮妈妈干点工作，减轻妈妈的负担。

师：（转向生甲）现在你想想看，妈妈去小便，立安要不要跟着？

生甲：（摇摇头）不要！

（4）旁敲侧击式应变法。在课堂教学中，教师为了不影响正常的授课步调，常采用旁敲侧击式的应变语暗示某些学生的不妥行为，也就是不正面指出学生的错误，而是抓住合适的讲授机会，点到学生会意为止，使其警醒、认识并改正错误。

💬 微案例

语文课上，教室里响起了打呼噜的声音，学生们都笑起来，教师看了看打呼噜的学生，决定还是继续讲下去："描写生动，要使用象声词，绘声绘色地描写事物的声音形状，请你们注意倾听。"教师做出倾听状，同学们都笑了起来，那名睡觉的学生也被笑声笑醒了。教师又说下去："那么笑声和酣睡声又该怎么临摹呢？对，酣睡声是刚才×××发出的响亮的'呼噜'声，笑声就是大家发出的'哈哈'声。"

在上述案例中，这位教师始终没有正面批评那位上课睡觉的学生，但已经在讲课中旁敲侧击地批评了他的错误。这样做，既没有中断教学，又不太伤害学生的自尊心。

（5）因势利导式应变法。在课堂教学中，有时会受到来自环境的干扰或个别学生本身的影响而使教学过程中断，遇到这种情况，教师应保持清醒的头脑，随机应变，巧妙利用当时的情境来为教学服务。

💬 微案例

一位教师在讲解"比喻句"时，班上一位调皮的学生因内急举手。教师允许后，这名学生以极快的速度冲出了教室。此时教室里笑声不断，教师顺势说："小明像兔子一般冲出了教室。这个句子中，'本体''喻体'分别是什么？这样形容有什么好处呢？"班上的学生立刻活跃起来，争相举手回答问题。教师又请几位学生用比喻句来形容一下刚才的场景。学生们妙语连珠，说出了好几个比喻句。

在上述案例中，教师因势利导，不仅化解了课堂教学被打断的尴尬，还激发了学生的思维，在轻松愉悦的氛围下进一步完成了教学任务。

### 5. 结束语

结束语是课堂教学即将结束时，教师引导学生对本堂课所学的知识、技能及时地进行归纳总结或拓展延伸时所使用的教学用语。它的使用，有利于学生对知识信息进行归纳、储存，加深印象，也可引发学生兴趣，促使学生在课外开展进一步的探究。在使用结束语时，需要注意以下几个方面：第一，结束语要简明扼要，不要没有重点、长篇大论，也不要三言两语、敷衍了事。第二，结束语的设计要巧妙，要能够激发学生继续学习的兴趣。充满意趣的结束语能给学生留下深刻的印象，更能激发他们课后主动学习和探索的动机。第三，结束语要有启发性，要能够开拓学生的思维，为学生进一步深入探索指明方向或提供思路。

结束语的种类有很多，如归纳总结、首尾呼应、拓展延伸、悬念过渡、情境抒发、设疑启发、练习巩固等，下面着重介绍四种常用的结束语。

（1）归纳总结式结束语。教师对所教内容进行大致概括的纲目式总结，抓住重点，点出要害，在轻松愉快的教学总结中把感性认识向理性认识推进一步。可以先总述后分述，也可以先分述后总述。应做到重点突出，概括准确，表达清晰。

**微案例**

一位教师在教学"分数的基本性质"时使用了归纳总结式结束语：

这节课，我们学习了分数的基本性质，即分数的分子和分母都乘以或除以相同的数（0除外），分数的大小不变。这是学习分数和其他相关知识的重要基础。我们在学习数学知识的同时，还学会了观察事物、分析问题的方法，这就使我们在变化的数学现象中看到了不变的实质。

在上述案例中，这位教师的结束语非常简洁，对整堂课的内容做了概括，加深了学生对"分数的基本性质"这一概念的理解。同时，还总结出了学习方法，有助于学生今后的学习探索。

（2）拓展延伸式结束语。教师在对常规教学内容进行总结后，还可以在此基础上延伸到课堂以外，让课堂教学知识得到进一步的延伸和拓展，指导学生由课内学习转向课外学习，进行研究和探索活动。应做到富有启发性，具有诱惑性，既向学生指出思考的方向，又能培养学生研究的兴趣。

**微案例**

一位语文教师在教授《比尾巴》一课时，运用了拓展延伸式的结束语：

同学们，在我们的生活中，你还发现过哪些小动物的尾巴很有特点呢？（学生交流）是呀，每种动物的尾巴都有自己的特点，需要同学们仔细地观察。如果你能在课后找到更多的小动物，请它们也来比一比尾巴，说不定你也能成为一位小诗人，写出自己的儿歌《比尾巴》来呢！（出示课后作业：仔细观察3—5种小动物的尾巴，发现它们的特点，仿照课文说一说。）

（3）联系实际启思式结束语。教师从课堂教学内容出发，通过联系现实生活，实现对学生情感、态度、价值观的引导，以此作为教学任务的结束语言，即联系实际启思式结束语。这种结束语与实际的联系要求与课堂所学知识契合紧密，要做到过渡自然，能够引起学生的兴趣。

**微案例**

一位语文教师讲授《月光曲》的结束语是这样的：

其实，贝多芬在创作《月光曲》之前，他的耳朵就听不见声音了。但是，他还是继续深入到劳动人民当中，继续体验生活，进行艺术创作。有一句话说得很好："艺术即生活！"同学们，生活是多姿多彩的，我们每个人没有理由不热爱它！也许生活给予你的不都是快乐、欢笑和甜蜜，偶尔也会有痛苦、泪水与困难。但是，这些都是我们生命中的财富。所以，我们更应该像盲姑娘和贝多芬一样，热爱生活，用微笑来面对生活，用双手来拥抱生活！

在上述案例中，教师的这种联系实际的结束语，融入了强烈的、真挚的情感，深深地感动着学生，形成了强大的激励力量，引领学生健康成长。

（4）练习巩固式结束语。在课堂尾声，教师通过布置一定量的习题，使学生对本堂课所学的内容进行回顾、应用、巩固时所用的结束语，即练习巩固式结束语。使用这种结束语时，教师需对课堂教学的目的和内容有较为准确的把握，所设计的习题应充分体现教学的重难点。

💬 **微案例**

一位数学教师在教学"长方形和正方形的特征"时，运用了练习巩固式结束语：

同学们，今天我们学习了长方形和正方形的特征，下面，请你运用这节课掌握的知识，来帮助老师解决下面的小问题。

（1）老师的手上有一个长方形，可以看见一条长边是5厘米，另一条短边是3厘米，猜猜另一条长边和另一条短边各是多少厘米？为什么？

（2）老师手上有一个被遮挡的正方形，可以看见一条边的边长是5厘米，猜猜看不见的那三条边各是多少厘米？为什么？

好的课堂结束语常常能够起到延伸课堂、连接课内课外的效果，我们应该重视课堂结束语的设计和运用，充分调动学生学习的动力。

## （二）教学口语在不同学科中的运用

### 1. 文科教学口语的特点

文科类学科多为社会科学知识，侧重点在于形象思维的运用，而且具有较强的情感因素。所以文科类教学口语表意要更贴切、更形象，语言表达应富于情感，便于引起学生的共鸣，从而达到实现文科的思想教育和审美教育的目的。具体来说，在文科教学中，教师语言有以下特点。

（1）形象性。在文科教学过程中，口语表达要直观可感，一般多用描述性的语言。形象性不仅体现在对事物外在特征的单纯描摹上，也体现在对各种修辞手法的综合运用上。对于小学低年级学生来说，文科教学口语的形象性显得尤为重要。

（2）情感性。文科教学中的情感性与形象性是相互依托的关系。文科教学口语的情感性主要是在形象性的描述过程中，通过语调、节奏及态势语的综合运用来体现。

### 2. 理科教学口语的特点

理科教学主要以解释概念定义，介绍公理公式，揭示规律为基础，具有很强的专业性。理科教学主要注重学生对基础知识的理解和运用，教学目的主要是培养学生的逻辑思维、推理判断等相对抽象化的思维能力训练，承担着发展学生智力的任务。这就决定在理科教学时，教师口语要做到精准、简洁且富有逻辑性。理科教学口语有以下特点。

（1）精确性。理科教学口语在运用上十分讲究精准性，这是由理科知识的性质决定的。理科知识讲究思维的严谨性与逻辑性，所以在语言表意上要精确。教师要准确地表达每个概念的内涵和外延，准确地使用专业术语。在用词上要审慎，不能单纯追求形象和生动，这样容易使学生在学习过程中产生歧义或误解，影响学生学习知识的准确性和严谨性。

（2）简洁性。在理科教学过程中，对于教材内容的阐述，一般采取直接表达的方式，重点突出，要说得明白，讲得清楚，毫不含糊，避免拖沓。

（3）逻辑性。理科教学口语讲究逻辑性，主要表现在语言表达的层次性、条理性、严密性。要正确地使用概念，严谨地进行判断，合乎逻辑地进行推导。要运用重音、停连、快慢等技巧体现句子、语段间的因果、转折、递进、演绎等逻辑关系。

### 3. 技能类学科教学口语的特点

技能类学科的教学目的是培养学生各种技能、技巧，具有明显的实践性特点。因此，技能类学科教学口语应按照教学目标的要求，注重其在讲授实践过程中的演示性、指令性和提示性。

（1）演示性。技能类学科教学口语的演示性是指教师在示范操作，展示图表、实物的过程中所作的辅助性说明，目的是使学生的感受更准确。教师要将操作演示与简明生动或富有趣味性的解说融为一体，使学生很快掌握操作程序和操作要领。

（2）指令性。技能类学科教学口语的指令性是指教师用肯定的语气要求学生按指定的方式、规定的程序操作。话要说得明确、简洁、响亮，注意突出"要""一定要""必须"一类指令词。体态宜亲切一些，并使用敬词"请"，以体现对学生的尊重。

（3）提示性。技能类学科教学口语的提示性是指教师在学生操作过程中随时说几句提请注意的话（提示语），以保证学生训练的有效性。提示性的话语要说得简单明了，亲切委婉；可以重复，但不可絮絮叨叨，也不可用责怪的语气说话。

## （三）教学口语在运用中的因材施教

### 1. 针对不同学习态度学生的教学口语运用

（1）针对学习不认真学生的教学口语运用。这类学生学习成绩不好，经常受批评，极易形成"自我否定"的心态，这样会导致其学习态度长期消极下去。因此，教师要及时发现其积极因素，用诚恳、热情的语调，适时作"肯定的评价"，以激励其上进。如果学生对某学科、某教师抱有偏见，教师宜以友善的态度，作推心置腹的交谈，促其转变认识。教师要杜绝急不择语的训斥和喋喋不休的责备，多用祈使、商询等委婉方式说话。在严肃批评时，声调宜稍低，语速放慢，语气要诚恳，话语中要有一定的感情因素。

（2）针对学习认真学生的教学口语运用。注意语调转换，要用赞赏的语调予以肯定，使其体验取得成绩的快感；用稍稍降抑的语调指出其不足，并提出更高的要求。注意运用表扬语的技巧，忌简单化、表面化及言过其实的表扬。表扬语的语气、语调要有分寸感，要恰如其分并有教育内涵。

### 2. 针对不同接受水平学生的教学口语运用

（1）对低年级或理解能力较弱学生的教学口语运用。教学口语要浅显通俗，多用直观性强的口语说话，教学中多用描述、比喻、对比等，以增强教学口语的生动性和趣味性。表述的重点要鲜明突出，说到重要的地方，语速要放慢，表达要有变化，或提高声调，用提示语突出重要的、关键的内容；或对内容难点做必要的重复性讲解。适当降低提问难度，并在与他们交流的过程中用提示语辅助回答。

（2）针对高年级或理解能力较强学生的教学口语运用。适当提高知识信息输出的密度，教学口语要舍弃繁复的讲述，做到重点明确，简明扼要。讲解中要提高诱导的坡度，并运用精当的点拨语推动他们积极探索，自悟其理。适当提高提问的难度，并增加顺势追问。

### 3. 针对不同个性倾向学生的教学口语运用

（1）针对性格内向学生的教学口语运用。这类学生感情内向，反映较迟缓，在学习遇到困难时，有的容易产生自卑感。因此，教师要增加教学口语的激励因素，诱发其主动参与学习活动的热情；言辞的选择和语气、语调的表达，注意保持对他们的信任和关切；在答题有误时，坚持作分解性评价，即将其正确部分点出来予以肯定，促其增强信心。

（2）针对性格外向学生的教学口语运用。这类学生感情比较丰富、敏感，情绪不够稳定。因此，教师要注意运用教学口语中的感情因素，调动他们积极的心理体验，诱发他们的学习热情；适当增强教学口语的指令性，并通过及时的提示，控制他们在学习活动中的注意力；杜绝用全盘否定、极而言之的方式说话。

# 第二节　教育口语

## 一、教育口语概说

### （一）教育口语的含义

教育口语是教师根据教育方针对学生进行思想品德、行为规范教育的专业口语。它是教师根据培养目标对学生进行教育时运用的语言，其内容主要涉及思想道德情操、行为习惯规范等方面。

### （二）教育口语的特点

#### 1. 有的放矢

有的放矢的教育谈话是教育的针对性原则和因材施教原则在教育口语中的具体运用。具体表现为因事施言、因人施言、因时施言、因地施言。

#### 2. 以理服人

以理服人就是用摆事实、讲道理的方法来对客观事实进行细致的剖析，使学生分清是非善恶、真假美丑，自觉地以道德规范指导自己的行为。

#### 3. 重在诱导

诱导主要指教师用诱发、引导的方式与学生交谈，因势利导，循循善诱，步步推进，通过教师的教育口语促使学生发生自我转变。

#### 4. 以情感人

教师以饱满的热情、具有感染力和号召力的语言、情感充沛的语调来激发学生的情感，唤起学生深刻的理性感悟，与教师产生情感共鸣。

## 二、教育口语的分类及训练要点

教师对学生进行思想品德教育及行为规范教育时，针对不同的教育目的、对象和场合，要选择恰当的教育口语。在各种类型的教育谈话中，经常用到的教育口语类型有沟通语、启迪语、表扬语、批评语等。

### （一）沟通语

#### 1. 沟通语的含义

教育口语中的沟通语是在教育情境中，为建立平等的对话关系，创设和谐的教育环境，有效地消除学生心理隔阂、取得学生心理认同、帮助他们消除误会等而被教师使用的一种教育语言。

#### 2. 运用沟通语的要求

（1）尊重学生。有效的沟通是建立在沟通双方都能相互理解和尊重的基础之上的。所以，在教育沟通活动中，每一位学生都有权利要求得到教师的理解和尊重。教师无论是否同意学生的观点，都应该先尊重学生的观点，给学生表达的权利。在沟通过程中，教师倾听时不仅要真正了解学生，还需暂时放弃自己的价值观，尤其要抛弃自己对学生的固有偏见与主观上的判断，要站在学生的立场上，设身处地，换位思考，以学生的眼睛来观察，以学生的心灵来感受，以学生的观点来思考，从而进入并体验学生的内心世界，达到与学生心灵的相通。

#### 💬 微案例

早班会上，班主任一进教室就批评了一名学生，这名学生站起来为自己做了辩解，班主任听了学生的辩解后，立即觉察到了自己的失误。此时，全班同学都屏住呼吸，望着班主任。班主任轻咳一声，从容地说道："经查，我对××同学的'指控'证据不足，不能成立。本人研究决定：接受该同学的'上诉'，撤销'原判'，为××同学彻底'平反昭雪'！"学生都笑了。接着班主任又诚恳地对大家说："今天我批评了××同学是因为自己了解情况不够，错怪了他。为此我向××同学表示歉意。"学生们一边微笑一边看着班主任，目光中充满了对班主任的敬爱。

在上述案例中，班主任能意识到自己的错误并勇于向学生承认和道歉，教师与学生处于平等的主体地位，实现了和谐的师生沟通。

在班级管理中，教师民主平等、宽容接纳、乐群合作、沉稳坚定、积极乐观的心理品质都会对学生产生积极的影响。

（2）学会倾听。倾听是进行有效沟通的前提。小学生都非常渴望获得与教师沟通的机会，他们总是期望能引起教师的注意，获得教师的好感。教师的倾听能使学生获得被尊重的感觉，使他们感到教师是在与他们平等地交流对话，觉得教师和蔼可亲，从而愿意向教师敞开心扉，也才能听得进教师的意见。而教师也能在倾听的过程中，捕捉学生的思想动态，了解学生的真实感受。这样的教育才有针对性，才能成为有效的教育。积极倾听要求教师在学生表达时表现出专注的态度，要让学生感受到教师是很愿意听取他们的意见的。只有这样，教师才能充分地了解学生，走进他们的心灵深处，获得交流的成功。

（3）恰当表达。教师在和小学生进行沟通交流时，要让他们清楚地明白教师的意图和目的。教师的表达要清楚、明确，特别是对于低年级的学生来说，要用他们易于理解和接受的语言来进行交流。此外，在与学生交流的过程中，教师要善于用恰当的语气、语调表达自己真挚的感情。比如，在感情较冲动的情况下，疑问句就不如陈述句平和、委婉，反问句就显得更加生硬，往往给人一种咄咄逼人的感觉，会给对方带来很大的思想和心理压力。在给学生提建议时，可以用"我觉得……""我以为……"等，而不用"你应该……"。

（4）及时反馈。交流需要听者在听的过程中运用反馈技巧帮助对方清楚地表达自己的意思。反馈时，可以用一些简单的语句帮助对方将内容引向深处，比如"嗯""是的""对""我知道""是吗"等；可以重复对方刚才说过的话，表示对所说内容的重视或不理解等；也可以用态势语对对方的话语做出回应，如身体前倾、目光注视、面带微笑等，表示对所说的内容很感兴趣，鼓励对方把话说下去。

### 3. 沟通语的运用技巧

（1）了解沟通对象。在与沟通对象谈话之前，教师需要迅速、准确地了解该学生的个性、愿望、要求、情绪，理解他们的想法。同时，还应弄清楚相关沟通事情的来龙去脉，摸清事实真相。尽量减少沟通过程中语言的随意性，增强话语的针对性。

（2）态度认真热情。教育是有温度的工作，因此，教育学生时，教师要始终展现自己的真诚和热情。在师生的沟通中，教师应将自己的内心世界向学生打开，让学生了解教师内心的真实想法和感受，使其感受到信任和平等，这样学生才有可能真正理解教师，接受教师传递的教育信息，并积极配合教师改正自己的错误。

（3）重视非语言沟通。非言语沟通在小学教育中非常重要。教师的表情（微笑、慈爱的目光……）、动作（竖大拇指、V型指，点头，拍肩，搂抱，蹲下……）、体态（专注倾听的态度、说悄悄话的状态……）等，在有些情况下，远比语言更能表达教师对孩子的尊重、关心、关爱、呵护、欣赏及肯定。

### 💬 微案例

放学后，班主任发现学生小伟（化名）闷闷不乐地坐在座位上，刚要问他为什么不回家，只见他气呼呼地说："老师，黑板报办不好了，我不想干了。"班主任问："不能及时出好，你觉得很着急，对吗？"小伟回答说："对！我自己从下午一直忙到现在，他们倒好，全跑了。"班主任说："你做了很多事，你觉得很委屈，是吗？"小伟辩解说："不是的。我只是觉得大家分工去做才会有效率。"班主任问："你觉得应该把各自的任务明确下来，是吗？"小伟回答说："是的。王琦（化名）负责画线，刘航（化名）负责写粉笔字，我来负责设计版面。"班主任点了点头。小伟接着说："可是，大家总是希望别人先动手，要是有一张责任分工表就好了，这样每个人都知道哪些是自己的任务，大家就会抢着干了。"班主任"唔"了一声，露出赞许的表情。小伟兴奋地说："我今晚就把分工表画出来，明天拿给您看，好吗？"班主任肯定地说："太好啦！"

在上述案例中，班主任对学生的抱怨，没有径直表达自己的看法，而是在积极倾听中，用三个"你觉得"句和学生进行沟通交流。三句中的主语都是"你"，突出了学生在沟通活动中的主体地位；"觉得"一词，在第一、第二句中表达了班主任对学生话语的理解和认同，第三句中体现班主任对学生的引导，引导他找出解决问题的办法。同时，"觉得"一词语气比较委婉，有推测之意，当学生认为班主任的理解有偏差时，就能够随时加以更正，保证了沟通过程中传递的信息是正确的。

## （二）启迪语

### 1. 启迪语的含义

启迪就是开导、启发。启迪语就是教师在教育活动中针对学生思想上存在的问题，运用多种口语形式，如报告、对话、发言等，启发学生自我教育的积极性与主动性，引导学生积极主动进行自我教育的语言。

### 2. 运用启迪语的要求

（1）润物细无声。这要求教师的话语不是直接指向教育目标，而是层层深入，逐渐牵引，像春风细雨润物那样自然而成，使学生能在教师的耐心指引下提高认识。

（2）因人而异。在教育活动中，教师要根据不同的教育对象的特点采用不同的启迪方式。

（3）因事设理。启迪的话语不能一概而论，要针对不同的事件、不同的问题、不同的情况区别对待。要选取学生最易接受的角度和直观形象的事物调动学生的积极思维。

（4）赞扬鼓励。教师赞扬某种美好的事物，其本身就是一种具有指向性的启迪和引发。在教育活动中，教师要善于发现学生具有的美好品质或好的变化迹象，并适时予以热情的赞扬和积极的鼓励。

（5）耐心教导。教师在启发教育时一定要有耐心，并且耐心不仅表现在对同一个学生的同一个问题的启发教育上，还表现在对不同学生进行多次的启发教育上。

### 3. 启迪语的运用技巧

（1）设问引导。教师依据教育内容，通过发出一系列问题的方式让学生自己去思考，启发引导他们通过自我感悟明辨是非，实现自我教育。

（2）类比启迪。类比启迪就是利用学生爱形象思维的特点，选择有针对性的小故事，或用生活中一些生动的例子打比方，启迪教育他们。

（3）榜样暗示。通过举例比较进行引导教育，而教师的观点是隐含在例子中榜样的言语及行动中的，所以所举的例子必须是正面的。这种启迪方法可以保护学生的自尊，不致引起他们对教育的抵触情绪。

（4）自我思考。自我思考就是教师将问题提出后，容学生事后自己思考和感悟。这种方法的好处是可以使学生感受到教师对自己的信任。因此，能积极地发挥自己的主观能动性，在更大程度上实现自我教育。

### 微案例

上体育课时，学生张宇（化名）从小松树上扯下叶子撒到周围同学身上，还用叶子戳人。学生们向教师告状。教师用手指着小松树对学生说："你们看，这棵小松树长得多可爱、多漂亮呀！像我们小朋友一样可爱、漂亮，是吗？""是的！""大家仔细想一想，小叶子就是小树的头发，我们从它头上扯下头发，它会不会疼呀？"小朋友异口同声地说："会！""你们试试在自己头上拔头发，看疼不疼？"只听得"啊哟"声叫成一片。学生们七嘴八舌说疼，有的还反复体验。教师又说："小松树也会感到疼，我们小朋友要不要爱护它呀？""要！"学生们异口同声回答。教师因势利导："我们不但要爱护小松树，还要保护环境，你们看这树叶撒了一地，我们应该怎么办？"话音刚落，学生们就争先恐后地捡了起来。张宇也主动地跟着捡起来，而且还非常卖力。下课时，教师任命张宇为小松树的保护卫士，由他负责保护小松树。

在上述案例中，教师发现学生的不良行为后没有用个别批评的方法，而是借机面向全体学生进行启发教育。教师通过类比小松树，在师生的一问一答中，学生们明白了爱护树木保护环境的道理，并且用行动来实践。那个犯错误的学生，也自觉地从中接受了教育，改正缺点，成为小松树的保护卫士。

### （三）表扬语

#### 1. 表扬语的含义

教师在教育活动中对学生个体或群体所表现出来的良好的思想品质、言语行为给予肯定性评价的口头语言称为表扬语。

#### 2. 运用表扬语的要求

（1）真实可信。表扬的真实性要求教师的感情要真诚，不要勉强做作，表扬的事实要准确；用语恰如其分，不能言过其实，任意夸张，也不能轻描淡写，言不及义，要褒扬恰当，评价中肯。

（2）面向多数。面向多数有双重含义：一是被表扬的行为具有倡导性，能够激发多数学生的进步渴望；二是表扬的面要宽，要面向全体学生。

（3）肯定适度。表扬不足会使学生自卑，教育中提倡运用表扬，但人人都受表扬就等于谁都未受表扬，事事处处都受表扬也就无所谓表扬。所以，表扬忌"滥"，否则，就失去了激励作用。

#### 3. 表扬语的运用技巧

（1）当众表扬。当众表扬是指在公开的场合当着众人的面进行的表扬。这是教师在教育环境中最常用的表扬手段。当众表扬因为受众多、影响大，更能使受表扬的学生产生一种荣誉感和自豪感；特别是后进生受表扬时，更能帮助他们找回自尊，树立自信心。此外，当众表扬也能为其他学生树立榜样，激励他们向被表扬的学生学习。

（2）个别表扬。个别表扬就是在非公开正式的场合，或与学生个别交谈时所进行的表扬。为了更好地了解学生、帮助学生、与学生沟通，教师常常会与学生单独相处，就学生的学习、生活等话题，与学生进行交流。这时，从表扬入手，学生就会特别感动，交流沟通也会更加顺畅。

（3）随时表扬。教师每天都与学生接触，在日常生活中，会随时看到学生身上的闪光之处和进步之处，这时教师不必拘泥于在正式的集体场合表扬，而是可以在任何场合、任何时候及时表扬他们的点滴进步，这样能够强化学生的意识，巩固这些好行为，培养学生形成良好的习惯。

💬 **微案例**

学生晓雪（化名）拾到一个公文包，发现里面除了文件外，还有一个工作证，于是便根据工作证上的单位，通过114查号台联系到失主，将公文包物归原主。失主专门写了一封表扬信送到学校。

在班会上，班主任用讲故事的方式向学生详细做了介绍，最后说："你们知道故事的主人公是谁吗？她就是晓雪同学，是我们班的骄傲！我们表扬晓雪同学，她不仅有拾金不昧的精神，还善于思考，能够从工作证上发现失主线索，通过查询失主单位电话号码联系到失主。这表明她善于分析问题，并且能找到最佳的解决办法。同学们不仅要学习她的精神，更要学习她处理问题的方法。"

在上述案例中，班主任通过讲故事的方法渲染了晓雪拾金不昧的行为，这种表扬的形式很有感染力。对表扬的内容，班主任着重表扬晓雪为将包尽快交到失主手上所做的种种努力，这就把表扬的立足点放在她处理问题的方法上，肯定了她善于发现问题、解决问题的能力，这就能激励学生继续保持和发展这种能力，并依靠这种能力去取得更多、更大的成绩。由于拾金不昧是可遇而不可求的，所以班主任在表扬中号召学生学习晓雪处理问题的方法，即行动的策略，这也的确是最值得学生学习并且能够为他们所效仿的方面。

## （四）批评语

### 1. 批评语的含义

教师在教育活动中对学生个体或群体的错误和缺点给予否定性评价的口头语言称为批评语。

### 2. 运用批评语的要求

（1）爱心至上。教师批评教育学生，无不出于爱的目的，出于对学生真心实意的帮助和亲人般的关怀。因而，作为教师，在批评学生时要真情疏导，注意创设良好的心理环境、融洽的氛围，让学生消除戒备、逆反的心理，放下挨批的包袱，以情感人。要用平等关怀的态度，平心静气地使学生认识到自身的错误。切不可挖苦、谩骂、讽刺，甚至侮辱、体罚学生。

（2）有理有据。教师批评学生，事先要冷静地查明原因，准确认识问题或错误的性质、影响、责任，仔细了解发生问题的过程及细枝末节，对犯错误学生当时的心理状态和平时表现掌握准确，并获取各种相关信息，而后做出准确的判断，这样才能有的放矢，抓住重心。

（3）讲究策略。教师批评学生要根据学生所犯的错误的程度和影响的大小及学生的不同特点而采取不同的批评方式，如直话曲说、明话暗说、硬话软说、正话反说、严话宽说等。

### 3. 批评语的运用技巧

（1）榜样法。榜样法就是树立一个榜样的力量。这是一种正面引导的方法。教师通过表扬那些做得好的学生，或者教师自己用行动来示范，为学生提供榜样，从而间接地批评犯错误学生的言行，促进他们的自我纠正、自身调整。

（2）肯定法。肯定法是对所要批评的事实进行分析，并找出学生身上的可取之处，并给予肯定，从而激起学生自我批评的心理动机，使其获得重塑的内驱力，自觉地认识自身的缺点和错误，进行纠正。

（3）暗示法。暗示法是一种旁敲侧击的教育方法。教师在不伤害学生自尊心的情况下，把批评意见委婉地说出来，往往会取得比直接批评更好的效果。因为暗示是在无对抗的条件下互相影响的一种心理行为，不会引起被批评学生的反感和对立，从而能造成接受批评的最佳心理状态。

（4）幽默法。幽默法是指用风趣、诙谐而意味深长的语言使人领会真意。这种方式能使被批评的学生在轻松愉快的环境中接受批评，在笑声中完成心理沟通，明辨是非，受到启迪。同时，也不伤及学生的自尊心，可以使他们更加乐意接受教师对其错误言行的批评。教师也会在学生心目中留下美好的形象。

（5）宽容法。宽容法是教师对学生进行教育过程中采用宽容的方式，理解和原谅学生的缺点和错误，促使其自觉改正的批评形式。

### 微案例

一位平时极为爱表现的学生，最近总是喜欢在班主任上课时高声讲话、随意插话，严重影响了其他学生的听课。一次，班主任在课堂上直截了当地批评了他一句。对于班主任的批评，他极为不满，当时就把自己的课本全收拾好装进书包，不看书，也不做练习，趴在桌子上一直到下课。

上第二节课了，班主任刚走到教室门口，就发现讲台中间有一摊水，好在是清水。从学生的目光中，班主任已看出此事非那名学生莫属了。班主任马上意识到，上节课的批评对他产生了影响，懊悔下课后没有及时找他谈心。于是班主任面带微笑走上讲台，给全班学生深深地鞠了一躬，说道："同学们，今天我太荣幸了，很激动，有同学自愿为我擦好了讲台，我谢谢你！同学们，请大家用最热烈的掌声替我向这名做好事不留名的同学表示感谢。"掌声毕，班主任又微笑着说："不过，我有一点建议，下次擦的时候，把抹布拧干点儿。"学生们听了都会心地笑了，那位学生脸一红也不好意思地低头笑了。从此，他明显收敛了自己的行为，后来还做了纪律委员。

在上述案例中，教师对学生的批评，第一次由于采用直截了当的批评方式而不为学生所接受，导致教育以失败告终；第二次，教师根据学生独特的个性，改变了批评的策略，采取了"以柔克刚"的批评方式，使学生减轻了戒备心理，减弱了逆反心理，学生接受了教师用含蓄的语言表达的批评之意，师生之间的隔阂得到化解。

## 三、针对不同教育对象的教育口语

### （一）针对不同性格学生的教育口语

#### 1. 针对性格外向学生的教育口语

性格外向的学生对正面的评价往往喜悦之情溢于言表，但不能把这种动力保持长久；不太介意负面影响，不至于因此自我否定；对激励鼓动的语言比较敏感，并容易为此冲动，转化为意志和决心；对言语的理解一般较肤浅，较粗疏，但尚准确；对言语的回应敏捷而外露。因此，对外向型学生的谈话，要做到：第一，在方法策略上，注意把握时机，以柔中带刚或刚柔相济的言语，以情激情或以冷制热、因势利导地进行教育；第二，在态度和用语上，切忌火上浇油、激化矛盾的责骂训斥和讽刺挖苦，可适当增加口语中的说理性成分，让理智指导学生的行为。

#### 2. 针对性格内向学生的教育口语

性格内向学生对批评、否定性的语言特别敏感，容易产生自我否定的心理定势；听到正面评价时心情喜悦，但不溢于言表并能产生长期的内动力。他们对言语的回应比较迟缓，理解比较细微，一般不善于口语交际。因此，对内向型学生的教育谈话，要做到：第一，要耐心启发，热情诚恳地表扬激励，使学生建立自信，激发其主动争先、积极参与各种集体活动的热情；第二，避免在公共场合批评，批评时多用暗示，不对他们说泄气失望的话。在指出错误的同时，要充分肯定优点，还要介绍改进的方法途径；第三，避免涉及可以使学生产生疑虑的话题。

### （二）针对不同水平学生的教育口语

#### 1. 针对后进生的教育口语

对智力、能力或道德认识水平较低的后进生，教师应多用积极的教育口

教育教学案例
赏析

语，对其有真实的感情，不能厌恶他们，要善于发现他们的长处，想方设法地激励他们，调动其潜在的积极因素。不仅采取"肯定评价"的语言策略，不讥笑、不挖苦、不斥责、不讽刺他们，相反，还要宽容和安慰，使其积极地投入到班集体的各项活动中。这是一种主动的教育，可以收到良好的效果。

### 2. 针对中等生的教育口语

中等生往往自认"比上不足，比下有余"，在各项活动中表现既不突出，也不落后。他们缺少拼搏的精神，缺乏前进的动力。针对这种心态的学生，教师在教育中，一旦发现学生有上进的要求，就要抓住时机，以激励的谈话方式鼓励他们上进，使他们产生前进的动力。

### 3. 针对优等生的教育口语

优等生通常对自己要求比较严格，平时表现好，学习刻苦。由于成绩好，一般也比较自信，有优越感，甚至自傲，遇事可能还爱耍小聪明。与这类学生进行谈话教育时，可适当提高话语中信息的含量和讲解的深度，以便满足他们强烈的求知欲。要较多地运用精当的点拨语、诱导语，推动他们主动探索，向更高的目标前进。对于他们身上的缺点，则采用暗示的言辞委婉提醒，诱导说理，启发其找出自己的不足之处。但是，表扬时切记夸大其词，要做到恰如其分，不能使其飘飘然，也不能伤害其他学生的自尊心。

# 第三节　态势语

## 一、态势语概说

态势语是口语交际活动中传递信息的重要手段，是通过身姿、手势、表情（包括目光）、空间距离语、服饰语等配合有声语言传递信息的一种形式，又称体态语。在一般口语交际和教师职业口语的运用中，态势语具有不可忽视的作用。成功的口语交际和教育、教学活动，不仅得力于出色的有声语言，也必然伴随着和谐、得体的态势语。

态势语的作用可以概括为三个主要方面：第一，补充、强化口语信息；第二，沟通、交流情感；第三，调控交际活动。

## 二、态势语训练要点

### （一）态势语训练的要求和原则

和谐，是态势语运用的美学要求，包括态势语运用得得体、自然和适度。态势语的运用要同有声语言的内容、语调、响度、节奏等协调，要同说者或听者的心态、情感吻合。态势语本身各构成要素（如身姿、手势、表情等）之间要做到局部与整体的和谐。

态势语的训练可以按照如下原则：第一，以口语为训练的载体；第二，分解与综合相结合；第三，由模仿、创造到自然运用。

### （二）态势语的分解训练要点

#### 1. 身姿语

身姿语包括行姿、站姿、坐姿等，是构成口语交际中说者或听者整体形象的重要因素。行姿，是讲话的前奏，给听者以第一印象。行走时，步履要稳健而轻捷；不要慌慌张张，摇摇晃晃，拖拖沓沓。站姿，要求沉稳、潇洒、振作。要头正、腰直、肩平、挺胸收腹，双手自然下垂。身体重心均衡分布在两脚之间，或根据表达需要落在前脚；上身可略微前倾，给人以亲切、进取、自信的形象。不要上身后仰、重心落在后脚，不要左右摇晃，不要两脚打战或轮流抖动，以免给人轻率、傲慢或慌张的感觉。坐姿，是双向性的会话式语境中听、说双方的基本身姿。要求端正、大方、自然。任何一种坐姿都毫不掩饰地反映了人的心理状态。在口语交际过程中，作为说者要注意观察听者身姿的变换，推测对方的心理，依此来及时调整自己的口语表达；作为听者，也可以有意识地通过身姿变换，实现与对方的心理沟通或调控口语交际过程。

教师的身姿语给学生以第一印象，好的教师能产生磁铁般的吸引力。教师的站姿要端庄、稳健、挺直，精神饱满。教师讲课时站累了，可将身体重心轮换放在一条腿上，作稍息的站姿；但身体不要后仰、歪斜，或左摇右晃，不要把另一条腿伸得太远或下意识地抖动；不要长时间将双手撑着讲台或将上身俯在讲台上。

#### 2. 手势语

手势语是态势语的重要组成部分。手势语表达的含义相当丰富，可以大致分为四种：一是情意手势语，主要用于表达说者的情感；二是指示手势语，用于指明要说的人、事物、方向等；三是象形手势语，用来描摹、比画具体事物或人的形貌；四是象征手势语，用来表达抽象概念。

根据手的动作范围，一般将手势语大体分为三个区域：上区为肩部以上，多表现积极、振奋肯定、张扬等意义和奔放炽热的感情；中区为肩部至腰部，表现坦诚、平静、和气等叙述、说明的中性意义和感情色彩不浓的一般陈述、知识性教育或平静的谈话；下区为腰部以下，多表现憎恶、鄙视、压抑、否定等贬义，有时也用来表示决心。此外，手势的方向也可以表达不同的含义，如向上或向下、向前或向后、向内或向外及手势的定型、不定型等，都可以表示不同的意思。运用手势语时，应注意根据民族共同理解的意义来选用，并适当体现个性特点。

教师在课堂教学中要"以手势助说话"，手势语要目的鲜明，克服随意性。要针对不同教学对象、教学内容正确选用不同含义、不同区域、不同指向的手势语。手势语要适度，包括速度、频度、幅度、角度等。要注意克服教学中常见的不良手势语，如抓耳挠腮、抠鼻子、摸胡子、撩头发、手沾唾液翻书或讲稿、用手指敲击讲台或对着学生指指点点等；手持书本或教具讲课时，不要挡住面部。

#### 3. 表情语

表情是心灵的屏幕，它像镜子一样把交际双方复杂变化的内心活动反映出来。在进行口语表达时，要注意自身表情的明朗、真挚、有分寸，克制影响交际效果的表情。听人说话时，要"听其言而观其色"，即观察对方面部表情变化，窥测对方的心态或言不由衷处。表情语包括面部肌肉、眉、唇等的变化，其中微笑是表情语的基本形式，学会在口语交际中多一些真诚的微笑，会有助于与对方的沟通，有助于交际目的的实现。

教师在教学中的表情语可以分为两种：一种是常规性的表情语，要做到和蔼、亲切、热情、开朗。常带微笑，这是教师表情语的基本要求，它能使学生产生良好的心理态势，创造和谐轻松的学习氛围。另一种是变化的表情语，如随教学内容而产生的喜怒哀乐，随教学情境与学生发生的感情共鸣等，它能使课堂效果丰富、生动而又充满活力。要注意，教师的表情变化要适度，不能过分夸张，以免有哗众取宠之嫌，更不能板着面孔讲课，这样会毫无生气，令人生厌。

### 4. 目光语

目光是面部表情达意最丰富的渠道，是表情语中的核心。要根据口语交际的需要恰当运用各种目光来帮助说话。如正视，表示庄重、诚恳；斜视，表示轻蔑；环视，是与听众交流；点视，具有针对性和示意性；仰视，表示崇敬或傲慢；俯视，表示关心或忧伤；凝视，表示专注；漠视，表示冷漠；虚视，可以消除紧张心理等。

教师要防止目光语运用中的一些不良习惯。教师的目光要保持神采，用丰富明快的目光使口语表达更加生动传神。教师讲课时要扩大目光的视区，始终把全班学生都置于自己的视野之中，并用广角度的环视来表达对每个学生的关注。要用目光的交流组织课堂教学，及时捕捉反馈信息，针对不同的学生使用不同的目光点视。教师的眼神忌暗淡无光；忌视线老盯着天花板、窗外或讲义，不敢正视学生；忌视角频繁更换，飘忽不定，给学生心不在焉的感觉。

### 5. 空间距离语

口语交际双方空间距离的远近，被称为"空间距离语"或"界域语"，其往往反映了谈话双方的人际关系、谈话内容和效果等。一般说来，近距离谈话时，双方关系较密切或话题具有不宜扩散性；中距离谈话时，双方关系一般，大多是公事交谈；站位距离较远的谈话，双方关系就显得比较疏远。在口语交际中，交际双方要根据特定谈话情境和对象，适当调节空间距离，以实现口语交际目的。但要注意，距离过近，会使对方感觉受到"空间侵犯"而不安；距离过远，又会使对方受到冷落，削弱谈话效果。

教师在讲课时，以站位于讲台后为主。根据教学需要可适当变化，缩小与学生之间的空间距离，密切师生关系。上课走动不宜频繁，以免分散学生注意力；不宜脚步匆匆，也不宜过于迟缓。教师与学生个别交谈时的空间距离要适中，一般对小学低年级学生可用较近距离，可用手抚摩学生的头以示亲近；对小学高年级学生，尤其是异性学生，空间距离不可太近，更不要随便用手触、拍学生头部或肩部，以免引起学生反感。

### 6. 服饰语

作为人体包装的服装、饰品等与身体姿态融为一体，通过色彩、款式等因素显现人的性格、修养、风度和精神面貌，影响口语交际的效果，这就是服饰语。对于不同情境的口语交际中的服饰，要注意坚持双重标准，既要美观，更要审时度势，要同特定的口语交际情境和口语交际目的保持协调。

教师的服饰仪表要整齐干净、协调自然、典雅大方，美而不俗，体现作为教育者应有的风貌。服装色彩不能太耀眼，也不要太灰暗；不能穿奇装异服，也不能不修边幅。

## 第四节 一般口语表达

朗诵、演讲是社会交际中的重要技能，也是求职成功的桥梁。讲故事、口头作文是教师基本的职业语言技能。掌握朗读、讲故事、口头作文、演讲等技巧，培养语言艺术素养，是未来教育教学工作情境的需要。

## 一、朗读

### （一）朗读的含义

朗读，是把书面语言转化为发音规范的有声语言的再创作活动。

### （二）朗读的要求

#### 1. 朗读要对书面语言进行再创作

朗读者要在深入分析、理解作品内容的基础上，加深感受，产生真实的感情、鲜明的态度，然后通过富有感染力的声音，准确生动地再现作品的思想内容，加深听者对作品的理解，引起共鸣，激起感情，从而达到朗读目的。

#### 2. 朗读使用的语言要源于生活、高于生活

朗读使用的语言，必须是活生生的生活语言，但它又不等同于"拉家常"式的自然语言。它比自然语言更规范、更典型、更生动、更具美感。朗读使用的语言，若过分夸张会给人以虚假的感觉，过分平淡则显得乏味无彩，只有"不瘟不火"，才能恰到好处。

#### 3. 朗读者要把握好自己的身份

朗读者的任务，是把文字作品的精神实质通过自己的有声语言创造性地传播给听者。因此，朗读者的身份只能是朗读者自己。朗读者既不完全是文字作品的代表或化身，更不能充当演员去扮演作者或作品中的人物（分角色朗读除外）。

#### 4. 朗读要忠实于原作品

朗读时，要做到不丢字、不添字、不改字、不颠倒、不错读字音；要读得连贯自然，不顿读、不重复、不读破句子、不中断朗读，并能根据作品内容确定合适的朗读速度。但从朗读目的、作用来要求，仅仅做到这些还是不够的。只有掌握了"朗读四要素"，才有可能圆满地达到朗读目的。

### （三）朗读技能训练要点

从作品内容出发，从逻辑分析入手，深刻感受作品，紧扣朗读的"四要素"进行训练，是掌握朗读技巧的有效途径。

#### 1. 朗读的第一要素——掌握作品内容

（1）阅读作品。这是朗读准备工作重要的一步。对于作品中的字、词、句、成语典故，不但要解决其声、韵、调、语流音变等读音问题，还要全神贯注地揣摩和体味语句之间的逻辑关系，加深具体感受，并能用一两句话概括出全文的内容。

（2）理清作品脉络、结构。自然段是作者从写作角度出发而形成的，朗读者要把自然段归并为层次，并且多层次还可以归并为部分。这样，作品的脉络会更加清晰，人物、事件的来龙去脉就会在朗读者头脑中活动起来，这样有利于声音的表达。

### 2. 朗读的第二要素——确定朗读目的

（1）朗读目的，是指朗读者"为什么"要朗读这样内容、这样主题思想的作品。因此，在确定朗读目的时，不能脱离作品内容、远离作品主题思想，但也不能把作品的主题思想和朗读目的完全等同起来。

（2）在朗读目的中，既有作者的写作意图，又有朗读者的愿望；既有对作品的评价意义，又有对现实的指导意义；既要使作者的态度、感情再现出来，又要把朗读者的态度、感情表露出来。朗读时，作者和朗读者的态度感情有时是一致的。

（3）朗读目的和朗读愿望是相辅相成的。朗读不是被动的传声复述，朗读者思想感情的运用、语气的转换、重音的确定、内在语（弦外之音、潜台词）的滚动，都取决于朗读目的。只有产生了朗读愿望，才能够实现朗读目的，而朗读愿望的产生，正是基于朗读者对内容的理解、分析、感受，特别是对目的的正确认识和深刻体会。只有目的明确，朗读者的态度、感情才能在声音、语气中"自然"地，而不是"自发"地流露出来。因此，鲜明的态度、真实的感情，是朗读的灵魂。可见，朗读目的就像一条红线，贯穿于朗读的始终。

### 3. 朗读的第三要素——分清朗读对象

（1）心中有人。朗读者与听者是朗读过程中相互感应的双方。即使是朗读给自己听，也应"心中有人"。没有对象，就不可能实现朗读目的。

（2）了解对象，区别对待。对低年级小学生朗读时，要做到字词准确，内容清楚，亲切有趣；对高年级的学生朗读时，还需在表达更深刻的题旨和表达更丰富的感情等方面下功夫。

（3）对象交流。在朗读过程中，听者的眼睛犹如一支寒暑表，随时测量着朗读者水平的高低。他们可能听得入了神，受到了感染，也可能很不耐烦，不愿再听下去，而此时，朗读者要根据听者的表情、眼神所反馈的信息，随时做出调整。此外，朗读者还要掌握唤起听众共鸣的技巧，使听者的思想感情随着自己的朗读起伏跌宕。

### 4. 朗读的第四要素——掌握表达方法

朗读的表达方法，是实现朗读目的的重要手段。任何表达方法都是受朗读者心理状态支配的。为此，训练朗读方法应分为两步：第一步是内部心理状态训练，包括形象感受、逻辑感受、内在语、语气等的运用；第二步是外部表达技巧训练，包括语调、顿连、重音、节奏等的运用。

（1）内部心理状态训练要点。

①形象感受的运用。

a. 朗读者的形象感受，来源于作品中的词语概念对朗读者内心刺激而引起的对客观事物的感知、体会、思考，是"感之于外，受之于心"而形成的。

b. 朗读者要善于抓住那些表达事物形象的"实词"，通过文字"目击其物"，好像"看到、听到、嗅到、尝到、触到"一样，使作品中的情、景、物、人、事、理在朗读者的心里形成"内心视象"。

c. 朗读者自身的经历、经验和知识积累，是形成"内心视象"的重要条件。朗读者要善于发挥记忆联想和再造想象的能力，以增强有声语言表达的强烈感染力。

②逻辑感受的运用。朗读时，作品中的概念、判断、推理、论证，以及全篇的思想发展脉络、层次，语句之间的内在联系，在朗读者头脑中形成的感受，就是逻辑感受。逻辑感受主要应体现在两个方面：

a. 语言目的要明确，不能似是而非。必须抓住语句、篇章的真正含义，把握实质，这就需要确定语句的重音、篇章的目的。

b. 语言脉络要清晰，不能模棱两可。语言脉络指的是上下衔接，前后呼应。这里抓住贯通文气、连接层次和语句起着"鹊桥"作用的虚词，是获得逻辑感受的重要途径。在朗读议论性文章时，抓住这些虚词，并理清它们所表示的逻辑关系，会收到事半功倍的朗读效果。

③内在语的运用。

a. 朗读时，内在语要像一股巨大的潜流，在朗读者的内心深处不断涌动着，它能赋予有声语言以生命。内在语的"潜流"越厚，朗读也就越有深度，越有韵味。

b. 作品中的某些词语和句子，有时并不体现其直接含义或表面意思。如用"恳求"的语气来命令，用"命令"的语气来劝告；"亲爱的"一词也可以表达"恨"，"你真坏"一句也可以是"你真好"。在这里，内在语显得十分重要。

④语气的运用。

a. 语气，从字面上理解，"语"是通过声音表现出来的"话语"，"气"是支撑声音表现出来的话语的"气息状态"。运用于朗读时，语气则包含两个方面的内容：既有内在的思想感情的色彩和分量（也称"神"），又有外在的快慢、高低、强弱、虚实的声音形式（又称"形"）。所以说，语气就是朗读中"话语"的"神"与"形"的结合体。

b. 朗读时，朗读者的感情、气息、声音状态，同表达有着极为密切的关系。有什么样的感情，就产生什么样的气息；有什么样的气息，就有什么样的声音状态。语气运用的一般规律是：喜，则气满声高；悲，则气沉声缓；爱，则气缓声柔；憎，则气足声硬；急，则气短声促；冷，则气少声淡；惧，则气提声抖；怒，则气粗声重；疑，则气细声粘；静，则气舒声平。朗读实践表明，只有感情上的千变万化，才有气息上的千姿百态，也才有声音上的姹紫嫣红。当然，感情的引发不是随心所欲的，而是受朗读目的和语言环境制约的。

（2）外部表达技巧训练要点。

①语调的运用。

a. 语调是语气外在的快慢、高低、长短、强弱、虚实等各种声音形式的总和。因此，朗读时，只有语气的千变万化，才有语调的丰富多彩。

b. 朗读实践证明，"曲折性"是语调的根本特征。语调不是字调，也不是声调，更不能把它固定在上扬、下降、平直的框框里。

c. 语调的"曲折性"表现在有声语言中，就是语句的趋向和态势，也叫"语势"。朗读时，正确把握住语势，就能跳出框框，得心应手。

②顿连的运用。

a. 顿连，指的是朗读语流中声音的顿歇和连接。它是朗读者思想感情的继续和延伸，绝不是思想感情的中断和空白。

b. 必须以思想感情的运动状态为前提，根据作品内容和语句目的安排顿连。生理上需要的顿歇（如换气），必须服从于心理状态的需要，不能破坏语意的完整。

c. 作品中的标点符号是朗读者进行顿连安排的重要参考。但朗读实践表明，有时不能完全受标点符号的制约。没有标点符号的地方，有的也需要顿歇；有标点符号的地方，有的则需要连接。因此，在一定的语境中，应该大胆突破文字标点符号的束缚，让有声语言的"标点符号"——顿连取而代之。这也是克服朗读中呆板念字弊病的有效方法。

③重音的运用。

a. 朗读时，为了实现朗读目的，强调或突出的词、短语，甚至某个音节，称为重音。重音经常在独立、完整的语句中出现。因此，也称"语句重音"。语句重音不同于词或短语的轻重格式，因为词或短语的轻重格式大多数没有区别词义的作用，只表示音强。

b. 重音是体现语句目的的重要手段。朗读时，必须区分句子中哪些词是主要的，哪些词是次要的，并使次要的词从属于主要的词。一般而言，一个独立完整的句子，只能有一个主要重音。重音在语句中的位置没有固定格式，只有从朗读目的、愿望出发，在深刻理解和感受作品内容的基础上，才能准确地确定重音的位置。

c. 重音不是"加重声音"的简称。突出重音的方法多种多样。重捶、重读是突出，轻读、拖长也是突出。可以快中显慢，也可重中见轻，还可高低相间，虚实互转，前后顿歇，等等。

d. 要处理好重音与非重音、主要重音与次要重音的关系。要学会在朗读时把非重音、次要重音"带过去"的本领。

④节奏的运用。

a. 在朗读中，朗读者由一定的思想感情的波澜起伏所形成的，在有声语言的表达上所显示的快与慢、抑与扬、轻与重、虚与实等种种回环交替的声音形式，就是节奏。节奏是就整篇作品来说的。因此，节奏不完全等于速度，而速度是构成节奏的主要内容。

b. 朗读所形成的节奏种类很多，主要有以下几种类型：

紧张型——急促、紧张，气急、音短；

轻快型——多扬、少抑，轻快、欢畅；

高亢型——语势向高峰逐步推进，高昂、爽朗；

低沉型——语势抑闷、沉重，语音缓慢、偏暗；

凝重型——多抑少扬，语音沉着、坚实、有力；

舒缓型——气长而稳，语音舒展自如。

需要注意的是，每一种节奏类型都是对作品的全局性概括，并不是作品中的每一句话都符合这一类型。朗读实践证明，善于从具体作品、具体层次、具体思想感情中确定节奏类型，但又不拘泥于某种类型，根据需要，合理转换，才是真正把握了节奏。

## 二、讲故事

### （一）讲故事的含义

故事是用生动形象的语言、曲折完整的情节，艺术地反映社会生活，可供口头讲述的一种文学体裁。

讲故事是把自己读到的、听到的、经历的、改编的或自编的故事讲给大家听，是人们喜闻乐见的一种语言艺术活动。

### （二）讲故事的特点

#### 1. 寓教于乐

讲故事不仅要有趣，还应有益。有益就是教育性，但这种教育性不是说教式，而是故事式。

教师可以利用讲故事的方式让学生们在快乐中、在笑声中受到教育。

### 2. "话""演"结合

"话"就是讲述,靠的是发音正确、清晰的有声语言。"演"就是表演,靠的是身姿、手势、表情等态势语和对某种特殊话语的声音模拟。讲故事不仅有助于陶冶情操,培养健康的审美情趣;有助于发展思维,开发潜在的智力;有助于增长知识,扩大知识的视野;有助于学习语言,提高口语能力,而且对于小学教师具有特殊意义,是小学教师一项必不可少的基本功。

### (三)讲故事技能训练要点

#### 1. 做好讲故事的准备工作

(1)选择好要讲的故事。所选故事要生动有趣,积极健康。不能讲述单调乏味的故事,也不能讲述消极颓废的故事。应该郑重选材,突出德育。所选故事还要分清对象,内容适当。对于低年级学生,要选择那些主题明朗、爱憎分明、情节简单、人物单一的故事;对于高年级学生,要选择情节比较复杂曲折的故事。但是,给学生讲的内容应与给成人讲的不同。此外,选择故事还要讲究目的,重视指向。不同学科的课上,所讲的故事要达到的目的各不相同,即使是一般场合讲的故事也应讲究目的,重视指向,这样才能使故事讲得更得体,使学生更受益。

(2)要改造故事。改造故事的原因有三点:一是语言要求,要通俗化、具体化、口语化,对儿童讲还要求儿童化。二是故事要求,要有悬念设置,有巧妙构思,有人物刻画。三是听者要求,要考虑听者的年龄不同、经历不同、接受能力和欣赏情趣不同。一般来说,现成的能供讲演用的故事脚本是很少的,要讲故事,就得将故事加以改造,即使是专门的儿童故事读物上的故事,也要加以适当改造。至于将有些情节性强的小说、通讯、报告文学、传记、叙事诗和曲艺段子等作品变成故事讲,就更需要按故事要求加以改造了。这种改造难度更高,因为它已变成另一种文学样式,是再创造、再创作。

改造故事要改造三方面:一是改造语言,改书面语言为口头语言。二是改造情节,使故事增色添味,增情益趣。从实际出发,将简单的加以扩展,将繁杂的加以集中。可以试着增加、减少、改换人物;增加必要的、富有个性的语言(对话)和动作,适当加以描绘,使形象变得丰满;在对原故事进行加工改造的过程中,可在故事情节之间增加一些必要的评论式语言。三是改造开头,使故事有悬念,吸引听者。为了让听者对故事情节和故事中人物命运产生关切的情感,讲故事时,可采用开门见山,一目了然;可采用倒叙,抛出核心;可结合题目,做些文章;可自问自答,解释题目;可设计谜语,探究谜底;可说明道理,作为目的;可巧借相关故事,引出本体;等等。

(3)熟记故事。熟记故事的题目,故事的人物、时间、地点和情节(发生、发展、高潮和结局)。其中,故事的重要细节描写、重要的人物对话,务必烂熟于心。

#### 2. 练习讲故事

可以先个别讲,然后互相对讲,以求得他人的纠正和帮助;也可以找几个人作听者,一边练习讲,一边及时感受听者的反应,同时也锻炼了胆量。

(1)讲故事的要领。

①活而不"油"。讲故事者的有声语言、态势语均要求活一点,甚至可以滑稽一点,但切忌油滑,流于粗俗。

②恭而不"拘"。讲故事者与听者是平等的，对听者的态度应是恭敬有礼的，但这种恭敬应适度，切忌局促，流于拘谨。

③庄而不"板"。讲故事应注意故事的教育性，特别是讲英雄故事，应讲究庄重严肃的一面，但切忌板滞，流于说教。

④动而不乱。讲故事要有动作，但这些动作均应有情感依据、心理依据、审美依据，切忌乱动，流于琐碎。

（2）讲故事的方法。

①讲究口语化，做到表白分明。第一，讲故事要"讲"，不要"背"。可依据脚本，但不可拘泥于脚本。应当把脚本化为自己"肚子"里的东西，顺口而出，不影响要点的地方，可以改动，可以创造。第二，要表白分明。"表"是指讲故事者要用第三人称的口气，客观地介绍故事发生的时间、地点、人物之间的矛盾冲突及讲故事者必要的议论。故事语言中的"白"，是要求讲故事者善于模仿故事中人物的语言，使听者有如闻其声、如见其人之感，使故事中的人物栩栩如生。

②讲究立体化，做到话演兼顾。讲故事的魅力之一，在于把书面的文字形象，变成立体的形象。因此，应强调"话""演"兼顾，即做到不只讲，还要"演"，要发挥目光、表情、手势和身姿等无声语言的作用，把故事讲活。

③讲究形象化，做到拟声传神。"拟声"对于讲故事来说，是锦上添花，一个好的讲故事者，必定充分运用这个优势。例如，描述自然环境时，有风声、雨声、雷电声；描述田野风光时，有鸟鸣、蛙叫、流水声；描述战场时，有枪声、人声、马蹄声。不同的角色，又有老人与小孩的不同，男人与女人的不同。总之，各种各样的声音如果都能形象地模拟出来，便为讲好故事增添了许多色彩。

## 三、口头作文

### （一）口头作文的含义

口头作文有广义和狭义之分。广义的口头作文包括演讲、在某种场合上中心明确的发言、交际中核心意思明显的陈述或议论、向上级做的主题突出的口头汇报等。狭义的口头作文是指在语言教学活动中，师生共同参与的有目的、有对象、有要求、有时间限制的一种口、脑并用的表达训练形式。根据狭义的口头作文所指，可以将口头作文的定义概括为：口头作文是运用口语限时、限题并当场进行表情达意的一种表达方式和教学形式。

口头作文从方式上看，可分为命题口头作文和命意口头作文。命题口头作文一般是指给出一个既定的题目，根据这个给定题目的要求做口头作文，分为全命题口头作文与半命题口头作文两大类。命意口头作文是指不给出具体题目，只提供材料或观察对象，规定情境或假设需要，让学生根据所给的范围自行命题立意，口述成文。命意口头作文包括情境口头作文、材料口头作文和看图口头作文。口头作文从体裁上看，可分为记叙性口头作文和论说性口头作文。记叙性口头作文是以叙述为主要表达方式，以讲述人物的经历和事物的发展变化为主要内容的一种口语训练形式。论说性口头作文是对一个事物或道理加以论证说明，或者提出一种见解的口语训练形式。

## （二）口头作文的特点

### 1. 快速性

口头作文准备时间一般为 3 ~ 5 分钟，最长也不超过 10 分钟，然后发而为"文"。兼有快速思维、迅捷表达的特点。心想口说，言随意至。

### 2. 确定性

口头作文一经为"文"，即难"修改"。因此，经过短时间准备脱口而出时，就应"确定"，不能模棱两可，让人猜谜。

### 3. 规范性

口头作文既是作文，那么其语言、语汇、语法均须规范，若夹杂方言土语或不规范语句，则会影响表达效果。

### 4. 独特性

口头作文使用得较多的是人们生活中的词汇，此外，还有一些特殊的语法现象，如短句多，省略句多，自然句中易位现象多。口头作文还有特定的语言环境和确定的对象。它可以借助声音的变化表情达意，也可以借助态势语或笑、哭、叹气等副语言表情达意。

口头作文的训练可以提高普通话水平，促进书面作文水平的提高，有助于思维能力的训练，还能培养口语交际能力。

## （三）口头作文技能训练要点

### 1. 明确口头作文的要求

（1）内容要充实。在口头作文时，要说真人真事，说自己要说的话，说自己想说的话，表达自己真实的感情。表达出自己的情感、思想，口头作文才能真实，才有个性和灵性。这就要求口头作文中描写要有形有色，反对闭门造车；记叙要有血有肉，反对记流水账；议论要有理有据，反对做表面文章；抒情要有凭有据，反对无病呻吟。

（2）条理要清晰。口头作文实质上是思维的一种外化形式。因此，条理清晰的关键是作者思路的清晰。思路怎样发展，应有一个明显的条理顺序，如由此及彼、由表及里、由个体到群体、由过去到现在等。这样，听者才能明确地理解。在文章的关键处，如内容转换处、语意衔接处等，用上一些显示条理的标志性语句或词语，既可以给自己的口头作文提供顺畅的思路，又能够让听者领略到行文的脉络，这样口头作文便可水到渠成。

要做到清晰有条理，首先必须确定文章主旨，然后进行构思，并在头脑中形成简要的构思提纲，最后按提纲铺衍成文。比如，记叙性口头作文应紧扣线索，展开情节，讲述事件，刻画人物；论说性口头作文则应紧扣论点，通过合乎情理、合乎逻辑的论证使观点立起来。如果说主题是文章的灵魂，材料是文章的血肉，那么，文体结构就是文章的骨架。

（3）中心要突出。作文重在立意。"意"即主旨，是文章的灵魂和统帅，它的好坏和高下直接决定着文章的质量。对于人来说，灵魂活跃了才能生机盎然，性格凸显；对于文章来讲，中心突出了才能文气蓬勃，感人至深。一篇口头作文要有一个明确的中心，并让这个中心贯穿始终，统率所有的材料。只有明确中心了，才能做到中心突出。要突出中心，可以从以下几点入手：第一，观点单一、旗帜鲜明；第二，选择材料，围绕中心；第三，运用技法，突出中心。

（4）语言明白感人。语言是思维的外现，是整个作文过程的载体，没有好的语言外衣，再好的思想立意也表达不出来。文章的语言要"有韵味"，必须在词句和声音上下功夫，必须做到：语言生动口语化，词句精炼幽默化，声调悦耳音乐化。一个人语言积累的水平决定着他的语文能力的高下，也是衡量其作文程度的天平。积累到一定程度后，再尝试运用一些表达技巧，就能准确而丰富地表达出自己的情感。内容充实的文章需要好的语言表达来点缀，这样才能做到情文并茂，内外兼美。

### 2. 口头作文的临场准备

（1）心理的准备。口头作文"做"和"说"的对象是听者，自然会被听者所评价，由于顾虑到评价好坏优劣，作者心理上必然产生压力。这种压力只要不过分，就无须大惊小怪。有时，有一点压力反而能"压"出自己的口才来，但若过分有压力则会使作者手足无措，非但无益反而有害。因此，应在实践中锻炼自己良好的心理素质。

（2）构思的准备。这里说的构思包括审题、立意、组材、结构层次的安排等。虽名曰"准备"，实际只有几分钟，所以只能是粗线条的，不可能精雕细刻。但不能没有这个"粗"，否则上场后难免语无伦次。

（3）表达的准备。语音方面，必须使用标准的普通话；语句方面，应选择富有表现力的词语，尽可能组织精炼简明的短句，以提高重点词句的表达效果；语流方面，也要有个事先设计，把握好速度、节奏、抑扬顿挫，力求表现出音韵之美、层递之美、对应之美、排比之美等。此外还有一个态势语方面的设计准备，总的要求是适度，做到不呆板、不累赘、不造作，使人感到自然、得体、协调。

显然，上述准备不能光靠临场前的几分钟，最重要的是平时加强训练，这才是最好的准备。

### 3. 口头作文训练内容

（1）口头作文的言语发声和情态表达。

①吐字规范有力，清晰流畅。发好字音是对口头作文的基本要求。口头作文与书面作文不同，前者诉诸听觉，后者诉诸视觉。书面作文可以反复修改，口头作文则不可以，声音一过即逝，想再听一遍已不可能。因此，口头作文要让听者听明白，容易接受，就一定要做到语音标准，符合普通话的要求，语法符合规范，吐字干净利落、清晰有力、自然流畅。

②声音洪亮圆润，朴实明朗。口头作文虽以作文为主，但声音的好坏对其效果关系极大。圆润悦耳的声音能愉悦听者，嘶哑刺耳的声音会刺激听者。因此，一定要注意声音的锻炼，要让自己的声音好听、好用，富有表现力。与此同时，口头作文应让人感到亲切、自然，所以声音方面在做到洪亮、圆润的同时，还要朴实，不能太夸张。此外，口头作文时的音量不能太小，应该在保持一定响度的前提下，根据内容的需要决定音量的大小变化，即使需要"轻声细语"，也应让距离最远的听者能够毫不费力地听清。

③节奏鲜明有度，变化有序。口头作文的节奏，即轻重缓急、抑扬顿挫，应该是起伏的。随着内容和感情变化，节奏起伏会有所不同，但这种节奏对比应是自然状态的自然节奏。如果节奏过于松散缓慢，听者的注意力容易涣散；如果节奏过快，像连珠炮一样咄咄逼人，又使人产生逆反心理。而且表达的内容、语境的不同，节奏也应该不同。一般来说，文字浅显快于艰深，描述快于阐述，议论快于抒情，激烈快于轻松，欢愉快于忧伤，活泼快于持重，等等。

④表达恰切充分，生动自如。表达要准确，从宏观的把握到微观的处理，从整体的态度、情感到具体的停顿、重音、语气、节奏，都应当是准确的，要形象生动，亲切自如。

⑤情态得体适度，自然大方。这里的情态指的是表情体态，包括面部表情、手势和身体动作。口头作文本以作文内容为主，不强调其表演性，但口头作文也属于艺术口语范畴，表达时也不应忽视其艺术性的展现，并且人的态势传递着一定的信息，能有效辅助有声语言，所以作者在口述作文的同时，一定要注意自身情态的表现，面部表情和手势动作一定要得体、适度，符合内容的要求，切不可过多、过滥。动作、表情要自然、大方，不可装腔作势、生硬做作。

（2）口头作文的审题。口头作文要求在拿到文题后，稍加思索、构思，便能顺利、完整而连贯地说出一篇文章，要求必须把握住"两性"：一是要具有准确性，即审题时要求准确度高，无偏差，要"一矢中的"；二是要具有迅捷性，由于口头作文时间的限制，不能像书面作文那样仔细地、一字一语地分析，因此，要迅速、敏捷、一目了然。下面简单介绍几种口头作文审题的方法。

①弄清题目提示的选材范围。这是指弄清题目要求说的是一个问题，还是几个问题，重点是什么，它们之间关系又如何。

②审清文体。拿到作文题目，要审清是记叙性文体，还是论说性等其他文体。

③审好文题表达的最佳角度。一个题目可以表达几个侧面，从几个方面去表现，因此，审题时，要选择最佳的表现角度。

④抓住题眼。"题眼"是作文内容、中心最鲜明的呈现点。审题中抓住题眼，也就抓住了表达的角度、中心的所在、选材的关键。

（3）口头作文切入方法。口头作文向作者提出了特殊的要求：必须选择作者最易表达、听者最易动情的点切入，由此向纵深突破，会收到较好的效果。选择突破，第一，要抓住题目所暗示的关键点，从而牵一发而动全身，自然而然地顺着关键点的指向而深入地表现出要表达的内容。第二，要选择听者最关心的点，从这些点切入，听者就会产生听下去的欲望。只有顺着这个点，才能和听者沟通，引起听者的共鸣。第三，要选择自己最易发挥的点，只有从这种点切入，才能发挥自己的优势，自如地表达，体现自己作文的意图。

（4）口头作文的思维方式。

①定势。事物的构成有一定的样式，事物的发展有一定的规律，人们对事物的认识有其习惯的固定程序，解决问题也常有一定的章法和规范。在训练思维时，可以遵循事物发展的规律，从小到大地展开；可以按照人们认识的规律，由因求果、以果探因地分析；可以以时间的先后或距离的远近为序进行解说，这样富有条理的思路，自然会使表达更清楚明白。

②逆向。任何事物都有正反两个方面。在准备口头作文时，多数人会直中取正向表达，但有时不妨反道而驰，曲中求反向说明，例如，人求其果，我探其因；人言其成，我谈其败；人言其非，我说其是；等等。这实质上是一种从另一个角度、另一个侧面去分析事物的逆向思维。

③相似。事物之间有许多相似之处，找到事物之间的相似，就找到了它们的联系，就实现了对材料的提炼和升华，也就能形成表达的思路。因此，只要善于发现事物的相似性，就能举一反三，触类旁通，开启思路的闸门，找到滔滔不绝的话题。

④辐射。辐射就是思路像辐条般地从一点向四周发散开去，多角度、多侧面、多方位地探求事物。这样的思考和表达，既可收到一石多鸟、多管齐下的好处，又能开阔思路，使思路形散而神聚，更利于从整体上把握事物。

（5）口头作文的情感交流。情感是文章的灵魂，这是作文的一条准则。在口头作文中，有时会出现这样一种情况：本来是一篇饱含真情的文章，却因作者没有注意到和听者之间的情感交流，导致作者不管怎样充满激情，从听者角度看还是没有吸引力，让人听起来有一种无病呻吟的感觉。

要与听者进行情感交流，一是要选择听者所关心的热门话题，让听者对作者所要表达的话题产生兴趣，无论作者说的是对还是错，都想听听他是怎么说的，必要时，听者还会主动和作者探讨。二是要引用听者所熟悉和关心的材料，这样分析讨论起来，就容易让听者进入角色与作者进行交流，在情感的对流中理解作者要表达的内容。三是说话的语气要注意渗透感情，让听者感觉到作者是在和他们充满感情地交流思想，自然会对作者的作文产生相应的反应。

### 4. 口头作文训练的步骤

（1）练敢说。在口头作文训练中，心理素质是充分发挥学生潜能的最基本的前提。口头作文训练初期，为自由式训练阶段。训练的形式、内容可以不拘一格。放胆构思，有话可说就是进步。一则故事、一个笑话、一桩趣闻、几句幽默……可以培养兴趣，放松心理，打开语言的闸门。

（2）练能说。经过一段时期的自由式训练以后，自身的兴趣得到了培养，心理素质得到了锻炼，口头作文训练也应随之提高一个层面。由不拘一格、内容多样，过渡到选择话题、明确目标。这一时期要选择一些话题，以好说的叙述类文体为主，如写人叙事、写景状物等。话题确定后，还要确定几个标准，如要求讲普通话，要求围绕话题来说，要求突出人物或事物特征等。

（3）练会说。在能把一个话题说得有头有尾、内容完整的基础上，要进一步训练把话题说好。这个"好"的标准就是吐字清晰、声音洪亮、节奏鲜明、表达恰切、情态得体、内容充实、结构完整、条理清楚、语言流畅。

（4）练巧说。巧说就是在能够较好地完成一篇口头作文的基础上，进行技巧方面的训练。例如，在语言方面，在流畅的基础之上学会使用各种修辞手法，使语言不仅自然流畅，而且形象生动，具有文学性和感染力；在结构方面，记叙文的顺叙、倒叙、插叙、补叙等结构方法，议论文论点提出的不同方式等，都能使文章结构不呆板；在情节方面，悬念设置、细节描写等都能使文章富有情趣；在构思方面，要让思想插上想象的翅膀，让文章变得更加精彩；在知识方面，要多读书，多积累，丰富自己的见闻和词汇，要懂得"胸有笔墨"才能"出口成章"。

## 四、演讲

### （一）演讲的含义

演讲也称演说、讲演，是指演讲者在特定的时空环境中，以有声语言为主要手段、态势语为辅助手段，面对广大听者发表意见，说明事理，抒发情感，从而达到感召听者的一种带有艺术性的口语表达活动。

### （二）演讲的特点

#### 1. 现实性

现实性是指演讲的内容应切中时代脉搏，在特定的环境中进行现实信息的交流活动。演讲的现实性主要表现在以下三个方面：演讲的选题须从现实出发，阐述的道理是听者所需要的，讲述的问题是人们所关心的现实问题；演讲的内容和感情要真实，要展现真情真理，能够引起听者的共鸣；演讲要宣传现实中自己的主张和观点。

#### 2. 艺术性

演讲是有声语言和态势语相结合的一种活动，这就使演讲具有了艺术性高、感染力强的特点。演讲的艺术性主要表现在以下方面：形声协调的整体美，即声音和形象协调一致，给人以美的享受；声情并茂的音韵美，即要融情于有声语言，语言的发音应随着情感的变化起伏顿挫，时而高昂激越，时而柔和低缓，给人以强烈的艺术感染。

#### 3. 激励性

激励性是演讲的一个显著特征，演讲者饱含的炽热的情感、悦耳的声音和动听的语调、优美的姿态和明快的手势，以及严谨的结构和缜密的逻辑，会强烈地吸引住听者，使听者被演讲者感染，进而受到激励。

#### 4. 综合性

演讲的主题、材料、结构、语言等要素构成一个和谐的整体，并与演讲的时间、地点、听者等相应和，两者合为一体。同时，演讲将各种表达手段综合在一起，可议、可叙、可描、可说、可抒，能绘声绘色、抒发自如地表达观点。

### （三）演讲技能训练要点

#### 1. 演讲的准备

（1）讲稿的准备。首先，要确定讲题。讲题要积极得体、别致、有情感性。其次，要确定主题。主题要正确、集中、新颖，有针对性。

（2）心理的准备。克服怯场。怯场一般表现为过分的紧张致使喉咙发紧，声音发颤，汗流浃背，肌肉抽搐等。要克服怯场，一是培养自己良好的心理素质，要训练自己沉着稳定、随机应变等心理素质，还要训练讲话不卑不亢的心理素质。二是平时加强训练，常用的有效办法有朗诵、自言自语、与陌生人大胆交往、与亲近熟悉的人交谈、多听别人当众讲话等等。

（3）仪态的准备。第一印象是演讲获得成功的关键，而仪态是形成第一印象的主要因素。因此，仪态上要做到：打扮得体，优雅自然，精神昂扬，热情诚恳，亲切和蔼，举止大方。

#### 2. 演讲的要领

（1）演讲的内容要实。

①要言之有物。物，即文章的思想内容，亦是演讲者主观头脑对客观事物的真实的反映。演讲就是要有丰富的思想内容，要有充实的材料。演讲者要对演讲中提出的问题进行认真的分析，最后提出解决的办法。不能言之无物，言不及义，更不能搞"假""大""空""老""陈""旧"来愚弄听者。

②要言之有序。序，即文章的结构。结构是文章内部的组织构造。演讲的结构，就是要将演讲内容的各个部分、各种材料，有机地连接起来，组织起来，使之成为一个和谐匀称的整体。

③要言之有理。理，即主题。演讲如无主题，则必然零乱而无章法。不仅如此，主题还应正确、集中、新颖、有针对性，否则也达不到演讲的目的。

④要言之有文。文，就是讲究形式，讲究技巧，讲究文采。有文采的演讲，对听者来说是一种美的享受，是一种感情的熏陶，是一次心灵的净化，是一种精神的满足。文采除表现在辞藻的富丽、文句的优美之外，还表现在幽默化。

⑤要言之有情。首先，演讲内容本身包含的情感应真挚，不虚假。其次，演讲者对听者要怀有热烈的爱，要以平等的态度对待他们。最后，真挚的情感不要表露在言辞上，而应突出表现在演讲是否能真正帮助听者解决一两个实在而迫切的问题。

（2）演讲的形式要美。

①有声语言要求。语言要优美，节奏有张弛，语调富于变化。

②无声语言要求。姿态要美观，仪表要得体，手势要自然，眼睛要会"说话"。

### 3. 演讲训练内容

（1）开场、收场训练。

①开场。开场相当于其他表演艺术的"亮相"，一定要达到"镇场"的效果。整个上台"亮相"的过程要给听者传达一个精神饱满、态度热忱、庄重有礼、坚定自信的第一印象。一个良好的开场将令接下来的演讲进展顺利。

a. 演讲者应提早抵达演讲现场，以便让自己有时间适应环境。演讲前要找地方做一些发声练习，让声音"热热身"，以免声音发涩。一定要检查麦克风、音响、照明等场上所有设施，确保不会发生故障。

b. 演讲者要以平常的步伐从容、稳健地走上讲台，步幅、速度要适中，不要有丝毫的匆忙和慌张。一般应走到前台中间，这样可以使演讲者统观全场，也能使处在不同位置的听者看到演讲者。

c. 走上讲台，面向听者自然站定之后，演讲者不要急于开口说话，要有意识地用眼神环顾全场的每位听者，建立起与听者初步的情感联系。此时的环视有四个重要作用：一是稳定自身情绪，演讲者可借此做一次深呼吸，平静心绪；二是向听者致意，表示对听者的礼仪及前来听演讲的谢意；三是帮助静场，起到稳定听者情绪，组织听者的作用；四是体验听者情绪和现场情况，以便把握好演讲的方式与重点。

d. 演讲者要待全场都安静下来之后，再开始致问候语和开场白。要选择切合听者身份的问候语。致问候语时，要抬头环顾全场，说完后要停顿一下，以集中听者的注意力。声音要响亮一些，做到"先声夺人"。此时，千万不要看摘要，否则会减弱开场白的力度。开场后要一心一意地、大胆地、毫不犹豫地讲下去，使自己的演讲渐入佳境。

②收场。演讲者说完演讲的最后一句并不代表整个演讲到此结束，此时，演讲的收场工作才刚刚开始，还有很多事情要做。演讲者即使时间再紧，也不能匆匆忙忙收起稿子立刻离开讲台，否则给听者的印象和影响力将大为减弱。

a. 热情地收场。要以热情、自信等积极的情绪结束演讲，不要以抱怨、道歉等消极的情绪结束演讲。不需要在收场时为演讲中的失误做解释、表示歉意，因为也许听者对演讲中的失误根本就没有意识到。

b. 真诚地谢场。不论演讲的结尾有没有伴有听者的赞许声，演讲者都要对听者听完了自己的演讲表示真诚的感谢。说完感谢之词后，再行一个短暂的鞠躬礼，一般听者都会报以热烈的掌声。此时，演讲者可再次表示感谢，也可颔首示意。要记住，即使刚刚做了一个全世界最糟糕的演讲，也要表现得好像演讲很成功似的而致以感谢，这样能改善在听者心目中的形象。

c. 从容地离场。离开演讲台前，要从容地整理好演讲材料，面带微笑地最后环视一次听者，像上场时一样稳步地离开讲台。在回自己座位的路上，要对听者报以微笑，如果听者情绪热烈，还可挥手致谢。如果后面还有另外的演讲者，要以热切的、期待的神态等待他的出场，做一名好的听者。只要有听者在场，演讲者就需要保持适宜的礼仪。

（2）开头、结尾训练。

①开头。开头即开场白。开场白的好坏，直接影响听者听讲的兴趣以至整个演讲的成效。据统计，人们通常用 10 秒钟的时间形成对一个人的印象。因此，演讲开场白的重要性就可想而知了。它是听者对演讲者的"第一眼"，是听者与演讲者之间建立起来的第一座情感桥梁。演讲者一定要充分考虑演讲目的、演讲内容、演讲对象、演讲场合的具体要求，从新颖的角度，用精辟感人的语言、巧妙的形式精心设计自己的开场白，以达到迅速吸引听者、感染听者的目的。同时，好的开头也是演讲者信心的增强剂，将极大地调动演讲者自身的情绪，令其充满信心地继续下面的演讲。在准备开场白时，要注意以下几个问题。

a. 开场白的长度要适中。开场白的篇幅只能占整个演讲的 10% ～ 15%，不能太长。

b. 最后写开场白。由于开场白是演讲整个内容的介绍，只有写完演讲的主体和结论之后，才知道如何介绍。因此，撰写演讲稿时，要最后写开场白。

c. 避免开场大忌。平淡无奇、绕大弯子、自我吹嘘、趾高气扬、谦词过多等都是开场白的大忌。

②结尾。结尾即结束语。虽然结束语是演讲的一个较小部分，但却是不可缺少的，也是不可忽视的，它与开头同等重要，是演讲者表述思想、打动听者的最后机会。良好的结尾能使演讲在热烈的气氛中圆满结束，给听者留下强烈的印象；相反，蹩脚的结尾则会令原本有效的演讲黯然失色。

a. 演讲结尾的特殊之处在于它既要起到收束全篇的作用，又要构建一个最后的情感高潮。演讲者应该调动一切积极因素，用充满感情和力量的语言总结全文，提升主题，升华情感，从而把听者的情绪推到最高的浪潮上，使听者情绪激昂，给听者以希望和信心，以实现说服听者采取行动的目的。

b. 演讲的末尾必须发出结束的信号，让听者知道你已经进入演讲的结尾部分，不能在听者毫无心理准备的时候太突然地结束。

c. 演讲的结束语要激情洋溢、铿锵有力、富有鼓动性，不能平淡无味；要新颖巧妙，不落俗套；要简洁凝练，不能拖沓冗长，结尾只能占全部演讲内容的 5% ～ 10%；要收拢全文，提示题旨，但不要过多地重复前面的内容，更不能节外生枝；不能再提出新的观点，否则会引起歧义；不能对前面内容进行补充，否则会让人觉得思路混乱；要给结尾留有足够的时间，不能匆匆了事；要耐人寻味，让听者在兴趣未尽时戛然而止，从而令听者余兴未尽。

（3）调整、应变训练。包括开场白的变化、内容的压缩或扩充、观点例子的调整、语言风格的调整，以及应变等方面。

①开场白的变化。称呼语对听者包括不全面的，要加以补充；离题太远的话，不讲；不能

赢得听者的话，不说；啰嗦繁杂的话，坚决去掉，诸如"事先准备不充分""十分惭愧""请求原谅"的话少说，因为它对演讲者没有任何帮助。

②内容的压缩或扩充。根据演讲当时的时间情况，特别是听者欢迎的程度，有必要对演讲准备的内容加以压缩或扩充。时间紧，须压缩内容，可以采取保留大观点，减掉例子；集中一个论点，舍去次要论点；浓缩例子等方法。时间宽裕，须扩充内容，可以采取多举例，正反都举；用多种论证方法；请听者参与等方法。但一般来说，演讲以精短为妙。

③观点例子的调整。观点一抛出，就受到反驳；例子一讲出，就感到失实、失当，这些都必须马上调整。可采取，尖锐的观点先退却一步，再化退为进；肯定的观点变成或然的说法；失实、失当的例子马上纠正并致歉等方法。

④语言风格的调整。过于庄重严肃的，可以讲个故事，来点幽默；学术性太强的，要尽量改用形象化的语言；活泼有余，严肃不足的，要尽量收敛。

⑤应变。应变的关键是要反应敏捷，一要自信，二要放松。要学会巧妙地圆场。

教师应具备的
几种习惯

## 实训设计

1. 根据自己所学专业，从小学教材中选择教学内容，为其设计合适的导入语、讲授语、提问语、应变语和结束语，进行小组内试讲、评议、交流。

2. 观看优秀教师的教学录像，讨论、分析、评价各教学环节教师运用语言的特点。

3. 参加小学教育见习、实习活动，认真观察见习、实习班级小学生的言行，选取五个具有典型性的学生，判断其在性格、能力、道德水平等各个方面的特征，思考应该对每个学生采用什么样的教育口语。

4. 创演课堂短剧。以寝室为单位，选取小学语文课本中的一篇课文改编成短剧，寝室成员分别扮演剧中角色，设计与台词相应的态势语进行演练，在全班进行比赛。比赛时，观众同时充当评委，对表演者的态势语及其他因素(声音、内容等)进行评分，赛后评议。

5. 结合普通话测试大纲中60篇朗读作品，按照朗读训练的要求，学习朗读技能，进行朗读练习。

6. 分别选取一个寓言故事、童话故事、科学故事、历史故事，根据讲故事的特点，按照讲故事的要求，学习讲故事的方法，练习讲故事。

7. 按照口头作文训练的方法指导，从以下题目中选取五个进行口头作文练习：一次教诲、我们的时代、同窗情、网络时代的大学生活、我的愿望、谦虚是一种美德、谈谈对某一社会现象的看法、怎样对待挫折、一句格言给我的启示、怎样理解"学会做人、学会做事、学会求知、学会共处"。

8. 根据下列题目做备稿演讲。

教书育人，强国有我；人生处处是考场。

9. 根据下列话题做即兴演讲。

但丁说："走自己的路，让别人说去吧。"但现实中也存在着很多需要察纳雅言，虚心理解别人意见的时候。请说说你的看法。

# 规范汉字与书写技能训练

一

　　规范汉字的书写技能是师范院校学生的一项重要的专业技能。这项技能既有实用性，又有艺术性，不仅包含着文化教育、审美教育的内容，更包含着素质教育的重要内容。进行这一专项训练，能够在提高师范生规范汉字书写能力的同时，提高师范生的自学能力、感悟能力、鉴赏能力和创造能力。师范院校学生要求能够写规范工整的毛笔字、钢笔字、粉笔字。作为文字教育的重要方面，师范生在校期间，要系统地学习汉字书写规律和法则，同时还要能够把汉字书写得规范、工整、熟练、美观，这样将来才能胜任教书育人的工作，才能对学生写好字起到影响和示范作用。

**目标引导**

　　了解汉字的规范知识，能够正确使用规范字，掌握规范汉字书写基础知识；掌握毛笔、钢笔和粉笔三种书写工具的书写知识和书写技能；能够正确、工整、流利、美观地书写毛笔字、钢笔字和粉笔字。

**思政小课堂**

　　汉字的诞生是中华民族从漫长的蛮荒时期进入文明时代的标志，它蕴含着中华民族的智慧，反映了时代的发展。汉字起源于远古的图画，世界上其他一些古老的民族文字也有相似的过程。如古埃及的圣书字、苏美尔的楔形字。但在人类社会发展的过程中，其他一些民族的文字都已失传，甚至灭绝。这些民族的后代都相继使用了拼音文字，唯有中国的汉字沿用至今，且形成了一门独特的书法艺术。"一笔一画里有先贤智慧，一棱一角中有耿介豪情，一开一阖间有博大情怀，一顿一挫时有气韵生动"。汉字字形藏理，字音通意，正如中国人的文化特质，阴阳互补，和谐统一；汉字构造精巧，行美旨远，正如中国人的性格特征，含蓄谦逊，包容豁达；汉字横平竖直，方方正正，正如中国人的做人秉性，顶天立地，堂堂正正。作为华夏子孙，应该为祖先的创造感到骄傲与自豪。同时，作为一名教师，也有责任为发扬光大传统艺术贡献自己的一份力量。

# 第一节　汉字书写规范技能训练

## 一、汉字的简化与规范

### （一）汉字的简化

　　在汉字发展史上，汉字的简化是总趋势。1935年，民国政府教育部正式公布了《第一批简体字表》。新中国成立后，我国进行的汉字整理和简化工作，规模之大、力度之强、成效之显著都是以前不可比拟的。1952 年，在政务院文化教育委员会下成立中国文字改革研究委员会，重点研究汉字简化问题。1956 年 1 月，《汉字简化方案》由国务院正式公布。1964 年 5 月，中国文字改革研究委员会编印《简化字总表》。1986 年 10 月，经国务院批准重新发表《简化字总表》，对原来总表中的个别字进行了调整。2000 年 10 月 31 日，全国人大常委会通过了《中华人民共和国国家通用语言文字法》。这部法律的通过和实施，标志着我国的语言文字工作走上了依法管理的轨道。

### （二）汉字规范的依据

（1）简化字，以 1986 年 10 月经国务院批准重新发表的《简化字总表》为准；

（2）异体字中的选用字，以 1955 年 12 月，由文化部和中国文字改革委员会联合发布的《第一批异体字整理表》为准；

（3）汉字的字形，以 1988 年 3 月，由国家语委和新闻出版署联合发布的《现代汉语通用字表》为准；

（4）更改的县以上地名生僻字，以 1955—1964 年国务院分九次公布的为准；

（5）更改的部分计量单位名称用字，以 1977 年 7 月，由中国文字改革委员会和国家标准计量局联合发出的《关于部分计量单位名称统一用字的通知》为准。

### （三）《简化字总表》

《简化字总表》的最终版本是 1986 年修订版，共收录 2 274 个简化字及 14 个简化偏旁。《简化字总表》分为三个表。第一表收录简化字 350 个，按读音的拼音字母顺序排列，是不能作简化偏旁用的简化字。第二表收录简化字 132 个和简化偏旁 14 个，简化字按读音的拼音字母顺序排列，简化偏旁按笔画数排列，是可作简化偏旁用的简化字和简化偏旁。第三表收录简化字 1 753 个，是应用第二表所列简化字和简化偏旁得出来的简化字，以第二表中的简化字和简化偏旁作部首，按第二表的顺序排列，同一部首中的简化字按笔画数排列。附录收录习惯被看作简化字的规范汉字 39 个。

## 二、正确使用汉字

### （一）《现代汉语常用字表》

1988 年 1 月，国家语委和国家教育委员会联合发布《现代汉语常用字表》。《现代汉语常用字表》分常用字（2 500 字）和次常用字（1 000 字）两个部分。师范生要会读、会写、会用《现代汉语常用字表》中的 3 500 字。

### （二）辨别不规范汉字

#### 1. 辨别别字

别字是将字"甲"写成字"乙"，这是最常见的不规范字。如某交通宣传标语：超限超载，殆害无穷。这就是将"贻"写成了"殆"，"殆"就是别字。

## 2. 辨别错字

错字是写错了的字，如书写中，某个字笔画多一笔或者少一笔构出一个没有的字。如"污染"的"染"，经常有人在"九"中加上一点；"低头"的"低"下面少加一点。

### 3. 辨别不规范的简化字

如将"玻璃"的"璃"字右边写成"力"，将"酒水"中的"酒"字右边写成"九"等，都属于不规范的简化字，要注意辨别。

### 4. 辨别繁体字

已经简化了的字仍写成繁体字，这也是用字不规范的表现。如常出现的繁体字"觀點""發現""論壇"等。

### 5. 辨别谐音用字

广告词中的滥用谐音最多。如"坐想（享）其成""饮（引）以为荣""默默无蚊（闻）""换（焕）然一新"等，这种谐音的滥用常常误导了学生对正确汉字的认识和使用。

### 6. 辨别书写不规范的字

汉字书写笔画要规范，不规范的书写会造成对字的理解有偏差。如"本"，指草木的根或茎干，泛指事物的根本或根源，而有的人将"本"写成"大十"的上下结构，这样就失去了字本来的意义。

# 三、汉字的书写

## （一）汉字的笔画

笔画是构成汉字的基本单位，每一次起笔到收笔所写的点和线，无论长短曲直，都可称为一笔或一画。汉字的笔画有不同的形态，可以将其概括为点、横、竖、撇、捺、提、折、钩八种。其中，点、横、竖、撇、捺、提六种是不曲折的形态，称为单一笔画；钩和折两种是曲折形态，称为复合笔画。

单一笔画在汉字书写时有很多变形，因其长短取势的不同而有了不同的名称（表3-1）。

表3-1 单一笔画的变形

| 单一笔画的变形 | 例字 | 单一笔画的变形 | 例字 |
| --- | --- | --- | --- |
| 长横 | "二"字第二笔 | 平撇 | "禾"字第一笔 |
| 短横 | "二"字第一笔 | 竖撇 | "斤"字第二笔 |
| 长竖 | "中"字第四笔 | 斜捺 | "大"字第三笔 |
| 短竖 | "师"字第一笔 | 平捺 | "之"字第三笔 |
| 长撇 | "天"字第三笔 | 左点 | "心"字第一笔 |
| 短撇 | "白"字第一笔 | 右点 | "宝"字第一笔 |
| 斜撇 | "人"字第一笔 | 竖点 | "宝"字第二笔 |

复合笔画在汉字书写时变形也很多，因其曲折的方式而有不同的名称（表3-2）。

表 3-2　复合笔画的变形

| 复合笔画的变形 | 例字 | 复合笔画的变形 | 例字 |
|---|---|---|---|
| 横钩 | "买"字第一笔 | 横撇 | "水"字第二笔 |
| 竖钩 | "于"字第三笔 | 横折弯钩 | "九"字第二笔 |
| 弯钩 | "狗"字第二笔 | 横撇折撇 | "建"字第七笔 |
| 竖提 | "民"字第三笔 | 撇提 | "红"字第一笔 |
| 竖弯钩 | "巴"字第四笔 | 横撇弯钩 | "际"字第一笔 |
| 斜钩 | "戈"字第二笔 | 撇点 | "女"字第一笔 |
| 卧钩 | "心"字第二笔 | 横折折折钩 | "汤"字第四笔 |
| 横折 | "己"字第一笔 | 竖折撇 | "专"字第三笔 |
| 横折钩 | "刀"字第一笔 | 竖折 | "山"字第二笔 |
| 横折提 | "说"字第二笔 | 竖折折钩 | "亏"字第三笔 |
| 横折弯 | "朵"字第二笔 | | |

## （二）汉字的笔顺

汉字笔画的书写顺序即汉字的笔顺。一个字的书写顺序，主要是根据有利于结构安排的原则确定的。掌握了这种书写顺序，对搭配点画、美化字形、提高书写的准确性和书写的速度，都极有好处。

汉字书写的一般笔顺，归纳起来大致如下。

### 1. 汉字笔顺的基本规则

（1）从上到下：竟、是、音、金、字、旁、劣、产、曾、当、革、美。

（2）从左到右：理、明、湖、咳、树、积、归、提、海、结、都、垢。

（3）先横后竖：十、士、下、干、走、木、开、工、共、丰、耳、王。

（4）先撇后捺：大、文、人、今、史、来、八、丈、夫、父、又、谷。

（5）先外后里：问、同、司、风、间、母、凤、尚、冈、向、周、闻。

（6）先外后里，再封口：国、圆、园、围、田、回、因、面、囚、四。

（7）先中间，后两边：水、承、办、永、业、幽、函、乘、丞、乖、乘。

### 2. 汉字笔顺的补充规则

除了上述7条规则之外，还有7条补充规则。

（1）点在上或左上，先写点：衣、立、为。

（2）点在右上或在字里，后写点：发、瓦、我。

（3）左上或右上包围的字，先外后里：厅、座、旬。

（4）左、下包围的字，先里后外：延、建、廷、道。

（5）左、下、右包围的字，先里后外：凶、画。

（6）左、上、右包围的字，先外后里：同、用、风。

（7）上、左、下包围的字，先上后里再左下：医、巨、匠。

绝大多数字的笔顺可以参照上述规则书写。但笔顺的规则也不是一成不变的，有些字的点画及形状相似，但书写笔顺不一样，如"占"和"与"，"占"是先写上面的一竖，而"与"是先写上面的一横；"水"与"火"结构很相似，"水"字的笔顺是"先中间后两边"，但"火"的笔顺与"水"不同，不是先写当中的"人"，而是先写左右两点。还有的字比较特殊，但因字数很少，它们的笔顺可采取强记的办法记住，如"凹""凸"等。

### （三）汉字的偏旁

汉字分为独体字和合体字两大类。除了一小部分是独体字外，其余大部分是合体字。合体字大约占汉字总数的 90% 以上。合体字是由两个或两个以上独立部分组合而成的字。独立部分有的原本就是独立的字，有的则不是独立的字，但也有固定的结构。人们习惯于把其中某独立成分称为偏旁。按照偏旁不同的位置，可分为左右部、上下部和包围部。也可细分为五大类：左偏旁、右偏旁、字头、字底和字框。

#### 1. 左偏旁

左偏旁是左右结构中位于左边的部分。常见的左偏旁见表 3-3。

表 3-3 常见的左偏旁

| 名称 | 偏旁形式 | 例字 | 名称 | 偏旁形式 | 例字 |
|---|---|---|---|---|---|
| 单人旁 | 亻 | 做 | 女字旁 | 女 | 如 |
| 双人旁 | 彳 | 徐 | 弓字旁 | 弓 | 弛 |
| 两点水 | 冫 | 冷 | 子字旁 | 孑 | 孔 |
| 三点水 | 氵 | 洋 | 火字旁 | 火 | 灯 |
| 言字旁 | 讠 | 谈 | 山字旁 | 山 | 岘 |
| 左耳旁 | 阝 | 队 | 马字旁 | 马 | 驰 |
| 土字旁 | 土 | 堆 | 歹字旁 | 歹 | 殁 |
| 提手旁 | 扌 | 拎 | 口字旁 | 口 | 喝 |
| 绞丝旁 | 纟 | 维 | 日字旁 | 日 | 明 |
| 犬字旁 | 犭 | 狗 | 月字旁 | 月 | 胧 |
| 食字旁 | 饣 | 饮 | 目字旁 | 目 | 瞪 |
| 竖心旁 | 忄 | 快 | 贝字旁 | 贝 | 财 |
| 王字旁 | 王 | 珑 | 片字旁 | 片 | 版 |
| 木字旁 | 木 | 林 | 方字旁 | 方 | 族 |

| 名称 | 偏旁形式 | 例字 | 名称 | 偏旁形式 | 例字 |
|---|---|---|---|---|---|
| 禾字旁 | 禾 | 秋 | 立字旁 | 立 | 翊 |
| 示字旁 | 礻 | 祀 | 车子旁 | 车 | 辆 |
| 衣字旁 | 衤 | 衬 | 耳字旁 | 耳 | 耽 |
| 金字旁 | 钅 | 铁 | 虫字旁 | 虫 | 蛇 |
| 石字旁 | 石 | 矿 | 缶字旁 | 缶 | 罐 |
| 工字旁 | 工 | 项 | 舟字旁 | 舟 | 舰 |
| 牛字旁 | 牜 | 物 | 米字旁 | 米 | 粉 |
| 矢字旁 | 矢 | 矮 | 酉字旁 | 酉 | 配 |
| 白字旁 | 白 | 皖 | 革字旁 | 革 | 鞍 |
| 巾字旁 | 巾 | 帼 | | | |

## 2. 右偏旁

右偏旁是左右结构中位于右边的部分。常见的右偏旁见表 3-4。

表 3-4 常见的右偏旁

| 名称 | 偏旁形式 | 例字 | 名称 | 偏旁形式 | 例字 |
|---|---|---|---|---|---|
| 立刀旁 | 刂 | 钊 | 彡字旁 | 彡 | 彤 |
| 反文旁 | 攵 | 教 | 口字旁 | 口 | 知 |
| 欠字旁 | 欠 | 欺 | 斤字旁 | 斤 | 新 |
| 单耳旁 | 卩 | 却 | 页字旁 | 页 | 颈 |
| 右耳旁 | 阝 | 邨 | 鸟字旁 | 鸟 | 鹃 |
| 力字旁 | 力 | 劲 | 隹字旁 | 隹 | 雌 |

## 3. 字头

字头是上下结构中的上半部分。常见的字头见表 3-5。

表 3-5 常见的字头

| 名称 | 偏旁形式 | 例字 | 名称 | 偏旁形式 | 例字 |
|---|---|---|---|---|---|
| 人字头 | 人 | 伞 | 大字头 | 大 | 夺 |
| 曾字头 | 丷 | 曾 | 白字头 | 白 | 泉 |
| 秃宝盖 | 冖 | 冗 | 山字头 | 山 | 岁 |
| 宝盖头 | 宀 | 宽 | 西字头 | 覀 | 贾 |

| 名称 | 偏旁形式 | 例字 | 名称 | 偏旁形式 | 例字 |
|---|---|---|---|---|---|
| 草字头 | 艹 | 苞 | 四字头 | 罒 | 罚 |
| 竹字头 | ⺮ | 竿 | 羊字头 | 羊 | 善 |
| 爪字头 | ⺈ | 采 | 雨字头 | 雨 | 霜 |
| 小字头 | 小 | 尘 | 春字头 | 夫 | 奉 |
| 士字头 | 士 | 壶 | 羽字头 | 羽 | 翌 |
| 穴字头 | 穴 | 穿 | 病字头 | 疒 | 疗 |
| 厂字头 | 厂 | 雁 | 户字头 | 户 | 扁 |
| 广字头 | 广 | 店 | 虎字头 | 虍 | 虚 |
| 尸字头 | 尸 | 届 | | | |

## 4. 字底

字底如同器皿的底托，或宽或窄，都要托起上边的结构单位。常见的字底见表 3-6。

表 3-6　常见的字底

| 名称 | 偏旁形式 | 例字 | 名称 | 偏旁形式 | 例字 |
|---|---|---|---|---|---|
| 八字底 | 八 | 兵 | 米字底 | 米 | 粱 |
| 四点底 | 灬 | 煎 | 衣字底 | 衣 | 衾 |
| 升字底 | 廾 | 异 | 绞丝底 | 糸 | 絮 |
| 心字底 | 心 | 愿 | 豕字底 | 豕 | 豢 |
| 女字底 | 女 | 婆 | 走之底 | 辶 | 迎 |
| 木字底 | 木 | 梁 | 建字底 | 廴 | 延 |
| 大字底 | 大 | 樊 | 走字底 | 走 | 赴 |
| 寸字底 | 寸 | 寺 | 示字底 | 示 | 祭 |
| 力字底 | 力 | 勇 | 皿字底 | 皿 | 盆 |
| 刀字底 | 刀 | 券 | | | |

## 5. 字框

常见的字框见表 3-7。

表 3-7　常见的字框

| 名称 | 偏旁形式 | 例字 | 名称 | 偏旁形式 | 例字 |
|---|---|---|---|---|---|
| 区字框 | 匚 | 匣 | 同字框 | 冂 | 网 |

| 名称 | 偏旁形式 | 例字 | 名称 | 偏旁形式 | 例字 |
|---|---|---|---|---|---|
| 山字框 | 山 | 幽 | 风字框 | 几 | 凤 |
| 门字框 | 门 | 闰 | 国字框 | 口 | 因 |

## （四）汉字的结构

汉字的结构有独体字和合体字两类。独体字的结构成分是笔画，分析其结构要看笔画的形态、数目、位置及相互间的组合关系。合体字的结构成分是偏旁和某些独体字，分析合体字的结构要看其搭配的比例和组合的方式。关于合体字字形的结构形式，人们归纳出了很多种，表3-8中只是其中一种以部位进行分类的结构形式。

表3-8 合体字的结构形式

| 结构形式 | | 例字 |
|---|---|---|
| 左右结构 | | 颇、铭、放、提、将、讲、陈、地、得、观、格、结 |
| 左中右结构 | | 蝌、街、娜、辩、树、做、鸿、蜘、椰、倒、脚、缴 |
| 上下结构 | | 春、音、字、全、导、草、泉、宗、官、盖、香、番 |
| 上中下结构 | | 寨、熹、等、翼、崇、蕙、慧、惫、窦、惹、葬、蕉 |
| 半包围结构 | | 厘、远、建、度、疾、屋、房、医、闻、凰、同、幽 |
| 全包围结构 | | 囵、固、围、圃、圆、国、困、囫、圈、团、图、圃 |
| 多重结构 | 左右型 | 燃、臆、催、懿、稽、骑、德、揉、馒、蹂、燥、琨 |
| | 上下型 | 窿、范、蘅、符、擎、磬、裂、娶、渠、烈、籍、繁 |

## （五）规范汉字书写的原则

### 1. 书写正确

书写正确，即避免写错别字。错别字是错字和别字的总称。前文已述，错的不成其字的是错字，把甲字当作乙字写是别字。产生错别字的原因有客观和主观两个方面，它们彼此影响，互为因果。从客观上看，首先，汉字本身属于表意文字，许多汉字笔画比较多，比较难记、难写，和拼音文字比起来，汉字的出错率会比较高；其次，汉语中同音、近音的字词很多，如"嬴"与"赢"、"辩"与"辨"、"必须"与"必需"、"那里"与"哪里"、"符合"与"附和"等，一不小心就很容易写错或混淆。从主观上看，人们的文化程度、掌握汉字的水平、文字规范意识不强等都和错别字的出现有联系。要避免写错字，首先，在主观上要重视，要树立良好的文字规范观念，把消灭错别字认真地当作一件大事来办，勤翻字典，不耻下问；其次，要从字形、字音、字义三个方面去辨析汉字。

（1）注意字形。在汉字书写技能训练中，要遵循汉字的自身规律，尊重汉字的自然形态，不要人为地去改变这些规律。汉字是按一定的结构规律由笔画组成，笔画的形状、数目、长短、位置不同，字就不同。很多字差异很小，须仔细辨别。可以把常见的容易混淆的字分组排列出来，加以比较，找出差别之处。例如："已、己、巳""戍、戌、戊""怜、邻、岭、铃"等。

（2）注意字音。读错字音往往会写错别字，如"面面相觑"的"觑"字读"qù"，在这里是"看"的意思，如读为"xū"，往往会误写为"虚"。此外，还可以借助形声字声旁的读音来分辨字形。

（3）注意字义。了解字义对于纠正错别字非常重要，如了解了"蜕"是指蛇、蝉等动物脱皮，就不会把"蜕化"写成"脱化"。许多字音相同、字形相近的字，可用区别字义的办法把它们区分开。

### 2. 书写规范

（1）写标准的简化字，不滥用繁体字。汉字书写应当符合当前国家汉字使用的原则规定。简化字是规范汉字的字体，已经废除的繁体字是不规范的字体。因此，必须熟悉《简化字总表》，掌握标准的简化字。1964年5月，中国文字改革委员会和文化部、教育部经国务院批准发布了《简化字总表》，收录简化汉字2 236个。1986年10月，国家语委重新发表《简化字总表》，对原表中的个别字作了调整，并增加了脚注。有关繁体字的主要内容有以下三点。

①"叠""覆""像""囉"不再作"迭""复""象""罗"的繁体字处理。因此，在第一表中删去了"迭{叠}""象{像}"两组字，"复"字字头下删去了繁体字{覆}，在第二表"罗"字字头下删去了繁体字{囉}，"囉"依简化偏旁"罗"类推简化为"啰"，收入第三表。

②"瞭"字读liǎo（了解）时仍简作"了"，读liào（瞭望）时作"瞭"，不简作"了"。

③对第一表"余{馀}"的脚注内容作了补充，第三表"之"下偏旁类推字"雠"字加了脚注。调整后的《简化字总表》是目前汉字简化字的规范。

（2）不写异体字。异体字是指与通常写法有同音同义关系而写法不同的字。

（3）不写《第二次汉字简化方案（草案）》中的字。《第二次汉字简化方案（草案）》发表于1977年12月20日，1988年6月24日，由国务院发出通知废止。其原因是这个草案的产生过程很仓促，字数太多，急于求成，许多字简化得不合理，不利于社会的运用。例如"展"改为"尸"字下边加"一"。

（4）注意区别新旧字形。1965年1月30日，文化部和中国文字改革委员会联合发布了《印刷通用汉字字形表》，为6 196个汉字规定了形体标准，一般称为新字形。以前的印刷字形称为旧字形，在书写时应注意区别。

（5）掌握传承字。传承字是指历史上流传下来至今仍沿用的字，其未经整理简化或不需要整理简化。它包括基本字及笔画繁多而不需要整理简化的合体字，如"人""丁""乙""刀""士""土""小""大""川""山""王""友""井""木""燎""愁""蛊"等。在规范汉字中，整体简化或利用简化偏旁类推出来的简化字只占少数，多数还是传承字。因此，必须认真掌握。可以借助《新华字典》《现代汉语词典》等工具书解决使用中出现的各种问题。

### （六）规范汉字书写的基本要求

目前流行的字体有楷书、行书、隶书等。书写工具有毛笔、钢笔（圆珠笔、水性笔、铅笔）、粉笔等。不论使用什么工具，写什么字体，其基本要求都是要把字写得正确、端正、美观，且有一定速度。

### 1. 正确

写得正确，是写字最基本的要求，也就是把字写得符合字形规范，没有增减笔画，位置形状不变，按照笔顺规则书写。笔笔有着落，字字要分明。每一种文字都有统一的形体标准，所以要求每一个书写汉字的人，首先要把字写得正确，这是发挥文字交际作用的最基本的要求。

### 2. 端正

端正指的是要把字写工整，横平竖直，结构比例适当，字字行行都要写得清楚整齐，不潦草，不歪斜，不松散。要注意字的部位均衡，大小相称。

### 3. 美观

美观是对汉字书写的较高层次的要求。汉字的自身规律十分明显，按照规律去书写汉字就会产生美感，也会符合大众的审美标准。

### 4. 有一定速度

有一定速度指的是写得比较熟练。这是写好汉字的较高要求。熟练，主要是指运笔自如，书写迅速，笔法老练，姿态灵活。要在熟练的基础上，写得又快又好。

上述基本要求中，正确是基础。在正确的基础上，要求写得端正、美观，并有一定速度。这些要求在汉字的书写过程中是要逐步达到的，要注意由易到难，循序渐进。

## 第二节　毛笔字书写

### 一、毛笔字概说

书法是中国特有的一种传统文化及艺术。写一手好的毛笔字需要相当长的时间去练习，同时，写好毛笔字也会对写好钢笔字和粉笔字产生深远的影响。所以说，毛笔字书写技能是汉字书写技能的根本。

毛笔字的特点包括基础性、丰富性、多样性和艺术性。

### 二、毛笔字的书写姿势与执笔方法

#### （一）书写姿势

写毛笔字的姿势有两种，一种为坐书姿势（坐姿），这种姿势较适合书写字径较小的字或是画面较小的作品；另一种是立书姿势（站姿），即站立于桌前书写作品，这种姿势较适合书写字径较大的字或是画面较大的作品。

（1）坐书姿势的基本要领：上身坐正，两肩齐平；头正，稍向前倾；背直，胸挺起，胸口离桌沿一拳左右；两脚平放在地上与肩同宽；左右两臂平放在桌面上，左手按纸，右手执笔。眼睛与纸面的距离应保持在一尺左右。

（2）立书姿势的基本要领：头正，肩平，上身向前倾；两腿支撑上身，两脚立于地面与肩同宽；左手按纸，右手执笔，悬肘书写。

### （二）执笔方法

毛笔字书写的关键是中锋行笔。合理地利用手的生理机能，使毛笔靠紧中指——手的中心部位，其他四指则围绕中指，力量分布均匀，这就是毛笔字书写中最常用的"五指执笔法"。

作为应用最为普遍的一种传统执笔方法，五指在执笔中的位置和作用可以概括为"按""压""钩""顶""托"五个字。按，指大拇指的第一节指肉紧贴笔杆左后方，力量由内向外。压，指食指的第一节指肉与大拇指相对捏住笔管。钩，是弯曲、钩住的意思，是指中指弯曲如钩，用节指肚前端钩住笔管外侧，力量从外向内，中指与食指合力，对着拇指，以更稳地控制笔管。顶，指无名指第一节指背、指盖连接处从内向外顶住笔管。托，指小指贴在无名指下方，向上紧靠无名指，加强无名指的力量。

从以上五指执笔分工来看，笔管处于两股外力下，即大拇指、小指和无名指为一组位于笔管后面，对笔管有个向外推的作用；食指则与中指为一组，位于笔管的前面，对笔管有个向里拉的作用。这两股力量恰当配合，是中锋行笔的重要保证。

毛笔字书写的执笔除合理利用五指外，还需综合运用掌、腕、肘。北宋文学家苏轼有言："执笔无定法，要使虚而宽。"毛笔的执笔方法有多种，无论用什么方法执笔，都要做到"指实掌虚"，即指握笔要实，掌心要空。五指间松紧自如，配合默契，被称为"指实"。运笔时手掌空虚，虎口张开的状态，被称为"掌虚"。"掌虚"能够为流利畅快、圆转自如地运笔提供广阔的空间。外实如莲花半开，内虚可容蛋。而运笔的支点则是肘，即腕稍提，将肘放在桌面上支撑手腕，是为"提腕靠肘"。坐书姿势执笔还可以"枕腕放肘"，即将左手放在右手腕下，这样写起字来会更稳。当然，采取立书姿势书写是完全不必这样用肘放腕的，而是腕肘悬起，右臂完全悬空，腕和肘都不靠在桌上，这样更能发挥腕、肘的作用，运笔也更为灵活。

## 三、毛笔字书写的学习方法

这里所说的毛笔字，是按传统法度书写的毛笔字，而不是用毛笔随意写出的字。临帖，取法古人，取法经典，是学习毛笔字的有效方法。

### （一）选择学书范本

字帖的选择和使用是学习书法的重要内容之一。自唐宋以来，人们基本认同了从楷书起步的练字方法。作为师范生，从师任教的特殊性要求楷书是必学必备的基本功。所以，这里只谈楷体字帖的选择及使用。有一点要注意，古代楷书作品书写的是已被简化的繁体字和已被废除的异体字，所以学习的时候要舍弃其中的不规范汉字。书写毛笔字的学书范本应该是古代经典书法作品的楷书部分。下面列举出的 18 种楷书字帖可供参考：三国时期钟繇的《宣示表》《荐季直表》；东晋王羲之的《黄庭经》《乐毅论》，王献之的《洛神赋》；北魏时期的《张猛龙碑》《张玄墓志》；唐代欧阳询的《九成宫醴泉铭》，虞世南的《孔子庙堂碑》，褚遂良的《雁塔圣教序》《阴符经》《倪宽赞》，颜真卿的《多宝塔碑》《颜勤礼碑》，柳公权的《玄秘塔碑》《神策军碑》；元代赵孟頫的《胆巴碑》《汉汲黯传》等。

### （二）临摹范本

临摹字帖是练好字的必由之路。临与摹实际是两种不同的练字方法。

摹的做法有两种：一是仿影，即把半透明不透墨的纸蒙在字帖上用毛笔书写；二是双钩廓填，即先用钢笔或其他硬笔把字帖上某些字的轮廓描画在所蒙的纸上，然后用毛笔书写。

临的具体做法有三种：一是对临，即把字帖放在眼前，照着字帖上的范字等大、放大或缩小书写。二是背临，不看字帖，凭着记忆书写。对临和背临二法属于入帖的阶段，要努力做到形似和神似。三是意临，即在取法古人的基础上，临出自己的风格来。

临帖贵在用心，除了勤学苦练之外，还要讲究临习方法。临帖要做到四多，即多读、多思、多临、多比照。读帖就是指用心看字帖。多读，指多观察字帖，观察得细、看得多自然会引发更多深入思考。多思，即在多读的基础上用心思考每个字的笔画特点、结构特点等，细心观察，用心琢磨，从中找出该字的书写关键。多临，则是在细心观察和深入思考之后，做到意在笔前，对笔画的长短、轻重、粗细等变化，各部件的比例及位置都要做到心中有数，然后落笔，反复临写。临帖时，要注意养成每书写一个字都一气呵成的习惯，切忌看一笔写一笔，这样写字既会导致笔断意断、松散无神，又影响对整个字结构的综合把握。多比照，就是每临完一个字后，要将它和字帖上的字进行反复、细致的比对，找出用笔和结构上的差距，然后再反复临写，达到完全像的程度后，再熟练几遍，如此才能最后形成技能。

## 四、毛笔字楷书书写的基本技法

从技法层面看，中国书法的基本构成包括笔法、字法、章法和墨法。这四者同样重要，离开任何一个要素，都不可能构成一幅完整的书法作品。

### （一）笔法

汉字的点画形态虽然复杂多样，富于变化，但用笔却有一定的法度，也就是笔法。一般的用笔方法有以下几种。

#### 1. 中锋与侧锋

中锋是用笔的主要方式。中锋用笔是指在行笔的过程中，笔锋在笔画中路运行，万毫齐发，写出的笔画凝重质朴。侧锋是用笔的辅助方式。侧锋用笔是指在行笔的过程中，笔锋在笔画中路与笔画某边之间运行，写出的笔画流畅妍美。与中锋、侧锋接近的是在行笔过程中笔锋在笔画的某边运行，写出的笔画一边光滑，一边毛糙，这种笔法被称为偏锋。

书写时，一般以"中锋"为主，"侧锋"为辅，"偏锋"尽量少用或不用。

#### 2. 提笔与按笔

每写一画，下笔有轻有重，线条有细有粗，然而笔毫却没有离开纸面，这就是运笔提、按交递变化的结果。提笔是指将笔轻轻提起，但笔锋不离开纸面，边提边行，写出来的笔画轻细；按笔是指将笔毫按下，写出来的笔画粗重。

提、按是笔锋的上下运动，笔画的轻重、粗细都靠提、按的作用。灵活地运用提、按笔法，笔画才能显得生动活泼，节奏鲜明，富有情感。

#### 3. 藏锋与露锋

藏锋是指起笔和收笔时，把笔锋藏于笔画之中的写法。起笔时，欲右先左，欲上先下；收笔时，无往不回，无垂不缩。藏锋在起笔时称为逆锋，在收笔时称为回锋，它将锋芒裹藏而不外露，给人一种含蓄厚重的感觉。露锋，就是将笔锋露在笔画的外面，顺锋起笔，顺锋收笔。例如，撇、捺、钩、提的收笔处，均为露锋；在字里行间左呼右应、承上启下，亦是露锋。露锋会给人一种神情显露、意气飞扬的感觉。

### 4. 方笔与圆笔

方笔和圆笔是指笔画起笔、收笔和转折处的不同形状。方笔也叫"外拓笔"，它在笔画起止和转折部位锋棱外突，显得方正强劲，有一种斩钉截铁的气势。圆笔也叫"内擫笔"，它在笔画起止和转折处呈现圆转的弧形，圆劲而不露痕迹，骨力内含，清秀俊美。

中锋、侧锋、提笔、按笔是行笔过程中用到的笔法；藏锋、露锋、方笔、圆笔是起笔和收笔时用到的笔法。这八种笔法在单独使用时并不复杂，但笔法学习的关键在于，要结合学书范本熟练地、灵活地、综合地加以运用。

## （二）字法

字法是汉字构成成分的组合方式，也叫结构、结字。毛笔字的字法与钢笔字和粉笔字大体相同，这部分内容将在第三节中论述。

## （三）章法

章法是毛笔书法作品中，单个汉字书法形象之间排列的一种技巧，同时也是一种表现语言。毛笔字书写的章法一般沿袭古人从上到下，自右向左的书写习惯。章法的处理要根据书写内容、书体、追求的艺术效果等灵活处理。楷书的章法以竖成行、横有列者居多，字距和行距也比较匀称。

## （四）墨法

书法的墨法（用墨之法）表现技巧十分丰富，有浓墨、淡墨、涨墨、渴笔、枯笔等。有墨处必有笔，有笔处亦有墨，用墨之法也是笔法的一种辅助手段，墨法与笔法互为依存，用墨直接影响到作品的神采。对于初学者来说，主要用浓墨法。

# 第三节　钢笔字书写

## 一、钢笔字概说

钢笔字和粉笔字都属于硬笔字的范畴，但在书写上从笔画到结构，借鉴的都是传统的毛笔书法的合理内核，只不过在书写工具和表现力上各有不同。钢笔书法，是在传统书法沃土上滋养出来的一棵艺术新苗，它与传统书法既有天然的联系，又由于书写特点的不同，它有自身的鲜明的个性特征。

第一，钢笔字的点画细劲、坚韧。毛笔因"软而生其怪焉"，其用笔以提、按、顿、挫、轻、重、缓、急来表现点画的高低、强弱、俯仰、让就、干湿、浓淡、虚实等的变化，恣意挥洒，仪态万千，令人目不暇接。而钢笔的笔尖坚硬尖锐，显然不及毛笔有弹性，加之钢笔字多写在较光滑的、不洇水的纸上。因此，线条不像毛笔字那样粗壮、凝重，有立体感和浮雕感，而是细劲、匀圆、挺拔、坚韧。写得好的钢笔字，其点线细而不弱、圆而有力、挺拔潇洒、韧如钢筋，是"铁划银钩"。

第二，钢笔书法与传统的毛笔书法相比，其特点是结构匀称、平正规整。书法是线条的造型艺术，线条美是造型的基础。线条按照美的规律进行组合搭配而最终构成结构和章法，书法美才得以体现出来。毛笔书法在进行线条组合时，讲究"疏可走马，密不透风"的画意，强调主次、大小、纵横、向背、偏正、疏密、平欹、刚柔、虚实、浓淡、枯湿、对比等等，这种种对比无疑可以产生险中求稳、平中求欹等节奏和韵律上的变化，妙趣横生，更添艺术魅力。但由于钢笔书法线条细，形态小，注重实用，不可能像毛笔字那样随意变化身形，用打破某种协调均衡来达到新的、更高级的协调均衡，并从而产生强烈的艺术感染力。因此，平正、匀齐、秀丽就成了钢笔书法在结构上的优势和特点。当然，这也并不是说钢笔书法就要画地为牢，不敢越雷池半步，而是要注意突出自身的整体风格。

第三，钢笔书法是以横式书写为主。传统的毛笔书法是以竖式书写为主的。竖式书写由上而下，不空格，不带标点符号，气势宛如九天瀑布一泻千里。横式书写由左至右，每一个自然段的开头要空两格，加标点符号，气势仿佛钱塘怒潮，层层滚动而来，或如层层峰峦，连绵起伏。当然，所谓横式书写的"带右之势"并不是说每字之间一定要有连带"牵丝"，盘绕纠缠，不辨起始，而是应根据具体情况，或笔连、或意连，起承转合有条不紊，井然有序。

## 二、钢笔字的书写姿势与执笔方法

### （一）书写姿势

书写钢笔字采用坐姿，与书写毛笔字的坐姿相同。

### （二）执笔方法

写钢笔字的执笔方法是三指执笔法，即拇指、食指左右夹住笔杆前下方，中指以指甲的上后侧抵住笔杆的后下方，无名指和小指依次自然向手心弯曲，紧靠中指下方，对中指用笔起协调作用。笔杆上端斜靠在食指第三节的最高骨处，向右后方倾斜，和纸面成角 50° 左右。执笔时，指尖距离笔尖约一寸左右。执钢笔的要领也是"指实掌虚"，就是手指握笔要实掌心要空，这样，书写时才能灵活用笔，提高书写效果。

有些人在使用钢笔的过程中，形成了不规范的执笔习惯。如手握钢笔离笔尖太近，这会导致钢笔在纸面滑动的幅度受到限制，既影响书写流畅度、书写速度，又容易导致字的笔画、结构拘谨，不舒展。又如，拇指不摁住食指，钢笔不靠近虎口处，这样会使钢笔因被握得太死而不能自如活动，最终导致写出的字呆板无神，不流畅。还有的人在写字时小指不收回，习惯伸直垫起整个右手，这样会导致右手不能在纸面上自如移动，笔在手中也不容易大幅度活动，这也会进一步影响自如地运笔。

## 三、钢笔字书写的学习方法

在科学的练字方法指导下坚持训练，在反复的书写训练中逐步提高，是写好钢笔字的必由之路。因此，在学习钢笔书法的过程中，要懂得循序渐进，保持勤奋刻苦，注重加强自身的修养。

### （一）循序渐进

学习钢笔书法需遵循规律，讲究次序，持之以恒，逐步提高。

#### 1. 先正楷，后行草

"书法备于正书，溢而为行草。未能正书，而能行草，犹未尝庄语，而辄放言，无是道也。"这句苏轼的话说明，楷书点画分明，法度严谨，行草是楷书的流动，便于疏散，练好楷书，才能练好笔法，打好基本功，并能相应地写好行草。楷书和行草，是源流、本来的关系，不练楷书而光学行草，犹像不会站立，便要走跑跳一样，难免要跌跤。所以尽管在现实生活中，行草（尤其是行书）比楷书更实用，但也不要急于求成而选择走捷径，从行草练起。这样做是舍本逐末、沙上建塔，其结果是越写越潦草，油滑漂浮。及至楷法熟练后再学行草，并且做到楷书和行草交替学习，各种书体才会相得益彰、齐头并进，达到欧阳修所说的"单日学草书，双日学真书（楷书），真书兼行，草书兼楷"的境界。

#### 2. 先点画，后结体，再章法

汉字结构以笔画为最小单位，由笔画组成独体字，由笔画和独体字演变为偏旁、部首，再由偏旁部首组成合体字，最后由字和字组成章法。这是一个由简到繁的逻辑系统。练习写好钢笔字就应该遵循这个系统的顺序，一步一步地练习。基本笔画是钢笔书法的基本功，只有在点面上更加扎实、娴熟之后，才可能去把握结构。在结构上有了一定的基础后，整幅字的章法就容易把握了。但是，强调循序渐进，并非顺序唯一，因为汉字笔画、偏旁部首、结构各要素之间的关系是相互联系、相互影响的。比如，字的笔画与字的结构，按顺序来讲，应先练笔画，再练结构，因为笔画是结构的基础。但是，在练习笔画时，单练笔画还不行，还必须结合字的结构一起练习，因为同一种笔画在不同字的结构中有不同的表现形式，只有将笔画与具体字的结构结合起来练习，才能逐步写出合格的笔画。

#### 3. 选帖、读帖

选帖应挑选自己喜欢的大师的作品为范本。古人云："取法乎上，得乎其中；取法乎中，得乎其下。"择帖要高古，目光要长远。古代如钟繇、王羲之、文徵明等名家的小楷字帖及米芾、苏轼、赵孟頫等名家的行书字帖很适合钢笔书法的临习。当代如庞中华、顾仲安、吴玉生、田英章、卢中南等名家出版的硬笔字帖，都是学习钢笔书法很好的范本。

选好字帖以后，在临摹之前要先读帖，也就是观帖，即要多看。在动笔之前要细细体会每个字的笔法结体、笔势走向、章法布局等。读帖，不但要看，更要动脑分析字帖的特点、风格、韵味及其精美的笔画、匀称的结体、疏密得体的章法等。读帖可以同欣赏书法作品一样，先整体，再局部；再从局部到整体。首先看大的效果，整体着眼，观察、玩味帖中的神韵和气势，然后深入局部从一点一画研究开来，按照笔画的书写顺序使目光游走下去。着眼于笔画线条的长短、粗细、曲直、向背等，分析笔画之间的搭配呼应。在结体上，着眼于结构的分间布白、宽窄疏密、长短肥瘦等。分析结构部位之间的大小、高低、争让、斜正，把握结构内部的松紧、擒纵、主次、虚实关系。值得注意的是，在整个书法的学习过程中，不能把读帖看作一个完全独立的环节，不仅要在临帖之前读，更要在临帖之中读，要将读帖贯穿在整个书法学习过程中。

通过读帖，不仅可以加深对字帖的认识和理解，同时也培养了辨识和观察能力。只有读得懂、看得细，才会印象深、写得像、记得牢。

#### 4. 临摹结合

摹帖，就是把字帖放在比较透明的习字纸上，用笔照着字帖上透出来的字一笔一画去描。要求描写的字迹不要越出字帖上的字的笔画轨道，描写的笔画应与字帖上的字的笔画完全重合，这样，久而久之，就可以学到字帖上字的行笔轨道和字形结构。

临帖，就是对照字帖，将范字按原来的风貌表现出来，要调动眼、手、脑各器官进行密切协作，才能达到临习所要达到的目的。由于临帖比摹帖难，因此，要先摹后临。但摹帖看不清笔法，"易失笔意"，虽然间架不错，但是没有笔法，字就僵化。因此，练字者应以临帖为主。即使如此，但是由于临和摹是两种相辅相成的学书练字的手段，所以也要临摹结合，循序渐进。

在临摹字帖的过程中，要注意练字的效果。每当写完一个字后，要对照字帖进行检查，找出自己所摹的字的缺点，扬长避短，做到临写一遍就有一遍的进步。不能盲目贪多求快，要扎扎实实，一步一个脚印。对难写的字要集中"兵力"打"歼灭战"，反复临摹，这样才会有真正的收获，才会不断进步。此外，还要注意总结临习的经验，掌握规律，在临摹过程中，不能停留在对每一个具体字的认识和练习上，而应该注意归纳总结字与字之间的区别和联系，去认识和掌握一类字的写法的共同点。如学写"大"字时，就可以联想到写"太""犬""天""夫"等字，以收到举一反三的效果。

#### 5. 出贴

读、临是入帖，入帖是为了学习古人已有的经验，而出帖是为了走出古人的藩篱，跳出古人的影子，全面地汲取各家所长为我所用，最后形成自己的风貌特点。"先与古人合，后与古人离"，说的就是入帖和出帖。临帖不是最终的目的，它只不过是学习书法中的一个必不可少的重要阶段。从临帖中走出来，写出自己的风格，才是要达到的目的。

出帖的重要环节就是在原来入帖的基础之上，根据自身的特点、需要及发展方向，有计划、有目的地扩展学习范围，以一家为主体，有意识地从诸多家中选择、提取、抽拔出对自己有用的东西加以融合、升华，从而形成自己的、有别于他人的独特的风格特征。此阶段同样离不开临帖，而且临帖的范围也要逐渐扩大。但这时的临帖和以前的临帖是不相同的，是带着目的性临写，把自己想要汲取的东西拿来即可。这种汲取和继承是以原帖为纵坐标，从古到今的直线式探究，但无论哪种方式都离不开临帖，要想学得古帖的艺术真髓，就必须遵循临习的规律。同时，也要不断提高自身的审美能力，开阔眼界，只有把自己的鉴赏力提高一个层次，才能为出帖做足准备。

#### （二）勤奋刻苦

要练就一手好字，就需要经历一个反复训练、逐步提高和形成书写技巧的过程。在这个过程中，如果不具备持之以恒的毅力，就会出现弃笔停练、半途而废的现象。因此，必须加强练字意志的锻炼，用信心、耐心、恒心、细心克服练习过程中遇到的困难。要长计划、短安排，求质不求量，天天写，天天练。如果每天能坚持写好两三个字，两年后就可以把2 000多个最常用的字练好了。总之，要做到进步快不放松，成绩显著不骄傲。只要坚持不懈，勤练不辍，终会达到理想的目的地。

### （三）加强修养

"要想写好字，功夫在字外。"品行端正、学识渊博、志趣高雅，是书法学习者应有的修养。书法要想出色，离不开"字外功夫"。练习书法不能仅重视书法技法，还要加强书法之外的修养。俗话说"字如其人"，书法是人的个性气质的反映。世人崇尚书品、人品具高的书法家。因此，在学习书法的同时，也应该学习怎样做人。正直、高洁、静雅、气和、平淡、宁静、勤奋、认真、专心致志，这都是书法学习者应该养成的人品素质。书法学习者应该热爱生活，善于从生活中捕捉和提炼属于美的东西，将其融入自己的书法艺术。要广泛吸收艺术营养，拓宽视野，丰富学识，培养高雅的志趣。书法与绘画、诗歌、音乐、舞蹈、戏剧的形神美学在本质规律上有许多联系，相互影响渗透。而其中，书与画更为近似，有"书画同源"的说法；书法和文学的关系密切，如书法作品的内容多是诗词歌赋，只有达到一定的文学修养，才能细察这些诗词歌赋的内容、风格、情调，使书法艺术的表现手法和内容和谐统一，否则就会破坏全篇书法作品的艺术完整性。广泛涉猎这些艺术门类知识，对书法艺术的提高是大有裨益的。

## 四、钢笔字楷书书写的基本技法

### （一）笔法

钢笔楷书书写的一个完整书写动作，即某一笔画的书写可分解为起笔、行笔和收笔，主要涉及按笔与提笔两种笔法。钢笔是一种硬笔，提笔和按笔两种笔法在运用时不可刻意追求毛笔字书写的效果，应力求做到自然流畅。

### （二）字法

字法是钢笔字书写技法的重要内容。在书写汉字时，需要正确、巧妙地组织笔画，使每个汉字的所有笔画按规律合理布局，以达到美观的要求。

#### 1. 汉字的轮廓

人们常说汉字是方块字，但手写体中真正的方块字，即正方形、长方形和扁方形的汉字并不是很多，汉字的轮廓还有三角形、梯形、菱形、斜四角形等各种不规则图形。而且，汉字的轮廓有长有短，有大有小，有正有斜。汉字轮廓的这些特点要求人们在书写汉字时随字赋形，使其轮廓有整体的和谐美，不可强其为等大的方块字。

#### 2. 汉字的重心

重心稳定是楷书结体的基本原则。要造成平稳势态，其最重要的是抓住一个字的重心。只有恰当地安排重心，才能使写出的字笔画伸展，重心稳固。汉字的重心与字的主笔关系密切。字有主笔、有辅笔，主笔有如房屋的栋梁，往往决定某字的高度和宽度。在汉字的笔画中，长横、长竖、长撇、斜捺、平捺等常作为主笔。主笔的书写要力求平正，辅笔分布匀称，汉字的重心才能平稳。

#### 3. 笔画的分布

汉字是由八种基本笔画及其变形组合而成的，同类笔画在汉字书写过程中常常连出，这些同类笔画要有长短、粗细、俯仰向背的变化；同时，又要分布均匀，疏密、斜正、长短得所。

#### 4. 偏旁和结构类型

合体字是由偏旁和其他部分组合而成的。把常用偏旁和合体字的结构类型结合起来，可以举一反三地学会偏旁与整体的关系，处理好合体字各部分的比例关系。

### （三）章法

日常钢笔书写大多采用自左向右横行书写的现代章法。书写的纸张有白纸、信纸、方格纸等。在书写时，要注意字的大小、字距的远近、字态的整齐等，力求给人一种和谐美观之感。钢笔楷书作品可采用日常钢笔书写的章法，也可采用毛笔楷书的章法。

## 第四节　粉笔字书写

### 一、粉笔字概说

粉笔属硬笔的一种，但与一般的硬笔又有所不同，它比钢笔软，且没有尖、易折断，缺点是很明显的，但也有其他硬笔所不具备的优点，那就是比一般硬笔更富于表现力，比一般硬笔更容易提按顿挫，笔画的粗细变化丰富，痕迹的轻重浓淡鲜明，都是钢笔一类的硬笔所不具备的。由于粉笔在书写时很容易被折断，因而书写要求比较特殊，但只要能按照正确的用笔方法，掌握顿挫的技巧，经过一段时间的训练，每一个人都是可以把粉笔字写好的。

尽管在课堂上，教师常采用信息化手段来辅助教学，但粉笔字依然是教师传授科学知识、与学生交流的重要工具。规范、端正、优美地写好板书，是教师必须具备的一项基本功，它不仅直接影响着教学效果，还对学生将来的书写水平有着潜移默化的影响。事实证明，绝大多数学生的书写水平，乃至书写时的态度、习惯、风格，都是从教师的课堂板书那里模仿得来的。因此，广大中小学教师应努力提高自己的板书水平。

### 二、粉笔字的书写姿势与执笔方法

#### （一）书写姿势

粉笔字主要用于课堂教学，一般都是写在黑板上的，书写时也大都是站着写。因此，写字时，要面对黑板左手自然下垂，右手执笔，手肘悬起，手臂外拓，头直身正，左右脚自然分开，全身放松，身体距离黑板大约 30 厘米。由于黑板是固定在墙壁上的，所以书写时还得左右移动脚步，让粉笔能够放到一个适当的位置，同时，还要保持身体平衡，视线正对着所写的字，眼睛和字平行，字高时站立得正些，身体离黑板适当近些；字低时离黑板适当远些，腿部弯曲，尽量做到有利于观察书写。

对于初学者来说，最容易出现的问题是，字越写越高或越写越低，导致排列不整齐。要克服这一毛病，可以在写每行字的时候保持身体的平衡，让身体在同一水平线上，右手臂不要忽高忽低，同时，要把黑板的边框和前面已经写的字作为参照物，以便确定字的高低及相间距离。在整个书写过程中，身体的各部位要协调配合，保持最佳的书写姿势，以有利于观察、安排，这样就能把每一行字写整齐。书写时，身体与黑板的距离不能太远或太近，以手臂书写自如为宜，太近会影响视线，造成行列歪斜；太远手臂乏力，接触不到板面，致使身体失去重心，从而影响书写效果。执笔的手臂也不应伸直而宜弯曲，以保证书写的力度和挥运空间。

### （二）执笔方法

粉笔执笔一般采用三指执笔法。具体做法包括以下几方面：一按，即用拇指指肚按在粉笔的左内侧，由内向外用力；二压，即用食指指肚压在粉笔的右上侧，和拇指相对，由外向内配合拇指提住粉笔；三抵，即用中指第一节的上侧面抵在粉笔下侧，无名指和小指自然地贴在中指后起辅助作用。注意，不能呈"兰花指"状。粉笔须斜置于掌心，不能像执钢笔一样靠在虎口附近。

执粉笔就像执毛笔一样，要做到"指实掌虚"，便于随时调整书写角度。握笔处与笔头距离远近合宜，便于顿按时用力而不至于折断。写行书时执笔可以稍高一些，以利于行笔流畅，挥洒自如。粉笔与黑板的夹角不宜过大，夹角过大，书写不便，要自然地向右下方倾斜，与黑板成 30°～40° 的夹角，切忌竖执粉笔。还要注意捏笔的松紧，以能轻松地转动粉笔为宜，便于随时调锋。如果捏得太紧，粉笔不易转动，也费力；太松则不能很好地控制笔。写字不可太用力，有的人为了加强表现力，一味地用力书写，其实写出的字反而死板又不美观。写粉笔字与写钢笔字还有一个很大的不同点，就是写粉笔字时，手腕一定要灵活，要根据线条的需要，调整粉笔与黑板的夹角，把握好力度的大小，线条细的夹角要大，用力要小；线条粗的夹角要小，用力要大。

## 三、粉笔字书写的学习方法

### （一）粉笔字书写的基本要求

#### 1. 书写正确，结构规范

粉笔字主要用于教学，具有很强的示范性，因而，对其基本的要求是正确和规范，以保证教学内容的传授准确无误。

#### 2. 字迹工整，符合格式

清晰美观、设计巧妙的板书，不但能充分体现教学的科学性和条理性，而且能大大激发学生学习的积极性，帮助学生理清思路、提高识记效果。

#### 3. 大小适度，清晰可辨

根据教室的大小和学生人数的多少来确定板书字号的大小。一般而言，课堂教学所用的板书，其大小以 5～6 厘米为宜。如教室过大，最后学生的位置距黑板又远，那么粉笔字就应写大些。

#### 4. 书写速度不宜太慢

教师写字时要面向黑板，此时就失去了对学生的控制，如果板书时间过长，有的学生的注意力就会分散。因此，教师要在写好粉笔字的同时，加快书写的速度，以便更好地配合讲授。

**5. 根据不同的教学对象采用不同的书体**

在基础教育阶段，粉笔板书以楷书为主，以行书为辅；以白粉笔为主，以彩粉笔为辅。

## （二）粉笔字的运笔技法

与毛笔、钢笔书法相同，粉笔字的运笔同样也有起笔、行笔、收笔三个连贯的步骤。但不同于毛笔的逆起，圆收，也不同于钢笔的起收，粉笔字的起笔应稍顿，使笔画刚劲有力。起笔手指由上向下或由左向斜下方用力按笔，笔画要自然、利落，力度要适中，使笔画的开端丰满、结实。起笔后一般稍提行笔，行笔要流畅，速度均匀、稍快，线条自然。收笔时，要提笔渐收，如悬针竖、平捺、钩提等笔画。但要注意控制速度，不可过急、过快。另外，粉笔字也有顿收、回锋收，如横、点、竖等笔画。但要特别注意，顿收时只是在收笔的位置上稍用力顿收，不能让粉笔产生位移。

运笔时需要注意的问题包括以下几方面。

（1）要写出有强有弱、有实有虚、有粗有细、遒劲凝重、飘逸轻松的不同笔画，就要调整好用力的大小，控制好上下的起落运动，应微妙地提按粉笔，而不能平均用力。

（2）要写出流畅、稳健、有刚有柔的笔画，就要控制好运笔的缓急，行笔要有快慢之别，不能匀速运笔。

（3）黑板是竖着的，粉笔比钢笔粗，只能写大字，因而运笔就不能只靠手腕和手掌，而主要靠臂腕的运动。要写出有俯有仰、有曲有直、有长有短的不同笔画，臂、肘、腕就要灵活转动和紧密配合，多方向地提按转笔。

（4）粉笔酥软，容易磨损，因此，书写时，触板圆头会立即磨平，如果不转动粉笔写出的线条会偏粗、软弱。要写出刚健清新、有骨有肉、或方或圆、或粗或细的笔画，就要学会捻转粉笔体，调整粉笔头，还要善于使用粉笔头的斜面和棱角。毛笔运笔贵在用锋，粉笔头的棱角也是锋。粉笔字要追求变化多姿的笔画，就要恰当变换运笔所用方法。起笔，可顺锋、侧锋或搭锋；行笔中的按笔、提笔、转笔、折笔，亦应相宜用锋；收笔，或用出锋、或用回峰、或用钩锋。

## 四、粉笔字楷书书写的基本技法

粉笔字的基本训练是由这样几部分构成的：基本笔画—复合笔画—偏旁部首—结构原则—独体字的结构及写法—合体字的结构及写法。

粉笔字板书欣赏

## （一）粉笔楷书的笔画

要想写好楷书，首先应在笔画上下功夫。在笔画书写时，把握最基本的"三度"，即角度、力度、速度，就可较准确地掌握基本笔画的书写要领。复合笔画是由两种以上的基本笔画构成的组合笔画，是由基本笔画向偏旁部首过渡的重要组成部分，变化虽然没有基本笔画多，但如果处理得不合理，同样会影响汉字书写的美观。一般来说，复合笔画大多是由基本笔画中的特殊笔画"钩""折"等演变出来的，也有的是由于汉字简化后形成的独特的复合笔画。

复合笔画的主要类型及例字如图 3-1 至图 3-9 所示。

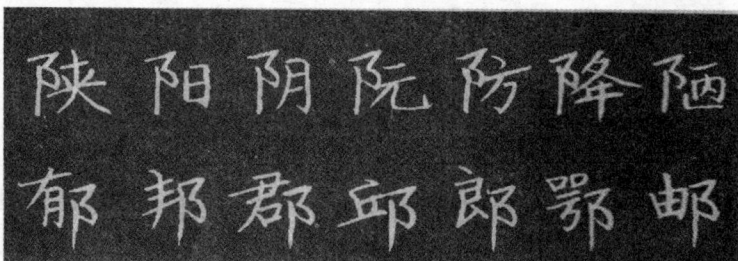

图3-1  横折撇弯钩例字

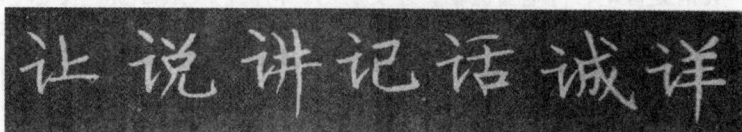

图3-2  横折折提例字

（a）

（b）

图3-3  横折撇例字

图3-4  横折弯钩例字

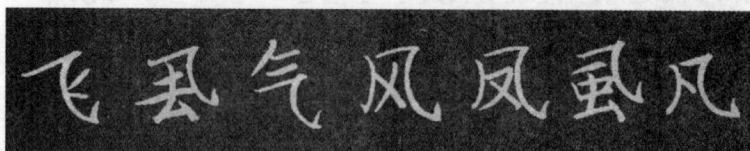

图3-5  横折斜弯钩例字

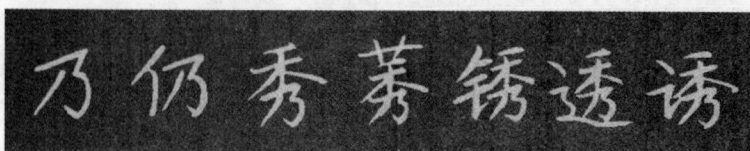

图3-6  横折折折钩例字

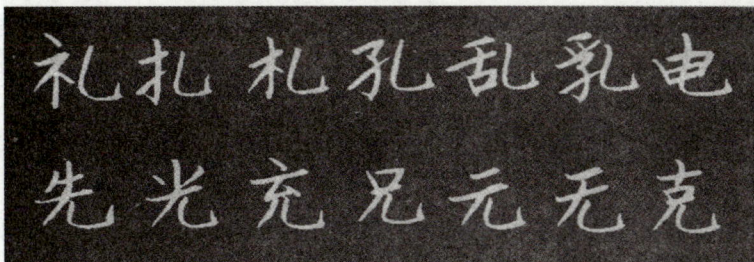

图 3-7　竖弯钩例字

图 3-8　竖折撇例字

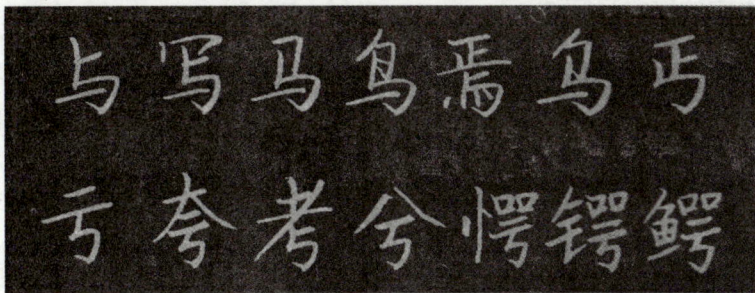

图 3-9　竖折折钩例字

其中"横折折提"这个复合笔画是汉字简化后，对繁体的"言"字旁简化而来的。由于粉笔字有着十分鲜明的示范性，不允许写繁体字和异体字，所以，要训练掌握这种复合笔画的写法，因为在传承字中没有这种复合笔画。"讠"的基本写法是：短横略右上斜作折向下接竖，竖画既不能太直，又不能太斜，略带小的弧度，竖画也不能过长，接提向右由重到轻挑出。特别需要注意的是，这个复合笔画与上部的点要保持合适的距离，共同作为简化的"讠"来写。

### （二）粉笔楷书的偏旁部首

左右结构的偏旁一般以左旁居多，偏旁的形态呈窄长形，大约占整个字的三分之一左右，写好左右结构的偏旁，必须注意穿插和避让，一方面注意写好偏旁本身的形态，另一方面注意与其他部分相配合，形成一个统一的、结构严谨的整体。

上下结构的字头，一般在字中起着主笔的作用。因此，在写字头时，一定要注意字头的宽度和长度。字头是全字的关键，决定着字的重心和节奏的变化。上下结构的字底，一般在字中起着地基的作用，能够承受住上边部分的压力。因此，字底大都要写得稍扁些、长些，以便把上边的部分托举住。

### （三）包围结构字框的书写

包围结构基本上分为半包围和全包围两种，其中，半包围的字框分两面包围和三面包围。

每种包围结构的字都分成外围和内画两种结构单位。书写这类字时，要观察体会外围和内画的配合，有的内画被外围全部包容笼罩，有的内画则突出了包围圈。总之，务必使外围和内画相称。

### （四）粉笔楷书的结构原则

粉笔楷书的结构原则包括：①端正、平稳；②疏密匀称；③比例适当；④点面呼应；⑤偏旁容让；⑥注意向背；⑦讲究变化；⑧协调统一。

### （五）独体字的结构及写法

独体结构是由一两笔或数笔组合而成，因其笔画少，与别的字排在一起，字形宜写得小些、重些才好看。主要由横、竖组合的独体字，要做到横画微微倾斜，竖画稳稳当当；以撇、捺为主的独体字，撇、捺的交点基本上要处于中线之上；字形扁方的，要上开下合；如果主要笔画是倾斜的，也要注意让字的重心落在中线上，这样才能做到平正安稳。

### （六）合体字的结构及写法

合体字是指由两个及以上独立成分组合而成的字。大多数汉字属于合体字。合体字的结构主要有上下结构、上中下结构、左右结构、左中右结构、两面包围结构、三面包围结构、全包围结构等。多重结构的字，构件众多，笔画密集，各部分参差错落，相互穿插。书写它们的时候，疏密要均匀，粗细要适度，该对齐中心的要对齐中心，该避让穿插的要避让穿插，要上紧下松，内紧外松，综合考虑，形成整体。

除此之外，字的大、小、肥、瘦、长、短、斜、正，要因字立形，顺乎自然。相同的偏旁，上、下相重或左、右相并，要有变化。笔画相重的也要有所变化，如重撇要有长短曲直的区别；连竖要高低不一、形态有别；重横要间距均匀、姿态各异；重捺要减捺，变成一点一捺；重钩要化简，使其写小或不写。总之，在平稳的前提下，要有变化，不可写得一模一样。

## 实训设计

1. 认真阅读《现代汉语常用字表》，记录并更正自己易写错的汉字。

2. 结合自己的书写基础和审美观点，从历代楷书经典范本中选择一本字帖，在教师的指导下观察、分析字帖在笔法、字法和章法方面的特点。

3. 根据选定的字帖，运用仿影法和对临法反复书写，并在此基础上通临范本，体会汉字的结构特点，以偏旁为主线总结出钢笔字书写的规律。

4. 选取部编版小学语文、数学、英语教材中的一课内容，分别设计一幅板书。

# 教师常用文体写作技能训练

一

**本章导语**

　　在具体的教育教学实践中，许多方面都涉及教师的书面语言表达，如学生操行评语、作业批语、教案的编写、教育随笔、教学计划和总结、学术论文等。因此，具备教师常用文体写作能力，既是一名合格教师必备的专业基本功，也是师范生教师职业技能训练中的重要组成部分。

**目标引导**

　　熟悉各种教学文体、班主任常用文体、教师日常应用文体的定义和基本格式；了解教师常用文体的文面要求；熟练掌握各种教学文体、班主任常用文体、教师日常应用文体的写作规律和方法；能够写出比较规范的上述常用文体；

**思政小课堂**

　　徐特立是中国杰出的革命教育家。早年他教书时，发现一般学生都存在这样一个问题：阅读时贪多求快，不求甚解。他就把自己长期刻苦自学得到的经验介绍给学生。他认为，不怕书看得少，只怕囫囵吞枣不消化。他教育学生，读书要注意消化，要学会思考并评定所读的书的价值。他教学生，读的时候要标记书中的要点，要在书眉上写下自己的心得体会和意见，还要摘抄自己认为精彩的地方。这样读书，读一句算一句，读一本算一本。那时，他的学生中实行这种方法最坚决、最有成绩的是毛泽东，几年中就写了几网篮的读书札记，文学和思想修养水平提高很快。"不动笔墨不读书"，这是徐特立先生留下的宝贵的治学经验。

# 第一节　教学文体写作

## 一、教学计划

### （一）教学计划概说

　　教学计划，是预先拟订的教学工作的内容、步骤和方法，是对教学工作的总体谋划，统率着一个时间段的教学事务，有很强的计划性。学校的一切教学活动都应有计划地进行。制订科学合理、行之有效的教学计划，是顺利实施教学工作的前提条件和必要步骤。有计划地开展教学活动，可以减少盲目性，增加自觉性，有利于提高教学质量和教书育人的水平。

　　按照完成期限的长短，教学计划分为学期教学计划、单元教学计划和课时教学计划等。按照目标的不同，可分为新授计划、练习计划、复习计划、作文计划等。按照样式分，教学计划通常有表格式和条文式两种。表格式计划简单明了，适用于短期或较简单的教学工作。条文式教学计划具体翔实，适用于长期或较复杂的教学工作。本节将重点训练学期教学计划的写作。

### （二）教学计划写作要点

一篇教学计划大体包括以下三方面的内容，并且在实际工作中，可根据具体情况适当调整。

教学计划
写作案例

#### 1. 标题

在第一行居中书写，一般包括教学计划的时间、期限和计划内容的名称等，如"202×—202×学年下学期三年级一班语文教学计划"。清楚完整的标题可便于归类和查找。

#### 2. 正文

（1）前言。前言部分需要概括介绍本学期所承担的教学任务、教学对象分析、所教课程等基本情况说明。前言要简明扼要。

（2）教学目标。教学目标是教学计划的重要组成部分。教学目标必须严格按照国家制定的各级各类学校课程设置计划和课程标准，结合学校的任务和要求，在充分把握教材的前提下来制订。教师在认真学习课程标准有关条款的基础上，结合所教学生的实际情况，明确学生通过学习应当获得哪些方面的知识，应该培养学生的何种能力及需要解决的主要问题。

（3）教学方法。教学方法的选定，是保证教学目标和教学要求得以落实的必要条件。确定教学方法时，要兼顾教师的教学方式和学生的学习方式，不能只侧重于一个方面。同时，教学方法必须根据教学内容和学生特点来设定，不能脱离教学实际。

（4）教学措施。教学措施是为教学过程的顺利进行而制订的较为具体的基本措施。教学措施包括教学改革的具体做法、教学的常规管理、重要的教学环节等。教学措施必须具有针对性和可操作性。

（5）教学进度和课时安排。课时安排是根据课程设置计划和校历来确定的，一般以周为时间单位，以教材的章节为顺序安排教学进度。常见的课时安排采用表格式，内容包括课堂教学、实验、练习及课外作业等方面。安排课时要合理分配各章节的教学内容，使教学活动能够按时、有序地完成。

#### 3. 署名和日期

在正文的右下方，先签署制订教学计划的单位或个人的姓名，在署名的下方写上制订计划的年月日。

## 二、教学总结

### （一）教学总结概说

教学总结是教师对一个阶段内教学工作的回顾，从中找出经验教训，用以指导今后的教学实践活动。

教学总结侧重于对教学工作中的成功之处进行分析、归纳，找出具有普遍性的规律。教学总结属于专题性的总结，在内容的选择上要具有针对性，通常是针对教育教学中的某个问题或某个方面进行总结。教学总结所选的内容必须真实可信，是第一手材料，便于从中积累经验，形成规律，用于指导教学实践。如果材料不真实，从中形成的"规律"就经不起实践的检验。教学总结的写作要有求新的意识，不能墨守成规，仅凭老经验看待问题。只有与时俱进，不断地发现新问题，在新的教育理论指导下探索总结，才能推进教育事业的发展，培养出具有创新能力的一代新人。

教学总结的种类按时间，可分为学期总结和学年总结；按内容，可分为综合性总结和专题性总结。

### （二）教学总结写作要点

#### 1. 标题

标题通常在第一行居中书写，包括单位名称、时间、内容和文种，如《××小学××学期教学工作总结》，也可以只写"总结"二字，在正文开头再作说明。

教学总结
写作案例

#### 2. 正文

正文可分为导言、主体、结尾三部分，内容包括基本情况概述、成绩和经验、存在问题、经验体会、今后打算等。

（1）导言部分主要是基本情况概述，既可以概述教学工作的全貌、背景，也可以将主要成绩、经验简要提出，先给人以总体印象。

（2）主体部分包括成绩和经验的陈述、存在问题和经验体会的归纳。成绩和经验的展示是获得经验体会的感性材料，是分析问题的事实依据，是总结的核心内容。通过摆事实，讲道理，概括出规律性的经验，以利于推动今后的教学工作。

（3）结尾部分陈述对今后工作的意见，或表明决心和展望前景。若教学总结的标题没有写明单位名称，则应在正文之后的右下方出具名称，并写上年月日。

## 三、试卷分析

### （一）试卷分析概说

试卷分析，又称试卷分析报告，包括两方面的含义：一是对某学科出题的范围，考核的内容、要求及试题的难度等情况所作的研究性分析；二是对某次考试或测验得失情况所作的评估性分析，即质量分析。

试卷分析是小学教师的经常性工作。试卷分析可以反映考试的情况，分析学生在学习过程中存在的问题，有利于主管部门及时掌握教学情况，进行必要的指导和调控；有利于教师改进教学，明确与教学目标之间存在的距离。试卷分析是提高教学质量和考试成绩的重要手段之一。

常用的试卷分析方法有定性分析和定量分析两种。定性分析法是依据教育理论、教学规律、教学经验对试题和学生考试情况做出评价和判断。定量分析法，也就是用统计的方式计算出相关的指数，对试题和考试情况做出量化分析。在实践应用中，往往是两种方法综合运用。

试卷分析的类型主要有专题分析和全面分析两种。其中，专题分析又可分为题型研究、发展趋势研究、比较研究、题目研究等。

## （二）试卷分析写作要点

### 1. 标题

标题要显示试卷分析的研究对象和研究方法。研究对象包括年级、学科、测试性质等内容；研究方法包括比较研究、题型研究、综合分析等。例如，《××市小学六年级数学统考试卷分析》《××小学五年级 2020 年与 2021 年语文年度统考试题题型比较》《××年中考作文题分析》等。

试卷分析
写作案例

### 2. 引言

引言主要是对试卷做出总体的介绍和评价。介绍考试目的、考试组织者、考试内容、试题来源等背景情况，说明课程名称、考试时间、参加人数、平均分数、各分数段人数比例等基本情况。

### 3. 正文

正文要对试卷反映出的基本情况进行分析，包括考生情况、试题情况和考生答题情况。可以对全部问题做细致分析，也可以选择其中最有代表性、最具普遍性的问题进行分析，要综合运用多种分析方法对学生的考试情况作出量化分析和定性评价，并重点阐述由此得出的结论和启示。

### 4. 结语

试卷分析的结语因其不同的目的和分析对象而有所不同。如果是教研部门的分析报告，需要在得出分析结论之后，针对存在的问题提出改进意见；如果是教师自己或学校所作的分析，就要写明今后的打算和准备采取的改革措施；如果是针对学生的学习情况进行的分析，还需要给学生指出今后努力的方向。

### 5. 落款

注明撰写人或单位的名称和日期，也可将此项内容放在标题下面。

# 四、教学札记

## （一）教学札记概说

札记是反映作者的见闻感受或读书的收获、心得体会、评论等的一种笔记体散文。教学札记是教师在教育实践中感想心得的记录，其内容包括教学资料的记录、对教材的独到见解、对教学得失的分析等。教学札记的写作方式灵活多变，不拘一格，常常是兴之所至，一挥而就，篇幅短小，意味深长。教学札记取材广泛，大至教育方针、教育思想，小至一件事、一个词、一点感触、一个问题都可以入文。

教学札记是教师及时反映教学活动中激发的思想火花的有效方式。教师养成写教学札记的习惯，有利于及时迅速地反映教育教学中存在的问题，总结成败得失的经验教训，促进教育教学的顺利发展，同时也可以提高教师的写作能力和科研能力。

教学札记的类型很多，有的以叙为主，有的以议为主。根据主要表达方式，可分为叙事型、议论型、夹叙夹议型等。

### （二）教学札记写作要点

#### 1. 材料选择

教学札记最常见的写法是叙议结合，往往是针对一个具体的教学现象发表看法。没有具体的教学现象，就无从发表议论。教学现象的选择没有规定性，可以从教学中的疏漏、错误，学生对知识的掌握情况，教学重点、难点把握得如何，教学方法合理与否，处理问题是否得当等方面入手。因为教学札记的篇幅限制，不宜就大是大非问题长篇大论地发表意见，而要善于从小处入手，或者化大为小，大中取小，先提出教学中常见的某个小问题，再加以精辟的议论。所选择的现象或提出的问题要有一定的代表性和普遍性，能够给人以启示。

#### 2. 确立主题

教学札记内容的选择虽然没有质的规定性，但因为文章要对教学现象和事件发表意见。因此，主题必须深刻、新颖。教师要善于从人们司空见惯的教育教学普遍现象中挖掘出深藏于背后的本质属性。观点要新，视角要独特，要运用逆向思维等方式进行思考，但不要片面偏激。

#### 3. 语言要求

教学札记的语言要求准确、自然、活泼、简练。记录教学现象的语言要准确才能保证事实清楚，说理明白；叙述语言要自然本色，才能增强内容的可信度；语言简练、活泼，才能提高文章的可读性。

#### 4. 结构安排

（1）先叙后议结构。这种结构是将叙述教学现象的内容放在前面，然后再议论。教学现象的描述可以比较详细，也可以只叙述局部，然后再发表自己的看法。这种写法比较常见，也较容易掌握。

教学札记
写作案例

（2）先议后叙结构。这种结构是先阐述自己的观点，然后以教学现象作为佐证。有时也可以在叙述现象之后又加以议论，充分论证自己的观点。

（3）夹叙夹议结构。这种结构就是一边叙述教学现象，一边在关键问题上进行议论。

## 第二节　班主任常用文体写作

### 一、学生鉴定

#### （一）学生鉴定概说

学生鉴定就是学生在完成规定期限的学业后，教师对学生在该阶段的思想品德及各方面发展情况所进行的评价。定期对学生进行考核和评价，是学校及教师对学生进行教育和管理的重要环节。学生鉴定通常由班主任完成，是班主任进行班级管理必不可少的教育手段。

科学客观的学生鉴定，对于学生正确地认识自己，发扬优点，改正缺点，健康地成长，有着不可替代的作用。通过教师的鉴定，学生能够看到自己的进步和不足，既可以提高学生自我评价的能力，还可以促进学生自我完善，以利于进一步激发学生积极向上的热情，充分调动他们内在的积极性。

好的学生鉴定还可以争取家长对学校教育工作的支持。家长以学生鉴定为窗口，可以比较全面地了解子女在校的表现和思想状况，衡量教师的教学水平，感受学校的教学管理，更好地配合学校对学生进行教育。家长与教师的互动是教育好学生的关键，而学生鉴定在互动关系的建立中起着不可忽视的作用。

较高质量的学生鉴定还能反映教师的教学管理能力。教师在写学生鉴定时，要全面地了解班级中每个学生的状况，调查教育的效果，总结教育工作的成绩与失误，从而及时调整教育措施，改进工作，以更具针对性的方式来推动班级各项工作的顺利开展。同时，对学生鉴定也是了解学生情况、因材施教的重要依据，有利于学生的进一步培养和教育。

## （二）学生鉴定写作要点

学生鉴定的篇幅虽然不长，但内容丰富全面，因而，需要教师具有较高的概括和分析能力。学生鉴定大多采用叙述的表达方式。根据不同的教育管理需要，学生鉴定可分为操行评语和成长记录。

### 1. 操行评语

操行，又称品行，是指学生在思想品德、学习、劳动和文体活动等方面的综合表现。操行评语就是教师对学生品行的有关表现进行综合考评后所作的评语，可分为学期评语和毕业鉴定两种。

（1）操行评语的写作原则。操行评语既是对学生品德的综合考核后所做出的概括性评价，又是促使学生思想品德健康发展的有效手段。班主任定期给每个学生写操行评语必须遵循一致性、指导性和针对性原则。

①一致性原则，要求操行评语的评定方向要与学校的德育目标和工作保持一致。教师在评定内容选择、标准的确定、目标体系的设计方面都必须注重将社会对人才的要求、学校德育工作的方向、学生思想品德的形成特点联系起来进行考虑。

②指导性原则，表现为操行评语对学生下一阶段的学习具有指导性意义和促进作用。教师要公正客观地评价学生的优点和缺点，不能因为学生犯某种错误或成绩不好就全盘否定，也不能因成绩优异而忽视其存在的问题。要通过操行评语调动学生内在的积极性，培养其自我教育的能力，扬长避短，不断进步。操行评定不仅是对学生进行考核和实现品德教育的手段，也是师生情感交流的渠道。教师在操行评语中要坚持正面教育、积极诱导、鼓励为主的原则。

③针对性原则，要求操行评语针对学生的实际情况，真实地反映学生存在的问题，并使其有信心发扬优点，改正缺点。但班主任对每个学生的了解都是有限的，为了体现公正与客观，应采取个人自评、集体互评和教师评定的常规程序以得到真实、准确而客观的结论。同时，在具体的写作过程中，教师要尽量抓住学生的特点，在评语中写出其个性，用亲切的语言与学生进行真诚的对话，才能体现操行评语的针对性。

（2）操行评语的内容组成。操行评语的内容一般由三部分组成。

①优点：一般写在前面，是操行评语的主要部分，内容包括学生在校的各个方面的表现。

既要写得概括，又要避免空洞。可以结合学生的突出事例来写。

②缺点：虽然是次要内容，但也不能忽略。对于优秀学生的缺点不能忽视、掩饰，应及时指出。对后进生的缺点不能挖苦讽刺，要注意用语的分寸度，让学生既认识到缺点，又体会到教师真诚的关爱。

③希望：操行评语的结语。教师对学生提出的要求及努力的方向都在其中。用语应以鼓励为主，突出针对性，切忌千篇一律，尽量不要使用诸如"希望发扬优点，改正缺点，争取更大的进步"等套话。

在写操行评语时，教师使用第二人称的表述方式可以更多地照顾到学生的心理承受能力，因为这表明教师在用一种积极亲切的态度去与学生沟通交流。操行评语内容以建议、鼓励性评价和谈心为主。积极鼓励的第二人称评语，可以使学生有信心改正缺点，争取进步。例如，将"热爱劳动""热爱集体"这样空泛的评语，具体化为"虽然你的年龄在班里是最小的，但是每次班级劳动你都不甘落后，常常主动收拾同学放乱的劳动工具"等。这样，学生的表现在第二人称的陈述下变得具体化、情景化和个性化，更易于得到学生的认同。

### 微案例

某学生特点：家庭条件较差；热爱劳动，自理能力强，爱动脑筋，有一双巧手；但是好动，课堂上爱做小动作，爱讲闲话，书写潦草。

操行评语：你是班上最懂事的孩子，不是吗？在家里，你是爷爷、奶奶、爸爸、妈妈的好帮手，你能把衣服洗得干干净净，叠得整整齐齐；你能把地板擦得一尘不染。在学校里，你是老师的好帮手，大扫除时，最脏、最累的活你抢着干；你坚持天天为班级扫卫生，最后一个离开教室的总是你。你是那么勇敢，课堂上同学们不敢举手时，你却把手举得高高的，回答起问题来滔滔不绝。你的手工作品精致极了，总能为艺术节增添光彩。老师多么希望你在课堂上也能最懂事，字写得也能像你的手工作品一样漂亮。那样，你的家人和老师该有多欣慰啊！

在上述案例中，这位教师的操行评语非常贴近这名学生的生活，并且从学生的最闪光之处入手，对其做出了具体生动的描绘。而这名学生一旦发现自己点点滴滴都被教师关注着，就会更加努力、更加自信。这就为教育创造了一个最佳时机。

#### 2. 成长记录

成长记录是教师对学生每一学期或每一学年各方面的发展变化所做的文字记录。要求教师客观、动态地记录学生在这段时间中思想品德、行为习惯、兴趣爱好等方面的真实情况。

成长记录要求教师深入地观察和了解学生的日常生活、学习态度、思想动态和品德状况等多方面的情况，掌握详细的第一手资料，并认真做好记录。因此，成长记录具有客观性、连续性和综合性等特点。

（1）客观性指的是成长记录重在客观描述学生的发展变化，不需要教师提出希望及改进措施。为了避免主观随意性，还可以将学生情况量化。但客观性与德育要求并不冲突，写作时仍然需要强调正面引导对于学生的健康成长所起到的促进作用。

（2）连续性是根据学生成长的规律而提出的。小学生的思想品德处于形成与发展时期，不同时期有不同的变化与发展。教师要注意记录的连续性，以达到全面反映学生成长状况的目的。

（3）综合性指的是教师记录时不能只注重某一方面，要关注学生多层次、多方面的发展状况。可以建立一套全面而系统地反映学生素质发展状况的目标体系，然后多方面获取信息，综合学生的行为与认知进行评定，尽可能地充分体现学生的成长情况。

成长记录的内容构成决定了其写作方式相对自由的特点。成长记录没有固定的文字要求，教师可以采取多种多样的形式，可以用照片、获奖证书，甚至可以将学生的作业和美术、手工作品等放入其中，只要起到如实记录学生成长历程的作用即可。成长记录可以仅是客观陈述学生的发展状况，而不写评语。如果需要做出评价，应适当选取最主要的特点，简明扼要，切忌面面俱到。

## 二、班级制度

### （一）班级制度概说

班级制度是为加强对班级工作的管理而制订的，要求全体同学共同遵守的规范性文书。班级制度要内容具体、行文简洁、陈述清楚，具有可实施性。

### （二）班级制度写作要点

班级制度由标题、内文和落款三部分组成。一般采用条文式结构，以序号列出制度的所有内容。

**微案例**

下面是某小学五年级二班的《班级文化建设制度》。

#### 班级文化建设制度

**一、上好班队活动课**

每周认真上好一节班队活动课，每课一个相应的主题。让班队活动课成为对学生进行思想和行为养成教育的重要阵地之一。

**二、办好班刊**

每月办好一期班刊，每期一个主题。班级里应该培养一批自己的小记者、小通讯员、小主持人。文字编辑、新闻采访、版面设计可全由学生动手。《班级剪报》《班级快报》《班级卡通画报》及手抄报也是学生施展才华、倾诉心声、摄取知识的宝库。

**三、布置好教室**

教室的正面墙上要悬挂标语，侧墙上可设置评比栏等。还可以根据本班的实际需要，设置其他的内容。

**四、建好图书角**

引导和鼓励每个学生把自己最喜爱看的书和报纸拿出来与他人交流，既可以培养学生的奉献精神，又是对他们进行集体主义教育的有效途径。要充分调动学生的读书积极性，使图书角发挥其应该有的文化园地作用。

**五、设计墙饰**

为学生创造一个良好的教育环境，让墙壁说话。可以在墙上布置名人画像、名言警句、班级获得的荣誉、学生作品等，但是一定不能杂乱无章，要有美感。

班级文化建设可以在教师的带领下，发动全班同学参与，增强集体荣誉感，发挥学生的主动性。

××小学五年级二班

×年×月×日

## 三、班主任工作计划

### （一）班主任工作计划概说

班主任工作计划是班主任为了做好班级工作，对未来一段时间内班级工作的目标、任务、措施等预先做出的设想和安排，是班级发展的蓝图。因此，班主任工作计划应该更多地表现出一种宏观指导性、科学的预见性和可实施性。

### （二）班主任工作计划写作要点

班主任工作计划通常由标题、正文和落款三部分构成。

#### 1. 标题

标题 一般由班级名称、计划适用期限、文体名称构成。标题一般言简意赅，位置居中，例如，《×年×班××学年度×学期班主任工作计划》。

班主任工作计划
写作案例

#### 2. 正文

正文是班主任工作计划的主体。一般包括三个内容，即班级的基本情况分析、确定工作目标和工作具体安排。

（1）班级的基本情况分析。这部分包括对班级的自然状况、现实状况和历史状况的分析。班级的自然状况包括总人数，男女生人数、年龄，少先队员、班干部、三好学生和后进生的比例等；班级现实状况分析包括班级学生的家庭背景、思想品德状况、学习现状、身体状况、个性状况，班干部的能力素质，班级学生的人际关系等。班级的历史状况包括班风传统、形成班风的原因、班级的优缺点等。对班级的基本情况分析是确立教育任务的基本依据。

（2）确定工作目标。这部分内容是在分析班级基本情况的基础上，根据教育目的，确定教育任务的要求，明确规定本学期应达到的总目标、阶段目标、各层次具体目标等。每种目标都应包括学习、德育及体育等几个方面的规划。确定教育任务应抓住重点，突出中心任务。同时，确定教育任务还要注意针对性，不要过分笼统。

（3）工作具体安排。这部分包括为完成任务而准备实施的主要教育活动、组织力量与分工、时间步骤安排。常见方式有两种：一种是以时间顺序为主线，纵向安排各种具体活动的内容、时间、地点等；另一种从德、智、体、美、劳几方面横向列表安排各方面工作。要注意的是，无论采用哪种方法安排工作，都应考虑计划的可操作性。

#### 3. 落款

落款包括制订计划者姓名及书写计划的时间，依次分上下两行写在正文右下方。

## 四、班主任工作总结

### （一）班主任工作总结概说

班主任工作总结是班主任在工作实践的反思以书面或报告形式所作的总结，其目的是使班主任对照工作计划和学校工作重点，总结工作经验和成绩，发现问题并汲取教训、改进工作，以提高班级管理工作质量，丰富教师经验，探索更好的管理方法与手段。班主任工作总结具有针对性强、重点突出的特点。

### （二）班主任工作总结写作要点

班主任工作总结通常由标题、正文和落款三部分构成。其中正文一般包括开头、主体和结尾等。开头主要说明总结的目的；主体主要包括工作成绩、经验、不足与教训；结尾总结全文，写出对未来工作的期望。

班主任工作总结
写作案例

# 第三节　教师日常应用文体写作

## 一、作业评语

### （一）作业评语概说

作业评语是教师教学工作中的一项常规工作，是教师针对学生作业的实际情况做出的中肯评价。作业评语一般具备针对性、鼓励性、启发性三大特点。

### （二）作业评语写作要点

作业评语包括对学生学习态度的评价，对作业质量的评价，对作业中出现的缺点、不足的评价和对学生提出希望、鼓励或批评等几个方面。

💬 **微案例**

下面是一些作业评语的示例。

（1）你的作业写得很认真，字也比以前写得有进步，继续保持！

（2）你这次作业只错了一道题，和前几次相比有了很大进步，老师相信你下次作业会打满分，加油啊！

（3）What a beautiful handwriting！ If only be more careful！ （多漂亮的书法呀！要是作业再仔细一点就好了！）

（4）思路开阔，思维清晰，方法灵活，具有综合利用知识解决数学问题的能力。

（5）马虎不改，难有作为。计算，应一丝不苟，慎之又慎！

（6）学习是老老实实的学问，来不得半点虚伪和骄傲。

在作业评语中，有一种特殊的评语，就是作文评语。作文评语一般要从主题思想、材料组织、结构安排、语言运用等方面来撰写。

### 微案例

下面是科任教师给一名三年级学生的习作《对门》所写的评语。《对门》的内容是：小丽不喜欢对门的王阿姨，认为她太"土气"。一次，小丽妈妈出差，爸爸上夜班，小丽病了，王阿姨在小丽身边守候了一天一夜。这件事使小丽改变了对王阿姨的看法，喜欢上了王阿姨。

本文选取的材料很好，有力地表现了"不是妈妈胜似妈妈"的主题。同时，通过开始"不喜欢"到后来"喜欢"的态度变化，写出了小丽感情的先后变化。这种结构安排，增强了文章的吸引力。文中对人物的神态、动作等，进行了精心细腻的描绘，这是本文的一大特色。但在语言上还要仔细推敲，尽量朴实、生动，如"我从王阿姨的身上看到了妈妈的影子，我感到很亲切，我哭了"可以改为"王阿姨像妈妈一样照顾我，我感到非常亲切。我扑到王阿姨的怀里哭了"。文中结尾处集中表达情感，既照应开头，又总结全文，首尾连贯，一气呵成。

## 二、活动方案

### （一）活动方案概说

活动方案是在学校教育教学工作中，为更好地开展某项活动而预先做出的书面计划和安排。为确保工作正常开展，活动方案应事前做出全面的策划和具体的安排，做到目标明确，内容具体，具有可操作性。

### （二）活动方案写作要点

活动方案主要包括标题、正文、落款三部分。标题一般由"单位＋事由＋文种"组成。正文是活动方案的主体部分，包括活动的目的和意义，活动的时间、地点、方法、形式、步骤等。

### 微案例

下面是某小学 2022 年安全教育日的活动方案。

#### ××小学安全教育日活动方案

今年 3 月 28 日是第 27 个全国中小学生"安全教育日"，为了更好地开展此次活动，我校将围绕主题及有关安全的热点问题，依据本校实际情况，开展一个行之有效的安全教育日主题教育活动，并通过疏散演练活动，使学生在参与活动的过程中，熟悉疏散路线，掌握基本自救自护技能，养成良好的安全行为习惯，进一步强化我校学生安全意识，提高学生避险能力。

一、活动主题

普及安全意识，提高避险能力。

二、活动时间

2022 年 3 月 28 日—4 月 1 日

三、组织领导

（略）

#### 四、活动内容

##### （一）全体动员

周一升旗仪式上，由德育处对全体师生进行以安全教育为主题的国旗下的讲话，并对安全教育日活动进行动员。时间为 3 月 28 日。

##### （二）全体演练

组织全校范围的应急疏散演练。时间为 3 月 28 日。

##### （三）广泛宣传

利用宣传横幅及标语，以及安全教育宣传橱窗张贴相关宣传画等进行广泛宣传。时间为 3 月 28 日—4 月 1 日。

##### （四）一次检查

本周组织进行一次全校性的安全专项大检查，以排查校园内外的安全隐患。时间为 3 月 29 日。

##### （五）一次讲座

聘请校外专家向全校学生介绍安全事故的特点和危害，普及安全事故防范的基本技能和自救互救的应急常识。时间为 3 月 30 日。

##### （六）一次班会

各班召开一次以"安全教育"为主题的班会。以丰富多彩的活动加强安全教育。通过黑板报、讨论会等形式加大力度进行安全方面的宣传、教育。让全校师生都来宣传、学习安全方面的知识。时间为 4 月 1 日。

##### （七）一篇课外作业

布置学生完成《学校安全隐患我发现》习作，通过学生亲身参与活动，把安全意识融入学生的思想行动之中。

#### 五、活动要求

（略）

××小学

2022 年 3 月 25 日

## 实训设计

1. 结合自己的教育实习，为自己撰写一份教学计划。

2. 总结自己在教育实习中的教学工作，撰写一份教学总结。

3. 试用例文的格式和方法，分析小学任意一门学科的学生的一份试卷。

4. 写一篇教学札记，记录自己在教育实习中遇到的一件难忘的事情，并写出由这件事得到的启示。

5. 试为自己教育实习或见习的班级制订一个班级制度；为实习班级的某一组学生各写一份操行评语。

6. 结合自己的教育实习，写一份实习班主任工作计划，并依照该计划写一则实习班主任工作总结。

7. 为自己班级的某位同学的某次作业写个评语。

8. 为班级组织的某项活动制订一个活动方案。

# 第 五 章

# 教学设计技能训练

一

本章导语

　　教学设计技能是指教师在课堂教学工作正式展开之前，为达成教学目标而预先制订教学方案的能力。它要求教师以现代教学理论和学习理论为依据，以培养学生核心素养、创新精神和实践能力为旨归，以尊重学生的学习主体地位为前提，以强调学生自主探究性学习为依托，本着规划性、超前性、创造性的设计原则，充分发挥新理念、新技术、新课程在教学中的重要作用，确定并满足学生的学习需求。教学设计一般包括教学任务分析、教学目标制定、教学计划制订、教案编写及作业设计等环节。教学设计是实现教学目标的可靠保证，是沟通教学理论和教学实践的必由之路。新入职教师要上好课，必先进行教学设计训练，学会根据不同的教材、不同年级的学生，完成不同的教学设计。这是保证新入职教师顺利地、成功地走上讲台，完成教学任务的第一步。

**目标引导**

　　了解教学设计的基本理论，充分认识到教学设计的重要性；熟悉并掌握教学设计的基本环节，了解教学设计的具体要求；能够熟练制定教学目标，合理分析、处理教材，进行教学设计，编写出完整、科学的课时教案，并能科学地布置和批改作业。

**思政小课堂**

　　王夫之是明末清初的哲学家、思想家、教育家，是中华优秀传统文化中的重要人物。他对子侄的教育颇具匠心，其基本教育观是"学者以正志为本"。王夫之特别强调立志，认为志是成人之基，"立志之始，在脱习气""无尽之财，岂吾之积""亭亭鼎鼎，风光月霁""惟其超越，是以和易"。他告诫子孙后代要立大志，不要沾染坏习气，不要追名逐利，做人要潇潇洒洒，举止要堂堂正正，就像雨过天晴风清月明一般。只有超越了平庸，性格才能平易近人，社会才能和谐美好。这些，于今天的教育仍有着特别深远的现实意义。当前社会中，人们过于强调对学生实用技能的培养，使"修身"受到了不应有的冷落，这无异于舍本求末。而王夫之的教育观，穿越几百年的时空，依然带着温情、期盼和祝愿，希望所有的学生都能"亭亭鼎鼎，风光月霁"。

# 第一节　教学任务分析

　　教学任务分析主要体现为对教学内容和教学对象的分析，具体来说就是教材分析、学生分析。

## 一、教材分析

　　教材是教学活动的引导性载体，是教师达成教学目标、完成教学任务的主要凭借和基本依据。无论哪一学科的教师，要想出色地完成教学任务，收到良好的教学效果，就必须认真研究分析教材，做到能全面理解、熟练驾驭教学内容，准确确定和解决教学内容的重点和难点。因此，分析教材不仅是教学设计的一个重要方面，更是教师教学的重要技能之一。

### （一）整体把握

课程标准是各科教学的指导性文件，体现着国家对每门学科教学的统一要求，是编写教材的重要依据。没有完成课程标准要求，就是没有完成教学任务。因此，必须认真阅读，深刻领会，把课程标准的主要内容牢记在心，依据课程标准分析教材、处理教材。

第一，教师要从研读学科课程标准入手，整体把握教材。要以课程标准为指导，掌握学科的性质和任务，了解教材的体系结构及教学特点和指导思想，从而正确地把握教材的思想内容、知识范围、编排特点及各年段各学段教学内容之间的关系，了解教材的各个部分在整个学科、篇、章或课时中所处的地位，准确地把握各章节的目的要求、重点和难点。

第二，教师可以参考教学参考书和报刊上发表的有关教材分析的文章等，从整体上把握教材。但一定要在自己充分钻研教材的基础上阅读有关教学参考资料，而且要理解、消化、吸收，成为自己的思想认识，并从实际情况出发，选择采用。那种不动脑筋，照搬照抄，用阅读教学参考书来代替分析理解教材的方法，是不妥当的。

只有从整体上以课程标准为依据，参考必要的教学资料，才能达到教材分析的目的，教学中做到既紧扣教材又不照本宣科，有的放矢地把教材内容用活、讲活。

### （二）细读理解

第一，从编者的角度细读深析教材。也就是站在编者的角度上，在对教材有了整体把握的基础上，细读教材的每一章、每一节，钻研教材中的每个知识点，认识到各部分知识之间的内在联系，形成教学内容的整体认识，为下一步的教学设计打下坚实的基础。

第二，从学生的角度细读深析教材。也就是站在学生的角度去理解教材，像学生一样阅读教材，读准每个字，推敲每个词，体味每句话，处处考虑学生能不能懂，怎样才能使学生理解学会，体会学生的学习过程，做到心中既有学生，又有教材。

第三，从教者的角度细读深析教材。也就是教师围绕编者的意图，考虑学生特点，认真剖析，合理取舍，做到编者、教者与学者的和谐统一。

### （三）深挖重点、难点

这里所说的重点，是指教材中最主要、最基本的内容，对学习教材中其他内容能起到举足轻重作用的知识点。所谓难点，是指那些大多数学生难以较迅速、准确地理解、掌握和运用的知识，以及比较复杂的技能和比较生疏的技巧。

分析教材，就是要抓住教材的重点、难点，以便在教学设计过程中，把握关键，突出重点，突破难点，既能根据知识的特点，又能根据学生认识事物的规律，精心设计，精心安排，取得事半功倍的效果。

## 二、学生分析

学生分析主要是分析学生的实际需要、能力水平和认知倾向等，为教师设计教学，优化教学过程，更有效地达成教学目标、提高教学效率而服务。学生分析是教学策略选择和教学活动设计的落脚点。没有学生分析的教学策略，往往是教师一厢情愿的自我表演。没有学生的知识经验基础，任何讲解、操作、练习、合作都很可能难以落实。总之，学生分析是对"以学生为中心""以学定教"的教学理念的具体落实。

### （一）分析学生的生理、心理特点

学生在身心发展、成长过程中，其情绪、情感、思维、意志、能力及性格还极不稳定和成熟，具有很大的可塑性和易变性。通过分析，可以了解他们当时的生理、心理与学习该内容是否相匹配及可能产生的知识误区，充分预见可能存在的问题，使教学工作具有较强的预见性、针对性和功效性。

具体来说，对所在年龄阶段的学生，看他们是长于形象思维还是抽象思维；是乐于发言还是羞涩保守；是喜欢与老师合作还是抵触老师；对不同年龄学生注意的深度、广度和持久性也不同。这些特点可以通过学习一些发展心理学的简单知识来分析，也可以凭借经验和观察来灵活把握。再有，不同年龄段学生感兴趣的话题也不同，教师既要尽量结合学生兴趣开展教学，又要适当引导，不能一味迁就学生的不良兴趣。

### （二）分析学生已有的认知基础和经验

分析学生已有的认知基础和经验，即分析学生学习该内容时所具备的与该内容相联系的知识、技能、方法、能力等，以确定新课的起点，做好承上启下、新旧知识的有机衔接工作。

针对本节课或本单元、本课程的教学内容，确定学生需要掌握哪些知识、具备哪些生活经验，然后分析学生是否具备这些知识经验。可以通过单元测验、摸底考查、问卷等较为正式的方式，也可以采取抽查或提问等非正式的方式。如果发现学生知识经验不足，一方面可以采取必要的补救措施，另一方面可以适当调整教学难度和教学方法。

### （三）分析学生的个体差异

当代学生个体之间存在着较大的差异。如处于城乡接合部学校的学生来源较广，一部分来自城区，一部分来自农村，一部分来自外来务工人员等，学生的个体差异较大。此外，学习习惯、学习兴趣、知识基础、学习能力、智力因素和非智力因素等的不同也会使学生形成较大的个体差异。

分析学生的个体差异，即对学生的学习能力和学习风格等进行分析，也就是分析不同班级和不同学生理解、掌握新知识的能力如何，学习新的操作技能的能力如何等。据此，设计教学任务的深度、难度和广度。对于经验丰富、能力较强的教师来说，还可以进一步分析本班学生中学习能力突出的学生和学习能力较弱的学生，并因材施教，采取变通灵活的教学策略。此外，教师还要对班级的学习风格进行分析。同一个班级的学生在一起时间长了会形成"班级性格"，有些班级思维活跃、反应迅速，但往往思维深度不够、准确性稍微欠缺；有些班级则较为沉闷，但可能具有一定的思维深度；等等。不同的学生个体也是如此，教师应该结合教学经验和课堂观察，敏锐捕捉相关信息，通过提出挑战性的问题、合作等方式尽量"取学生之长、补其之短"。

### （四）分析学生对本学科学习方法的掌握情况

教学过程不仅需要教师的活动，更需要学生的活动。只有教师教得最优化和学生学得最优化融合在一起，才能保证教学效果的最优化。

我国教育家陶行知说过："好的先生不是教书，不是教学生，乃是教学生学。"在课堂教学中，对学生进行学法指导是非常必要的，它是提高课堂有效教学的必要条件。不同年级段的学生都有自己的一套学习方法，不同的教学内容需要不同的学习方法，教师只有事先了解学生对本学科学习方法的掌握情况，才能根据不同的教学内容进行相应的学法指导，才能创造出教学效果的最优化。

### （五）分析学生学习知识时可能要遇到的困难

学生在学习中可能遇到的问题和阻力往往会成为他们进一步学习的困难与发展的障碍，教师如果能及时发现这些困难与障碍，并且能够及时地帮助学生克服它们，学生就能获得真正的发展。因此，在备课中，要努力去关注和发现学生在学习中可能存在的困难和障碍，具体分析它们产生的原因，思考相应的具有针对性的教学策略。

## 第二节　教学目标制定

### 一、教学目标概说

教学目标是指师生通过教学活动预期达到的结果或标准，是对学生通过教学后将能做什么的一种明确的具体的表述，是教学工作的出发点和归宿。教学目标对教学具有指导意义，是判断教学是否有效的直接依据，可以指导、控制教学过程，避免出现失误。教学过程中，师生双边活动都是围绕教学目标展开的，目标达成度高，课堂教学的效果就好，反之则差。没有具体的、可测量的目标，教学效果永远不会达到最佳。

### 二、制定教学目标的要点

### （一）制定教学目标的依据

首先，教学目标的制定必须明确课程标准。2022 年 4 月，教育部印发《义务教育课程方案和课程标准（2022 年版）》。此前的义务教育课程方案和课程标准分别制定颁布于 2001 年和 2011 年。此次修订进行了系统性设计，在课程内容结构、学业质量标准等方面都有较大变化。教育部教材局负责人说："此次修订，全面落实培养担当民族复兴大任时代新人的要求，结合义务教育性质及课程定位，将党的教育方针具体细化为本课程应着力培养的学生核心素养，体现正确价值观、必备品格和关键能力的培养要求。"本次课程标准修订的工作重点是"让核心素养落地"。素养与知识不同，是知识、技能、态度的超越和统整，是人在真实情景中做出某种行为的能力或素质。课程建设以核心素养为导向，是推进我国社会现代化和人的现代化的需要，也是贯彻党的教育方针、落实立德树人根本任务的具体体现。课程目标的素养导向，有利于转变那种将知识、技能的获得等同于学生发展的目标取向，引领教学实践及教学评价从核心素养视角来促进和观察学生的全面发展。

《义务教育课程方案和课程标准（2022年版）》以更为务实的态度和更为前瞻的眼光，根据不同的学科特点，对课程目标、内容目标进行了全面的设计。以语文教学为例，《义务教育语文课程标准（2022年版）》不但对整个义务教育阶段语文学习的核心素养能力提出了要求，如文化自信、语言运用、思维能力、审美创造等四个方面；也对整个义务教育阶段语文教学提出了总目标；而且，针对不同学段学生的年龄特点、接受水平等提出了若干分项要求，如第一学段（1～2年级）的语文教学课程目标（表5-1）；课程实施部分中还强调，要全面把握语文教学的育人价值，突出文以载道、以文化人，把立德树人作为语文教学的根本任务，清晰明确地体现教学目标的育人立意，引导学生在学习语言文字运用的过程中，逐步树立正确的世界观、人生观、价值观。

表5-1 第一学段（1～2年级）语文教学课程目标

| 主要目标 | 内容要求 |
| --- | --- |
| 识字与写字 | 1. 喜欢学习汉字，有主动识字、写字的愿望。认识常用汉字1 600个左右，其中800个左右会写 |
| | 2. 学会汉语拼音。能读准声母、韵母、声调和整体认读音节。能准确地拼读音节，正确书写声母、韵母和音节。认识大写字母，熟记《汉语拼音字母表》 |
| | 3. 掌握汉字的基本笔画和常用的偏旁部首，能按基本的笔顺规则用硬笔写字，注意间架结构，初步感受汉字的形体美。努力养成良好的写字习惯，写字姿势正确，书写规范、端正整洁 |
| | 4. 学习独立识字。能借助汉语拼音认读汉字，学会用音序检字法和部首检字法查字典 |
| 阅读与鉴赏 | 1. 喜欢阅读，感受阅读的乐趣。学习用普通话正确、流利、有感情地朗读课文。学习默读 |
| | 2. 结合上下文和生活实际了解课文中词句的意思，在阅读中积累词语。认识课文中出现的常用标点符号，在阅读中体会句号、问号、感叹号所表达的不同语气。借助读物中的图画阅读 |
| | 3. 阅读浅近的童话、寓言、故事，向往美好的情境，关心自然和生命，对感兴趣的人物和事件有自己的感受和想法，并乐于与他人交流。诵读儿歌、儿童诗和浅近的古诗，展开想象，获得初步的情感体验，感受语言的优美 |
| | 4. 尝试阅读整本书，用自己喜欢的方式向他人介绍读过的书。养成爱护图书的习惯 |
| | 5. 积累自己喜欢的成语和格言警句。背诵优秀诗文50篇（段）。课外阅读总量不少于5万字 |

| 主要目标 | 内容要求 |
|---|---|
| 表达与交流 | 1. 学说普通话，逐步养成说普通话的习惯，有表达交流的自信心 |
| | 2. 能认真听他人讲话，努力了解讲话的主要内容。听故事看影视作品，能复述大意和自己感兴趣的情节。能较完整地讲述小故事，能简要讲述自己感兴趣的见闻。与他人交谈态度自然大方，有礼貌。积极参加讨论，敢于发表自己的意见 |
| | 3. 对写话有兴趣，留心周围事物，写自己想说的话，写想象中的事物。在写话中乐于运用阅读和生活中学到的词语 |
| | 4. 根据表达的需要，学习使用逗号、句号、问号、感叹号 |
| 梳理与探究 | 1. 观察字形，体会汉字部件之间的关系。梳理学过的字，感知汉字与生活的联系 |
| | 2. 观察大自然，热心参加校园、社区活动，积累活动体验。结合语文学习，用口头或图文等方式整理、表达自己在活动中的见闻和想法 |
| | 3. 对周围事物有好奇心，能就感兴趣的内容提出问题，结合其他学科的学习和生活经验交流讨论，尝试提出自己的看法。 |

其次，教学目标的确定还要依据教学目标分类理论所提供的参照系和本地教学的实际情况。教师在确定具体教学目标时，应将较为复杂的学习行为由低到高、从简单到复杂清晰地分解为层次分明的几个部分，不但要对教学活动所应达到的最终目的做出准确估计，而且要对取得这一最终结果的一系列教学活动程序做出科学预测和具体设计，使得教学活动在深度挖掘和广度拓展方面获得可靠支持，从而确保教学目标落到实处。

最后，教学目标的确定应从具体教学阶段的具体教学内容出发，尽量细化教学，纵向展开不同阶段所体现的目标要求，如学期教学目标、单元教学目标、课时教学目标。学期教学目标体现着阶段性宏观目标要求；单元教学目标是对学期教学目标的科学分解和积极建构；课时教学目标则是学期教学目标和单元教学目标得以最终实现的关键环节和具体步骤，是教学目标母系统之下的最小子系统，课时教学目标的确定必须服从于单元教学目标和学期教学目标的总体要求。同时，课时教学目标的确定要充分顾及学生的思维特点和学习需求。要想在有限的课堂教学时间内完成规定的教学任务，就必须处理好教学中"得"与"失"、"给"与"接"、"教"与"学"的矛盾关系，确定尽量明确、单纯的教学目标，有计划、有步骤地去落实。

实践证明，教学目标越鲜明，教师的教学行为越顺畅，学生的心情越明朗，教学效率就越高，教学任务就完成得越好。可见，确定恰到好处的教学目标是课堂教学获得成功的先决条件，是实现教学总目标的关键。

## （二）制定教学目标应遵循的原则

教学目标的价值取向在于回归生活世界，注重重建学生的精神生活，赋予教育以生活意义和生命价值。在进行教学设计时，应把目标定位在完成认知目标的基础上，着重培养学生的核心素养，从而促进学生的全面发展。因此，制定教学目标应遵循以下四条基本原则。

### 1. 教学目标设定要全面

制定教学目标的时候，应充分挖掘教材的各种因素，体现核心素养的要求。根据具体的学习内容，既要制定明确的知识、能力目标，又要有情感态度、价值观方面的目标，潜移默化地培养学生正确的价值观、人生观、世界观，使学生形成良好的道德品质，实现立德树人教育目标。

### 2. 教学目标设定要合理

教学目标定位应恰到好处，不偏不倚，植根于文本，不拔高、不牵强。如语文教师设计《月光曲》一文的教学，其情感态度与价值观目标的定位，在传统的"感受贝多芬同情穷苦劳动人民的思想感情"的基础上，强调"关注社会弱势群体的公德心"。这样的目标定位是合理的，与当代的社会规范是相符的。

### 3. 教学目标设定要灵活

教学过程中充满了多元性、不可预测和不确定性。因此，一方面在进行教学设计时，不能把教学目标定得太窄、太死，要具有灵活性；另一方面，在教学中也要随机调整，甚至让学生参与到确定教学目标中来，要充分考虑学生原有的基础和学习过程中实际需要的变化，注意教学目标的生成性。

### 4. 教学目标设定要适当

教学目标既要符合课程标准要求，又要符合学生实际，还要考虑学生的差别，设定层次性目标。在教学目标中，任何一个具体目标都不是单一的一个维度、一个层面构成的，而是一个由低到高、由浅到深、由简单到复杂的多维度、多层面的复合体。又由于班级之间、学生之间水平的层次性不同，教学目标层次性也相应变化。因此，在教学设计时，要依据教材内容和学生个体差异，按由低到高、由浅入深、由单一到综合的顺序，安排教师教学和学生活动的层次。

## 第三节　教学计划制订

教学计划是学校教育保障教学实施、保证教学质量的重要文件，是教师组织课堂教学、完成教学工作的基本文件。教学计划制订能力是教师教学组织能力的一个重要组成部分，也是每一位教师必备的教学基本技能。周详、严密的教学计划是教学目标得以实现的必要前提，它具体包括学年教学计划、学期教学计划、单元教学计划和课时教学计划。教学计划的制订须注意以下问题。

### 一、准确把握教材体系与教学体系之间的关系

教学计划的制订要充分认识教材体系与教学体系之间的辩证关系。教材体系是在课程标准指导下，根据学生认知结构而构建起来的学科知识系统。它规定了教师应该教给学生的"是什么"；教学体系则是教师为贯彻落实课程标准，在教材体系的框架内所做的具体设计，是教师"如何教"的具体教学活动。前者是国家层面宏观的、客观的教育要求，后者是教师层面微观的、具体的教学行为。正确处理二者之间互为依存、互为建设、互为实现的辩证关系，将使教学目

标更明确，教学重点更突出，教学方法更有效，教学计划更可行。

其次，在教材体系转变为教学体系过程中，需要教师准确把握教材重点与教学重点、教材思路与教学思路的辩证关系，组织灵活多变的课堂教学。在具体课时教学中，教材重点有时并非教学重点，教材思路也不可能细化到课时教学之中。教学重点往往是针对学生的实际情况而确定的，非教材重点如果成为学生理解中的难点，它就会直接转化为教学重点并得到格外的强调。

## 二、创造性地使用教材

尊重教材并不意味着听命于教材、屈从于教材。现行课程标准鼓励教师积极超越，开展创造性的教学实践活动，这也是现行教学计划制订的重要原则。这就要求教师在具体教学计划制订中，为了实现某些教学创意，可以大胆突破教材思路限制，创造性地驾驭教材，灵活设计教学方案，组织生动活泼、卓有成效的课堂教学。

## 三、重视单元教学计划和课时教学计划

与学期教学计划相比，单元教学计划和课时教学计划是否周密、可行，直接关系到整体教学目标能否有效实现。

单元教学计划的制订必须注意体现教材体系的编辑意图。把握单元教学内容的共性与个性，突出单元教学的特点；必须注意按照学生的认知规律组织和设计单元教学，让学生自觉地理解教学过程的阶段性与发展性，从而使每个单元都能成为学生能力提高的必要台阶，也成为教师实现教学目标、完成教学任务不可缺少的环节。设计单元教学一定要注意整体性原则，要使每一课时教学都成为单元教学目标的具体落实和有力体现。

课时教学是学科教学的基石，是构成整体学科教学的最基本单位，教师必须格外精心设计每一课时的教学结构。教师对于每一课时中的各个教学环节都应精心设计，并重视各环节之间的密切联系，让课时进程在跌宕起伏中完成。

# 第四节　教案编写及作业布置

## 一、教案编写

### （一）教案概说

教师要想上好课，课前必须有一系列的准备工作，这些准备工作统称为备课。备课一般包括熟悉课程标准、钻研教材、了解学生、搜集资料、设计教学思路、选择教法、编写教案等。可见，教案编写是备课的最后一个环节，教案则是全部备课工作的直接产物。

教案是教师以现代教学理论为基础，依据课程标准的要求、教学对象的特点、不同内容的需要和教师自己的教学理念、教学经验、教学风格，运用系统的观点与方法，分析教学中的问题和需要，确定教学目标，建立解决问题的步骤，合理组合和安排各种教学要素，为顺利而有

效地开展教学实践活动而制订的实施方案。一份合理的教案应体现出以下特性。

### 1. 计划性

教案中对每一课时的各个环节，大到教学步骤，小到教具的准备、教学环节的时间分配、教学方法的选择、教学手段的运用时机、板书设计等，都要精心设计，周密规划。

### 2. 可操作性

教案是具体的教学实施计划，是对一系列预设的实现方案。教什么、怎么教，应该是清晰的、可操作的。

### 3. 可预演性

教案编写的过程，实质上就是教学活动的各环节、各步骤在教师头脑中的预演过程。反过来说，一份好的教案，能使教师如临真实的教学情景，可以依据教学活动的每一细节反复预演，周密预设。

### 4. 指导性

教学活动中预设和生成的对立统一关系，形成了课堂教学的复杂性和不确定性，这就要求教案对教学实施具有较强的指导性。

### 5. 应变性

教案只是课前的备课成果，在教学过程中还需要根据具体的教学情景临场备课，调整原先的既定方案，适应即时生成的学情，以获得最佳的教学效果。

### （二）教案编写要点

教案的基本要素包括课题、教学目标、教学重点和难点、教学方法、教具、教学过程（导入语、讲授新课、总结、布置作业、安排预习等）、板书设计，还可根据特殊需要添加其他项目。教案的常规项目大致包括以下几方面。

教案编写案例

（1）课题名称。

（2）授课班级。

（3）授课时间。

（4）授课时数。

（5）授课类型。写明是综合课，还是某一类型的单一课。

（6）教学方法和手段。教学方法作为教案构成的基本要素，对教案的结构、教学的效果起着重要作用。所谓"教学有法，教无定法"，即是说，教学有一定规律，教学方法却不一定拘泥于一种。选择适恰的教学方法，应从以下几个基本点出发：教学目标的要求、教学内容的特点、学生学习的特点和教师自身的优势。选择时，应注重教学方法的针对性、完整性和组合性。一份好的教案应体现教师所采用的教学方法，并通过教案使教学内容与教学方法相互结合、相互统一，这是编写教案时需要注意的问题。

（7）教学目标。这是教师授课前在预先设定的单位时间内所要完成的教学任务的总要求和课后检验的总标准。具体可分为知识与技能目标、过程与方法目标、情感态度和价值观目标。

（8）教学重点和难点。教学重点是指教材中关键性的知识内容，是基础知识的主要部分。教案中设置重点是为了避免在教学中出现主次不分、平均用力的情况。教学难点是指大多数学生理解、接受起来有较大困难的教学内容。难点可能是基础知识，也可能是基本技能，有的难点就是教学重点。对于这种教学重点中的难点，教师要集中力量采取相应措施予以解决。有的难点虽不是重点，但不解决，就影响学生对教学重点的理解和教师顺利地完成教学任务。因此，恰当地提出教学重点、难点是编写教案的重要一环。

（9）学情分析。这是一条重要的"因材施教"的教学原则。要全面深入地分析学生的知识准备、能力水平、学习兴趣等，如此才能真正做到因材施教，准确把握教学起点。

（10）教学过程。教学过程是系统化的教学内容在课堂教学特定的时间和空间里的组合方式和活动序列，它的设计与编写是教案的主体。设计和编写教学过程应参照各学科教学的一般模式。要写出在课堂上讲授的基本内容，以及如何组织学生活动，怎样使学生在原有知识、技能基础上产生学习新内容的积极性，怎样突出重点，突破难点，怎样导入新教材，怎样组织学生观察直观教具，怎样复习巩固新知识，怎样布置与指导课外作业等。更为详细的教学方案还应把课堂的提问及问题的答案、提问学生的方式和提问的学生、可能出现的情况、怎样处理等等都预先写在教学方案上。还需要把板书的设计、内容等也写清楚。

教学过程大致可以通过组织教学、导入新课、讲授新课、总结、布置课外作业等五个基本环节来展开。导入语是为顺利导入新课学习所进行的准备性讲述，目的在于激起学生的学习兴趣，并把他们引导到新的授课内容之中。导入语的方式自由灵活，要求尽量简短、自然，尽快吸引学生的注意力。讲授新课是教案的主体部分，直接关系到教学效果的好坏。讲授新课要根据教材内容和学生的实际情况，综合运用讲述、提问、讨论、朗读、教具、板书、演示等手段，优化教学过程。教学内容要根据循序渐进的原则，从感性到理性，从具体到抽象，从个别到一般，突出教学重点，解决难点，不留疑点。在教学即将结束时，教师要对本节课的教学内容进行总结，既可以把握全局，提纲挈领，也可以延伸教学内容，留有余韵。布置作业的目的在于让学生巩固所学的知识，培养学生运用知识解决问题的能力。布置的作业要与教学内容紧密联系，数量和难度要适度。

（11）板书设计与媒体运用。板书是教学过程中必不可少的辅助教学手段，设计时要根据教学内容的特征和处理方法选择适宜的板书类型，如提纲式、摘要式、表格式等形式，做到目的性和准确性、条理性和简洁性、实用性和美观性的和谐统一。板书可以随着教学的进程逐次出现，也可以总体附于全篇教案后。此外，教案中还要反映出媒体运用的方式和时机，使媒体的使用与教学内容紧密配合，教师的表达与媒体展示相呼应，发挥其有效的辅助作用，避免媒体使用的随意性。

（12）教学反思。教学反思是一篇完整教案的组成部分，教学设计的实施效果如何，成功或失败处在哪，什么原因造成的，应如何改进，自己在实施过程中或之后有何感想、反思等，在教学结束后都要及时记录下来，作为今后改进教学或研究的素材，以便不断提升教学素养。

## 二、作业布置

作业的目的在于帮助学生巩固和消化所学的知识，并在实践中使知识转化为技能技巧。正确组织好学生作业，对于培养学生的独立学习能力和习惯，发展学生的智力和创造才能有着重大意义。因此，教师布置和批改作业的技能也就显得极其重要了。

### （一）作业的分类

选择的角度不同，作业的分类也就不同。

（1）从作业发生的场所看，可以分为课堂作业和家庭作业。

（2）从作业表达方式看，可以分为书面作业和口头作业、制作作业和表演作业。

（3）从做作业的时间方面看，可以分为短期作业和长期性专题作业。

（4）从作业承担者的角度看，可以分为个人作业、小组合作作业和全班作业。

（5）从作业的选择性看，可以分为必做作业、选做作业（分层作业）。

### （二）布置作业的要求

#### 1. 作业的内容要充实、丰富

教师要以促进学生核心素养发展为出发点和落脚点，精心设计作业。要合理安排不同类型作业的比例。随着学段升高，作业设计要加强综合性、探究性和开放性，为学生发挥创造力提供空间。

#### 2. 作业的分量要适当、适时

布置作业要以学生的实际水平为根本出发点，侧重训练学生将课本知识与日常生活和社会发展中的热点问题结合起来，挖掘、实践课本知识在日常生活中的实际应用，培养学生自主学习和综合学习的能力。同时，预测学生所能够完成本项作业的程度，力争做到难易适度。布置作业必须遵守国家规定，严格控制作业数量，用少量、优质的作业帮助学生获得典型而深刻的学习体验。

#### 3. 作业的题型要多变、量力

布置作业要注意学生的差异性。教师可在开放性作业的设计中，有意识地设计多样化的作业练习类型，如布置作业的同时，布置适量的选做题，让不同水平的学生结合自己的实际量力选择适合的作业，既使学生带着愉悦的情感体验完成作业，又促进学生学习能力的有效发展。但须注意，不能因此走入降低教学标准的误区。

#### 4. 作业的方式要多样、有趣

针对学生的个性特长，在作业的完成方式方面可以留给学生自主选择的空间，变规范、统一的作业为自主的、个性化的作业。针对学生长期完成单一形式的作业易产生厌烦情绪的特点，可以突破书本知识范围狭小的限制，让作业更贴近生活，更能拓展视野，变封闭的作业为开放的作业；可以引导学生与学生间合作、与家长间合作及与各学科教师间合作，变独立完成的作业为合作完成的作业。

#### 5. 上交的时间要明确、及时

布置作业要明确规定完成时间。时间可以是固定的某一时间，也可以是某一个时间段。作业的完成时间应该因"生"而异，要体现学生的个体之间的差异。

要减轻学生的课业负担，就必须打破传统教育中千题一面、题海战术、重题不重人的桎梏，给学生自主、发展的选择空间，充分调动学生的学习兴趣与积极性，促进学生全面发展。

### （三）作业的批改

批改作业是教师检查教学效果，指导学生学习的重要手段。教师通过批改作业，可及时了解学生的素养水平和个性特点，分析学生对学过的知识掌握的深度和广度及技能、技巧的水平和运用知识的能力，并由此来调节改善自己的教学。批改作业同时又是对学生学习的具体指导，这种指导较充分地体现了因材施教原则，有针对性，可以使学生及时发扬优点，纠正错误，提高学习质量。

批改作业的方式有：全批全改、重点批改、轮流批改、当面批改、学生相互批改、师生共同批改等等。各种批改方法互有利弊，要根据具体条件，逐步提高批改的水平。在作业批改的过程中，教师要努力做到以下几方面。

#### 1. 按时收作业，及时批作业，及时发还作业

按时收作业，有助于培养学生按时完成任务的责任感和良好的学习习惯；及时批作业，可帮助教师及时了解学生的学习情况，及时解决学生在学习中存在的问题；及时发还作业，能够使学生及时获得反馈信息，及时改正错误和发扬优点。

#### 2. 批作业，要了解学生的意图

批改作业要从学生实际出发，尽量了解学生自己的原意和思路。因此，一般要先看清全部作业内容，然后再动手批改。有时不应由教师代改，教师要指出错误之处，要求学生自己及时纠正。

#### 3. 批改要认真细致，要有调查研究

批改作业时，要注意学生作业的质和量两方面的情况。除了在作业上认真批改之外，还应对全班学生的作业完成效果情况做出统计，并抓住若干典型记下来，为下一步改进教学工作和具体指导学生学习提供可靠的依据。

#### 4. 批改作业要和学生作业成绩评定相结合

在每份作业批改后，一般要做出比较公正的评价。有的是用记分的形式体现，有的是用写评语的办法，也有的是记分与评语相结合。记分要客观公正，评语要实事求是，针对性强，不要一般化。既要指出缺点和不足之处，又要肯定优点，鼓励前进。特别是要对后进生的点滴进步及时指出，激发他们的上进心。

#### 5. 要有定期的作业讲评

教师已经在批改作业中，做了大量的调查研究，掌握了作业中错误统计数字和典型事例。到了一定阶段，要在班上进行讲评，总结这一阶段的作业情况，指出作业中的优缺点、存在的主要问题，同时表扬作业优秀的典型和进步显著的学生，明确今后努力的方向。教师的总结应力求从作业的具体实际出发，抓住典型做具体分析，打中要害，不要泛泛空讲道理。总结要善于调动学生的积极性，师生共同活动，共同总结，先解决好全班性的一般问题，而后引导学生在全班总结和典型分析的基础上，对自己的作业再做自我分析，或者采取小组同学之间共同评议研究的办法，相互帮助，找出问题所在，取长补短，共同提高。

另外，在作业辅导中要争取家长配合，培养学生良好的作业习惯。

## 实训设计

1. 结合小学学科教学实际，按照分析、处理教材的有关要求，设计一个分析教材的方案。

2. 从小学语文、数学、英语教材中任选一课，结合课程标准，练习设计教学目标。

3. 从小学语文、数学、英语教材中任选一课，结合课程标准进行教学设计，并编写出教案。

4. 根据上题中所选课节内容，设计出至少 5 种作业形式，并进行集体交流和评议。

5. 结合表 5-2 的教学设计评价量表，试着对自己的教学设计给予评价打分。

表 5-2　教学设计评价量表

学科_____　　执教教师_____　　教学设计课题_____

| 评价项目 | | 评价要点 | 评分/分 | | 小计/分 |
|---|---|---|---|---|---|
| 一级指标 | 二级指标 | | 满分 | 得分 | |
| 教学目标（20分） | 目标确定 | 核心素养的落实 | 10 | | |
| | 行为主体 | 以学生为行为主体表达 | 10 | | |
| 重点难点（20分） | 重点正确 | 重点确定正确，设计突出重点 | 10 | | |
| | 难点正确 | 难点确定正确，有效突破难点 | 10 | | |
| 教学过程（50分） | 情景设计 | 对后续教学有启发引导作用 | 10 | | |
| | 教学流程 | 设计科学，符合学生认知结构，教学环节之间过渡自然 | 10 | | |
| | 媒体应用 | 启发性强，适时、适量 | 10 | | |
| | 实验设计 | 符合教学实际需要，适时、适量 | 10 | | |
| | 学生活动 | 时间和空间有保证 | 10 | | |
| 理念（10分） | 教学理念 | 体现教师主导和学生主体地位 | 10 | | |
| 总分 | | | | | |
| 综合评价（好，85～100分；较好，70～84分；一般，40～69分；差，0～39分） | | | | | |
| 简要评语 | | | | | |

# 课堂教学技能训练

所谓课堂教学技能，是指教师在课堂教学过程中，为顺利完成教学任务所采用的一系列教学行为方式。它是教师课堂教学所必需的各种教学能力的总和，是教师职业技能结构中最活跃、最能体现教师主体品质的能力指标。它直接影响着教师课堂教学效率和学生学习水平。师范院校应结合教师教育专业学生的教学实践特点，科学提炼课堂教学技能的丰富内涵，在教师职业技能训练中突出强调课堂教学技能的训练比重，重视理论与实践的紧密结合，强化实践环节。师范生在训练过程中应注意理论和实践相结合，在充分理解各项常规教学技能原理的基础上，强化实践环节，夯实规范的教学能力。

**目标引导** >

掌握课堂教学有关知识、方法、基本要求，并熟练运用课堂教学基本技能；熟悉并能正确运用基本的课堂教学场面技能；能够根据说课模板撰写说课稿，进行说课活动；掌握小学课程评价的具体方法，并能结合实际，科学合理地实施小学课堂学习评价；掌握教学反思的内容和策略，并能在教学过程中坚持教学反思。

**思政小课堂** >

孔子的学生子游在武城（今山东省费县境内）当行政官，武城被治理得很好。一天，孔子带领众弟子们游说诸侯，路过武城，听见弦歌之声，笑着说："割鸡焉用牛刀？"在孔子看来，礼乐制度应该用于治理国家，用在治理武城这样的小地方是大材小用。子游听到后解释，以前老师教导过自己，君子学习礼乐，就会有博大的胸襟去爱别人，老百姓学了礼乐，就能懂得道理，容易听从指挥。老师的教导是放之四海而皆准的，难道在武城这个小地方就不适用了吗？孔子听后说："二三子！偃（子游）之言是也。前言戏之耳。"意思是，告诉学生，子游的话是对的，自己刚才只是同他开个玩笑。

通过上面这个故事，可以看出，孔子做到了克己内省，面对学生勇于承认自己的不足。教师在教育教学过程中不可避免地也会在无意中犯下一些过失或过错，这就要求教师应该具备不断反思自己的失误并及时改正的能力。教师要想得到学生的信任和尊重，就要用真情平等地对待学生，同时还要努力完善自己的个性，使自己拥有热情、真诚、宽容、负责、敢于正视自己的错误等优秀品质。要自觉提高自身修养，提高敬业精神，提升教育艺术，努力成为一个富有个性魅力的教师。

# 第一节　导入与结束技能

## 一、导入技能

### （一）导入技能概说

导入技能是教师在新的教学内容或教学活动开始之前，引导学生做好心理准备和认知准备，并让学生明确学习目标、学习内容及学习方式的一系列教学行为。其目的在于通过创设先声夺人的教学情境，集中学生注意力，激发学习兴趣，为新知识的学习做好必要的铺垫。学生课前一般都会对新的课堂教学抱有不同程度的期待，有经验的教师要善于利用并充分满足这种心理"饥渴"。在上课伊始的短暂时间内，就能以精彩的导入，吊起学生"胃口"，唤起学生极大的听课兴趣和学习热情，形成活跃、和谐的课堂气氛，对教学效果产生积极影响。

## （二）导入技能训练要点

### 1. 导入的原则

（1）针对性。导入的目标要明确，要针对教学目标、教学重点、教学内容的需求，要与教学对象的认知结构相适应。

（2）启发性。导入设计应能引起学生的兴趣，对学生新知识的学习具有启发作用。导入设计是否有效发挥启发性的关键在于，教师能否根据教学需要进行思维创新、实践创新，如新奇地设疑置问，既发人深思，又引人入胜。

（3）衔接性。导入要能找准新旧知识的联结点和差异点，做到自然合理。

（4）兼顾全体。导入要面向全体学生，时间要合理。

（5）艺术性。导入的形式和内容要富有艺术性，语言要富有感染力。成功导入的案例都离不开设计时精巧的艺术构思及扣人心弦的教学表达，这样不但能给学生以深刻的思想启迪，更能给学生以美的熏陶。

### 2. 导入的方法

课堂导入的方法及分类多样又灵活，要想从根本上做出清晰的逻辑划分，亦属不易。在第二章"口语表达技能训练"里，介绍了五种导入方法，下面再介绍几种。

（1）谈话导入法。这是用说话的形式交流感情、发表意见的一种导入方法。谈话导入能激发学生交流的兴趣，活跃课堂气氛。它让学生在心理和知识上做好学习的准备，减轻了对新知识学习的恐惧感。

（2）游戏导入法。这种方法是根据小学生的年龄特征，采用儿歌、谜语、绘画、小品、竞赛、唱歌、游戏等形式导入新课的方法。它能激发学生学习兴趣，调动学生学习的积极性，使其产生好奇心和求知欲，使其学习动机由潜伏状态转入活跃状态。

（3）设疑导入法。这是一种以认知冲突的方式设疑或根据教材新旧知识的联系，抓住新课重点提出问题，以强烈的感情色彩构成悬念的导入方法。运用这种方法导入能使学生的求知欲由潜伏状态转入活跃状态，有力地调动学生思维的积极性和主动性。引发其探索问题奥秘的兴趣。运用时，要注意遵循学生心理，符合学生认知水平。

（4）作业导入法。作业导入法就是先根据新授课的内容和目标，布置一定的作业，以引起学生的注意，或使学生产生一定的学习压力感。教师在上新课开始，通过检查或展示学生的作业来导入新课。这种导入法以作业中的难题或难点作为挑起学生好奇心的触发点，可以使学生产生一种刨根究底、弄个水落石出的强烈愿望。

此外，还有激情导入法、机变导入法、幽默导入法、实验导入法、练习导入法、迁移导入法等，这里不再详述。导入技能评价标准可参考表6–1。

表6-1 导入技能训练评价表

| 序号 | 评价指标 | 评价等级 | | | | 权重 | 得分 |
|---|---|---|---|---|---|---|---|
| | | A | B | C | D | | |
| 1 | 针对教学内容和学生特点，导入目的明确 | | | | | 0.20 | |
| 2 | 引起学生兴趣和积极性，富有启发性 | | | | | 0.15 | |
| 3 | 导入与新知识联系紧密，衔接恰当 | | | | | 0.20 | |
| 4 | 引入课题，自然合理 | | | | | 0.10 | |
| 5 | 感情充沛，表达清晰 | | | | | 0.10 | |
| 6 | 语言简洁、精炼 | | | | | 0.10 | |
| 7 | 引入学习情境，方式灵活 | | | | | 0.10 | |
| 8 | 总体评价 | | | | | 0.05 | |
| 合计得分 | | | | | | | |
| 意见或建议 | | | | | | | |

## 二、结束技能

### （一）结束技能概说

结束技能是教师在一个教学内容结束或课堂教学任务终了阶段，通过重复强调、归纳总结和实践活动等方式，回顾与概括所讲主要内容，使学生形成完整的认知结构的教学行为。结束技能不仅应用于一节课的结束、一章知识的学习结束，也经常应用于相对独立的教学阶段的结尾。

结束的主要作用在于对课堂上所学的知识进行归纳、概括和比较，帮助学生形成巩固的系统化的知识。这是结束技能的主要功能，也是其首要的目标。此外，结束技能的运用，还有利于发展学生思维能力，有利于反馈、检查教与学的效果。

### （二）结束技能训练要点

#### 1. 结束的原则

（1）目的性。结束技能的运用要紧扣教学目标、教学内容和教学重点，针对课堂教学实际，帮助学生将所学的新知识顺利纳入已有的知识结构中，通过巩固与运用，不断转化为认识世界、改造世界的理论武器与实践工具。

（2）概括性。教师结束技能的运用要体现精炼、准确、高度概括的原则。总结的观点要鲜明，使用的语言要精练，得出的结论要精当，给学生留下条理清晰、系统完整的印象。

（3）适时性。从记忆长度上讲，学生的记忆有瞬时记忆、短期记忆和长期记忆。学期教学内容有课时教学、单元教学、学期教学三个层面。那么，衔接并巩固这三阶段记忆和三个层面教学内容的必要工作就是一次次适时的教学总结。结束早了，学生因学习还不够深入而茫然不解；结束晚了，关键知识点会变得模糊不清，不利于形成稳固的知识体系。适时的结束有利于学生记忆、复习和运用。

### 2. 结束的方法

课堂结束常见的方法主要有两类，即总结旧知的封闭型结束和引向新知的开放型结束。但由于教学目标、教学内容、教学对象、教学手段的不同，结束的具体方法也多种多样。这里主要介绍如下几种。

（1）悬念式结束法。悬念式结束是授课结束时，教师选择时机设置悬念，引发学生探究欲望的方法。课堂在扣人心弦处戛然而止，教师打出"欲知后事如何，且听下回分解"的招牌，引发学生产生继续探究的强烈愿望，为后续教学奠定良好的基础。

（2）呼应式结束法。这是一种与教学起始阶段的导入方式相呼应的结束方式。需要教师在导入新课时给学生设疑置惑，结束时释疑解惑，首尾呼应，形成对照，使学生豁然开朗。这种设计方式应用得好，可以使学生始终处于问题之中，思维高度活跃，能给学生留下深刻的印象。

（3）比较式结束法。这是一种通过引导学生对所学习的知识进行类比分析，求同存异，找出各自特点的结束方法，有利于加深和扩展学生对知识的理解。

（4）承前启后结束法。各单元教学包括各课时教学之间都是前后连贯、照应的，这就要求教师在设计课程总结时，应注意承前启后，建立起前后教学内容、新旧知识之间的有机联系，既复习、巩固了前面已经学过的内容，又为新的教学内容讲授铺设必要的前提。

（5）悬念激疑结束法。教师借结课时机提出一两个能够造成学生思维暂时困惑的"好奇"问题，引发学生继续探究的强烈愿望，为后续教学开展和课程学习布下悬念、埋下伏笔。这种结束方法要求教师能够游刃有余地驾驭学科教学，合理置疑，并使之思而可解，不思不解，从而激发学生热衷释疑的学习积极性。

（6）激励升华结束法。课堂结束除了要给学生以知识外，还承担着思想启迪的任务。有些课程如数学，教学内容本身几乎不见思想启迪的踪迹；而有些课程如语文，思想教育的火种蕴藏在教学内容的字里行间。为了贯彻课程标准核心素养要求，践行立德树人使命，不管哪一类课程，教师都可以借结束之机，通过对教学内容思想性的挖掘、提炼、升华，融思想启迪与知识教育于一体，激发学生积极向上的情感和培育学生美好的道德情操。

结束技能评价标准可参考表6-2。

表6-2 结束技能训练评价表

| 序号 | 评价指标 | 评价等级 | | | | 权重 | 得分 |
| --- | --- | --- | --- | --- | --- | --- | --- |
| | | A | B | C | D | | |
| 1 | 明确教学重点，提示知识要点 | | | | | 0.20 | |
| 2 | 及时巩固，强化学习 | | | | | 0.10 | |
| 3 | 形成知识系统，使学生理解升华 | | | | | 0.15 | |
| 4 | 结束形式适恰，结束后使学生有成就感 | | | | | 0.15 | |

| 序号 | 评价指标 | 评价等级 | | | | 权重 | 得分 |
|---|---|---|---|---|---|---|---|
| | | A | B | C | D | | |
| 5 | 激发学生进一步学习的兴趣，针对性强 | | | | | 0.10 | |
| 6 | 师生合作完成，积极性高 | | | | | 0.10 | |
| 7 | 用时适量，安排紧凑 | | | | | 0.15 | |
| 8 | 总体评价 | | | | | 0.05 | |
| 合计得分 | | | | | | | |
| 意见或建议 | | | | | | | |

# 第二节 讲解与演示技能

## 一、讲解技能

### （一）讲解技能概说

讲解是教师用讲授解说的形式把确定的教学内容呈现给学生的方法。讲解技能是最传统的教学方式，在当代依然被广泛采用。讲解的作用在于沟通新知识与旧知识，形成完整的知识体系；启发思维，提高学生的认知能力；激发学习兴趣，形成学习动机；交流情感，提高审美情趣，达到进行思想教育的目的。

### （二）讲解技能训练要点

#### 1. 讲解的原则

（1）目的明确，重点突出。每一段讲解都要有一个主题，要围绕主题提供材料，不能使人不知所云。对重点内容要运用语气、声调、语言的变化来引起学生的重视。

（2）有针对性。要符合学生的年龄特点、知识水平和认识能力，切中学生学习中的薄弱点。

（3）语言准确。教师语言的正确性、准确性和科学性是讲解技能的基础。

（4）有艺术性。语言流畅、明白、生动，富有艺术性，善于启发学生思考。

此外，讲授时要注意联系已学过的知识，注意形成连接；要善于收集学生的反馈信息，及时调整讲解的方式和程序；要同演示、提问、板书等其他技能有机配合。

#### 2. 讲解的方法

（1）解释式讲解。运用学生熟悉的事实、事例，用比较简洁、不带任何感情色彩的语言，以感知为起点，客观地说明事物的本质属性和基本特征。一般适用于初级的、具体的、事件性的知识。

（2）描绘式讲解。教师用比较生动、形象的语言，具体地、鲜明地、逼真地再现人物、事件、景物状态和情景，使学生对描述的事物、过程有一个完整的形象，有一定深度的认识和了解。一般适用于初级的、具体的、形象性的知识。

（3）说理式讲解。教师用简洁严谨的语言，把事物的形状、性质、特征、成因、规律、功能及事物间关系等加以说明。一般适用于概念、规律、原理性的知识。

（4）论证式讲解。教师以解答问题为中心，以事实材料为背景，以论说、推理、证明等方式使学生全程经历由未知到已知的认知过程。一般适用于有关是非、公理、法则等探究性的知识。

讲解技能评价标准可参考表 6–3。

表 6-3 讲解技能训练评价表

| 序号 | 评价指标 | 评价等级 | | | | 权重 | 得分 |
|---|---|---|---|---|---|---|---|
| | | A | B | C | D | | |
| 1 | 内容科学，符合教学内容和学生认知结构 | | | | | 0.20 | |
| 2 | 条理清楚，层次分明，具有逻辑性 | | | | | 0.20 | |
| 3 | 运用恰当的例证，分析透彻，具有启发性 | | | | | 0.20 | |
| 4 | 重点突出，强调准确有效 | | | | | 0.20 | |
| 5 | 语言清晰、流畅、简练、生动 | | | | | 0.10 | |
| 6 | 注意反馈和调控 | | | | | 0.10 | |
| 合计得分 | | | | | | | |
| 意见或建议 | | | | | | | |

## 二、演示技能

### （一）演示技能概说

课堂教学的演示是指教师利用各种教具、实物或示范实验，使学生获得有关知识的感性认识，获得学科知识或操作技能，培养学生观察、思维和记忆能力的一种教学活动。教师是直观信息的传递者，学生是直观信息的接受者，教具是直观信息的载体。教师掌握演示技能的必要性在于它能使教师准确、迅速、高效地进行演示教学。

### （二）演示技能训练要点

#### 1. 演示的原则

（1）适时适度。教师应根据具体教学情况在最佳时机及时演示，适时展现。不能提前也不能延后，出示得过早或过晚，都可能影响教学效果。

（2）面向全体。即让每个学生都能看清楚演示的全程。这就要求演示物要足够大，必须置于学生可见的高度上，还必须在适当的光线条件下演示。对于较小的实物、标本或实验结果，由教师拿着在座位间巡回，轮流指导观察。有条件的，可以分发到学生桌上。

（3）操作规范。教师的演示操作过程应该是规范化的和准确无误的，要具有示范作用。只有当教师的演示操作一丝不苟、科学严谨，学生才会在潜移默化中形成相类似的优秀品质。除此之外，还应把学生易出错或有疑问的地方，有预见性地交代清楚，消除疑问，防止错误发生。

（4）善用辅助。演示要选取能给学生适当刺激效果的内容素材，与观察、提问、讲解紧密结合，情景融合，引导得法，使学生对所学知识产生浓厚的兴趣，积极观察思考，取得最佳效果。

（5）确保安全。演示必须确保安全，注意防火、防毒、防爆、防触电等一切有可能伤害师生的事故发生。

### 2. 演示的方法

（1）多媒体演示。要做好课前准备工作，主要包括选择多媒体软件，了解多媒体软件的详细内容；计划课程进度，把多媒体软件内容和课堂教学活动有机地结合起来；准备好演示前必要的说明、对多媒体软件内容的提示、在观看中应思考的问题等。

（2）实验演示。即通过当堂的实验操作，使学生在获得直观感性认识的基础上，获得直接经验、感受，培养学生演绎推理的能力。实验演示又可分为获取新知识的实验演示和验证、巩固知识的实验演示两种。获取新知识的实验演示，是教师向学生讲解、传授新知识之前所进行的与之有关的实验演示。在演示时，教师要先详细说明实验条件，在学生看到实验现象后，启发、引导学生对实验现象进行分析、解释，从而得到正确的结论。而验证、巩固知识的实验演示，是在教师向学生教授知识，学生掌握以后，再进行的实验演示。演示之前，教师要向学生说明要做什么实验，引导学生运用刚学过的知识预测将产生什么结果，再开始实验。实验完毕后，让学生说明为什么会产生这样的结果，用所学的知识来解释实验现象。

（3）动作演示。即用形象的动作或活动，直接演示有关的教学内容，指导学生学习。

（4）自制教具、实物和模型演示。演示自制教具、实物和模型的目的是使学生具体感知教学内容的有关形态和结构特征，以便获得直观的感性认识。

教学演示还有许多类型，但不论哪种演示方式，其基本操作程序大体是：让学生做好心理准备—出示演示物—对演示物说明—指导观察—提示要点—理解核查。演示技能评价标准可参考表6-4。

表6-4 演示技能训练评价表

| 序号 | 评价指标 | 评价等级 | | | | 权重 | 得分 |
|---|---|---|---|---|---|---|---|
| | | A | B | C | D | | |
| 1 | 演示目的明确，解决教学重点、难点 | | | | | 0.20 | |
| 2 | 恰当选择演示物，富于启发，指明观察方向 | | | | | 0.10 | |
| 3 | 多种媒体相互配合，综合利用 | | | | | 0.15 | |

| 序号 | 评价指标 | 评价等级 | | | | 权重 | 得分 |
|------|----------|:---:|:---:|:---:|:---:|------|------|
| | | A | B | C | D | | |
| 4 | 演示后及时总结，明确观察结果 | | | | | 0.15 | |
| 5 | 演示准确、规范 | | | | | 0.10 | |
| 6 | 学生参与程度高 | | | | | 0.10 | |
| 7 | 语言与动作配合，效果良好 | | | | | 0.15 | |
| 8 | 总体评价 | | | | | 0.05 | |
| 合计得分 | | | | | | | |
| 意见或建议 | | | | | | | |

# 第三节　提问与板书技能

## 一、提问技能

### （一）提问技能概说

提问作为一种传统的教学手段，是教师最熟悉、使用最频繁的一种教学方法。提问，不但可以检查学习进程，开阔学生思路，启发学生思维，而且可以充分发挥教师主导作用，及时调节教学进程，增进师生之间的感情，促进课堂教学的和谐发展。

### （二）提问技能训练要点

#### 1. 提问的原则

好的提问绝不是信手拈来、随意发挥的。要使提问有较高的质量，教师要根据教材内容和学生实际，掌握好时机，设计好提问。提问不但要善于揭示矛盾，引发思索，激发求知欲望，而且要重点突出，能够搭"桥"铺"路"，化难为易，促进"迁移"。需要特别指出的是，教师设计好提问，在课堂中实施时还要注意以下几点。

（1）问题的表述应清楚明了。要能让学生把问题听清楚，重要而又容量大的、需要学生较长时间自学思考的问题要板书，或在PPT上出示，让学生看清楚。要防止在课堂讨论中随便插入带有暗示性和倾向性的问题。否则，教师就左右了学生的思路，阻碍了学生思维的发展。

（2）掌握好学生反应的时间。提出问题后要让学生有充分的准备时间，容量较大的问题要让学生有足够的时间看书、思考、准备，一般性的问题也要让学生有三五秒钟的思考时间。教师不要过分热于要求学生迅速回答问题。在学生答完后也要等待三五秒钟，让学生想想要不要再补充些什么。

（3）指名要面向全体学生。每个班级里总有几个"尖子"学生，对问题的解答是不难做到的，但难的是让全体学生都有所得益。提问指名一般要从认识水平相对低的学生开始，特别要鼓励他们大胆发言，并且教师要耐心听取他们的发言。这时候，教师的"暗示期待"是非常必要的。

### 2. 提问的类型

可以从以下方面来划分提问的类型，表 6-5 是依据学生认知水平划分提问类型，表 6-6 是依据课堂提问问句划分提问类型。

表 6-5　依据学生认知水平划分提问类型

| 层次 | 类型 | 常用动词 | 特征 |
|---|---|---|---|
| 低认知水平 | 记忆型 | 说出、写出、识别、辨认、选择 | 1. 一般只有一个正确答案；<br>2. 学生不需要更深入的思考；<br>3. 判断回答可只分为对或错 |
| | 理解型 | 举出、叙述、阐述、比较、解释 | |
| | 应用型 | 应用、运用、解决、实行、利用 | |
| 高认知水平 | 分析型 | 比较、分析、找出、论证、证明 | 1. 能引起认知上的矛盾冲突；<br>2. 通常不止一个正确答案；<br>3. 判断依据为有理、独创 |
| | 评价型 | 批判、判断、评价、分级、认为 | |
| | 创造型 | 预见、总结、产生、计划、设计 | |

表 6-6　依据课堂提问问句划分提问类型

| 类型 | 典型问句 | 特征 |
|---|---|---|
| 判断性 | 对不对？是不是？ | 判断对与错 |
| 叙述性 | 是什么？怎么样？ | 要作完整、准确的叙述性回答 |
| 诊断性 | 哪里不懂？困难在哪里？ | 真实反映学生思维轨迹和心理状态 |
| 述理性 | 为什么？你怎么想？ | 要求讲清道理，说明理由 |
| 发散性 | 还可以怎样？还有哪些？ | 鼓励答案多样、新颖、独创 |
| 求异性 | 有不同看法和反对意见吗？ | 鼓励怀疑、反驳、比较 |

运用哪种类型的提问，主要是根据学生年龄心理特点，以及学生接受水平、理解水平或思考水平的不同。选择各种问句形式的比例，随学生年级层次的增递，提问的难度也应随之提高，努力使所有提问都成为培养能力、开拓智力的有效提问。学生回答后，教师要及时给予确认、分析和点拨，强化学生的学习。提问技能评价标准可参考表 6-7。

表 6-7　提问技能训练评价表

| 序号 | 评价指标 | 评价等级 | | | | 权重 | 得分 |
|---|---|---|---|---|---|---|---|
| | | A | B | C | D | | |
| 1 | 提问设计目的明确，紧密结合教学 | | | | | 0.10 | |

续表

| 序号 | 评价指标 | 评价等级 | | | | 权重 | 得分 |
| --- | --- | --- | --- | --- | --- | --- | --- |
| | | A | B | C | D | | |
| 2 | 问题重点突出，语言简明易懂 | | | | | 0.15 | |
| 3 | 设计多种水平的问题，面向全体 | | | | | 0.15 | |
| 4 | 把握提问时机，促进思维发展 | | | | | 0.15 | |
| 5 | 提问方式灵活多样，节奏适当 | | | | | 0.10 | |
| 6 | 对学生回答分析和评价合理恰当 | | | | | 0.15 | |
| 7 | 学生积极参与，启发和引导恰到好处 | | | | | 0.15 | |
| 8 | 总体评价 | | | | | 0.05 | |
| 合计得分 | | | | | | | |
| 意见或建议 | | | | | | | |

## 二、板书技能

### （一）板书技能概说

板书是一种很重要的教学辅助手段，是教师为配合教学，简明扼要地在黑板上写出的文字或画出的图表。课堂板书是课堂教学中最常用的教学技能，好的板书可以呈现教学内容、分析认识过程，使知识概括化和系统化，帮助学生正确理解并增强记忆，从而提高教学效率。

### （二）板书技能训练要点

#### 1. 板书的原则

（1）目标性。板书必须有明确的目的性，严格为教学目的服务。与教学目的有关的，就考虑板书；无关的，就要割爱放弃。

板书样例

（2）简明性。即把教材的主要内容，用最精练的文字和符合学生认知过程的板书形式，一目了然地展示出来。要做到简明扼要，就必须认真钻研教材，把握教材的重点、难点和关键，了解学生已有的知识结构和认知规律。

（3）系统性。依据知识的系统性和学生学习的规律性，板书要完整、系统、有条理。具体来说，就是要根据教学目标、教材的行文结构和学生认知的规律，用教材中的知识点，构建一个完整、系统的提纲。

（4）启发性。通过板书，促进学生思考，调动思维的积极性。它要求教师在设计时要吃透教材、了解学生。做到板书的内容和文字精练、准确，突出关键；板书的形式新颖、合理，符合学生的年龄特点；板书的符号运用恰当，清晰明确。

（5）针对性。板书设计要针对教学内容和学生特点，因文因人制宜。不能千篇一律，一个模式，而是要有鲜明的针对性，要做到凡是学生难理解、难记忆、难掌握及学生易错误、易混淆的地方都应设计板书，并能起到突出重点、指导方法、预防错误的作用。

（6）审美性。通过欣赏板书，可对学生进行美的熏陶和教育，培养学生具有一定的审美能力。

### 2. 板书形式设计

板书形式是指板书的结构、布局和安排，它直接影响学生的思维方向。板书形式要根据教学目的、内容特点、学生水平精心设计，做到简明醒目、条理清楚、活泼多样、富有启发性。这里介绍几种常用的板书形式以供参考。

（1）概括式板书。概括式板书一般是用比较简约的文字来展示教材或教学的思路，重点比较突出，脉络也较清楚。概括时，可用教材中的重点词语，也可由教师、学生根据需要自行概括。

（2）提纲式板书。就是根据教学重点内容的内在联系和教学设计程序，用大小括号和编号编排成的一个系统。这种板书优点在于条理清楚、重点突出、字句简洁、教学思路清晰，是各科教学常用的板书形式。它的好处是紧扣教材，突出教学重点，既能给学生以完整系统的概念，又富有启发性。

（3）对比式板书。它是根据教学内容和学生已有的相关知识，运用对比的方法显示出知识异同的板书。凡教学设计中有较多对比成分的，宜采用此种形式。这种板书对比强烈，有利于指导学生分清知识的共性与个性，有助于发展学生的求异思维。

（4）线索式板书。它是根据教学内容的某种联系，按照一定顺序，反映教学主要内容的板书形式。它可以帮助学生理清知识脉络，加深学生对所学知识的理解。这种板书更富有启发性，能够发展学生的思维能力。它具有化繁为简、清楚明了的特点。

（5）图示式板书。运用一些线条、图框、箭头、括号及有关文字，根据教学内容设计成简单的图示。把重要的知识点体现在图示中，这样便于理顺知识点的内在联系，有利于内容的直观教学。

在板书设计中，要注意合理布局，要根据黑板的大小、板书的内容，对黑板的利用有一个通盘的打算、合理的安排。主体部分应写在黑板的正中，辅助部分应写在黑板的两侧，以突出重点，分清主次。总之，教师要遵循板书设计的原则，采用多种形式，有效地提高板书效果。板书技能评价标准可参考表6-8。

表6-8　板书技能训练评价表

| 序号 | 评价指标 | 评价等级 | | | | 权重 | 得分 |
|---|---|---|---|---|---|---|---|
| | | A | B | C | D | | |
| 1 | 体现教学内容，简单明了，形象生动 | | | | | 0.20 | |
| 2 | 形式多样，具有启发性 | | | | | 0.10 | |
| 3 | 书写、板画规范迅速，示范性强 | | | | | 0.15 | |
| 4 | 文字、图表科学准确，布局合理 | | | | | 0.15 | |

| 序号 | 评价指标 | 评价等级 | | | | 权重 | 得分 |
|---|---|---|---|---|---|---|---|
| | | A | B | C | D | | |
| 5 | 与讲解结合，速度适宜，条理清晰 | | | | | 0.10 | |
| 6 | 求实创新，启发思维，运用灵活 | | | | | 0.10 | |
| 7 | 师生合作，激发兴趣与思考 | | | | | 0.15 | |
| 8 | 总体评价 | | | | | 0.05 | |
| 合计得分 | | | | | | | |
| 意见或建议 | | | | | | | |

# 第四节　反馈与强化技能

## 一、反馈技能

### （一）反馈技能概说

反馈是教师发出教学信息后，从学生那里取得对有关信息反应的行为方式。在课堂教学中，教师首先输出教学信息，之后通过教学反馈了解学生对教学信息的反应，再根据学生反馈的信息调整教学，然后再次输出教学信息，循环往复，形成一个闭合的系统。反馈是对课堂教学实行控制的重要手段，要使课堂教学达到优化控制，必须及时取得反馈信息，根据反馈调控教学。

### （二）反馈技能训练要点

#### 1. 反馈的原则

（1）反馈要及时。教师能否在短时间内凭自己的经验直接判断学生状态，迅速发现教学设计和教学过程中存在的一些问题，是衡量教师课堂教学能力的一个重要方面。一堂课的授课时间短暂，所以课堂中出现问题要及时解决，这就要求反馈必须及时。在课堂教学上，教师面对几十名学生，要根据每名学生不同的状况，使他们各有所得逐步提高。教师应根据不同学生的特点与个性作出反馈。对认知水平高的学生提一些较难的问题，让他们积极思考，向知识深度、广度探索；对认知水平低的学生要多提供机会，提问的内容应简单一些，哪怕有一点进步都要及时表扬。

（2）反馈要准确。教学反馈要客观、真实、准确地表达有关信息。反馈信息发出者和反馈信息接受者对其信息的理解应完全一致，这样教学反馈才有可能对教与学同时起到应有的积极作用。

（3）反馈要形式多样。课堂教学反馈不是杂乱无章的。由于参与学习的学生认知水平不同、思维品质不同、学习动力不同，导致他们在摄取信息方面具有选择性。因此，课堂教学反馈亦呈多样性。在控制系统中，不仅施控者作用于受控者，而且受控者也会反作用于施控者。前种作用是控制作用，后种作用则是反馈作用。教学过程是一个既有控制又有反馈的双向过程。教师的教学要达到预期的目的，就要实施有机调控，要根据学生的课堂反馈信息，不断排除干扰，以取得最佳效益。

2. 反馈的方法

反馈的方法有课堂观察法、课堂提问法、课堂考查法、实际操作法等。

（1）课堂观察法。课堂观察是指教师偶然或有计划地觉察学生的认知、情感和行为的课堂表现的过程。在课堂观察中，教师可采用目视法和调查法两种方法进行。其中，目视法又可分为用于群体观察的扫视法、巡视法和用于个体观察的注视法、凝视法。扫视时，教师并不需要改变位置，用 3～5 秒的时间迅速扫视全班即可。巡视主要用于学生进行课堂练习、小组讨论等活动场合。在巡视时，教师可以站在固定位置，目光从前到后，从左向右，缓缓巡视全场；也可以在学生之间，一边行走一边巡视观察。在巡视时，教师的目光既要敏锐，又要亲切柔和，要使学生振奋精神而又不感到压力。对个体观察的注视时间不宜过长，否则会起反作用。凝视法主要用于学生板书或演示的场合，要求教师边观察边思考。

在进行课堂观察时，教师要做到：①全面观察与重点观察相结合；②在自然状态下进行，与教学活动自然融合在一起；③在教学的关键处设立观察点，有目的、有意识地捕捉学生的反馈信息；④具有客观性，要对观察到的现象进行细致分析，不可停留于表面，被课堂中的假象迷惑，而满足于课堂表面上的"热烈气氛"。

（2）课堂提问法。从当代教育信息观点分析，提问是信息的输出，学生思考问题的过程是输入信息的处理，回答问题是将处理结果反馈给教师。因此，提问在教师教育教学中具有传递信息、反馈信息的调控教学的作用。教师通过精心设计的提问，能够获得较为全面的反馈信息，并根据学生的反应来调控教学。课堂提问的类型主要有知识性提问、理解性提问、应用性提问、分析性提问、综合性提问和评价性提问。不同的提问类型，教师使用的关键词不同（表 6-9）。

表 6-9　不同提问类型的关键词

| 提问类型 | 关键词示例 |
| --- | --- |
| 知识性提问 | 谁、是什么、什么时候、在哪里、有哪些、写出 |
| 理解性提问 | （请你用自己的话）叙述、阐述、对照、比较、解释 |
| 应用性提问 | 分类、分辨、选择、运用、应用、举例 |
| 分析性提问 | 为什么、哪些因素、什么原理、什么关系、得出结论、论证、证明、分析 |
| 综合性提问 | 预见、创作、如果……会……、假如……会……、根据……你能想出……的解决方法、结合……谈……、总结 |
| 评价性提问 | 判断、评价、证明、你对……有什么看法 |

教师在课堂提问中，应该做到以下几点。

①围绕中心精设问点。教师要围绕教学的关键点、学生的兴趣点及教材内容的疑难点、矛

盾点、空白点、延伸点和迁移点质疑设问。

②言简意赅，富有趣味。提问语句尽量简短明了，避免提似是而非、模棱两可、冗长啰唆且容易引起学生误解的问题，提问尽量富有趣味性，尤其是低年级的课堂提问，所提问题尽量只说一遍。

③设置坡度，难度分解。教师在提问时，要做到由易到难，层层深入，把学生的思维一步一个台阶地引向求知的新高度。不要提不假思索即可回答或书上有暗示性答案的问题。对于一些太大或过难的问题，可以化为若干个浅易的小问题，化整为零、化难为易，这样，教师的提问就给学生指出思维的方向和寻找答案的途径，并锻炼了他们的思维能力。

④形式多样，精选时机。不同类型的问题在课堂教学中要穿插进行。随着年级的升高，分析型、比较型、想象型问题的比重要逐渐增大。课堂提问要特别注意提问时机的选择。教师提问的时机有：在强调重点与攻克难点时、在检查知识掌握程度时、在教学内容过渡时、在学生注意力分散时、在课堂气氛沉闷时、在需要学生对问题作进一步探索时。

⑤提问的次数应适度。要坚持少而精的原则，不能用过多过繁的提问肢解了学生学习的完整状态，替代了学生多种学习方式。尤其在语文的阅读教学中，以问代读，一问到底的现象必须予以警觉和避免。

（3）课堂考查法。进行课堂考查不仅能检查学生的学习质量，也能检查教师的教学效果，获得教、学双方的反馈信息。通过考查，可及时发现问题，及时解决问题。考查的方法也很多，如听写、默写、板演、提问、小测验和写学习小结等。

（4）实践操作法。即通过学生亲自实践和动手操作来检查学生对知识、技能、技巧掌握的程度。

通过及时的反馈和按照每名学生的需要因人而异地帮助学生矫正，可以对整个教学起到较好的补充作用，提高教学效率，促使学生积极思考，培养学生分析问题和解决问题的能力。

## 二、强化技能

### （一）强化技能概说

强化是学生进一步学习的重要因素，它是在课堂教学中促进学习进展的重要变量。强化是增强对知识的反应程度，帮助学生把某一行为的变化朝着更好的方向发展的行为方式。强化体现了教师对学生学习过程的控制或影响。强化的类型有语言强化、标志强化、动作强化、活动强化。

### （二）强化技能训练要点

#### 1. 强化的原则

（1）要有变化。在采用强化技能时，不宜重复地采用同一种类型的强化。教师可以不失时机地对全班或小组，也可以对个体采用强化技能。教师必须在考虑学生年龄和能力的基础上，弄清楚什么类型的强化会对学生有效，并且一旦决定实施某种适当的强化，教师还必须灵活地完成。

（2）要个性化。教师必须注意个体对强化方式的需要。有的学生满足于教师的一两句表扬，有的希望教师在作业后面写几句鼓励的话，有的可能为得到一个印章图或星号而高兴。在对学生实施强化技能时，提到学生的姓名，会比笼统的表扬更有效果。

（3）要准确、能领悟。教师在使用强化技能时，应设法使学生知道强化意图，即强化的是他的哪些特殊行为，这样才能使学生正确地领悟。

（4）善于进行正面强化。教师要善于抓住每名学生的闪光点，指出其所做努力的价值，并鼓励学生在此基础上继续努力。

（5）引发学生间的激励。教师可以采用鼓励学生相互肯定或表扬的强化方式，从而使教学过程中实施的彼此强化得到发展。

### 2. 强化的方法

（1）语言强化。语言强化是使用最多、最普遍的强化方式。对学生在预习、听课、回答问题、解答习题等学习活动中的正确反应和行为，都可以用语言进行强化。语言强化方式有两种：口头语言强化和书面语言强化。

常用的口头语言强化方式有鼓励嘉奖语和启发诱导语。常用的鼓励嘉奖语，如"是个好主意！能把我们的数学学习应用到实际生活中，真棒！""这是一个大胆的想法，太好了！你能再具体说明一下吗？""喔，好厉害，老师都没有想到这一点！能不能把你的想法说得更详细一些？""你真了不起！发现了一个很有价值、很有意义的问题，很值得研究！说说你是怎么想出来的？"常用的启发诱导语，如"我想从这个方面解释是不是更好？就是说……""我认为从……这一点入手也许会更容易，你觉得呢？""××同学，你的这个想法很好、很有创意，但关键是……问题的解决，你是怎么想的？"

书面语言强化是教师通过书面文字形式给予学生反馈，对学生的学习行为产生强化作用的一种方式，在学生的作业反馈中经常运用，如在作业上写"好""有进步"等简短评语。

（2）标志强化。教师对学生的成绩或行为给予象征性的奖赏物，以表示鼓励和肯定。如在作业上加盖奖励性的图案印章、发小奖品、将实验产品（无毒、无危险的）给学生留作纪念等。

（3）动作强化。教师用非语言的身体动作或面部表情，如微笑、点头、摇头、鼓掌、接近等，对学生的表现表示自己的态度和情感，让学生更强烈地感受到教师的鼓励和肯定，可以获得更好的强化效果。如微笑（表示肯定）；鼓掌（表示鼓励或赞同）；拍肩膀、摸头（表示鼓励和赞赏，对年龄较小的学生更有效）；走到学生身边，站住并倾听其讲话（表示关注和兴趣）。

（4）活动强化。活动强化包括有针对性的课堂练习，问题"陷阱"，"先错后纠"，师生角色互换，竞赛性活动及给个别学生布置新的、高一级的学习任务以示鼓励等。反馈和强化技能评价标准可参考表6-10。

表6-10 反馈和强化技能训练评价表

| 序号 | 评价指标 | 评价等级 | | | | 权重 | 得分 |
|---|---|---|---|---|---|---|---|
| | | A | B | C | D | | |
| 1 | 善于观察，注意根据反馈信息，机敏应变 | | | | | 0.15 | |
| 2 | 反馈及时、准确，强化恰到好处 | | | | | 0.15 | |
| 3 | 面向全体，指向性强，促进学生积极参与 | | | | | 0.10 | |

| 序号 | 评价指标 | 评价等级 | | | | 权重 | 得分 |
|---|---|---|---|---|---|---|---|
| | | A | B | C | D | | |
| 4 | 注重个体差异，反应及时强化 | | | | | 0.15 | |
| 5 | 采用多种强化类型，灵活实用 | | | | | 0.15 | |
| 6 | 强化客观、顺畅，学生满意 | | | | | 0.10 | |
| 7 | 强化方式适合学生特点，善于发现学生微小进步，强化以表扬为主 | | | | | 0.15 | |
| 8 | 总体评价 | | | | | 0.05 | |
| 合计得分 | | | | | | | |
| 意见或建议 | | | | | | | |

# 第五节　说课技能

## 一、说课概说

### （一）说课的含义

说课是指授课教师在备课的基础上，面对同行或教研人员、专家、评委，以口头表达的方式，系统而概括地阐述自己对教材的解读、教学目标的设定、教学方法的选择、教学过程的设计及其理论依据等，然后由听者评说，达到互相交流、提高教学质量、提升专业素养的目的的一种教学研究活动和师资培训的组织形式。

在具体的说课实践中，说课既可以是针对具体教学单元或课节的，也可以是针对一个观点或一个问题的。所以，说课就是教师针对某一观点、问题或具体课题，口头表述其教学设想及其理论依据。简而言之，说课其实就是教师说说自己是怎样教的和为什么要这样教。

### （二）说课的特点

说课与备课、上课有很多共同之处，但也有其自身的显著特点。

#### 1. 说理性

说课的最大特点在于"说理"，不但要求教师说出"教什么"和"怎样教"，更要求说清楚"为什么这样教"。教师除了运用语言表达具体课题的教学设想外，还要根据教学理念、教育教学规律阐明其理论依据，从而使听者不但知其然，而且知其所以然。

### 2. 预见性

说课要求教师不仅要讲出怎样教，还要说出学生怎样学。因此，说课的教师要对所教学生的知识技能、智力水平、自学能力、兴趣爱好、学习态度、学习方法、思想状况等进行分析。尽可能地预见到可能出现的有利或不利因素，预见到教学过程中可能发生的问题，预先想出相应的对策，做几种不同的设想，以便课上随机应变、因势利导。

### 3. 综合性

说课的综合性，主要体现在三个方面。

（1）说课的内容具有综合性。以语文教材来说，其包括教材的基本内容、结构特点、写作特色等等。即使是"学法"这个相对比较小的基本内容，也包括学情分析和学法指导的理论依据及具体的指导方式等等。

（2）说课中教师所反映出来的素质是综合性的。如理论素养的高低、语言表达能力的强弱、教材处理艺术的优劣等等。

（3）说课的评价也是综合性的。不能抓住一点不及其余，而要将说课的各种信息综合起来，通盘考虑。

## 二、说课技能训练要点

### （一）说课训练的目标与要求

#### 1. 说课训练的目标

说课训练旨在培养和提高师范生的教学水平和能力，使其在交流、展示中切磋技艺，获取教学经验，得到教学的共鸣，最终提高师范生的教学专业素养。

#### 2. 说课训练的要求

（1）说课的语言要表述准确、流畅、生动、形象，富有节奏感，适当综合运用多种语言形式。说课的语言表述必须正确无误，做到用词恰当，句法规范、通俗、明白、简练，语言连贯，同时又生动形象。在说课中，恰当地运用富有节奏感的语言，能使听者在轻松活泼的气氛中，领会说课的内容，获得鲜明的印象，从而优化说课的效果。从整体上看，说课应当以讲述语言为主，再综合运用课堂教学语言和其他如朗读等语言。

（2）说课的内容要正确完整、系统有序、前后连贯、详略得当、重点突出。内容正确，是说课最基本的要求，无论是对教材的分析理解、教学目标的确定，还是在说课的过程中，都不能出现知识性的错误，不允许在科学性上有任何疏忽和失误。又因为说课内容自身是一个结构严密、彼此间具有多层次内在联系的网络系统，每一部分内容都在说课内容这个总的网络系统中具有各自的重要地位和作用。因此，凡属说课的内容，原则上不仅都应当说到，而且要做到合理有序、条理清楚、意思连贯、环环紧扣。为了实现说课过程的全程优化，在说课的过程中要全力做到重点突出、详略得当，这不但反映了教师说课技巧的成熟程度，也说明其理解教材的准确性和实际处理教材的技能。只有抓住重点，突出重点，课才会说得精彩，让人印象深刻。

（3）在说课中要求理论与教学实践相结合。就说课活动而言，就是要求就说课的内容进行上课，并通过教学实践，使教育理论更接近教学实际，从而逐步做到理论与实践的辩证统一。

因此，在各科说课活动中既要正确认识与处理理论与教学实践的辩证关系，又要把说教育理论与说教学实践有机地结合起来，而且做到结合得自然，使理论为教学实践服务，成为实施教学实践的科学依据，从而使听者既知其然，又知其所以然，以达到增进说课效果之目的。

### （二）说课的内容

一般来说，说课的内容包括：说教材、说学情、说教法学法、说教学过程、说板书设计等几部分。

说课稿案例

#### 1. 说教材

说教材是指说明"教什么"，包括三个方面内容。

（1）教材简析。在认真分析教材的基础上，指出教材的特点及其在单元中的地位和作用，以及知识前后的逻辑关系。在述说时，要说清教材的版本、年级、课题；要介绍教材的思想内容、结构、重点、难点、特点；谈谈对教材的独特见解。

（2）明确提出本课时的教学目标。根据新课程标准的要求，学生年龄特点、生活经验，认识问题的层次、程度，学生发展的需要等方面制定出学习目标。

（3）分析本节课教学的重点、难点。从教学内容、新课程标准要求、学生实际、理论层次、对学生的作用等方面找出确立重、难点的依据并确定教学的重点和难点。

#### 2. 说学情

说学情是指说明"为什么这么教"。说明任教学生的基础，包括学生的学习态度、学习兴趣，多数学生的学习习惯、能力，由此说明对重点、难点知识决定采取的教学起点。

#### 3. 说教法学法

说教法学法是指说明"怎样教"和"怎样学"。说教法，是指说教学方法，即说清教学本节课将选择何种教法，采用怎样的教学手段及选择、运用这些教法的依据。说学法，是指要通过教材，将指导学生学会什么样的学习方法，培养哪些能力，最重要的是说明如何通过学法指导，让学生既"学会"，又"会学"，以最终达到"教是为了不教"的目的。

说教法有两种思路：一是在说教材后，先概括地说说教法，然后在说教学过程时，穿插进去具体介绍怎样运用；二是先穿插在说教学过程中，详细介绍教法的运用，再在说完教学过程后概括，说清运用了哪些教法及选择、运用这些教法的理论依据（包括学法）。

#### 4. 说教学过程

说教学过程是说课的中心内容。能否说清楚教学过程是能否说好课的关键。说教学过程，主要包括说教学环节、说主要做法、说重要提问、说时间分配、说练习设计、说课堂练习和课堂小结等方面内容。其中，教学环节是说教学过程的一条重要线索。在具体按教学环节说教学过程的时候，要先说出教什么，再说怎样教，包括如何进行反馈、矫正、小结，如何渗透价值观、必备品格和关键能力等核心素养。教学过程要求说得具体、详细，但又不能等同于课堂实录。主要的教学环节和如何突破难点、解决重点可以展开来细说，一般的环节则可简略一些。在教学过程中，如果采用了教具、演示、PPT等教学技术手段，要说明在什么时候、什么地方用，以及这样做的目的是什么。

### 5. 说板书设计

说课的板书内容要精练，思路要清晰，布局要合理、美观大方；要说出其根据。如，能体现知识结构、突出重点难点、直观形象、利于巩固新知识、有审美价值等。

## （三）说课应注意的问题

### 1. 不能按教案"读课"

教师在说课时不应"照案宣科"，不能"背课"与"读课"，而要突出一个"说"字。一节成功的说课，教师应是按照自己的教学设计思路，有重点、有层次、有理有据、思维清晰地讲述自己的教学流程、策略与得失。

### 2. 说课不是讲课

说课所面对的一般是教师、业内专家。多数情况下，说课是在学科内，甚至备课组内进行，所以，说课的教师不能把听说课的教师和领导视为学生，像上课般地讲解教学内容。

### 3. 说课要有理论高度

应站在教育教学理论的高度并运用现代心理学理论来分析研究教学目标、内容、对象、方法、策略等，要防止就事论事、孤立地阐述自己的教学设计，使说课处于一种低层次状态。说课的理论依据要随说课的步骤提出，使教例与教理融为一体，有机结合；要避免穿靴戴帽式的集中"说理"，造成教例与教理"油水分离"。

**说课模板**

下面是以某小学语文教师的说课内容作为模板来说明说课流程。

### 说课流程

尊敬的评委老师：

大家好！

我是××，我今天说课的内容是九年义务教育六年制小学语文×年级×册第×课《××》。下面我主要从说教材、说学情、说教法学法、说教学过程等四个方面来进行说课。

首先，我准备从教材简析、教学目标、教学重难点三个方面对教材内容进行说明。本教材……

基于单元教学要求和本课特点，结合学情，我将本课的教学目标确定为……

由于（本课的一些特点），我将本课的教学重点确定为……只有掌握了（教学重点），学生才能更好地了解、学习……

因为（学生的一些实际特点），我将本课的教学难点确定为……

为了更好说明我对本节内容教学目标、重点和难点的设计思路，下面我将具体分析一下学生情况，即说学情……

为了更好地突出重点，突破难点，从而实现教学目标，我在教学过程中将采取如下教法……这样设计是因为：（教材特点是、教学重点是、难点是），而且学生在学习这部分内容时，常常采用……的学习方法。

接下来，我将重点分析本课的教学过程。本节课将采用的课堂教学结构是……下面，我将逐一展开说明。（说每一环节的具体做法及依据。）

以上，我从教材、学情、教法学法、教学过程等方面对本课进行了说明，我的说课到此结束，谢谢各位评委老师。恳请各位老师提出指导意见。

# 第六节　教学评价

## 一、教学评价概说

教学评价是依据教学目标对教学过程及结果进行价值判断并为教学决策服务的活动。教学评价是研究教师的"教"和学生的"学"的价值的过程，一般包括对教学过程中教师、学生、教学内容、教学方法手段、教学环境、教学管理诸因素的评价，但主要是对学生的学习评价和对教师的课堂教学评价，而这两方面也是教学评价的两个核心环节。

## 二、学习评价

所谓学习评价，主要是指针对学生学习情况的一种综合性评价，是依据学习目标和一定的标准，针对学习活动的内容、过程、方法和成效进行的科学的价值判断。它能为教学的各个环节提供反馈信息，帮助教师对教学活动进行合理调控，不断提高学生学习的质量，是教学评价的核心。

### （一）学习评价的原则

#### 1. 整体性评价与综合性评价相结合

在评价过程中，要始终注意体现课程目标的整体性和综合性相结合。从学科的核心要素要求出发，科学评价学生的学习状况。按照学科课程标准的要求，全面考查学生的学习，无论是分阶段，还是分层次，都要力争做到全面公正。

#### 2. 终结性评价与形成性评价相结合

终结性评价强调考试是评价的重要手段之一，具有其他评价形式和手段不能取代的独特之处，但这种评价缺乏科学性和全面性，只注重学习结果，而忽视了学习过程。形成性评价重视对学生学习过程的评价，有利于帮助学生认识自我、树立自信、形成有效的学习策略，体现了以人为本的教育理念，但这种评价主观性较强，学生自评、学生互评、家长评价的标准做不到完全一致，评价会存在偏颇之处。因此，评价主体应采用终结性评价与形成性评价相结合的方式，既注重最终结果，也关注形成过程，完成一个对学生相对客观、全面的评价，充分发挥评价对学生实现知识与技能、过程与方法、情感态度与价值观全面协调发展的促进功能。

#### 3. 定量评价和定性评价相结合

定量评价是指采用数学方法，通过收集和处理数据资料，对评价对象的特性用数值进行描述和判断的评价方法。这种方法具有客观化、标准化、精确化、量化、简便化等特点，在一定程度上满足了以选拔、甄别为主要目的的教育需求，但过于强调共性、稳定性和统一性，忽略了那些难以量化的重要品质与行为。定性评价是对评价对象平时的表现所做出的判断，更多地关注评价对象已经掌握了什么、获得了哪些进步、具备了什么能力、在哪些方面具有潜能，强调观察、分析、归纳与描述，强调对个体独特性做出分析与解释，具有客观、全面、真实等特点。但是，定性评价有时使评价结果笼统模糊，难以精确把握。因此，这两种评价方法都有自己的优点和不足，教师在对学生进行评价时，既不可"唯考试""唯分数"，也不可走向另一个极端——"唯观察""唯评语"，而是要把定量评价与定性评价结合起来，实现整合互补，从而使评价结果更加全面公正、客观真实。

### （二）学习评价的方法

下面主要介绍三种学习评价的方法：课堂观察、成长记录袋和考试。

#### 1. 课堂观察

课堂观察是指教师带着明确的目的，凭借自身感官（如眼、耳等）及相关辅助工具（如观察表，录音、录像设备等），直接或间接地从课堂情境中收集资料，并依据资料对学生学习情况做出相应评价的方法。课堂观察是教师实施有效评价的前提条件，主要包括对学生课堂中的认知能力、学习态度、注意力状况、情绪表现和人际交往等方面的观察。教师在课堂观察中要通过有意识、有目的的观察，在不干扰学生正常学习活动的情况下，及时了解学生的学习情况。表 6-11 所示的"学生课堂行为观察记录表"可供参考使用。

表 6-11　学生课堂行为观察记录表示例

学生姓名：　　　　　　　　观察时间：

科　　目：　　　　　　　　记录者：

| 学生行为 | 观察要点 | 评价得分（1～5分） |
|---|---|---|
| 注意力 | 目光是否跟随教师或发言者的一举一动 | |
| | 回答是否针对所问 | |
| | 倾听时是否全神贯注 | |
| 参与度 | 是否全程参与学习 | |
| | 是否积极投入思考或踊跃发言 | |
| | 是否兴致勃勃地阅读、讨论 | |
| | 小组学习讨论时，是否给予别人指点帮助，并大胆发表与众不同的见解 | |
| | 是否自觉进行练习 | |
| 交往 | 能否与同学有效合作，并照顾其他同学的学习需要 | |
| | 是否尊重教师和同学 | |
| 思维 | 语言是否流畅、有条理 | |
| | 是否善于质疑，提出有价值的问题，并与同学和教师展开激烈的讨论 | |
| | 回答或见解是否有创意 | |

| 学生行为 | 观察要点 | 评价得分（1～5分） |
|---|---|---|
| 情绪 | 能否自我控制与调节学习情绪 | |
| | 是否想学、愿学，并可获得积极的情感体验 | |
| 总分（15～75分） | | |

### 2. 成长记录袋

成长记录袋也称学习档案袋，是有关学生学习的成就、表现、作品、评价结果及其他相关记录和资料的汇集。它既可以反映学生在学习与发展过程中的优势和不足，也可以反映学生在达到目标的过程中付出的努力与取得的进步；既可以让教师对学生的学习状况做跟踪了解，也可以让学生不断反思与改进。

小学各学科的成长记录袋一般由设计说明、系列作品及反思记录三个部分构成。其中，设计说明是指对主要学习计划产生和编制过程的记录说明，如文字说明、系列略图、录音解说等；系列作品是指学生在完成某项学习计划的过程中创作的各种类型的作品集，它应能表明小学生在学习过程中取得成就的广度和深度；反思记录是指教师引导小学生描述的自己作品的特征特点、自己在成长过程中取得的进步及已经实现的目标等。教师不但要经常为学生提供展示、交流成长记录袋的机会，还要尽量和他们一起回顾成长的历程。学生每月将记录袋带回家中让家长进行评价，充分发挥"家校共建"的教育功能。教师应引导学生在建设记录袋时要注意不断地替换更新，保存下自己认为最有价值的作品，有一些自己觉得不再有意义的部分就可以放弃，培养学生不断地审视自己、评价自己，同时也懂得了欣赏自己、悦纳自己。

### 3. 考试

小学课程改革不是取消考试，而是把考试作为评价学生学习效果的手段之一。在考试中，教师不能以"分数"作为评价的唯一标准，不要用成绩这"一把尺子"来衡量学生，而要关注学生学习的情感、态度和习惯，关注学生获取知识的过程，关注学生学习知识的意义。

利用考试进行评价时，教师应特别注意以下两点。

（1）考试形式要灵活。为使学生能在考试中充分显现出自己的能力，实现学生健康、全面发展，教师必须采用灵活多样的考试形式，如书面测试与平时考查相结合、闭卷与开卷相结合、独立完成与合作完成相结合、笔试与口试相结合等。这样不仅能达到考核的目的，也可将考试变成培养能力和提高素质的重要手段。

（2）考试结果分析要合理。考试评价要淡化分数、名次的竞争，强化教师全面育人的意识。例如，对考试结果进行等级评价，即将学生成绩分为 A、B、C、D 四等，这四等分别代表优秀、良好、及格、不及格（或待及格）。如果学生对考试成绩不满意，可以重考。这样，学生获得"优秀"的机会就大大增加，既尊重了学生的个性差异，也大大调动了学生学习的积极性。

## 三、课堂教学评价

课堂教学评价的目的在于总结教师优秀的教学经验，诊断教学的不足。教师在日常教育教学活动中，不仅要关注教学任务的完成情况，还应重视教学评价环节，并且充分利用有效的教学评价，实现高效教学，满足新课程改革理念提出的教育新要求。课堂教学评价的过程也是促进教师进行教学反思、开展教学研究、促进自我发展的过程。

## （一）课堂教学评价指标体系

国内外关于课堂教学质量评价的各种指标体系差别较大，目前尚无通行的指标体系。从评价观念来看，国外的评价指标比较注重学生学习方面的要求，而国内的指标则偏重于教师教学方面的要求。总体来说，小学课堂教学评价指标体系应包含以下内容。

### 1. 教学设计

要求教师能依据教学大纲的要求，从学生的认知规律及生理和心理的发展特点出发，进行教学设计。包括教学目标设计、教学内容设计、教学模式设计等。

### 2. 教学实施

要求教师能依据教学设计思路充分发挥教师的主导作用，有效组织、调控课堂教学过程。包括教学过程的组织、教学方法的运用、教学机智（教师面临复杂的教学情况所表现出的一种敏感、迅速、准确的判断能力）的凸显等。

### 3. 学生行为

要求学生能依据教学目标和教学内容，在教师的引导下，主动、积极地参与到学习过程中，并能在一定程度上显现出学习个性和创新性。包括体现主动性、彰显个性、显现创新性等。

### 4. 师生互动

要求在教学过程中能体现出平等、和谐的师生关系和民主、合作的学习方式。包括情感沟通、问题交流等。

### 5. 教学成效

要求教学结束后能展现出教学目标的较高达成度及对学生能力发展的潜在影响力。包括知识能力目标的达成度、综合发展的促进度、可持续发展的递进度等。表 6-12 可供参考。

小学语文课堂教学评价表内容解析

表 6-12　小学语文课堂教学评价

授课教师：_____　　　评课教师职称（职务）：_____
教学内容：_____

| 项目 | 因素 | 优秀 | 良好 | 待提高 |
|---|---|---|---|---|
| 情意过程 | 教学氛围 | | | |
| | 学习兴趣 | | | |
| | 自信心 | | | |
| 教学过程 | 教学方法与手段 | | | |
| | 学习方式的引导 | | | |
| | 思维的发展 | | | |

续表

| 项目 | 因素 | 优秀 | 良好 | 待提高 |
|------|------|------|------|--------|
| 因材施教 | 尊重个性差异 | | | |
| | 面向全体学生 | | | |
| 总评 | | | | |

## （二）课堂教学评价方法

### 1. 自我评价

自我评价也称自我反思，是教师对自身课堂教学行为进行评价的重要方法，它既可为外部评价教师提供可靠的信息，也可促进教师进行自我诊断。评价的特殊性和复杂性有时会使教师在自我评价过程中出现一定的偏差，主要表现为自我评价过低、自我评价过高和自我评价不完全。要减少这种偏差，教师要树立正确的自我评价观，提高自身认知水平，制定正确的评价方案。教师进行自我评价时可参照表6-13。此外，教师的自我评价还应包括教学反思，此部分内容将在下一节专门具体论述。

表6-13 课堂教学教师自我评价表

| 项目 | | 成功的地方 | 不足的地方 |
|------|------|------------|------------|
| 教学方面 | 教学目标 | | |
| | 教学设计 | | |
| | 环境营造 | | |
| | 教学策略 | | |
| 基本素养 | 学科知识 | | |
| | 文化素养 | | |
| | 语言教态 | | |
| | 媒体操作 | | |

### 2. 学生评价

学生是课堂教学最直接的感受者，一般来说，教师的课堂教学情况如何，学生是最有发言权的，且学生对课堂教学的评价相对客观、公正。因此，学生评价对于促进教师改进工作态度、提高工作效率有着重要作用。但是，小学生对人、对事的认识能力和辨别能力还很有限，所以他们的评价有时会有误差，甚至有可能歪曲事实。因此，教师要正确对待学生的评价，必要时可以把学生评价与来自其他渠道的评价相对照。学生评价的内容可参考表6-14。

表 6-14　课堂教学学生评价表

| 项目 | 非常同意 | 同意 | 比较同意 | 不太同意 | 反对 |
|---|---|---|---|---|---|
|  | 5分 | 4分 | 3分 | 2分 | 1分 |
| 每堂课我都知道学什么、怎么学、学到什么水平 |  |  |  |  |  |
| 每堂课我都知道要培养什么能力，怎样形成该能力 |  |  |  |  |  |
| 该教师讲课能激发我的兴趣，并注意我的良好学习习惯的养成 |  |  |  |  |  |
| 该教师在每堂课都能给我们提供独立思考、自主探究的时间和机会 |  |  |  |  |  |
| 该教师善于发现我不懂的地方，并能随时和我讨论问题、对我提供帮助 |  |  |  |  |  |
| 该教师对我比较真诚、热情 |  |  |  |  |  |
| 我对该教师布置、批改的作业是满意的 |  |  |  |  |  |
| 我在该教师的每一堂课上都有所收获 |  |  |  |  |  |
| 该教师上课无迟到、早退、拖堂或无故缺课现象 |  |  |  |  |  |
| 我欢迎该教师继续为我们上课 |  |  |  |  |  |
| 总分（10～50分） |  |  |  |  |  |

### 3. 家长评价

促进"家校协同"也是学校教育的重要职责，因此，家长评价教师一方面是家长应有的权利，另一方面也是促使家长了解学校和教师，形成家校教育合作的有效途径。此外，家长参与对教师的评价也可增强对教师教育教学活动的监控，有助于促进教师反思习惯的形成、反思能力的提高。家长评价教师主要采用问卷和访谈的方式进行。表 6-15 是一所学校引导家长参与教学评价的反馈表，可供参考。

表 6-15　家长听课情况反馈表

亲爱的家长：

您好！

欢迎您参加我校的"家长进课堂"评课活动。相信这将是一次我们彼此加强沟通、增强了解的机会。希望借此机会，能收到您对我们的教育教学提出的宝贵意见。同时，架起我们协同教育的桥梁，共同为孩子创造出健康成长的家校环境。

希望您能本着客观、公正、严肃、负责的态度如实填写下表。

| 对教师教学的评价 | 您认为本堂课的教学重点应该是什么 |  |
|---|---|---|
|  | 通过听课，您认为教师比较成功的做法有哪些 |  |
|  | 通过听课，您认为教师在哪些方面还需要改进 |  |

| 对孩子学习的评价 | 通过听课，您认为孩子的学习特点是什么 | |
| | 您认为孩子在哪些方面急需改进 | |
| | 您认为家庭辅导对孩子的课堂学习有何影响 | |
| 通过听课，您希望学校、教师怎样与您配合 | | |

#### 4. 教师互评

由于教师之间相互比较了解，容易对彼此的课堂教学行为做出恰当的分析判断。因此，教师互评有利于教师之间相互学习、相互交流，有利于提高教师的整体水平。这种评价完全是双方的自愿行为，建立在平等、友善、求实、互帮、互助和互勉的基础上，目的是提高教育教学水平和教学效益。教师也可不定期邀请本校教师、外校教师或专家（包括理论专家和学科专家）光临自己的课堂，就自己的课堂教学进行建设性的质疑，并积极感悟，共同商讨改进对策。

# 第七节　教学反思

教学反思是教师专业发展的重要途径，善于反思是教师成长的重要决定因素，教师在反思中可以发现教学问题、提炼教学理念、懂得教学真谛，从而促进自己思想认识的进步、教学行为的科学发展和教学生活的不断充实。因此，小学教师应养成经常自我反思的习惯，在不断反思的过程中不断拓宽专业视野，不断激发追求卓越的动机，逐渐成长为富有创新精神和创造能力的反思型教师。

## 一、教学反思概说

教学反思就是教师在教学中能事事以研究者的眼光审视、分析和解决自己在教学实践中遇到的问题，把日常教学工作与教学研究自然地融为一体，时时处处反思自己的教学过程、教学行为和教学结果。教学反思通常包括以下几方面。

### （一）反思教学技术

反思教学技术，即反思课堂情境中各种教学策略技能与技术的有效性等，包括：①选择了哪些方法进行教学；② 教学过程是否合理；③是否有效地达到了预期目标；④教学中存在哪些问题；⑤有哪些成功的经验和失败的教训。

### （二）反思教学理念

反思教学理念，即反思教学得以推进所依赖的各种显性假定和隐性假定，包括人性假定、目的预设、价值观、哲学基础、心理学基础、社会学基础等。

### （三）反思教学伦理

反思教学伦理，即反思直接或间接与教学有关的道德和伦理规范，包括：①教学中师生关系的处理是否得当；②教师主体性的发挥是否有害于学生；③学生的主体性是否得到彰显；④是否符合主体性原则。

### （四）反思教学背景

反思教学背景，即反思教学赖以存在和进行的社会背景、组织背景、文化背景等。

## 二、教学反思的策略

### （一）增强反思意识

反思意识是指教师在教学实践中反思的意向和愿望，是教师对教学反思所持的一种观念，这种观念往往诱导着教学反思实践活动。

要增强反思意识，则教师在认识教学反思重要性的同时，首先，要注重对既往教学活动的察觉性并发现问题；其次，要重视对既往教学活动的批判性，认真审视教学理念和教学行为是否合理；最后，要将教学反思行为作为一种日常习惯。只有这样，才能增强反思意识的自觉性，积极诱导教学反思活动的不断开展，形成教学反思习惯。

### （二）储备教育教学理论

进行教学反思，需要以一定的适应时代发展的教育教学理论和学科专业知识为基础。只有这样，教师才具有对教育教学实践的解释权和预测力。

首先，理论知识学习有助于提升教师的思想观念和思维模式，使教师登高远望，高屋建瓴，从而更好地指导与反思自己的教育实践。其次，教师只有将实践中反映出来的问题上升到理论层面加以剖析，才能开阔视野，从"怎样教"的小圈子里跳出来，不但"知其然"，而且"知其所以然"，才能对自己的教育教学观念、工作方式、教学策略、研究方法等诸多宏观、微观的问题进行深入反思，才能真正做到理论与实践相结合，将"知""行""思"三者一体化。

### （三）撰写教学反思文本

在教学反思活动中，为了随时将自己教学实践的心得体会、心路历程保存下来，教师可以采用文本记录的方式。常见的文本记录形式有以下几种。

#### 1. 反思日记

反思日记是教师将日常教学事件及自己的体会和感受诉诸笔端的一种记录方式。它可以描述事实，可以解剖问题，可以评价事件，也可以书写感悟，是实现自我认识、自我监控、自我反思的最直接、最简易的有效方法。

#### 2. 教育叙事

教育叙事是教师记录自己教育生活的一种常见记录形式，可以叙述师生的成长经历，也可以叙述自己的教育教学活动。需要注意的是，这种记录形式的叙事内容主线要明确，要能体现相关的教育教学理念；分析阐述要深刻，要能解析隐藏在教育现象背后的教育本质。

#### 3. 教学随笔

教学随笔一般可先写教学反思中发现的问题，然后分析原因，接着提出解决问题的方法。

这种记录形式描述具体、真实，有感而发，较为随意，不受格式限制。

## （四）观察自己和他人的课堂教学活动

教师可以通过对他人和自己的观察来帮助自己发现问题，并进行反思。一方面，教师可以通过对比自己与优秀教师及其他教师的课堂教学活动，发现自身存在的问题，从而获得经验，提高反思效果。另一方面，教师可以借助一定的设备（如录像设备、录音设备等）真实记录下自己的教学活动，通过观察自己的教学活动进行反思；也可通过观察学生的态度与反应间接地获得与教学活动相关的信息。需要注意的是，教师在观察时，应克服先入为主的倾向，应最大限度地保持公正性与客观性。

## （五）进行对话交流

教师通过与他人对话，可以使自己的思维更加清晰，可以更加客观地反思自己的意识与行为，可以加深对自我的认识，可以了解自己与他人的不同观念。一般条件下，教师尤其要注意两方面的对话交流。一是与其他教师之间的对话。教师可将自己在教学过程中遇到的困惑与其他教师进行交流，通过交流与探讨，也许会受到启发或得到更合理化的建议，从而找到解决问题的新思路。二是与学生之间的对话。教师是学生学习的指导者、帮助者、合作者，教师工作的着眼点和落脚点都体现在学生的发展上，衡量教师工作的质量也必须从学生的发展上才能表现出来。因此，学生的反馈意见也是教师反思自己课堂教学情况的一面镜子。

## 实训设计

1. 观摩一堂教学实况或实况录像，对教师的导入与结束、讲解与演示、提问与板书、反馈与强化活动及学生的反应进行记录，并进行小组讨论分析。

2. 请到本地小学去观摩一节课或观看一节小学教学课的录像，运用本章有关理论，试着对教师的教学技能做出合理评价。

3. 在小学课堂教学中，有的教师对学生说"你真聪明""棒极了""对极了""没有人再比你出色了"等夸奖语词。请你就这种现象谈谈你个人的意见或观点。

4. 自选小学语文或数学中的一课，设计一份详细的说课稿，进行小组内说课练习。各小组随机抽选一名同学上台进行说课，教师和学生共同参与评析这些学生的说课技能。

5. 请观看一个小学语文课堂教学视频，并根据情况填写表6-12小学语文课堂教学评价表。

6. 请结合所学知识及搜集到的资料，画出小学生成长记录袋制作的思维导图。

7. 请结合具体教学案例，试述教学反思的策略和内容。

# 第七章

# 教学媒体使用技能训练

　　教学媒体在教学过程中负载信息，传递经验，把教学的主体与客体紧密地联系在一起。在课堂教学过程中，教师要合理选择和运用教学媒体，准确、快速地传递、发送一定的信息，形成合理的教学过程结构，达到最优化的教学效果。

**目标引导**

　　了解教学媒体的种类和功能，掌握现代教学媒体的使用方法及课件编制方法。能根据教学内容和学生的特点选择、使用教学媒体，设计制作教学所需的教学软件及简易教具。

**思政小课堂**

　　1894 年，中日甲午战争爆发，北洋水师一败涂地，几乎全军覆没。两年后，在中国威海卫军港上空，日本太阳旗降落，中国黄龙旗升起，接着黄龙旗降落，英国米字旗升起。一名 22 岁的水兵目睹了这场接收和转让仪式，悲愤交集："我国欲在现代世界求生存，全靠新式教育，创造一代新人，我乃决计献身于教育救国事业。"这名水兵，就是张伯苓。张伯苓一生只做了一件事，就是不停地创办南开系列学校，并为此奉献自己一生的热血和生命，他是国士、仁师，是伟大的教育家。

　　"允公允能，日新月异"是 1934 年，58 岁的张伯苓在南开 30 周年校庆上确定的南开校训：希望南开学子为国尽力，不断创新，这就是"南开精神"。纵观张伯苓的一生，也是以这八个字为人生追求的。"你是中国人吗？你爱中国吗？你愿意中国好吗？"1935 年那堂著名的"开学第一课"上，教育家张伯苓对南开学子提出了这三个问题，拳拳赤诚溢于言表。这"爱国三问"无异于醍醐灌顶，激发了学生们的爱国之志。

　　"爱国"成为张伯苓教育办学的首要宗旨，也成为南开精神的核心。一直以来，南开始终把培养具有"爱国爱群之公德，服务社会之能力"的人才奉为圭臬，涌现出以周恩来、曹禺、陈省身、郭永怀等为代表的大批名家大师与国之栋梁。

　　1937 年抗日战争全面爆发后，日军在天津的重点轰炸目标就是南开中学和南开大学，张伯苓 30 多年的心血毁于一旦。但是他毫不气馁，公开演讲说："被毁者为南开之物质，而南开之精神，将因此挫折而愈益奋励。"这句话令全国人民都为之振奋。多年后，开拓了现代私立教育成功之路的张伯苓回顾道："40 多年来，我好像一块石头，在崎岖不平的路上向前滚，不敢作片刻停留。南开在最困难的时候，八里台笼罩在愁云惨雾之中，甚至每个小树好像在向我哭，我也还咬紧牙关未敢稍停一步。一块石头只须不断地向前滚，至少沾不上苔霉，我深信石头会愈滚愈圆，路也会愈走愈宽的。"这话里，不乏辛酸，但更透着自信与自豪。张伯苓在国家命运跌宕起伏的年代，坚守文化和教育，传承民族文脉精神，犹如一座灯塔，照亮硝烟弥漫的山河，也穿透悠悠峥嵘的岁月，为今日中国文化和教育立镜，为后辈成长树碑。

# 第一节　教学媒体使用技能

## 一、教学媒体概说

### （一）教学媒体的含义

从广义上讲，教学媒体是指教学内容的载体，是教学内容的表现形式，是师生之间传递信息的工具。从狭义上讲，教学媒体专指教学活动中信息交流、传递的技术工具和手段。

教学媒体是构成教学过程的重要因素，是遵循教学规律、运用教学原则、实现教学目的的中介。在现代教育中，研究运用教学媒体的技能，是提高课堂教学效果的重要环节。

### （二）教学媒体选择的依据

在教学中，选择相应的教学媒体主要应依据以下几方面。

#### 1. 依据教学目标

每个知识点都有具体的教学目标，为达到不同的教学目标常需要使用不同的媒体去传递教学信息。教学媒体的选用不是教学的目的，只是教学的手段。如果是不能很好地实现教学目标，不能有利于教学任务完成的教学媒体，那么无论其多么先进都不应选用。

#### 2. 依据教学内容

教学内容本身的特点是选择教学媒体的重要依据。各门学科的性质不同，适用的教学媒体有所区别；同一学科内各章节内容不同，对教学媒体的使用也有不同要求。

#### 3. 依据教学对象

不同年龄阶段的学生对事物的接受能力不一样，在选用教学媒体时，必须顾及他们的年龄特征。例如，在小学低年级教学选择媒体时，应根据学生思维的直观形象性，多采用图形、动画和音乐之类的媒体，使图、文、声并茂；而到了小学高年级，为了适应学生由直观形象思维向抽象思维的过渡，则在选择教学媒体时，形象化手段可以适当减少。

#### 4. 依据教学策略

教师在教学中采取何种教学策略，如何去控制教学活动，如何调节师生间的互动，这些教学的因素也是教学媒体选择时需要考虑的。一般说来，对于教学媒体，大多数学生都能有不同程度的参与，但对于不同媒体，学生参与、支配程度及师生互动方式都是不同的。

#### 5. 依据教学条件

在教学中能否选用某种媒体，还要看当时、当地的具体条件，其中包括资源状况、经济能力、师生技能、使用环境、管理水平等因素。此外，还要考虑媒体的特性，以及使用成本、可获得性、便利性、学生的偏爱等因素。

总之，教学媒体的选择是一个决策过程。各种教学媒体都有各自的优点，也有各自的局限性，并没有一种可以适合所有教学情况的"超级媒体"。各种教学媒体的有机组合应扬长避短、优势互补，以取得最佳的教学效果为出发点，而不只是形式上的相加。

## 二、常规教学媒体

### （一）常规教学媒体的类型

常规教学媒体包括印刷材料、图示材料、教学板、实物、标本和模型等。

#### 1. 印刷材料

印刷材料包括各种书籍、报纸、杂志、挂图等，它具有稳定持久、使用方便、易于携带的特点。因此，其在教学中使用非常普遍。

#### 2. 图示材料

图示材料包括简略图、图表、统计图、地图、广告图、画等。通常是用文字、符号、图形、线条等把所要表达的信息要点或它们的内在联系表现出来，具有形式简练、形象生动、使用简便、应用广泛的特点，更易突出教学要点。

#### 3. 教学板

教学板包括黑板、白板、绒布板、磁性板和示教板等。它具有能写、能画、能贴、能擦的功能，可以直观地、方便地表达教学内容。

#### 4. 实物

实物包括动物、植物、矿物及各种可以看清楚的工具和物质产品。它可以使学生直接感受自然界事物的本来面貌。

#### 5. 标本

标本是对自然界具有典型性的实物，经过一定的加工制作，保存下来的完整的、原有的物体。它不受时间和空间的限制，具有长期保存、随用随取的特点，可以调动学生的各种感官，学生感知后识记效果好，印记牢度强。

#### 6. 模型

模型是根据教学的需要，通过模拟实物的基本结构特点，经过加工而做成的仿制品。它可以使学生通过立体观察、动手拆装，迅速看清物体的整体结构及其内部的某些构造。

### （二）常规教学媒体的优势

#### 1. 实用性强，不可替代

有些常规的教学媒体，如课本等既是教学的工具，又是学习的对象，它们可以提供稳定、可靠、相对持久的信息，是其他任何媒体不能取代的。这样的教学媒体容易进行检验、评定和修改，能被粗略地浏览、仔细地研习，能被泛读或跳读。获取信息可以从任何一点上开始，学生也完全可以由自己控制学习内容和信息呈示的速度。使用课本不需要特殊的环境，简便易用，而且不限于时间和场合。

### 2. 感觉更加直观

有关分析表明，视觉接受信息最多，而实物及模型被传送的信息量最多。这足以充分说明常规教学媒体在教学中的价值。课件做得再好，展示出来的也是画面，终究不敌实物和模型给人印象深刻。

### 3. 适用范围更广

从目前来看，我国教育资源的分配还不够均衡，少数城市比较先进，部分城市及广大的农村地区较落后。而常规教学媒体，尤其是一些自制的教具，往往就是教师或学生的灵机一动，变废为宝，不但可以节省更多的开支，而且可以重复使用，使用寿命很长。

### 4. 更能促进师生共同参与

常规教学媒体的制作，要注重给予学生参与的机会，让其在参与中学习提高。这样不仅可以培养学生克服困难的意志和探索精神，缩小了教与学的距离，提高了学生的动手能力，而且能够培养学生做事细心、善于动手操作的能力，还能使学生提高学习兴趣，并在不知不觉中就学会了所要学习的知识。

## （三）运用常规教学媒体的要点

### 1. 运用常规教学媒体帮助学生形象地认知事物，理解知识

要通过常规教学媒体的使用，使学生对事物建立正确的表象和获得比较充分的感知材料，从而为学生从感性认识上升到理性认识，形成概念，搞清原理建立基础。

### 2. 运用常规教学媒体突出重点，加深印象

常规教学媒体的运用在精而不在多，绝不是运用得越多效果就会越好，少而精才起到突出重点、印象深刻的作用。因此，在使用中，要坚持以人为本，坚持以学生为中心，对一些无关紧要的教具，必须根据教学目标的要求适当精简，这样既可节省制作教具的时间，又突出重点，收到良好的教学效果。

### 3. 运用常规教学媒体巧妙化解重点、难点

常规教学媒体最大的特点是具有图文并茂、直观形象、内容广泛、操作灵活等优点，在使用过程中，更能化抽象为形象，使抽象的内容具体化。因此，要根据学科性质、教学任务、教学内容及学生的年龄特征，巧妙设计，恰当运用，从而化解重点、难点。

### 4. 准备工作要充分

教师要对所使用的教学手段的性能及其使用规则，进行详细了解和研究，以便在课堂上演示时操作熟练，运用自如。演示要放在全体学生都能看见的位置和高度上，让所有的学生都能清楚而准确地感知演示的对象。

### 5. 教师的引导和讲解要同步

使用教学媒体时，要注意引导学生进行科学的观察和认真的思考。教师要始终把直观教具的使用和语言的讲解、提示结合起来。

## 三、现代教学媒体

### （一）现代教学媒体的类型

现代教学媒体按照其作用于人的不同感官，可将其分为视觉媒体、听觉媒体、视听觉媒体和交互媒体四大类。

#### 1. 视觉媒体

视觉媒体是指所传递的信息主要作用于人的视觉器官的媒体，主要有投影仪、扫描仪、视频展示台等设备及相应的教学软件。

#### 2. 听觉媒体

听觉媒体是指所传递的信息主要作用于人的听觉器官的媒体，主要有收音机、录音机、扩音机、广播、语音实验室等设备及相应的教学软件。

#### 3. 视听觉媒体

视听觉媒体是指所传递的信息同时作用于人的视觉器官和听觉器官的媒体。视听觉媒体能为学生提供生动、直观、逼真的事物视觉和听觉形象，主要有电视机及电视系统、录像机、摄像机等设备及相应的教学软件。

#### 4. 交互媒体

交互媒体是指除了能处理和提供声、图、文等多种信息以外，还能与用户形成互动的媒体，主要包括程序教学机器、多媒体计算机、交互式电子白板、一体机等设备及相应的教学软件。

### （二）现代教学媒体的优势

#### 1. 突破传统局限

现代教学媒体不仅能传送语言、文本和静止图像，而且能传送活动图像、音频和视频信号，增强了信息的表达能力和教学直观性，将教学内容具体形象生动地传达到学生的感官，有效激发了学生学习兴趣，提高了教学质量和效率。

#### 2. 能够再现还原

现代教学媒体及其技术的引入，一方面通过图、文、声、像、影有机结合，突破时空限制，将教学内容中涉及的事物、现象、过程，全部再现于课堂，让学生通过事物固有的信息及事物形、声、色的变化和发展，使教学生活化、趣味化、形象化；另一方面现代教学媒体记录的信息可以重放，不但复制快捷、方便、准确，而且再现内容的时间和环境允许学生自己选择，更加方便学生的学习，使教与学向更广、更深处延伸发展。

#### 3. 能够大幅提高教学效率

研究资料表明，人类五觉感知知识的比率是：视觉占 83%，听觉占 11%，嗅觉占 3.5%，触觉占 1.5%，味觉占 1%。由此可见，若视觉和听觉在学习中协同活动，学习效率将大大提高。而现代教学媒体恰恰能够很好地使学生的多种感知器官，尤其是视觉和听觉，共同参与认识活动，同时接受信息。通过现代教学媒体高速传递教学信息，不仅能通过广阔、快速的渠道获得更大范围的学习经验，而且可以为学生提供足够的感性材料，有利于唤起学生强烈的求知欲，有利于学生的知识、技能、技巧的形成，快速地提高教学效率。

### 4. 实现人机交互

人机交互技术是指通过计算机输入输出设备，以有效的方式实现人与计算机对话的技术。通过人机交互，真正实现了学生与机器里的信息的双向交流，使学生学得更加主动，更有针对性，从而提高学习效率。现代教学媒体使人们的教学观念、教学理念都发生了深刻的变化，也必将使教学方式、教学模式出现根本性的变革。

## （三）运用现代教学媒体的要点

### 1. 合理安排，恰当使用

现代教学媒体不是万能的，要以合理的态度运用现代教学媒体，并与传统教学媒体有机结合，使其各展所长，互为补充，共同参与到课堂教学中去，并使之达到最佳效果，从而实现课堂教学最优化。要根据学科的性质，教材的深浅、重点与难点，课堂目的，学生年龄大小，学校的地理位置等选择合适的现代教学媒体。要适时出现，恰到好处，该用的地方用，不能为赶时髦而滥用，更不能把使用教学手段当成目的。

### 2. 运用现代教学媒体促进教学改革

现代教学媒体的介入，扩大了教学信息源，使师生双方在教学系统中的实际地位发生了良性转变。一方面，学生可以通过直接与各种现代教学媒体建立联系，从各种渠道获得知识，对教师的直接依赖减少；另一方面，教师可以依据学习目标，以新的方式对教材、教具，以及时间、空间等资源进行合理的组合和支配，充当起教学的组织者、指导者和咨询者的角色。这就要求现代教学媒体的运用要体现对提高教学质量、增进教学效率，对促进改变教学模式、改进教材结构、改善师生关系等有关教学改革诸方面的服务与支持上。

### 3. 运用现代教学媒体有效提高师生的动手实践操作能力

现代教学媒体种类繁多，其发展速度也非常快，在教学中无处不在。这就要求教师要不断提升自身对现代教学媒体的认识，掌握各种教学媒体的特点及使用方法，以便在教学中灵活运用。运用现代教学媒体，要以现代教育教学思想为指导，以学生为中心，充分利用技术优势，有效地提高学生的各种能力和素质。在课堂内，使现代教学媒体成为学生学习的工具，使学生从接受灌输的被动地位转变为有机会参与教学、参与操作，主动地发现知识、理解知识、掌握知识，使其思维的流畅性、变通性、独创性都得到充分的训练；在课堂外，使现代教学媒体成为学生实践的工具，突破时间和空间的限制，自主发现，自主探究，全面提高各种能力和综合素质。

### 4. 发挥教师主导作用

使用现代教学媒体固然能提高教学效率，但绝不能认为机器可以代替教师。教师不能过分依赖多媒体教学，尤其是要避免出现"机灌取代人灌"、课件质量不高、忽视视觉卫生、缺乏师生互动等问题。在使用现代教学媒体辅助教学时，教师要充分发挥课堂教学的主导作用，必须根据不同的内容，做出必要的、及时的、充分的讲解和引导提示。

## 第二节　多媒体课件的设计与制作技能

### 一、多媒体课件的设计原则

多媒体课件基本功能是使学生实现有效的学习，主要作用是面向教学。因此，课件的设计、开发和管理应遵循一定的原则。

#### （一）教育性原则

课件的设计须遵循教学大纲的内容，着眼于解决教学中的理论和实际问题，实现一定的教学目标；且要体现出培养学生学习知识、培养能力的优势，有益于学生的个性发展。因此，在设计课件的时候应注意以下问题。

（1）须根据一定的教学目的和特定的教学对象来设置合理的教学目标，选择合适的教学内容，且要突出重点、难点。

（2）发挥多媒体课件交互性强、有利于个性化教学、能提供丰富的教学方式、启发学生的思维、科学性强的优势，将复杂的问题或难点问题以尽量直观的方式表现出来，增加学生的感性认识。

（3）课件结构应符合教学原则和学生的认知规律；应在学生现有的知识水平上确定信息内容和信息容量。从学习心理和教育心理的角度出发，可用声、文、图、画等多种灵活的方式恰当表现其内容，使之易于为学生所接受。

#### （二）科学性原则

科学性原则具体体现在阐述要准确，学科术语的使用与大纲教学内容相一致，观点的论证、事实的说明、材料的组织等都要符合科学逻辑和客观事实，能深刻揭示事物的内在规律；选取的材料、资料具有典型性和代表性，且要真实、具体；图形、图像、动画、特效的设计要规范化、标准化，符合客观实际，符合科学原理；各种技巧、技能的演示必须准确、真实；色彩、视觉效果和造型能如实、客观反映科学知识和自然规律。

#### （三）启发性原则

多媒体课件的设计要注意以启发式的教学原则为指导，使其能从各个方面、各个角度启发学生的智慧和想象力。

#### （四）系统性原则

系统性原则要求课件的设计、开发、使用、管理和评价是一个整体，能从整体上把握和平衡课件的各个方面，使其思想和质量能很好地交融在一起。

#### （五）技术性原则

课件的技术性是通过程序中各种数据结构、程序结构、控制技巧及运行的可靠性来衡定的，它要求所制作的课件在使用中能达到运行快捷、操作界面友好、交互应答明确、容错性强。另外，课件的运行环境要求也是一个不可忽视的重要环节。课件应该能在一般计算机上运行，并且要求能做到可移植性或可兼容性。通常课件在制作时，还要配上安装程序和卸载程序。必要时，还应该配上使用说明书。

### （六）艺术性原则

课件的艺术性原则要求教学内容布局美观、主题鲜明、影音和谐、富有表现力和感染力，同一画面色彩的数量不宜过多，减少文字数量，避免复杂；要求解说词和背景音乐悦耳协调，尽量少用音响，声音处理要和画面造型相辅相成，视听同步。经过别具匠心的艺术处理，并用一定的艺术表现形式表现出来的教学内容，还必须符合教育性和科学性原则，这样才能引起学生的学习兴趣并使其主动参与。

## 二、多媒体课件开发流程

### （一）多媒体课件的环境、需求分析

多媒体课件的环境、需求分析主要包括课件目标分析、课件使用对象分析。

#### 1. 课件目标分析

课件目标不仅要明确该学科领域及教学内容的范围，而且应对教学提出具体要求。

#### 2. 课件使用对象分析

课件使用对象分析，即分析学生在从事新的学习或进行练习时，其原有知识水平或原有的心理发展水平对新的学习的适合性。一般包含以下三方面内容：学生的一般特点；学生对学习内容的态度及已经具备相关的基础知识与技能；学生使用计算机的技能。

### （二）教学设计

教学设计的主要任务包括分析教学内容、选择适当教学模式等。

#### 1. 分析教学内容

分析教学内容指的是根据前述确定的教学目标，具体划分出教学内容的范围，揭示教学内容各组成部分之间的联系。根据教学内容将课程教材按段落和时间分成若干课时，即课时分配。在多媒体教学过程中，不再考虑黑板书写及教师的思考等时间，所以比传统的课堂教学课时短一些。接着，把每课内容按单纯的教学目的划分成若干个相对独立的小块，一个小块就是一个教学单元。

#### 2. 确定课件的内容模式

在划分教学单元之后，根据教学内容的难易程度和知识体系情况，选择控制教学单元前进的策略，即确定课件的结构方式。

### （三）脚本设计

脚本是在教学设计基础上所做出的计算机与学生交互过程方案设计的详细报告，是下一阶段进行软件编写的直接蓝本，是课件设计与实现的重要依据。因此，脚本设计阶段也是课件开

发过程中由面向教学策略的设计到面向计算机软件实现的过渡阶段。

从脚本所描述的内容来看，多媒体课件的脚本可分为文字脚本和制作脚本两种。前者是由教师按照教学要求对课件所要表达的内容进行的文字描述；后者则犹如影视制作中的分镜头脚本，是在文字脚本基础上改写而成的，能体现软件结构和教学功能，并作为软件编制的直接依据的一种具体描述。多媒体课件制作脚本需要撰写的内容一般有：多媒体课件制作过程中所用到的工具、多媒体课件的整体结构及多媒体课件的展示手段等。

### （四）制备素材

素材的好坏、是否充足等在多媒体课件制作过程中起着非常重要的作用，同时，素材的制备也是多媒体课件开发过程中最繁重、费时最多的一项。多媒体课件的素材制备包括：文字信息的收集与整理、背景音乐与配音等声音素材的录制与编辑、动画和视频的编辑等。

### （五）整合课件

整合课件阶段的任务是将教学设计阶段所确定的教学策略、脚本设计阶段所得出的制作脚本及准备好的素材，用某种计算机语言或多媒体软件工具加以实现。

### （六）完善课件

许多教师不注重这一环节，认为可有可无。事实上，这一步在课件制作过程中也是比较重要的环节。因为在撰写脚本和多媒课件制作过程中，有些问题可能未被发现，只有在实际运行中才能被发现，所以多媒体课件在制作好后需经过反复试用，发现问题要及时修正，这样经过几次反复试用和修正后，才能制作出比较优质的多媒体课件。

无论使用何种工具进行多媒体课件的制作、开发，以上几步都是必需的。

## 三、多媒体课件的制作

### （一）教学内容与多媒体选择

教学内容的选择要求广泛收集与教学内容有关的各种多媒体素材，要有充分的信息量，有选择地根据教学对象的不同选取教学媒体素材。遵循先设计后制作的原则，同时兼顾屏幕的清晰度、文件的大小、运行的速度等问题。教学内容要有核心的结构，一定要掌握知识的主题脉络和主要的学习内容，不要面面俱到；教学内容的组织要循序渐进，避免跳跃性过大；一定要考虑各种媒体的有效性，而不是无原则地拼凑和粘贴，更不是简单地资料存储和播放，它应成为教师用以构建能充分发挥教师主导作用、体现学生主体地位的新型教学模式的有力手段，应成为学生学习的认知工具。

多媒体的综合使用能改善教学效果，但也会影响教学效果，关键问题是多媒体的运用"度"。多媒体课件作为课堂教学的辅助教学手段，并不能替代教学的主导作用，为了有效地发挥课件在课堂教学中的优势，制作加工前一定要仔细斟酌用何种媒体教学效果最好，有目的地选用，发挥各种教学媒体的最佳作用，将教育性放在第一位才能发挥多媒体的综合效果。特别是板书教学，仍在课堂教学中发挥着不可替代的作用。例如，教师在讲授有关公式的推导内容时，首先应在黑板上对公式的演化过程进行推导和讲解，这样有助于学生的思维和教师的讲解同步；然后在教师推导完毕后，可以在屏幕上将整个公式推导过程或最后的结果展示出来，这样才能达到较好的教学效果。

### （二）多媒体课件制作要点

下面采用 Powerpoint 软件作为设计工具，将多媒体课件设计与制作中需注意的问题进行简要说明。

#### 1. 界面风格

屏幕设计要美观、实用，整体要有一致性。一般来说，界面的背景可以在章或节变化时更换，也可以整个课件保持一致的背景。背景的采用以不分散学生注意力为原则；背景画面太亮，容易造成前景文字不突出，引起视觉疲劳，影响学生视力；应尽量避免背景同主体色调无区别、无对比；不宜放置与教学内容无关的图案，应力求背景画面简洁。制作课件前，应首先设计模板，确定界面风格，如屏幕背景颜色、图案，各级标题、正文、图片等的位置，页眉和页脚的显示内容，封面页的格式，等等。

#### 2. 演示文字

演示文字应是课堂教学中的纲要性内容，说明类文字不宜放到课件中，以免导致主题不分明。不要将教材、文字教案或教学资料的内容全盘搬到课件中。一定要注意课件绝不是板书的替代品或变形。在设计演示页面文字布局时，要注意以下几方面。

（1）演示文字要精炼、有层次，体现教学内容的重点和难点。

（2）同一页面文字的字体种类不宜过多，一般不应超过三种。尽量少使用"外挂"字体（操作系统或 Office 软件没有的字体），中文字体常使用楷体 GB2312、宋体、黑体、隶书、幼圆等，英文字体常使用 Times New Roman、Arial 等。如果文字的字体使用了"外挂"字体，应在保存演示文稿的同时将字体文件也包含进来。

（3）文字设计规范化，各级标题及正文文字大小要统一、规范，形成统一格式。演示内容的各级标题要在字体、字号或颜色上有所区分，演示文字不宜过多、过密，行间距应在 1.0 以上。标题的字体要醒目，字号应在 24 ～ 36 磅之间；正文字体应在 18 ～ 24 磅之间。如果教室较大，可以在设计时将文字统一按比例放大。设计时，也应考虑到最小字号的内容后排学生是否能看到。

（4）重点语句应采用粗体、斜体、下划线或彩色鲜艳字，以便明显区别。

（5）页面中图形、图像和视频等内容不要有太多的文字解释，应由教师进行现场解释。

（6）播放的声音信息必须清晰、效果好，使学生充分感知教学的内容。虽然背景音乐可渲染气氛，但使用时要特别慎重，妥善处理，音量要适当。切换幻灯片时，可适当加入声音效果提示或引起注意，但应本着宁缺毋滥的原则，严格控制，防止不必要的声音效果影响教学。

#### 3. 页面布局

页面布局的原则是画面均衡稳定，布局规整平衡，对称分布简明，整体连贯简单。利用页面的空间，采用全方位构图，注意要留有一定宽度的页边距。如果数据图表中文字和数据太多，尽可能不用数据图表，应做出数据图示，如柱形图或饼形图，增加直观显示效果；所显示图形的位置、大小应尽量统一。

### 4. 颜色搭配

运用色彩可以起到提醒和区分作用，色彩基调要以明快、庄重为主。在一幅页面中不要使用太多颜色，容易分散注意力。背景变换也不要过于频繁，色彩变化更不能大幅度跳跃。背景颜色设定注意要淡化和降低实际显示效果，尽可能将文字和背景设定成明显的对比，但反差不要太大，使文字清晰显示即可，否则易引起视觉疲劳。文字颜色应选用暖色调；背景色应选用冷色调。文字与背景的色彩组合应深浅搭配、冷暖协调。

### 5. 图片选择

所选图片应充分体现主题思想，否则会分散学生注意力；画面必须醒目、简单，不要太小，要让学生看清细节。图片可以通过扫描输入、手机拍摄、屏幕捕捉、绘图板绘制、素材图片库提取和网络下载等多种途径获得，编辑时除了注意其表现效果一致外，还要注意图片文件的大小。

### 6. 超级链接

在设计超级链接时，一定要注意要设计为能够进入新页面，也要能够随时返回页面。要根据知识点的认知规律设计跳转链接点。

### 7. 动画效果

应尽可能少使用动画效果。如果必须使用，则一定要统一风格，注意，不能过多地使用特技切换。所使用的动画效果一定要有意义，否则会分散学生注意力。

### 8. 课件演示

一定要在授课前对课件进行重复演示，以保证其能正常运行。在课堂讲授时，课件的演示内容应和教师的讲解同步。在切换页面时，教师应有适当的语言提示，引领学生进入下一页面。教师应控制讲课节奏，每个页面的内容应停留一定时间，以保证学生的思维能够跟上。最好在课堂讲授时，课件与板书相结合使用，这样可以减少学生的疲劳。

多媒体课件的评价

## 实训设计

1. 从实际运用出发，根据学科的性质、任务和教具的作用、性能，以小组为单位开展动手制作常规教学媒体训练，增强实践动手能力，并进行作品展示评比。

2. 聘请优秀教师，请他们介绍制作和应用常规教学媒体的经验体会以及需注意的问题。

3. 选取小学语文、数学、英语教材中的一课时内容，自己创意、编写多媒体脚本，搜集素材，制作教学课件，并结合多媒体课堂演示型课件评价标准（表7-1），以小组为单位进行评价。

表 7-1 多媒体课堂演示型课件评价标准

| 评价项目 | 评价标准 | 得分 |
|---|---|---|
| 教育性<br>（30分） | 选题恰当，符合课程标准要求及学生实际 | |
| | 突出重点，突破难点，深入浅出，易于接受 | |
| | 以学生为主体，促进思维，培养能力 | |
| | 作业和练习典型，分量适当，有创意 | |
| 科学性<br>（30分） | 内容正确，逻辑严密，层次清楚 | |
| | 模拟仿真形象，举例恰当、准确、真实 | |
| | 场景设置、素材选取、名词术语、操作示范符合有关规定 | |
| 技术性<br>（20分） | 图像、动画、声音、文字设计合理 | |
| | 画面清晰，动画连续，色彩逼真，文字醒目 | |
| | 声音清晰，音量适当，快慢适度 | |
| | 交互设计合理，智能性好 | |
| 艺术性<br>（10分） | 媒体多样，选用适当，创意新颖，构思巧妙，节奏合理 | |
| | 画面悦目，声音悦耳 | |
| 实用性<br>（10分） | 界面友好，操作简单、灵活 | |
| | 容错能力强，文档齐备 | |
| 总分 | | |

4. 在试讲训练中综合运用常规教学媒体和现代教学媒体，结合教学内容说明这样做的好处。

# 指导课外活动技能训练

一

指导课外活动技能是指能够组织和指导与教育、教学有联系的，能提高学生全面素质和能力的校内外各项活动的技能。指导学生课外活动技能是教师职业技能不可分割的一部分。

**目标引导**

掌握课外活动的特点、方法及组织形式；掌握音乐与舞蹈、美术、体育等活动的基本知识；能够设计活动方案，并组织指导各类课外活动。

**思政小课堂**

陶行知是我国近代人民教育家。1914年，他毕业于金陵大学，后赴美留学。1917年回国后，他毅然决然地放弃大学任教的优厚条件，推行平民教育，认为"教育是共和国的保障"，并把毕生精力投入到教育中。1939年，陶行知在重庆创办"育才学校"。因为该校学生主要是保育院的难童，且对学生不收学费和生活费，所以经费非常困难。有人问陶行知："你何必背着石头过河呢？"陶行知说："我背的不是石头，是爱人。"陶行知有四个字——"爱满天下"。这是对学生的爱，对教育事业的爱，对劳动人民的爱，对中华民族的爱。陶行知有两句重要的名言，一句是："人生天地间，各自有禀赋。为一大事来，做一大事去。"另一句是："捧着一颗心来，不带半根草去。"陶行知一生始终不渝地为中国平民教育奔波，确实做了一件"大事"，而他自己却"不带半根草去"，以一颗赤胆忠心映照出无私奉献、一心为公的精神品格。

# 第一节　课外活动技能

## 一、课外活动概说

### （一）课外活动的含义

课外活动是在课堂教学之外有目的、有计划、有组织、有指导地对学生进行多种多样的教育活动，是课堂教学的补充和提高。它对于培养学生的主体精神和自主学习能力，开发学生的潜在能力，培养学生的个性和创造性，培养学生的组织、合作、礼让等社会交往能力，拓宽学生的知识面，增强学生的社会责任感有着不可替代的作用。

根据课外活动的内容不同，可分为科技活动、文学艺术活动和体育活动（以下简称文体活动）、科学探索活动、设计与制作活动、社会实践活动等。根据课外活动的形式不同，可分为全班性的集体活动、小组活动、个人活动等。

## （二）课外活动的特点

### 1. 课外活动具有很高的自主性

教师根据教育教学的实际需要，可经常组织形式多种多样、内容丰富多彩的活动，使学生的才能、个性得到充分发展，培养学生的优良个性品质。

### 2. 课外活动的形式具有很大的灵活性

教师可以根据本地区、本学校的实际情况，或学生的不同愿望，开展课外活动。课外活动与课堂教学相比，具有很强的实践性。活动规模、时间长短、内容的选择等要生动活泼，灵活多样，没有固定模式。

## （三）课外活动设计的主要原则

（1）以学生的年龄特征和个性化发展需求为基础。
（2）以培养学生的科学精神、创新意识、动手能力、个性特点和合作能力为主要目的。
（3）知识性、趣味性和实践性兼顾，使课外活动的组织形式和活动方式灵活多样。

## （四）课外活动的指导原则

（1）尊重学生的个人意愿和兴趣、特长。
（2）注重学生的平衡发展，兼顾全面发展与特殊能力的养成。
（3）重视游戏和自由活动。

## （五）课外活动技能的结构构成

### 1. 选题技能

要能围绕培养目标和培养规格，根据社会和教育的发展趋势、教学内容的需要和学生的特长选择活动内容。

### 2. 确定方式技能

要能依据选课内容，采取切实可行的方式方法，在某一范围内开展活动。

### 3. 策划技能

要有目的的、有计划地对整个活动的全过程进行统筹策划，提高创意能力。

### 4. 组织协调技能

要善于组织、配合、协调各类课外活动，提高管理水平。

### 5. 评议技能

要具有过程评议和结果评议的能力，善于总结活动经验和教训，提高课外活动的可行性和实效性。

## 二、课外活动指导要点

### （一）组织、指导文体活动

少年儿童正处于学本领、长知识、长身体的大好时期。文艺活动和体育活动（以下简称文体活动）是少年儿童身心健康发展、全面成长不可缺少的重要方面。因此，作为一个班级组织者、领导者和教育者的班主任，必须积极开展工作，亲自组织、指导学生开展各项有意义的文体活动。课外文体活动的形式主要包括班级课外文体活动、课外文体活动小组，以及文艺排练和体育训练。班主任在组织和指导不同的课外文体活动时，需要注意的要点也有所区别。

#### 1. 组织、指导班级课外文体活动

根据学校条件和班级学生的实际情况，班主任应抓好平时班集体的各类文体活动，包括早操、课间操、班级文艺活动、班级体育活动等；还可以定期或不定期地举行班集体的小型比赛，如歌咏比赛、集体舞比赛、诗歌朗诵比赛，以及其他音乐、美术等文艺专项竞赛；或者田赛、径赛、球类、棋类等体育专项竞赛；还可以组织一些趣味文体活动、游戏等。通过这些活动，既可以达到使学生能够身心健康、和谐发展的目的，又可以活跃学习生活，增进班集体的团结。对于这些活动，班主任要制订计划，严密组织，细致安排，并注意安全，取得应有的效果。

#### 2. 组织、指导课外文体活动小组

根据实际情况，班主任也可以组织学生成立课外文体活动小组，如美术小组，学习素描写生、欣赏名画；器乐小组，演奏乐曲、欣赏名曲；文学小组，开展朗诵、文学作品赏析和写作活动；成立小篮球队、小排球队、小田径队；等等。组织课外文体活动小组，班主任一方面要委派负责人，可亲自担任或聘请指导教师；另一方面要提出目标、培训要求和计划，既要切合实际，又要讲求实效。课外文体活动小组不仅能够活跃班集体紧张的学习气氛，而且为学生的个性发展充分拓展空间、创造机会，更有利于具有特长学生的脱颖而出和健康发展。

#### 3. 组织、指导文艺排练和体育训练

学校一般都有定期或不定期的文体竞赛活动，如会演、会操、运动会等。为了参加学校或上级组织的各种活动，班主任应发动班集体搞短期的文艺排练或者体育训练。在活动中，要注意提高每名学生的集体荣誉感，充分发挥每名学生相应的特长，充分利用平时课外活动小组的训练成果，做好指导与保障工作，营造团结热烈气氛，并通过活动总结带动班集体健康成长。

组织指导体育
活动技能

班集体文体活动搞得好与不好，是和班主任组织、指导工作密切相关的。班主任在做这项工作时应注意，一定要从实际出发，结合本校、本班的实际情况，做到既要形式新颖生动，又要内容健康向上；既有积极的教育意义，又要受到学生欢迎。组织活动时，还要做到有目的、有计划，使学生达到增长知识、受到教育、培养才能的目的。班主任的组织指导作用，不仅仅是布置任务、检查总结，更要亲自参与到活动当中去，亲自对学生活动给予有效组织和具体帮助指导。要做到这一点，首先，班主任应当知识广博、爱好广泛，对于文艺、体育各项活动都有初步了解，并在此基础上至少掌握一项活动的专门知识；其次，班主任还应当广泛培养自己的兴趣、爱好，在音乐、舞蹈、美术、体育等方面都有所涉猎，全面培养，多多益善。

## （二）组织、指导科学探索活动

科学探索活动是指学生在学校内学习各种学科知识后，将理论应用于实践的科学技术活动，这是一种理论与实际相结合的有益活动，也是最能反映研究性学习特点的一类活动。科学探索活动目的在于引导学生广泛接触自然和社会，关注身边出现的问题，并在力所能及的情况下去探索未知，体验进行科学研究的过程，培养探索欲望，初步学习科学研究方法。教师组织、指导科学探索活动可以从以下几点出发。

### 1. 依据活动内容，确定恰当的目标

对于小学生的科学探索活动不能要求过高，应选择题目较小、内容比较简单的项目，便于操作。对活动目标的确定要恰当，如"校园树木调查"和"做个环保小卫士"这两个活动，虽然同是以观察（或调查）为主，但目标不同，"校园树木调查"的目标应锁定在"训练学生掌握几种树木调查的具体方法"上；"做个环保小卫士"的目标可确定为"学习制订调查研究计划，学会观察和记录的方法"，它们都不宜将目标设定在"培养学生观察和分析问题的能力和方法"上。

### 2. 依据具体情况，关注科学方法的学习

要注意在进行科学探索活动的过程中引导学生对科学方法的学习。所谓"过程"，一是对过程的体验，二是在过程中产生积极成果的科学方法的习得和积累。科学探索活动涉及的方法是多样的，观察、调查、取样、测量、记录、统计、分析、实验等，都是科学探索过程中经常使用的具体方法，学习和正确使用这些方法是科学探索活动的目的所在。

### 3. 注重科学精神和人文精神的整合

科学探索活动不只是组织学生模拟利用科学的研究方法进行科学活动，从更深层面看，更要引导学生科学对待事物，对待人类前途。活动不仅要培养学生从方法层面理解科学，更要从精神层面着重培养学生的科学精神和人文精神，促进其全面成长。要鼓励学生大胆而合理地怀疑，在活动中要注意保护少数，倡导"追求成功，又容忍失败"的氛围，鼓励学生在确认和怀疑之间建立健康的平衡。

## （三）组织、指导设计与制作活动

设计与制作活动是从学生生活实际出发，以设计和制作实物成品为特征的活动。它以培养学生爱劳动、会技术、能创造的综合能力为目标，在综合实践活动中占有重要地位。教师组织指导设计与制作活动可以从以下几点出发。

### 1. 实现工具价值和发展价值的统一

设计与制作活动对学生掌握劳动技能和本领，对学生现实生活和未来发展具有重要意义，对学生潜能开发和人生价值的实现具有发展价值。教师在指导时，应着重引导学生理解劳动的意义、珍惜劳动的成果、养成劳动的习惯，培养学生勤劳、俭朴、负责、守法的美德，同时培养学生耐心细致、有始有终、自信自强、坚忍不拔等品质，使学生得到健康发展。

### 2. 将技术设计的指导和操作能力的训练紧密结合起来

活动的主体内容是设计和制作，因而要注重动手、动脑训练。在活动时，让学生既学设计，

又学操作，以达到"了解必要的通用技术和职业分工，形成初步技术能力"的要求。在制作前，要明确要求先设计，后制作；在制作过程中，可以改善原有设计，发挥学生的想象力和创造力；在活动后，可以组织学生对自己和别人的实物或成品进行自评或互评，通过讨论发展学生的鉴赏能力。教师要指导学生掌握剪子、刻刀、手锯、电烙铁等简单工具的正确使用。

### 3. 注意良好工作习惯的培养

孔子云："少成若天性，习惯如自然。"在设计与制作活动中要注意养成教育，培养学生良好的工作习惯，应坚持"看懂了再做""想清楚再做""准备好了再做"三个要求，提高学生设计制作水平。

## （四）组织、指导社会实践活动

社会实践活动主要体现在活动的社会性方面，重在培养学生的社会适应能力、社会参与意识、公民责任感及创新意识。活动要着重培养学生的社会责任感。社会的经济、政治、文化、教育、卫生、军事、劳动、历史等方方面面的内容都是学生感兴趣的，社会服务与社会实践活动的目的在于增进学校和社会的联系，要引导学生在了解社区、服务社会的活动过程中，增强学生的社会责任感，对他人、对社会富有爱心，亲近、关爱自然，懂得与自然和谐相处，形成健康、进取的生活态度。教师组织、指导社会实践活动要注意以下几方面。

### 1. 加强安全保障

在活动中，安全是第一要素，凡是不符合学生安全要求的地点和现场，如某些化工企业和采掘现场等，都不宜列入活动范围。对外出的现场和路线，教师都进行踏查，以便发现和杜绝隐患。凡外出活动，都应建立小组活动制度，进行严密组织，明确安全要求。在活动中，凡涉及明火、用电和使用煤气炉灶等，都应有教师在现场指导。

### 2. 精心确定活动主题

社会实践活动主要以主题的方式呈现活动内容，主题的选择可围绕以下几方面：围绕人类的基本活动或社会运作的基本方式选择活动主题，如社会的生产、交换、消费等，经济机构的经济功能、家庭的功能、文化教育机构的功能等；围绕当前人类社会面临的共同问题和所发生的重要事件选择活动主题，如环境污染、能源危机、全球化趋势及战争与和平等；围绕社区群众共同关心的话题选择活动主题，如耕地减少、用水困难、交通堵塞、住房紧张、迷信抬头、养老与就业等；围绕主要的社会角色选择活动主题，包括公民、生产者、消费者、家庭成员、朋友、社团成员、自我等；围绕不断扩大的社区范围选择活动主题，如家庭、邻里、社区、乡镇、县市、省市、国家、全球等。

# 第二节　音乐与舞蹈技能

## 一、音乐技能

音乐是由有组织的乐音来表达人们思想感情、反映现实生活的一种艺术。在所有的艺术类型中，比较而言，音乐是最抽象的艺术。音乐是人们抒发感情、表现感情、寄托感情的艺术，不论是唱、奏或听，都内涵、关联着人们千丝万缕的情感因素。小学的音乐科任教师和班主任教师应该具备识谱视唱、钢琴弹奏、边弹边唱等音乐技能。

## （一）识谱视唱技能训练要点

### 1. 识谱视唱的方法

视唱即通过视谱即兴演唱。在识谱视唱练习时，需注意如下事项。

（1）养成正确的读谱习惯。在训练中，不要刚拿到谱例就唱，而是先看看调号、拍号，再看看有无难点（大的跳度、复杂的节奏、变化音等）。

（2）用眼视谱。有的人往往不看谱，随大流跟着别人唱。应用眼视谱唱。

（3）用口唱谱。视唱时，只有唱出声音来，才能真正提高视唱能力。

（4）用耳校音。要判断自己或别人唱得是否准确，关键在于用耳听辨。

（5）用手击拍或划拍。用手击拍或划拍来控制节奏和速度，并在瞬间取得音乐律动与身心运动的协调统一。

（6）动脑筋进行思考。视唱不是单纯的感官活动，应融入演唱者的感情。

### 2. 歌唱的基本方法

（1）姿势。站立唱歌时，身体自然直立，保持自然放松，这里的放松绝不是松垮、瘫痪，应呈现一种精神饱满的状态。头部保持于眼睛向前平视稍高的位置，胸部自然挺起，收小腹。两脚一前一后稍分开，身体的重心要平稳。面部、眼神要自然生动。嘴巴是歌唱的喇叭，应当张得开、放得松，切记紧咬牙关。下颌收回，正确的感觉应该是仿佛由小腹到两眉之间形成一条直线，脖子和后背、腰部连成一线，这样才使气息畅通无阻。演唱时，可根据歌曲的内在情感赋予适当的动作，但动作要简练大方，切忌矫揉造作。坐唱的姿势与站立时的要求一样，但要注意腰部挺直而不僵硬，也不要靠在椅背上，注意臀部不要坐满整个凳面，约坐 1/3 的面积，两脚稍分开，自然弯曲，不能跷腿坐，也不能两腿交叠。

（2）呼吸方法。在训练中，应从气息控制的角度出发，多采用胸腹式呼吸法。这是目前声乐界大多数人认为最可取的歌唱呼吸方法。它是一种运用胸腔、横膈膜和腹部肌肉共同控制气息的呼吸法。它的优点在于全面地调动了歌唱呼吸器官的能动作用，使胸腔、横膈膜和腹肌互相配合，协同完成控制气息的任务。由于吸气时下降横膈膜和张开肋骨同时并用，使胸腔全面扩大，气息的容量大，控制气息的能力强，呼气均匀而深沉，并能对呼气气势的强弱进行调节，使声音的高、低、强、弱变化能够控制自如。这种呼吸法解除了胸部的僵硬紧张，呼吸支点明显，音量、音域都得以扩大，声区调和统一，声音的表现力丰富。

（3）发声口形。根据发声的要求，口形应上下张开成"o"形，这样发出的声音才比较集中、圆润。如果嘴巴横着看打成"o"形，过宽过扁，容易使发出的声音"扁"或"散"。此外，嘴唇不要鼓起，以免双唇紧张发抖。

（4）咬字吐字。唱歌时，在咬字吐字方面应注意：①字头分清要咬准；②字腹延伸不变形；③字尾收音要分明；④声调抑扬要念准。

（5）三腔共鸣。口腔共鸣，口腔自然上下打开，笑肌微提，使下颚自然放下，上颚有上提的感觉；头腔共鸣，在口腔共鸣的基础上，把声波在硬腭上的集中反射点稍微向后移动一些，把下颚放下来；胸腔共鸣，咽喉部作半打哈欠状态，发声时下腭自然下垂，喉咽部适当开大一些，然后把在硬腭上声波振动的反射点移至下齿背上，让声波在喉头和气管附近引起更多的振动，再从气管附近传送到胸腔从而引起共鸣。

### （二）钢琴弹奏技能训练要点

常见的钢琴弹奏方法主要有非连音奏法、连音奏法和跳音奏法三种。其中，非连音奏法，又称断奏，有利于体会和掌握用重量弹奏，关键是体会放松；连音奏法，又称连奏，其关键是重心移动，即力量的移动；跳音奏法则有手腕跳音、手指跳音、手臂跳音等各种不同的弹奏方法。钢琴弹奏技能的基础要求有以下两点。

#### 1. 注意弹奏姿势

坐上琴凳后，两脚自然落地或下垂，腰部正直，上身可略向前倾。练琴时，要心情愉快，体态自然，全身肌肉放松，关节自然弯曲，不要紧张和僵硬。两手弹奏时，下臂尽量保持与钢琴键盘的平面平行，琴凳与钢琴要有一定的距离（依个人手臂长短而异）。坐在琴凳中央，以双手能方便地在最高音区和最低音区的键盘上自如地演奏为度（两手弹奏左右两端的琴键时，以臀部不移位为准）。

#### 2. 注意手形

钢琴弹奏的正确手形是：手指略向里弯曲，掌关节撑起，指关节突出。双手弹奏时，上下臂及两手的所有关节（含肩关节）要绝对自然放松，尤其是腕关节及所有指关节必须自然、放松、弯曲；手背是至高点，手腕不得高于手背；腕关节起调节作用，手指与手掌呈拱形，整只手就好像握了一个鸡蛋一样，每个手指都自然、弯曲地落在一个琴键上。

### （三）边弹边唱技能训练要点

边弹边唱是指演奏者一边弹着钢琴，一边口中唱着歌词或旋律的一种表演形式，需要口、手、脑配合默契。

#### 1. 应具备的条件

（1）具有一定的钢琴演奏能力。

（2）具有基本的和声基础。

#### 2. 必要的准备

（1）通读乐谱，感受一下歌曲的基本倾诉与音乐形象。

（2）初步分析一下歌曲的调式、和声，并标记功能记号。

#### 3. 和弦的基本练习要求

（1）键盘和声的连接要注意各声部的进行方向，尽可能地避免所有声部的同向进行。三、六度关系和弦有两个共同音，最好保留在同一个声部；四、五度关系和弦有一个共同音，也最好保留在一个声部；二、七度关系和弦没有共同音，外声部不应形成反向进行。

（2）一连串不平稳的和弦连接会造成手位的移动过大、过多，影响弹奏的准确和速度。

## 二、舞蹈技能

舞蹈是以经过提炼、组织和艺术加工的人体动作为主要表现手段，运用舞蹈语言、节奏、表情和构图等多种基本要素，塑造出具有直观性和动态性的舞蹈形象，表达人们思想感情，反映社会生活的一种艺术表现形式。舞蹈作为教育的内容和手段，不仅可以培养教育对象具有健美的身体姿态，培养动作的协调性、节奏感，而且可以抒发和表达感情，美化生活，培养良好的道德品质。舞蹈的基本要素是动作的姿态、节奏和表情。

小学教师组织、指导舞蹈活动的技能，主要包括：能够表演、创编并指导舞蹈律动、儿童舞蹈、集体舞等；能够组织小学生开展课外舞蹈活动，进行舞蹈比赛等。

### （一）舞蹈技能训练要点

#### 1. 素质训练

舞蹈是用人的肢体语言表达的，要尽快达到肢体所需要的素质条件，应从"软"开始。在软度训练中，可分为肩、胸、腰、腿、胯几个部分，分别进行加强训练。

（1）压肩胛带是训练肩和胸的软度。在训练过程中，可趴把杆前压肩胛带，也可以两人一组互相后拉肩胛带。

（2）腰是身体运动的轴心。腰的软度训练是为了增强腰部的柔韧性和灵活性。在训练中，可以用地面吊腰、把杆吊腰和下腰甩腰的方法来练习。

（3）腿功是舞蹈中最重要的，舞蹈中一切舞姿和技巧都需要深厚的腿功才能完成。在训练中，把杆上压腿可以使腿内侧的肌肉韧带得以舒展，以达到软的效果。而大踢腿则可以使腿部不仅有软度，还加强了腿部肌肉的力量。

（4）胯的软度，即髋部的开度。在舞蹈中，胯的作用也很大，可以扩大动作的空间范围，增大动作的幅度，使身体的下肢更具有表现力。训练中，可用坐地分腿练习和躺地分腿练习。趴青蛙、躺青蛙也是增强胯的软度的好方法。

#### 2. 形体训练

形体训练，即塑造身体的形态姿势，使身体各部位具有柔韧性、稳定性、协调性和灵活性，使整个动作更具美感。形体训练是构成舞蹈语汇的基本条件，是走向舞蹈艺术的必经之路。形体训练一般分为"扶把动作"和"离把动作"训练。

扶把动作是借助把杆进行对身体的柔韧、力量、重心、美感的训练，主要以腰和腿的基本功训练为主。腰在一定的程度下，必须能柔韧灵活运用。在把杆上，可以进行胸腰、前旁后下腰、单腿前后下腰、跪下腰等训练项目。腿的训练包括胯的开度、腿的力量、膝的直立、脚踝关节的柔韧灵活和脚背的绷提。在训练中，可以围绕芭蕾基本元素"开、绷、直"来完成。开，指髋关节向人体两侧外开。腿部在运动过程中，从髋关节到膝关节，再到踝关节、脚趾尖，全部向外转开，这样可以舒展人体的线条，使整条腿看上去更修长、更具有表现力。在训练中，可以用蹲等练习。绷，指脚背有力地绷提，使脚的线条显得更加修长漂亮。在训练中，可以利用擦地、小踢腿、划圈、控制等项目练习。直，指在动作中，主力腿和动力腿的膝盖都必须直立稳定。在训练过程中，腿在没有特定动作需要下必须要求直，这样使腿更修长优美，能够增强身体的表现力。扶把动作训练的应用可先用慢速或中速的音乐伴奏，然后再用快速的音乐，但必须节奏鲜明，使人易懂，从而增强动作的记忆力。

离把动作训练主要是训练在完全脱离把杆的情况下，身体做到稳定、协调和灵活。通常都以小组合练习，如离把的擦地、控制、小跳、大踢腿等。组合的音乐伴奏一般用四分二拍或四分四拍，采用一些欢快跳跃、节奏鲜明的音乐可以增加兴趣，促进组合的完成。

### 3. 技巧训练

在有一定的身体素质能力基础后，再进行技巧训练。技巧有一定的难度，它是指技巧性很强且富有表现力的舞蹈动作，包括"转、翻、跳"等特技。无论从数量、质量、速度及姿态等方面，都要"精"。在教学中，要根据学生自身的能力、条件、特长来"因材施教"。在训练中，以单一项目反复训练为主，力求达到稳、准、动作流畅的标准。

（1）转。转即旋转，以身体垂直于地面的轴心，给予恰当的动力，沿着一定的方向做360°旋转运动。旋转一般有原地自转、移动转和空中转。

（2）翻。翻即翻身，以身体的中心线为轴心，翻转360°。在教学中，可以用腰翻身、点翻身、串翻身项目进行训练。

（3）跳。跳就是跳跃，即在空中形成一种优美的造型姿态。跳跃一般有三个步骤：①起跳。"起法儿"，身体快速离开地面，为腾空做好准备。②腾空舞姿。当人体重心上至最高点时做出的造型姿态。③落地。当人体重心向地上掉下时应前脚掌先着地，再过渡到后脚跟着地，膝关节屈曲，起到缓冲的作用，达到轻巧稳健的效果。

### 4. 舞姿训练

舞姿，即身体的基本姿势形态。舞姿讲究"手、眼、身、法"，是配合身体躯干、腿部、手臂、头和眼睛的协调性而完成的。基本舞姿包括手脚的基本形态姿态、基本位置、部法的训练，配合腰腿功、技巧形成一组具有高度的雕塑性、富有表现力的舞蹈动作。在教学中，应该遵循从简到繁，从易到难，循序渐进的原则进行教学。

## （二）舞蹈教学的一般方法

### 1. 示范法

根据教材和不同的教学阶段，教师可采用完整的示范或部分难点动作的示范。在示范前，教师要注意引导学生仔细观察示范的重点。

### 2. 练习法

练习时，教师要提出明确、恰当的要求。采用全班练、分组练、个别练等多种多样的练习方法，并加以指导。

### 3. 分解、组合法

把舞蹈动作中的重点、难点及基本动作，先进行分解，然后再组合起来。例如，教动作时，先脚后手，先左后右，先上后下等。

### 4. 观察、模仿法

舞蹈中有些难以分解、组合的动作，教师可以边示范边提问，学生边观察边模仿。这种方法在排练完整的舞蹈时被常常使用。

### 5. 个别教学法

教师对能力强、基础好或能力弱、基础差的学生，应进行个别教练，因材施教。

以上这些方法在舞蹈教学中是相辅相成、互相渗透的。选择什么样的教学方法，必须根据教学目的、教学特点和学生的实际能力而定。

## （三）儿童舞蹈创编方法

### 1. 题材的选择

舞蹈题材是指舞蹈作品中所反映和表现的生活内容材料。舞蹈题材不是社会生活纯客观的反映，而是经过舞蹈作者熔炼的、体现着舞蹈作者主体情思和审美观念的生活材料。儿童舞蹈内容要有明显的思想性、教育性，要选择富有儿童情趣的内容，通过舞蹈作为桥梁和中介，把儿童暂时不能完全理解的东西，以优美的旋律和各种舞蹈动作，印入儿童的心扉。

### 2. 音乐的选取

音乐是舞蹈的灵魂，只有音乐与舞蹈相辅相成，才能保证舞蹈的艺术性。儿童舞蹈的音乐首先要注意曲调明朗、简单、形象化且节奏感强；音乐的乐句要短小活泼、旋律流畅、节奏鲜明、富有感染力；音乐节奏要鲜明强烈，才能引起儿童的动感；音乐形象应生动具体，便于儿童理解。歌词也应通俗易懂、顺口、押韵，富有感染力，让学生听后能展开想象，有想跳、爱跳的欲望。

### 3. 动作的创编

（1）找主题动作。找到合适的主题、音乐之后，开始进入舞蹈动作构思阶段。这个时候，可以先确定一个或几个主题动作，这个主题动作可以是从舞蹈确定的主题上来，也可以是来自对音乐的感受。切忌没有主题动作，把无数个各不相关的动作拼凑在一起，这样不仅创作出来的舞蹈会空泛，而且舞蹈也缺乏连贯性和可看性。

（2）由主题动作延伸出小节动作。找到主题动作之后，根据主题动作的运动规律，可以继续创编出几个小节动作来。通常，几个小节动作加上队形的变换，一个简单的舞蹈已经基本成型了。

（3）串连小节的动作。串连小节的动作可以是队形的变换，可以是主题动作的再创造，也可以是符合这个舞蹈特征的技巧动作。

（4）加上必要的技巧动作。不是每个舞蹈都需要技巧展示的，不合理的技巧展示不仅不会增加舞蹈的质量，反而会降低舞蹈的观赏性，也会损害舞蹈的连贯性。

### 4. 服装与道具

在舞蹈作品成形后，对舞蹈服的选择与设计也不能掉以轻心。在服装的设计上不能影响动作的表演，不能让演员戴太多的装饰物；特别是双人舞的服装上、腰上和手上不能有装饰物。儿童舞蹈服装应突出儿童的特点，切忌大、繁、旧。在服装设计上，应注意色彩的选择及搭配，鲜艳明亮的颜色在儿童舞蹈服装上运用得较多，也较能体现儿童多彩的生活和乐观向上的积极心态。

# 第三节　美术基本技能

## 一、简笔画技能

## （一）简笔画概说

简笔画是通过目识、心记、手写等活动，提取客观形象最典型、最突出的主要特点，以平面化、程式化的形式和简洁洗练的笔法，表现出既有概括性又有可识性和示意性的绘画。

简笔画是教师的一项基本功。特别是在小学教育、教学中应用非常广泛。形象思维是儿童阶段的主要思维模式，他们在接受新知识时，仍需通过大量形象、直观的演示作为传播的媒介和手段，所以，简笔画对提高学生的学习兴趣，促进知识的吸收和转化，开发学生的思维和创造力都起到了重要的作用。简笔画作为教学的一种辅助手段，丰富了教学的艺术语言，使教师的板书更加精简，表述更为生动幽默、简练准确。图示和情景表现等"艺术"手段的运用，能使学生的注意力更加集中，提高了理解和记忆的效率。同时，在这样一种情境教学氛围中，学生的身心是轻松愉快的。

### （二）简笔画技能训练要点

#### 1. 简笔画的基本要求

（1）构图合理，造型简练，准确表达出物体特征。

（2）比例匀称，完整得体。

（3）线条流畅，清晰肯定。

（4）形象生动，作品富有感染力。

#### 2. 简笔画的表现形式

（1）线画法。使用简单的线条，勾勒出对象外形特征、动态特征，并适当加以夸张，使形象更为生动。线画法是其他画法的基础。

（2）平面图形画法。用各种图形代表对象的各个部分，再加以组合。具有简练、夸张、形象、生动的特点。

（3）线面结合的画法。在线画法的基础上，涂上各色块面，更加突出物体特征，富有装饰感。

#### 3. 简笔画的基本要领

画简笔画总的原则是先整体后局部，先概括后点缀。应注意用笔的先后顺序，下笔要肯定、流畅、简洁、明快。如在画动物时，可以先从头部或身体开始，然后再加腿、尾等部位。尤其要注意的是，要抓住动物的动态特征，认真刻画好动物的立、走、跑、飞等动作。画人物时，要先画头部和躯干，再画四肢，注意人物动态的刻画，最后画出头饰和服饰特征。

#### 4. 简笔画的分类与画法

简笔画从题材内容上分为日常物品类、植物类、动物类、人物类、风景建筑类、交通工具类等。

（1）日常物品类。日常物品的造型一般都比较简洁，在画之前要认真地用几何形或几何形的组合去概括和分析，同时还要注意夸张和强化。在抓住大的基本形的前提下，再注意一些能体现个性的小细节。

（2）植物类。花卉、树木及蔬果等植物都可以用简单的几何形来概括和归纳，应用简洁的线和点来提炼，以删繁就简，去除杂乱、烦琐的部分，留下最典型、最能表现特征的部分，并对其特征进行强化和夸张，以达到传神的效果。

（3）动物类。动物的种类很多，形态各异，结构复杂，它们的动态亦千变万化，在表现上有一定的难度。但通过分类的方法，运用符号化的艺术语言，抓住不同类型动物的典型形态及局部特征，就能掌握它们的画法。要注意动物形象的夸张与变形。先画出动物类形象大的形块和各自的特点，再用符号画出局部特征。如鸟类的身体多为圆、椭圆；四肢类动物可用长方形、半圆形概括身体，运动中同侧的前后肢方向正好相反。

（4）人物类。人物头部的重点要对面部的表情变化和头形、发型进行归纳和研究。人物全身有两种常用的表现方法：一种是抽象的符号画法，另一种是比较具象的符号画法，在概括的过程中保留一定的体态特征和服饰特点。画人物全身的时候，要注意人物的比例和重心。

（5）风景建筑类。通常我们在画这些物体时先勾画大块的形块结构，再间以点线，使形块间富有变化。如再添一些植物、风景，画面会更有情趣。

（6）交通工具类。利用几何图形，运用平面图形的画法和线面结合的画法来描绘交通工具。

## 二、美术字技能

### （一）美术字概说

美术字是在汉字楷书的基础上，进行艺术加工美化装饰而成的字体。在广告宣传、会场布置、板报、展览商品、包装装潢、报纸杂志、书籍的装帧等许多方面有着广泛的应用。教师在工作中，如教室的布置，各种班会、队会、联欢会的设计，学校班级板报、班报、展板的设计等方面，都离不开美术字技能。

### （二）美术字技能训练要点

#### 1. 字体介绍

（1）宋体美术字。它字形正方，横平竖直，横细竖粗，横画及横竖画连接的右方都有顿角，点、撇、捺、挑、钩与竖画粗细相等，其尖锋短而有力。因此，有"横细竖粗撇如刀，点如瓜子捺如扫"的顺口溜。风格是典雅、工整，结构紧密、庄重大方。

（2）仿宋体美术字。它比宋体字形修长，横和竖的粗细较为接近，点、撇、捺、挑、钩也较挺拔，既保持了宋体美术字的庄重大方，又具有活泼秀丽的特点。字形美观大方，新颖挺秀。

（3）黑体美术字。字体较粗，方黑一块。因此得名。它和宋体美术字的形态相反，横竖粗细一致，方头方尾，所有笔画均是方头。它不及宋体美术字生动活泼，却因为浑厚有力、朴素大方和引人注目被而广泛使用。

（4）变体美术字。它主要是在宋体字和黑体字的基础上进行装饰、变化、加工而成的。它在一定程度上摆脱了字形和笔画的约束，可以根据文字内容，运用丰富的想象力，灵活地重新组织字形，在艺术上做较大的变化。它的风格是比较活泼生动、轻松多变。它可分为装饰美术字、象形美术字、立体美术字、阴影美术字等。

#### 2. 宋体美术字、仿宋体美术字、黑体美术字的设计要求

（1）满而不塞。字要写满格子，但也不能过于满塞而不留空隙，要力求保证一致。

（2）分布均匀。加强整体性、计划性，行距、字距、部位分隔、笔画排列要合理。注意空白分布要得体，力求不挤不疏。

（3）穿插争让。笔画之间和部位之间要穿插，有争有让，互相呼应。做到严密紧凑，灵活

自然。

（4）统一变化。笔画要统一，笔画装饰要统一。只求统一，但无变化就会呆板；只求变化而不统一，就会杂乱无章。因此，应该做到统一与变化错落有致。

（5）断连适当。每个字的笔画应注意断连。若只断不连，字体就会松散无力；若连接过多，就会有臃肿之感，而且结构也不清楚。

（6）密缩疏放。笔画稠密的字可以笔笔收缩，还可以适当减细笔画，做到密而不挤。笔画少的字要力求开阔，某些笔画可以适当加粗或出格，切勿小而松散。

### 3. 变体美术字的设计要求

（1）从内容出发。如果是严肃的场合，则字体设计一定要庄重得体。如果用较活泼的字体，则不仅降低了宣传效果，也冲淡了严肃的气氛。

（2）要易于辨认。变体美术字虽可作较大限度的变化，但对文字基本笔画的结构变动，应符合人们认字的习惯，不能相差太远。

（3）统一和完整。要注意字与字的有机联系，要有“共相”，避免纷繁芜杂和不谐调的问题出现。

（4）变化的范围。汉字多为方块形。因此，变体美术字的外形变化最适宜于正方形、长方形、扁方形和斜方形等。在排列上，还可以作放射形、波浪形和其他各种形状的排列。但无论如何排列，一定要有规律，否则会使人感觉零乱松散。

（5）笔画的变化。笔画变化的主要对象是点、撇、捺、挑、钩等副笔画。在笔画的变化中，要注意一定的规律和协调一致，不能变得过分繁杂或形态太多，造成五花八门、较弱无力，反而使人生厌，失去了美的意义。

（6）结构的变化。有意识地把字的部分笔画进行夸大、缩小，或者移动部分笔画的位置，改变字的重心，使构图更加紧凑，字形更加别致。

### 4. 美术字设计的方法

（1）定形打格。根据写作的面积、字数的多少来确定字形，或长或方或扁。打格时，要注意字距与行距，行距要大于字距，这样才能眉目清楚，便于阅读。

（2）划分比例。在格子内划分各字部首的比例。按字各部首的大小和穿插情况进行比例划分，要做到灵活运用。

（3）铅笔起稿。首先要看字句中横笔与竖笔的笔画多少，以确定笔画的粗细，再依据每个字的结构类型，在格子内勾出字的单线骨架。这时就应注意规律的应用，如上紧下松，穿插呼应，均匀稳定等。

（4）用铅笔双勾字的轮廓。注意笔形的统一，主辅笔画的配合，利用错觉等规律求得大小一致。

（5）修改整理细部。修改整理细节时，可放远一点看，以达到均匀美观、完整统一为止。

## 三、板报设计技能

### （一）板报设计概说

板报一般由报头、文章、标题、插图、花边与尾饰组成，其版面设计是对版面各部分的统筹安排。好的版面设计，应该既能突出主题，又能使整体达到和谐、统一、生动、美观的效果。鲜明健康的主题是板报的灵魂，所选内容大部分都要围绕主题。主题鲜明，内容集中，使人一望便知中心内容。学校板报（墙报），如果版面编排得当，可吸引更多读者，使板报更好地反映学校生活，起到宣传教育、美化环境的作用。从某种意义上说，经过精心策划的板报（墙报），能体现一所学校、一个班级的精神面貌，进而对提高教学质量起到促进作用。作为师范生，掌握一定的板报设计、编排的知识和技能是十分必要的。

## （二）板报设计技能训练要点

### 1. 报头设计

报头形式一般常以装饰性表现技法完成，一般由文字和图案组成。图案要根据中心内容来搭配，由主题图案和报头字组成一个统一的整体。报头也有用写实绘画技法表现的。报头外形一般以长方形居多，也可采用圆形、椭圆形、方形、菱形，具体采用哪种外形，应视内容需要而定，但不宜采用不规则外形。字与图的关系，应该是主题图案为突出报头文字服务，切忌图压字，而字可以压图。应尽量使报头字醒目，关键是处理好字与图的色彩关系。报头的美术字要写得很整齐、规范。报头的颜色要鲜艳，建议用黄色、红色等明度高的颜色。报头的位置，应放于突出显著之处。按常见的横排格式，左上角为首，右下角为尾，首尾明显。也可视主题需要，置于中间或中间偏上都较为醒目，但是不能放在后面。有时，变更一下报头位置或外形，也会给人一种新鲜感。

### 2. 文章布局设计

在版面设计时，首先要看每篇文章有多少字，占版面多大位置，然后整体规划，统一布局，合理安排文字稿的位置。要把重要的文章放在突出醒目的位置，其他文章可穿插安排。板报版面有限，一般每期选4～5个内容即可，不能过多、过滥。文字稿多采用横排方式，竖排文章要短小精悍。

### 3. 标题设计

标题可分为通栏标题和文章标题两种。通栏标题是整个版面内容的主题思想，多横排在版面的上方；文章标题可以和题头画合在一起用，也可单独横排或竖排。标题字要比正文字大，副标题字要小于标题字而大于正文字，其颜色要与正文字有所区别。标题要比副标题颜色鲜、亮，方能醒目、突出。

### 4. 插图设计

插图是根据版面文章内容的需要来安排的。插图可根据文章内容，画一个能说明一个情节的画面。插图可以画在文字的一旁或额头，可大可小。但是要注意，插图不宜过多，点缀即可，以免造成版面拥挤。

### 5. 花边与尾饰设计

花边一般用于文章的间隙处，它不仅可以起到间隔作用，还具有衬托、美化作用。重要文章用花边作外框，文章之间也可用花边分隔。但花边的运用不宜烦琐，更不宜花哨。尾饰又称"尾花"，通常用在一篇文章结尾的空白处，所以又称"补白"，同样起着衬托、美化作用。

### 6. 构图形式与色彩搭配

构图形式常用的有对称式和均衡式两种。要注意整个版面的色彩搭配，根据内容需要，正文色彩宜朴素、稳重。标题及花边、插图等，则可用较鲜艳的色彩。同时根据板报内容，如"庆国庆""庆六一"等以较暖的色彩为主；而"植树造林""清明节"等以较冷的色彩为主。

### 7. 书写格式与字形、字体

书写格式要规范。文章正文字形清晰统一，字体可变化，但最好用仿宋、正楷，其次是行书，不要用草书。字距应是行距的 1/2 或 1/3。文章标题字形、字体可依版面整体设计而定。竖写应自右而左，标题居右。第一个空格不出现标点符号。

## 实训设计

1. 根据某一具体的课外活动，说明其技能的结构构成。

2. "以珍惜水资源，保护水资源，合理利用水资源"为主题，开展一次"家乡水资源调查"社会实践活动，设计好活动方案，写明活动目标、活动过程、活动方法和活动要求。

3. 运用科学的演唱方法练习一首歌曲，并自选一首简单歌曲进行自弹自唱。

4. 以"雨趣"为题材，创编一段儿童舞蹈。

5. 设计一幅简笔画，至少包括 3 种不同的题材内容。

6. 自选一个主题，设计一幅板报。

7. 运用所学的内容创编一套徒手体操，并在班级内自组小队进行练习。

8. 运用所学的内容创编一个体育游戏，并在班级内自组小队进行练习。

# 教学研究技能训练

现代教育对教师素质提出了更高的要求，现代教师不仅要教书育人，而且要在实施素质教育的过程中不断进行改革创新。这就要求教师结合自己的教育实践，开展教学研究，实现由"教书匠"向具有科研能力的"学者型"教师的转变，增强教育理论提升的自觉性。教师进行教学研究是教师未来职业发展的必然趋势，教师只有不断进行研究创新，构建学习型的职业路径，才能真正不断提升自身竞争力。

目标引导

了解小学教学研究技能的定义；掌握教学研究课题选择的方法；学会制订课题研究计划，能够运用几种基本的科研方法开展课题研究；能够撰写教学研究报告和学术论文。

思政小课堂

蔡元培是中国近代著名的民主革命家、教育家。他一生致力于教育事业，大胆改革，勇于实践，形成了属于自己的教育思想和理论，为我国文化教育事业的发展做出了重要贡献，至今对中国教育的发展仍有着深远的影响。蔡元培那蕴含了现代教育思想精髓的教育主张——教育的目的就在于造就具有完全人格的民主社会的国民；极力倡导教育必须"尚自然"与"展个性"，崇尚有尊严的多样性；推行"思想自由、兼容并包"的办学原则；崇尚有理想的包容性和健康心态的批判性，对于切实地推进素质教育，提高整个民族的创新能力都有着十分重要的价值。他的"终身美育、全民美育"的思想，对人生精神境界的提升和民族思想情操的升华，具有不可估量的现实意义。我国正处于教育强国的关键时期，作为教育工作者，要积极学习蔡元培的教育思想，深刻体会其中所蕴含的丰富内涵，踊跃投身教育创新实践，让科教兴国的道路迈得更加坚实有力。

## 第一节　教学研究课题的选择

### 一、教学研究概说

教学研究就是运用科学的理论和方法，有目的、有意识地对教学领域中的现象进行研究，以探索和认识教学规律，提高教学质量。

教学研究的主体要素是教师，特别是一线教师，他们是教学研究活动的主体；教学研究的客体要素是教学实践中现存的问题，它是教学研究活动的对象；教学研究的中介要素是教学研究活动，它是提出、分析、解决问题的过程，是联系主体和客体要素的中介。主体提出的研究预期目标与客体教学现存问题之间的差异就是矛盾，教学研究是预期目标与现存问题在具体教学研究活动中的矛盾斗争过程，是从已知条件探索其未知结果的过程。

教学研究课题一般分为三类：

（1）基础理论研究。例如，"小学英语教育信息资源的开发和利用""小学群文阅读教学中读写结合实施方法的研究"。

（2）应用性研究。这类课题来源于教学实践，包括教育实践中亟须解决的问题研究。例如，"小学线上线下混合式教学策略研究""小学数学教学中美育培养探索"。

（3）综合性研究。这类课题是来源于理论和实践两方面的综合性研究。例如，"核心素养背景下农村小学美术教学研究""新课程理念下小学英语教学策略研究"。

## 二、教学研究选题

教师要开展教学研究活动，首先碰到的问题是教学研究课题的选择。选择一个好的课题，对开展教学研究具有重要的意义。

### （一）课题选择要有"问题意识"

课题选择首先要有问题意识，选择有价值的问题进行研究，才能使研究有价值。

#### 1. 没有问题，就没有课题

教学研究课题是教育教学领域中为了实现教育目标而要研究的、尚未认识和解决的问题。这些问题有理论的，也有实践的。例如，小学教育科研课题是在小学教育教学实践或管理中，为了提高育人质量，为了改善教师的教育行为而要研究解决的矛盾或困难，通过对研究对象的主客观条件进行分析而确定的研究问题。所以，在选择小学教育科研课题时要有"问题意识"。要以"问题"为核心，论证课题研究的背景、现状与趋势、实践意义与理论价值；要以"问题"为核心，进行课题设计，包括问题描述、理论假设、研究目标、研究内容、研究过程、研究方法等等。

#### 2. 要善于发现问题

在教育实践中，教师常常会在对教育现象进行观察和认识的基础上，产生一些困惑，希望加以解决。教学研究就是要善于从这些困惑中发现和提出问题，进而产生解决问题的欲望，否则就谈不上选择研究课题。许多参加过课题研究的教师都有共同的体会，那就是发现并提出问题等于解决了一半的问题。道理很简单，一个问题出现，如果人们不认为是问题，当然也就不会着手去解决它。因此，选择课题重要的是要善于敏锐地发现问题和提出问题。

在教育教学实践中，教师要做有心人，善于观察，深入思考；要以事实、经验和逻辑性为依据，敢于怀疑，勇于质疑；要不断变换思考问题的角度，并进行类比与移植；要深入探究现象，勇于反思……只有这样，才能不断提高自己发现问题与提出问题的能力。

### （二）课题选定的过程

课题选定过程，是一个阶段性过程，是一个逐步确定研究方向，明晰研究思路，完善研究设想的过程。

#### 1. 阶段性的过程

课题的形成和选择，是课题研究工作中最复杂的一个阶段。这个"阶段"实际上就是一个过程。在学校，就是指教师依据一定的原则和要求，从教育教学实践中客观存在的、尚未认识和解决的诸多问题里，鉴别、筛选和确定出具有一定价值的适合教师能力水平的教学研究课题的过程。经过选择确立的课题（题目）也可看作是一个阶段性研究过程的成果。

### 2. 确定研究方向的过程

在这个过程中，学校教育中尚未认识和解决的问题可能是很多的。这时，为了缩小范围，寻找课题线索，就必须首先确定自己的研究方向。所谓研究方向，就是教学研究的目标，是教师在长期教育实践和教育理论的学习研究中，认定适合自己的兴趣与条件，而且应该着手解决的某些较大范围、较宽领域的问题。教师可以在研究方向下，选择其中的一个问题作为研究课题。研究方向与研究课题是面和点的关系，研究方向限定研究课题的范围，研究课题是在研究方向中从面到点逐渐筛选出来的。

### 3. 明晰研究思路，完善研究设想的过程

教学研究课题的选择和形成，是一个科学的思维过程，是一个行动研究的过程，它不仅要从一大堆问题中挑选出实质性的课题来，还要对该课题的研究思路和研究设想进行充分的论证。论证的形式主要有自我论证和专家论证。自我论证是指课题主持人的内省论证和课题组成员的集体论证。在此基础上，组织专家论证，或是通讯论证，或是现场论证，通过与专家的对话交流，质疑答辩，使研究思路和研究设想渐次明晰完善。

## （三）教学研究选题的来源

一般来说，教育科研课题的来源主要分为两大类：第一类是有关部门发布的课题指南；第二类是学校或个人的自选课题。

### 1. 从有关部门发布的课题指南中选题

各地的教育科学研究管理机构或教育科研规划领导小组会在一定的时间范围里定期或不定期地发布教育科研课题指南。一般来说，这些课题指南为教师提供了研究课题的选题方向和范围，教师可以从中选定自己的研究课题。但必须注意，课题指南中列出的项目并非一定等同于课题本身，它只是选题参考，常常是比较大的课题方向，教师必须根据自己的实际情况，从某一角度、某一方面确定自己具体的研究课题。如果不顾实际情况照搬课题指南，那么这样的课题研究往往难以开展。

### 2. 学校或个人的自选课题

学校或个人的自选课题主要是指学校或个人根据实际情况，从研究志向、兴趣、专业、特长、精力、能力等主客观条件出发，参考课题指南选择确立的课题。其主要来源于以下几方面：

（1）从中外教育发展的历史过程中研究前人的教育理论成果，发现存在的问题、缺陷和不足，从中提出一些理论问题加以研究，以矫正、弥补或完善前人的教育理论。

（2）从不同时期的教育研究中发现矛盾和问题，进行质疑问难的研究或争鸣式的研究探讨。

（3）对已有的研究成果进行验证性研究。

（4）从当前的教育教学实践中寻找课题进行研究。这是小学教学研究课题的主要来源，特别是在当前素质教育深入开展，实施课程改革，加强教师队伍建设的进程中，出现了许多需要探讨的问题，这些问题常常形成教育的重点、难点、疑点，有的还成为热点，这些都可以成为

教育科研的选题。

（5）从参与一些高校、科研机构的课题研究中寻找子课题。

（6）从学校或个人已有的课题研究成果中选择新的生长点，生成新的课题。

从实践中寻找课题与从理论文献中寻找课题，两者是相辅相成的，一个具体课题往往既有实践价值，又有理论价值。从实践中产生的课题，如果很值得研究的话，往往都是理论上没有解决的问题，因而实践研究所要解决的具体问题，往往又有一定的理论意义，有助于丰富和发展理论。

### （四）教学研究选题的表述

要将课题选择中所产生的众多想法与灵感，提炼成实实在在的理念并表达出来，就必须重视选题的恰当表述。

课题经选择确立后，还要力求用恰当的语句表述出来，使其有创意、有新意。恰当的表述起码要有新角度、新思路。在保证指向性、概括性、限定性的基础上，能体现出新的创意。例如，"核心素养下小学英语思维导向式阅读教学探究""基于立德树人的小学劳动综合实践活动的开展分析""小学语文教学中渗透心理健康教育的方法及效果研究"等，均表现出了课题主持人所追求的新理念。

### （五）选题要务实

教育科研课题的选择要关注研究的结果，讲究研究的效益。教育科学研究最大的特点就是特别关注人的发展，不仅关注人现在的发展，还关注人未来的发展。所以，无论选择何种类型的课题，都要以人为本，追求育人效益，也就是在课题研究的过程中，师生要共同成长。要获得这样的效益，在课题选题时就要关注研究的结果，遵循需要性、新颖性与可行性原则（尤其是可行性原则），以保证课题研究任务的完成。要防止开题热热闹闹，过程冷冷清清，结题无声无息的现象，以真正达到科研兴师、科研兴教、科研兴校的目的。

## 三、课题研究计划的制订

课题一经确立，必须制订详尽的研究计划。研究计划是进行课题研究的具体设想，是着手具体研究活动的框架。课题研究计划的基本结构如下。

### （一）课题的界定与表达

揭示课题的论点，形成课题目标，以指导研究过程。课题名称必须简洁、具体、明确。这部分要能反映出研究的理论视角、创新程度等。

目前在课题名称的表述方面普遍存在以下问题：

（1）课题需要解决的问题不明确、含混不清。如"学科教学中德育渗透的研究"，乍一看好像比较清楚，但其实还是没有把研究的对象、问题弄清楚：研究的是大学生、中学生，还是小学生？是所有的学科，还是单指语文、数学等学科？

（2）课题名称外延太大。如"关于优化课堂教学过程的研究""关于创新精神与思维能力培养的研究"，题目太大，内容太宽，研究会无法进行下去。

（3）题目过长、啰嗦。如"根据农村特点，重视培养学生学习科学课兴趣，搞好农村小学科学课程教学工作"。其实，这个标题完全可以改为"激发兴趣，搞好农村小学科学课程教学"。

（4）课题名称不是实验方案的名称，而是撰写论文的名称。如"培养学生自主学习能力，提高课堂教学效率"，如果这是一篇经验总结的论文的题目还不错，但作为课题的名称则不好，因为课题就是要解决的问题，而这个问题正在被探讨，作者正准备对其进行研究。

## （二）研究的目的与意义

这一部分将回答为什么要进行这项研究，它有什么价值，它产生的背景是什么等问题。其目的是使人们，包括研究教师本身，认识进行该研究的必要性。一般包括以下三方面的内容。

### 1. 研究的现实背景

客观地指出该研究所针对的问题在现实中的普遍性、危害性与严重性，从而表明为解决该问题而开展研究的必要性。

### 2. 研究的历史背景

要交代前人或他人在该问题或有关问题上做过什么研究，其研究思路和方法如何，得出了什么成果或结论，还存在什么有待进一步解决的问题或有什么错误的地方值得进行研究纠错。对此的阐述需要查阅有关文献资料，并加以认真分析，指出哪些文献与本课题密切相关。这项工作主要是为了使别人由此了解研究者所具有的必要的研究基础和起点，也使研究者本身更加清楚自己的研究是从何入手的，使研究能够对准突破点，挖掘出自己的特色。

### 3. 研究可能做出的贡献

研究做出的贡献主要包括理论贡献与实践贡献。理论贡献是指该研究将在哪些方面有所创新，或补充了前人的哪些不足。理论贡献要写得具体、准确，不能笼统地写成"为教育理论做出了贡献"。以教学研究课题《中小学学习困难学生焦虑的研究》为例，其理论贡献应写成：本课题的理论贡献在于，为学习困难学生的鉴别和矫正提供了心理学的理论依据。实践贡献是该研究对教育改革实践将会起到什么促进作用。同样以上例为例，其实践贡献可写成：本课题的实践意义在于，帮助教师了解中小学学习困难学生焦虑水平与特点，以及焦虑对学习困难学生的影响，能够增强教学的针对性并且提高教师的因材施教水平。这里还必须提醒的是：虽然这些贡献仅仅是方案中的考虑，还不是事实，但仍应本着实事求是的态度，对可能的贡献做出设想，而不要故意夸大。

## （三）研究的对象与范围

教育研究与其他研究一样，总是指向一定的对象，这些对象往往是人或由人组成的群体、组织及他们的行为和特质。由于人及其行为和特质的复杂性，所以对之进行研究时，还必须加以明确的界定，以避免不同人从不同的视角来理解而带来的混乱。

### 1. 对研究对象的模糊概念进行界定

有一些研究对象带有模糊性，例如"薄弱学校""学习不良""学业负担过重"，对此应做出界定，必须是可以操作的，如对"薄弱学校"的界定可以根据教育行政部门对学校的评估标准，评估分数在多少分以下的就是薄弱学校；"学业不良"可定义为最近学期末有两科以上主科不合格；"学生负担过重"可定义为学生每天花在学业方面的时间超过 9 小时。

### 2. 对研究对象的总体范围进行界定

研究对象的范围是大是小，需要根据研究目标来考虑。其中，范围有来源范围和特征范围。来源范围指地域、学校、班级；特征范围指性别、年龄、心理特质等。例如，对学生心理健康状况的调查，学生的范围是在全国，还是某一地区？在什么类型的学校？在什么年级或年龄段？这些都要进行明确地界定。范围不同，最后得出的研究结果会很不一样，其结论也不同。

### 3. 对所研究的行为和特质进行界定

由于人的行为和特质的复杂性，往往某种行为与非某种行为间不一定有很明确的界线。为了研究的严密性，必须对这些变量做出界定。例如，"独立思考"可界定为：能提出与书本、教师不同的见解。"爱好广泛"可界定为：课余时间从事的非学业活动种类的多样（或具体写为三种以上）。

## （四）研究内容

研究内容包括：①研究假设，也称研究问题、研究目标等；②理论基础，也称理论依据；③指导思想；④研究原则；⑤研究的具体内容。

研究的具体内容，也就是研究的问题，它是研究计划的主体，它回答研究什么的问题。它把课题所提出的研究问题进一步细化为若干个小问题。研究内容的多少与课题的大小有关，课题越大，内容就越多。确定研究内容的时候，切忌笼统、模糊，把研究的目的、意义当作研究内容，这对整个课题研究十分不利。因此，要学会把课题进行分解、细化，一点一点地去做。

## （五）研究的方法、途径

研究方法主要是指教育研究方法，它回答如何研究的问题。教育研究的方法虽然多种多样，但可以将其分为两大类。一类是收集研究数据资料的方法，如调查法、观察法、测量法、文献法等。这些方法旨在获得对象的客观资料，而不给予对象任何的影响。另一类是旨在改变和影响变量的方法，如实验法、行动研究法、心理干预法等。这些方法是要通过施加某些干预而获得某些期望的结果。有的课题只用单一的研究方法就可以研究了，所以采用单一的研究方法；有的课题则需要多种方法才可以研究，因此，要采用综合多种研究方法。

课题研究的基本方法

研究方法的写法不要太简单、太笼统，尽可能写得细致一些。如用调查法，可写明调查方式是问卷还是访谈。如果用问卷调查，最好能将设计好的问卷附上。如果是访谈调查，尽可能附上访谈提纲。若采用实验法，最好将实验方案附上。

## （六）研究的步骤、进度

课题研究的步骤，也就是课题研究在时间和顺序上的安排。研究的步骤要充分考虑研究内容的相互关系和难易程度。一般情况下，都是从基础问题开始，分阶段进行，每个阶段要达到的要求、预期的成果、起止时间、重大事件等都要表达清楚。它使得研究者一开始就心中有数，在实施研究中一环接一环、有条不紊地开展各项工作，从而保证研究能按预定要求如期完成。步骤基本上包括方案准备阶段，方案实施阶段，专家论证评价、总结验收和结题三个阶段。

### （七）成果的形式

研究成果的形式是指研究结论、研究成果用什么形式来表现。教育研究成果可以有研究论文、专著、教材、结题报告、教具、教学仪器、教学软件、课件等等，必须以物的形式呈现出来。教学、活动不能作为主报告，它们可以通过文字、图片、录音、录像等记载下来，作为附件。研究周期较长的课题，除了要有最终成果形式，还应该有阶段成果形式，最后将阶段成果综合并发展成最终成果。

### （八）课题组成员的分工

课题组应分工明确，以便使研究顺畅高效。课题组成员要根据课题研究的需要而确定，并不是越多越好。课题组的每位成员都必须承担课题研究的某一方面任务。课题组成员所承担任务的性质应与该成员的能力、经验相适应。研究计划中要把课题组负责人、成员的名单、分工写出。必要时，还应列出各人的专业、能力特长、曾有的研究经历和成果，以便课题组负责人对课题组的研究力量有所了解。

### （九）研究经费预算与设备条件要求

经费与设备是开展教学研究的物质条件，不同的研究所要求的条件是不同的。经费的支出主要包括资料费、印刷费、旅差费、会议费、设备费等。

应当指出，研究计划并不是一成不变的。在研究活动中，可以根据实际情况对原计划进行修订完善，要学会将计划性和灵活性有机地结合起来。

## 第二节　研究报告的撰写

### 一、研究报告概说

研究报告是用来描述研究的结果或进展，是报告情况、建议、新发现和新成果的文献。研究报告的类型很多，依据研究内容与方法的不同，常见的有以下四种。

### （一）教育调查报告

教育调查报告是对某种教育现象调查后，经过整理分析写成的书面材料。

### （二）教育实验报告

教育实验报告是在教育实验研究后，对教育实验的全过程及其结果进行客观、概括的反映和分析，进而形成的书面材料。

### （三）教育经验总结报告

教育经验总结报告是以总结教育工作中的经验为主要内容，将在教学实践中获得的一些成功的做法、体会、认识或教训加以分析、概括，揭示其内在联系和规律，并使之上升到一定理论高度的条理化的经验总结。

### （四）学术（或课题）研究报告

学术（或课题）研究报告是专门对教育中的某个问题进行学术探讨或针对某个课题研究而形成的报告。

## 二、研究报告的撰写格式

一般来讲，一篇研究报告主要包括以下内容：标题、摘要、研究目的、研究方法、研究结果、讨论、结论、参考文献。

### （一）标题

标题是对研究报告内容的高度概括，应当简洁、明了、准确。具体要做到：主题确切，言之有物，特色鲜明。如"信息网络环境下小学新型数学教学模式阶段性研究报告""在小学三年级数学教学中培养学生思维品质的实验研究报告""小学 11—12 岁学习不良儿童自我控制能力的研究"。需要注意的是，对标题的概括和推论不能超出被试范围等因素的限制。例如，由研究某市小学儿童独立性问题，就推导出《中国儿童独立发展研究》，这是不恰当的，应写成《××市小学儿童独立性发展研究》。

### （二）摘要

摘要是对研究报告的内容所做的简明扼要的介绍，它要简洁地交代研究的问题、理论假设、选取的被试范围、研究方法、结果与结论，一般为 200 字左右。摘要应能反映研究的内容、领域和角度，使人耳目一新，抓住研究的关键部分。如《母亲教育观念与儿童心理特征的相关研究报告》的摘要："本研究着重于探索母亲教育观念与儿童心理特征之间的关系，通过问卷调查，发现母亲教育观念主要包括儿童发展观、教育观和期望三个方面的内容。结果显示，母亲教育观念与儿童性别、年龄差异及儿童心理特征，尤其是儿童气质特点有关的心理特点有显著关系。"

### （三）研究目的

具体来说，研究目的要回答出以下四方面的内容：

（1）课题的由来或背景，从理论方面（政策、学说、教育理论、其他研究成果）与实践方面提出研究本课题的必要性（可行性）与紧迫性。

（2）要对课题名称中所涉及的新概念及其特定的内涵做出界定和说明。

（3）简要分析该课题目前国内外研究的状况，并说明本课题研究需要解决的问题。

（4）说明本课题研究的理论意义和实践意义。理论意义就是通过该课题的研究，在理论上可以揭示什么；实践意义就是在实践上可供他人借鉴什么。要做出说明。

### （四）研究方法

研究方法要交代的问题有：

（1）被试。如何随机取样，被试群体人数、男女性别。

（2）具体的研究方法。研究方法要尽可能写得细致一些。

（3）材料与研究工具。包括两部分，一部分是定型的仪器、设备，标准化的测验、量表；另一部分是根据研究目的，自行设计的材料和工具。

（4）研究设计与程序。包括研究设计的类型、被试的分组、研究的具体步骤与要求、无关变量的控制等。

（5）评分标准与统计方法。

## （五）研究结果

研究结果是研究报告的关键，要注意文字、数字、图表三结合。对定性资料可以用文字直接表达，可以选用典型事例和一些理论观点。注意积累文字资料，如会议记录、各种案例、教学设计、教学计划、教案、收集的补充材料、平时的一些体会、论文、学生的认识、学生的作业等。对定量资料应尽量选用数据和表格，用图表的形式把得到的数据表示出来，并且采用一些统计方法进行分析。数据必须是原始的、科学的，要实事求是。

研究报告撰写的原则是先总体后个别，先中心后外围，先一般后具体。

研究结果的具体要求为：①结果应是研究资料数据分析的产物；②结果要以事实、数字、图表为主要呈现形式；③形成结果的数据资料必须是从研究中获得的；④结果要经得起验证；⑤结果要把定量分析与定性分析结合起来。

研究结果的具体写法为：第一步，再次提出概念性问题；第二步，说明在研究中实际完成的操作与测量行为；第三步，客观地表述研究中得到的结果；第四步，用数字、图形、表格、材料说话；第五步，在每一个分支结果的末尾部分对该结果作简要小结。

## （六）讨论

讨论是对研究结果的议论。其功能包括以下几个方面。

### 1. 解释研究结果，推出一般性结论

经过定性、定量分析，获得了研究的结果，而为什么会产生这样的结果，就需要讨论来说明。例如，研究幼儿气质，发现3—4岁幼儿均数差异最大，发展变化最大。气质本来应是相对稳定的，为什么这个时期气质还会有这么大变化呢？研究者就需要讨论来解释这个问题，以得出结论。

### 2. 验证假设

教育科学研究的重要任务之一就是检验和建立教育与人的发展理论，揭示研究的理论意义，这是讨论部分的重要内容。例如，在研究中美学前儿童在游戏中的社交类型和认知类型的发展时发现，个体、平行游戏，美方多于中方；联合、合作游戏，中方多于美方。这说明中美学前儿童社交、认知水平，游戏的方式与内容有差异。为什么会产生这些差异？研究认为这种差异主要受不同文化因素影响所致。在研究过程中，就要合理地对此假设作出检验。

### 3. 指出应用价值

教育科学很多研究都能够直接应用于实际，为教育实践提供理论依据，在讨论部分应明确指出这一点，以便研究结果的应用与推广。

### 4. 提出研究的不足

一项研究不可能包罗万象，十全十美。讨论应指出本次研究解决了哪些问题，有什么不足之处，还存在什么问题，以及在研究过程中又发现了什么新问题、新探索，需要进一步研究等。

## （七）结论

结论要简明扼要地说明研究的全部结果，使其具备客观性和概括性。

## （八）参考文献

参考文献是指在研究过程中所参考引用的主要文献资料。按规定，凡是引用的前人或他人的观点、数据和材料等，都要在文中或文末列出参考文献列表。列出参考文献，一方面表明研究者尊重作者劳动，开阔读者的思路，帮助读者查寻引用文献的原作；另一方面也表明该研究的起点和深度，使研究具有真实、广泛的科学依据。参考文献的书写必须遵照一定的格式，一般写法是作者、篇名或书名、出版单位、出版时间或杂志期刊号及引文所在的页数等。

## 三、撰写研究报告的注意事项

（1）观点和材料要相一致，通俗性和科学性要相结合。研究报告一定要有具体材料，要重事实，从事实中引出观点。

（2）要重视研究方法和结果的阐述。研究的价值是以方法的科学性和结果的可靠性为条件的。不够确切的、没有经过核实的材料，不要引用。

（3）分析讨论时要用辩证的观点。不要把问题讲得太绝对，要实事求是，加强理论探索，提高研究的理论水平。

（4）书写格式符合规范，文字精练、简洁，表达准确完整，不需要加入过多的艺术性语言。研究报告在表述中应以一种创造性的、清楚的和精练的方式来呈现；措辞应当高雅和直截了当，不能以日常用语代替科学术语。报告的写作一般应不带个人色彩，尽量不用"我"或"我的观点是"等表述方式。

# 第三节　学术论文写作

## 一、学术论文概说

## （一）学术论文的含义

学术论文，又称科研论文，是用来进行科学研究和描述科研成果的文章。它既是探讨问题进行科学研究的一种手段，又是描述科研成果进行学术交流的一种工具。

学术论文作为议论类文体之一，具有完整的三要素：鲜明的论点、典型的论据、严密的论证。它以专门探讨、研究科学领域中的现象、问题为内容，并以提出符合客观实际、具有独创性见解为目的，它区别于一般的讲道理、发议论、谈感想，它是旨在表明自己看法的一种议论文。

## （二）学术论文的分类

按不同的标准，学术论文可以划分为不同的类别。按研究的学科，可将学术论文划分为自然科学论文和社会科学论文。按研究的内容，可将学术论文分成理论研究论文和应用研究论文。按写作的目的，可将学术论文分为交流性论文和考核性论文。在高等学校中，因学习的阶段性而将学术论文划分为学年论文、毕业论文和学位论文。

## （三）学术论文的特点

学术论文与一般的议论文不同，其具有如下特点。

### 1. 创见性

创见性是科学研究的生命。学术论文要通过对学科中某些现象和问题的观察、分析、研究、探索而提出新方法、新观点。学术论文必须具有创见性。

### 2. 理论性

理论性是人类认识的高级阶段。学术论文探索的都是各门学科中的学术问题，揭示和论证的都是客观存在的规律和研究者对这些规律的认识，是一种由感性到理性的认识。因此，学术论文具有理论性。

### 3. 科学性

科学性是形成学术论文的基础。科学性在学术论文中主要表现为：论点是从材料中自然而然地引出和得来的，经得起实践的检验，不带有主观随意性。论据真实、典型、充分，能有力地支撑论点。论证严密、合乎逻辑，能充分地凸显问题的实质。

## 二、学术论文的写作要点

## （一）学术论文的写作准备

学术论文的准备工作大致包括以下几个方面。

### 1. 确立课题

确立课题，即选题，是确定一篇论文的研究目标、论述对象和有待证明的问题。学术论文的选题是主观愿望和客观需要相结合的产物。从主观方面讲，首先，对所研究的问题，要有浓厚的兴趣，这样才能使研究工作积极、自觉、充满热情地进行。其次，要有专业优势，这样才能使研究工作得以顺利展开。最后，还需选题适当才易出成果。从客观方面讲，一要看选题有无科学价值和现实意义；二要看完成选题是否有必备条件，如占有资料的多少、时间的充裕程度等等。主观与客观得到较好的统一后，就可以确立论题。

### 2. 搜集资料

论题一经确立，搜集材料就成了研究阶段的主要环节。学术论文所需要的资料，是指研究者为既定目的，从科学研究的实践中或从情报资料中获取的一系列事实、文字、数据、图像和科学理论。不同的学术论文，其搜集材料的方法有所不同，有的侧重于实验数据，有的侧重于文字资料。综合起来，可从以下角度进行：

（1）细心体察。科学研究是以把握其本质为目的，为达到这一目的，需要细心体察。细心体察可分为观察法和实验法。这两种方法都可以使研究者获得第一手资料，从而把握事物的内在规律和发展过程，为学术论文的写作提供可靠的事实依据。

（2）广泛阅读。这是一种搜集间接资料的方法。研究者在已确定的论题范围内，要了解过去的研究成果，以熟悉各家之说；要了解新的研究成果，以明确现阶段已达到的研究状况；要寻找恰当贴切的资料，以预示未来的研究方向。这些都需要阅读资料。因此，广泛阅读有利于研究的展开。创造性见解，往往就是从研究资料的过程中闪现出来的。

（3）整理归纳。在搜集材料之前，研究者会苦于对所论的问题知之甚少，在搜集材料之后，研究者又往往会感到材料过多而难以聚拢，这就需要对材料进行整理归纳。观点来自材料，材料说明观点，这是整理归纳材料的基本宗旨，也是取舍材料的唯一标准。

### 3. 潜心研究

面对丰富的资料，只有潜心进行科学的分析、综合、比较、归纳，才能抓住其特征，找出其规律，得出正确的结论。搞学术研究要讲求方法，正确的研究方法是研究获得成功的必要条件。研究者除了要掌握好常见的分析、综合、比较、归纳等基本方法之外，还要注意学习新的研究方法，如系统论、信息论、控制论等，来提高自己的研究效率。

## （二）学术论文的撰写

### 1. 编写论文提纲

学术论文的写作提纲，是论文的内容和逻辑的提要，它是研究者整理思路，并使之定型的体现，也是文章内容逻辑关系视觉化的一种形式。编写论文提纲，能起到疏通思路，安排材料，形成结构的作用，从而使学术论文的写作有计划地进行。

写作提纲一般由题目、总论点、内容纲要组成。题目就是学术论文的标题，一般都直接揭示论点，给读者以鲜明的印象。总论点是全文的中心论点，是研究者所要论述的观点或问题。总论点是纲，分论点是目。在一篇学术论文中，总论点统率分论点，分论点阐明总论点，在文中具体表现为内容纲要。内容纲要在写作提纲中是主要项目，能具体地呈现出文章的内容提要、材料的逻辑次序。

写作提纲有简略提纲和详细提纲之分。简略提纲只有大纲和小目；详细提纲则是在简略提纲的基础上，加以论证要点、重点语句。简略提纲一般是以简要的文字写成标题，把该部分的内容概括出来，也称为标题式写法。详细提纲以能表达完整意思的句子形式来概括本部分的内容，也称为句子式写法。两种提纲各有所长，用哪一种，可根据文章的内容，视个人的写作习惯而定。总之，提纲的拟定能帮助研究者从全局着眼，立全篇的骨架，明全文的层次。提纲拟好了，论文写起来便得以纲举目张。

### 2. 学术论文的基本结构

（1）引论。引论是论文的开头部分，它揭示此篇论文的主旨，说明撰写此篇论文的目的和要解决的问题，扼要介绍论文的主要内容和研究这个题目的意义。这一部分在全文中所占比例很小，要求写得简洁明快，避免用很长的篇幅写自己的心得感受，或冗繁地讲述自己选题的思考过程。

（2）本论。本论是论文的主体部分。它是作者展开论点、集中表述研究成果的部分。这一部分在全文中所占比例最大，是全文的重点，它要求对成果的阐述内容充实，对见解的论证严密周详。内容充实表现为展开论点的思路，通常分横向展开和纵向展开两种形态。横向展开，即以不同侧面、不同角度而组成几部分。它们既相对独立完整，又统一于观点之中。通过大小层次的并列，可使读者清晰地看到证明论点的过程，既具体，又条理化。纵向展开，即由表及里，由浅入深，由一般到特殊，体现出人们认识事物的过程。它要求逐层地分析问题，步步深入，充分展开。在论文中，横向展开与纵向展开并不是互相排斥，而是相互渗透、相互结合、交错使用的。论证严密表现为既要注意连贯性，又要注意全面性。连贯性，集中体现在材料关系方面。材料有平行关系、递进关系、接续关系、对立关系。平行关系，顺序孰先孰后均可；递进关系，不可随意颠倒；接续关系，层层渐进；对立关系，注意辩证统一。理清了材料的相互关系，论文写作才能层次井然，清晰有序。全面性，是要尽可能地防止片面，克服绝对化。全面，不仅是正反方面，还在于矛盾的多方面。把论点放在不同的关系中去考虑，便可减少偏颇，使其更具科学性。

（3）结论。结论是论文的最后一部分。它是在本论部分分析问题的基础上所做出的结论。它既是主体部分的自然延伸和归结，又要注意和引论部分相照应，明确论证结果，并总结全篇。这一部分在全文中所占比例不大，因此，要求文字简洁、富于概括性。

## 实训设计

1. 选取一篇小学科研论文，结合本章知识，进行分析、评价。

2. 根据自己的任教学科或专业特长，设计一个教学研究课题，并说明选题依据。

3. 针对自己的教学研究课题，拟出一份研究计划。

4. 针对自己的教学研究课题，设计一份调查问卷，制定一份实验方案。

5. 请结合教育见习、实习经历，从某一个研究方向出发，撰写一篇小学教学研究报告。

# 班主任工作技能训练

班主任是学生集体的组织者和教育者，是学校管理者进行教导工作的得力助手和骨干力量，是各科任教师、家庭、社会等各种教育因素的协调者。班主任工作技能是以教育学、心理学等学科基本理论为指导的理论与实践相结合的教学实践活动。具体来说，班主任工作技能主要包括组建和管理班集体技能、了解和教育学生技能、心理健康教育技能、组织课外活动技能及沟通技能等。班主任工作技能是基础教育优秀师资必备的教育能力。师范生应自觉端正认识，明确班主任工作的重要意义及班主任工作技能的核心内涵，自觉加强班主任工作技能培养的理论学习与实践训练，为成为一名优秀班主任做好充分的职前准备。

**目标引导**

明确组建班集体的环节与方法，学会运用管理班集体的基本策略；掌握班主任了解学生的方法、处理偶发事件的方法和要求、操行评定的方法和要求；了解小学生常见的心理问题及成因，掌握小学生心理辅导的基本要求，尝试根据小学生的特点有针对性地进行个别教育；了解班主任与学生、家长、校内外教育力量沟通的方法。

**思政小课堂**

我国教育家魏书生不仅是一位优秀的教师，还是一位出色的班主任。他进行班级管理的很多做法都体现着民主的理念和精神，其中，学生座位自愿组合就是一例。在他的班上，随着学生间的相互了解，座位可以自愿组合。但组合有两个条件：第一，有利于学习；第二，要"四厢情愿"。这两个条件满足了，经他同意就可以换座位。所谓"四厢情愿"就是，假设甲乙两名学生一桌，丙丁两名学生一桌。甲要换到丁的位置去，必须征得其他三人的同意，有一个人不情愿也不行。通过学生之间的组合，有的懒惰的学生交了个勤奋的朋友，不久也变得勤奋起来；有的好计较的学生和憨厚开朗的学生在一起，渐渐也不爱计较，不爱生气了。确立"以人为本"的班级管理理念是现代班级管理的必然。"以人为本"就是尊重每一名学生。教育过程不仅是教育技巧的施展，也是充满了人情味的心灵交融。

# 第一节　班主任工作概说

## 一、班主任工作的基本任务和职责

### （一）班主任工作的基本任务

班主任是班级管理工作的直接管理者和第一责任人，是搞好班级管理工作的关键和核心。班主任工作的基本任务是在校长领导下，按照德、智、体、

班主任工作案例

美、劳全面发展的教育方针开展班级工作，培养良好班集体，全面关心、教育和管理学生，使学生身心得到健康成长和发展。

### （二）班主任工作的职责

#### 1. 管理班级

（1）班级学习管理。班级学习管理包括上课、课外作业、考试、学生的自习活动等。班主任对学生的教育、指导、督促、检查是提高学生学习效果的重要因素，班主任在完成所任教学科教学任务的同时，还要做到：教育学生明确学习目的，端正学习态度；指导学生掌握正确的学习方法，培养良好的学习习惯；创设良好的班级学习环境；树立具有本班特色的优良学风。

班级管理法则浅议

（2）班级生活管理。班级生活管理包括考勤、日常作息安排、维持各种活动纪律、清洁卫生、执行小学生守则、保持学校正常秩序等。班主任应从小学生日常生活管理着手，督促学生自觉遵守学校和班级的纪律要求，培养学生良好的学习、生活习惯。

（3）班级组织管理。班级组织管理是指班主任全面负责班级的各项管理工作，包括：选拔和培养学生干部，指导班、队干部开展工作；建立、实施班级规章制度；做好班级各项工作的计划和总结工作；科学、合理做好班级的评价管理；处理偶发事件。

（4）班级活动管理。班级活动是联系个人与个人、个人与集体的桥梁，是小学生展现自己、发挥特长、实现价值的舞台。班主任要加强对班级活动的管理和指导，确保达到应有的效果。

#### 2. 教育影响学生

班主任要以身作则，言传身教，对学生的道德品质、世界观、性格、习惯和思维等进行培养，尽早发现学生在学习、生活、人际交往和自我意识等方面可能出现的问题，并及时给予引导和解决。

#### 3. 沟通、协调学校、家庭与社会

（1）统一校内力量。经常与本班的科任教师取得联系，尊重科任教师意见，充分调动他们参与班级管理的积极性。在思想教育上，对学生统一要求；在作业布置、活动的组织安排上，做到统筹兼顾，形成团结协作的教育集体。

（2）统一学校与家庭、社会力量。班主任要同学生家长建立联系，经常沟通，与家长在教育学生方面统一认识、要求，互相协作、配合。同时，充分利用社会的积极因素，努力消除或转化消极因素，促进学生的健康成长。

#### 4. 服务学生

努力为学生做好服务工作，包括生活服务、文化服务和学习服务。生活服务，如学生在校的冷暖、卫生、身心保健、生活环境状况等；文化服务，主要指为学生介绍、提供好的书籍、文章、电影等，指导学生参加校内外文化活动等；学习服务，指为学生进行课外学习指导，帮助学生解决学习中遇到的困难，甚至教室里的光线、座位距离等。

### 二、班主任工作的主要原则

（1）从社会要求，从学校工作的全局出发，面向全体学生，了解学生的思想品德、学习、

健康、劳动和生活情况，促进学生全面发展。

（2）正面教育，启发诱导。班主任对学生应用说服教育方法调动各种积极因素，充分发挥榜样的作用。

（3）热爱尊重学生，严格要求学生。只强调教师爱学生是不全面的，还应具体研究怎样去爱，要严慈相济。

（4）因材施教。从学生实际出发，根据其心理特点、思想实际、个性差异及社会、家庭影响等，提出不同的教育要求，有的放矢地进行教育。

（5）以身作则，言传身教，正人先正己。班主任要严格要求自己，不断提高自身的道德修养，起表率作用。

（6）集体教育同个别教育相结合。要充分发挥集体教育作用，建立正确的集体舆论；培养集体荣誉感、自豪感，形成良好班风。

### 三、班主任应具备的素质

#### （一）坚定正确的政治方向

教师肩负着教书育人、为国家民族发展培养人才的重要使命。班主任必须认真领会和全面贯彻党的教育方针，坚持正确的政治方向。作为学生健康成长的引路人，班主任在学生思想品德形成与发展过程中居于重要位置，对学生的全面发展起着主导作用。因此，班主任应不断提高自身的思想政治觉悟，真正起到引领作用。

#### （二）尊重、信任学生的教育观念

学生是班主任教育工作的主要对象。怎样看待作为教育对象的学生，采取什么样的态度，直接影响到班主任的教育效果。随着年龄的增长，学生的独立意识和自我表现欲望都会逐渐增强。他们思维敏锐、思想活跃、上进心切、自尊心强而心理承受能力尚很脆弱，班主任对此要注意保护并加以正确引导。只有树立正确的教育观念，才能充分调动学生进步的主动性和积极性，也才能顺利实现教育目标。

#### （三）甘为人梯的高尚品格

班主任工作是平凡而又伟大的。言其平凡，是因为班主任工作主要是处理学生在学习和生活中出现的各种细琐问题，没有轰轰烈烈的壮举，只有默默无闻的奉献；言其伟大是因为班主任必须天长日久甘于坚守这个平凡的岗位，认真处理这些平凡琐碎的事务。班主任工作，一方面是平凡、平常，甚至平淡；另一方面又要满腔热情。班主任之所以甘愿坚守这个平凡的岗位，就是因为他们满怀着对教育事业的执着热爱，具有甘为人梯的高尚品格，唯此，教育事业才能保持长久的生命力。

#### （四）勤于进取的治学态度

知识经济时代的重要标志就是知识更新快，为此，班主任要注意不断更新自身的知识储备。班主任治学严谨、锐意进取，会激发学生的学习热情，对班级学风产生积极影响。苏联著名教育家赞可夫曾说："没有个人的思考，没有对自己经验的总结，没有对自己经验寻根究底的精

神，提高教学水平就是不可思议的。"

### （五）辩证施教的教育方法

班主任必须学习和掌握唯物辩证法，并运用这一科学的方法论来指导自己工作，不断探索班主任工作的新途径、新方法。班主任应认真学习马克思主义哲学，从班主任工作实际出发，实事求是。辩证施教主要表现为：对于不同学生，能够区别对待、因材施教；能够根据教育对象身心特点，不断变更教育内容和教育方法；能够根据变化了的新情况，善于随机应变，当机立断，做出恰当处理。

# 第二节　班集体建设与管理技能

班级是学校教育活动的基本单位，班级管理是学校管理的基本组成部分。有了班级，并不意味着它就是一个班集体。班主任需要通过班级组织机构的建立，制定和完善班级规章制度，确立班级奋斗目标，把一个由最初几十个

小学班级公司化
管理

性格不同、兴趣各异、彼此生疏的学生组成的形式松散的群体，逐步转化为有核心领导、正确舆论，团结友爱，自觉遵守纪律的班集体。班集体是班主任教育工作的对象，也是学生进行自我教育的力量源泉，更是学生个性得到充分发展的摇篮。班主任要实现班级向班集体的转变，需要开展许多工作，经历一个较长的过程。

## 一、班集体建设

### （一）制订班级计划

#### 1. 班级工作计划的依据和类型

（1）班级工作计划的依据。班级工作计划，一是要以学校工作计划为依据；二是应从本班学生实际出发，包括年龄特点、心理特征、知识水平、道德状况等。

（2）班级工作计划的类型。班级工作计划通常有学期计划、阶段计划、月计划、周计划、具体活动计划等多种类型。

#### 2. 班级工作计划的基本内容

（1）班级学生基本情况的分析。①班级概况：学生（男生、女生）数；少先队员人数；优等生、中等生及后进生的大体比例；学生年龄、健康状况、家庭状况等。②班级现状：学生德、智、体、美、劳诸方面的发展情况；学生的个性、特长及形成原因；班级的舆论导向；班干部的工作情况等。③学校、家庭、社会对学生的影响，包括道德品质、学习状况等。

（2）本学期的具体任务。根据对本班学生基本情况的分析、学校工作计划的要求和教育方针，提出班级本学期总的工作任务。包括：德育的目标与重点、提高学生学习质量的目标、增进学生身心健康的办法、建设良好班集体的规划等。

（3）具体工作安排。包括开展各种教育活动的形式、内容和要求；开展活动的时间、地点和方法；活动组织者及开展活动应注意的事项等。为了保证学期工作计划的落实，班主任还要

在实施计划的实际工作中，根据具体情况，肯定成绩，提出问题，并及时总结经验教训。

### 3. 制订班级计划的注意事项

（1）目的明确。清晰界定班级工作计划的目标，切忌含混模糊，要真正起到引导、控制和评价的作用。

（2）切实可行。制订班级工作计划应从实际出发，避免形式主义，要根据班级实际反映班级特色，避免成人化、公式化、形式化。

（3）集思广益。制订班级工作计划要体现学生主体性，应广泛征求学生意见，制订最适合学生实际、易于学生接受的班级工作计划。

（4）与时俱进。制订班级工作计划要反映时代的特点、社会的需要。

### （二）确立班级奋斗目标

班集体的共同奋斗目标，是班集体的理想和前进的方向，班集体如果没有共同追求的奋斗目标，就会失去前进的动力。

#### 1. 班级的近期、中期、长期目标

（1）近期目标。近期目标是指一学期以内的阶段性目标。许多优秀的班主任都非常重视班级近期目标的制定和落实。因为每个近期目标的实现，都会使班级在前进的道路上发生小的质变，若干个小的质变的集合，就会引起班级质的飞跃，进而实现班级的最终奋斗目标。近期目标往往通过班级组织的各种活动来实现，如争夺卫生流动红旗、搞好课堂纪律等。短期的、带有激励性的目标的实现，可以使师生增强信心，从而努力向更高的目标迈进。

（2）中期目标。中期目标通常指一个学年度的目标。不同年级的学生，身心发展有着不同的特点，班主任应根据学生的年龄特征、发展水平，制订出相应的学年度班级奋斗方向。中期目标是长期目标的分解，它在体现班级长期目标前提下，使目标更加具体。通常情况下，班级中期目标是班级年度工作计划的重要组成部分，也是班级年度工作努力的方向。制定中期目标，可以在完成总目标的某一两个方面有所侧重，以期收到最佳效果。

（3）长期目标。长期目标可以理解为全班学生经过较长时间的努力达到的目标，具有概括性、全面性和根本性。经过长期的建设，班级形成了健全的组织系统、完善的规章制度、强有力的领导核心、正确的舆论和良好的班风，能有计划地开展活动，使班集体达到自我提高、自我完善和自我发展的目标。

长期目标是建设班级的最终目标，组建班级的全部工作都是为了全班学生围绕着这一目标去努力奋斗。但这是一个渐进的过程，在这一过程中，要让学生明白：每一个长期目标的实现都有赖于近期目标的实现，每一个共同目标的实现都有赖于全班的共同努力。这样，通过目标的确定与落实，逐步增强了班级的凝聚力和向心力。

#### 2. 确立班级奋斗目标的方法

（1）师生共商法。师生共商法是一种既科学又民主地确定班级奋斗目标的方法，适合于发展良好的班集体。它可以集思广益，使目标更切合实际。同时，它有利于促进师生间的沟通，增进师生之间的合作。此外，商讨的过程还可以培养学生自我教育、自我调整的能力。

（2）班主任定夺法。班主任定夺法是指班主任做出决断，向班级提出要求以作为班级奋斗目标的一种方法。这种方法缺乏民主性，只能在班级初建时或在发展不好的班级中使用。通过

班主任提出目标要求，激发学生努力上进的热情。这种方法的不足之处就是，不利于调动学生的积极性和主动性。因此，班主任在制定目标前，必须深入学生中去进行细致的调查研究，使目标最大限度地符合学生的愿望和要求。在制定目标后，要大力讲解、宣传和动员，使之为全体学生所接受，并成为师生共同努力的方向。

## （三）选拔、培养和使用班干部

班干部是班级的核心，是学生中骨干分子，是班主任顺利开展班级工作的得力助手，是沟通师生之间关系的桥梁。正确选拔培养和使用班干部，不仅有利于班级凝聚力的形成，也有利于班主任组织管理，是建立良好班集体的基础和保证。

### 1. 班干部的选拔

（1）选拔标准：思想积极要求进步，学习成绩优异，有健康的体魄和良好的素质；处事公正，有较强的组织管理能力和号召力；善于沟通，人际关系融洽；具有为集体服务的意识和热情。

（2）选拔方法：班主任推荐和任命、民主选举、班主任选定和民主选举相结合、毛遂自荐、毛遂自荐和民主选举相结合、轮换制。班主任可根据工作的不同阶段，采取不同的选拔方式。

### 2. 班干部的培养

（1）严抓思想觉悟的提高。教育班干部树立为同学服务的意识，不计较个人的得失；引导班干部高标准要求自己，作全体同学的表率；培养班干部形成良好的修养，正确对待他人的意见和批评；教育班干部要敢于坚持原则，开展批评与自我批评。

（2）注意工作方法的传授。帮助班干部学会分析问题的方法，包括对人对事的分析方法；帮助班干部学会制订工作计划，做好工作总结；帮助班干部学会发挥集体的智慧；指导班干部做好日常工作，学会处理偶发事件。

（3）正确对待班干部的错误行为。要允许犯错误，不能对班干部过于苛求；对犯了错误的班干部不能袒护，要与一般学生同等对待；对犯错误的班干部处理要慎重，若需撤换调整，应注意调动他们的积极性，使他们关心、支持新的班干部的工作。

### 3. 班干部的使用

（1）要充分信任，大胆使用，热情支持。要激励出他们的工作热情，对班干部在工作中取得的成绩，要及时给予肯定、表扬；对工作中出现的失误能够宽容，不求全责备，耐心帮助他们分析原因，总结经验教训，指导他们改进工作。

（2）充分发挥模范带头作用。同时，发挥班干部根植于学生生活之中的优势，使其为班主任做学生工作提供准确的情况。

## （四）培养优良班风

班风，又称班级风气，是指一个班级绝大多数学生言论、行动、情感和精神面貌等方面的共同倾向和表现。班风具有极其重要的教育功能。良好的班风是一种无形的束缚力量，可以扶正祛邪，能产生强大的凝聚力和驱动力。培养优良的班风，需要从以下几方面入手。

### 1. 班级精神文化建设

班级精神文化属于观念形态层，是班级文化的核心内容，是反映价值观、人生观深层次的文化。

（1）班级精神的培养。班级精神是灵魂，这种精神要在班级成立之初就有意识地培养，逐步让学生理解、接受，并根植在全体学生的心里。

（2）班级凝聚力的培养。通过增强集体荣誉感，建立融洽的班级人际关系，以及提升教师人格魅力等方面可以促进班级凝聚力的形成。

（3）优化人际关系。处理好班级中的生生关系和师生关系。

### 2. 形成正确的班级舆论

班级舆论是指在班级中占优势的、为多数人赞同的言论和意见，它以议论或褒贬等形式肯定或否定班级成员的言行，成为控制个人或集体的一种力量。正确的班级舆论就是指根据是非标准所做出的符合客观事实的言论和态度，它是衡量班级觉悟水平的重要标准。正确的班级舆论决定着良好班风的形成。

形成正确的班级舆论，最根本的就是要树立学生的是非观，这是一个长期的、反复的、艰苦细致的培养过程，不可能一蹴而就。在这个过程中，可以采用以下方法帮助班级形成正确的班级舆论。

（1）加强思想政治教育，提高学生的认识水平。正确的班级舆论是建立在学生掌握了正确的价值观念和判断标准的基础之上的。而小学生的生活阅历简单，对一些问题的认识模糊，没有形成正确的是非观、荣辱观和美丑观，他们对许多问题的判断都是出于好玩或新奇。因此，班主任应该组织学生认真学习《小学生守则》《小学生日常行为规范》等，促使学生明确要求，提高认识，逐步养成正确道德观念。

（2）抓好常规训练，严格行为规范。班级舆论的形成是一个渐进的、不断发展和巩固的过程，班主任应该从大处着眼，从小处着手，在日常的学习、生活中，严格要求，坚持训练，教育学生从我做起，从身边的小事做起，培养规则意识，强化行为习惯的养成。

（3）利用榜样的力量感召学生。榜样的力量是无形的，它可以用他人的思想、精神、行为和成就去影响学生，引导学生模仿和学习，以改进自己的言行。班主任作为班级的教育者和管理者，首先要起到以身垂范的作用，吸引和感召学生；同时，班主任还可以从学生中、生活中挖掘榜样，或是以先进人物为榜样，给学生以示范作用或影响，从而产生感召力。

（4）利用奖惩强化。要形成正确的班级舆论，严明的纪律是保证。班主任要及时对身边的好行为给予表扬和奖励，对不规范的行为要进行批评和抵制，努力营造出遵规守纪光荣、爱班如爱家的风气。但奖惩不宜太多，并且主要以奖励为主，少用惩罚，禁止使用体罚或变相体罚。

（5）开展丰富多彩的班级活动。各种班级活动的开展，是形成正确的班级舆论的手段。在班级活动中，师生遵守同样的规范，这能丰富学生的体验，发挥他们的主动性，也有利于密切师生关系，产生班级凝聚力。同时，班级活动有利于拓展学生的视野，提高学生的道德认识和道德判断能力，有利于培养良好的思想品德，形成正确的班级舆论。班级活动的范围广、形式多，其中，主要的、经常开展的班级活动有教学活动、主题班会、少先队活动等。

### 3. 班级制度的建设

建立班级规章制度是保障班级有序运行、有效活动的前提条件。班级制度的建设需要注意以下几点：

（1）从"头"做起。做好入校教育，要让每一位学生了解班级规范，重视行为规范的落实，同时，制定班级的规章制度。

（2）尊重主体。学生是学校教育的主体，要充分尊重学生的意见，班级制度可以通过学生讨论、班委修改，最后全班学生投票的方式来制定。

（3）持之以恒。制度的执行一定要长期坚持，不能朝令夕改，更不能只制定不执行，要长期坚持，注重落实。

（4）执行要坚持公平、公正原则。班级制度是针对全体学生的，制度从实施之日起，就要保证它的公平性，即班主任、班干部和学生在班规面前要平等，但在具体方式上可以根据学生的个性特点灵活把握。

### 4. 正确运用表扬、批评、奖励和惩罚等教育手段

（1）表扬。目的在于使正确的思想和言行得到认可，并发扬光大。表扬时需要注意，表扬是手段而不是目的；表扬要符合学生的心理特征；表扬要客观、公正、及时。

（2）批评。批评能够帮助学生改正缺点，调节不良心理及行为。批评时需要注意，批评要精确；批评要有情感；批评要注意场合；批评要适当，晓之以理，动之以情，宽严适度。

（3）奖励和惩罚。奖励是一种肯定性评价，而惩罚是对学生错误言行的否定。班主任应针对学生的具体表现，实施表扬、鼓励或批评、谴责。运用奖励和惩罚手段时要注意，奖惩要适度，不宜滥用；奖惩要从实际出发，尊重客观事实；奖惩都要取得学生集体的理解和支持。

## 二、班集体管理

### （一）班级教学管理

班级中非正式群体的利用与引导

#### 1. 班级教学管理的特点

（1）班主任侧重对"学"的管理，不同于教务部门侧重对"教"的管理。

（2）班主任不仅应对学生进行学业辅导，更应进行学习目的和学习态度、方法的教育；不仅要对学生做个别指导，更要保证群体学习质量的提高。

（3）班主任除了通过课堂教学抓班级管理外，还可开展各种互帮互学活动和课外活动，以及与科任教师及学生家长进行沟通，帮助学生提高学习兴趣。

#### 2. 班级教学管理的基本要求

（1）以质量为标准。班主任正确处理掌握知识和形成技能的关系、"三维目标"和发展学生核心素养的关系、完成智育任务和促进个性全面发展的关系。

（2）以学生为主体。教师要充分调动学生学习的积极性、主动性，只有发挥其"内因"的作用，班主任的主导作用才能转化为学生的自觉行动。

（3）兼顾共性和个性。班主任既要重视对群体学生的管理，又要针对学生的学习态度、认识兴趣、智力能力、情感意志、气质性格等多方面差异。要实行分类指导，调动学生的学习积极性。

（4）关注教学过程。传统教学过多地重视学生的学习结果，而忽视学习过程。因此，教师

应注意对教学过程进行有效的监控和管理。

## （二）班级活动管理

### 1. 组织和指导班会活动

班会的基本形式有两种：一是班级例会；二是主题班会。

（1）班级例会的组织。

①班级例会的内容。班级例会的内容包括以下几方面。a. 班集体建设。宣传学校各项规章制度和纪律（包括课堂纪律、课间要求、考勤制度、考试纪律等），教育学生严格遵守；引导学生分析研究班集体中的问题，提出巩固和发展班集体的措施；引导学生讨论集体工作任务，不断提出新的奋斗目标；选举班干部，审议班级工作计划，总结班级工作，确定与班集体建设有关的具体内容。b. 学生行为指导。宣传《学生守则》，检查《学生守则》的执行情况，表彰先进，批评错误言行；帮助学生分析和总结自己的情况，提高他们自我道德评价的能力和刻苦锻炼自己的毅力，帮助他们巩固优良习惯和不断克服不良行为。c. 其他。如组织讨论班级成员共同关心的问题；定期的时事教育；处理偶发事件；等等。

②班级例会的形式。班主任要根据班级建设的需要安排班级例会形式和内容。主持工作可以由班主任担任，也可以给班干部锻炼的机会；每次班会时间不宜过长，就事论事，解决实际问题，讲求实际效果；注重与学生的沟通和师生良好关系的建立；尽量利用学校规定的班会时间进行，不宜占用学生正常的学习时间，做到民主、高效地组织班级例会。

（2）主题班会的组织。主题班会是根据教学任务的要求，针对班级多数学生的思想状况，确定一定的主题，并紧紧围绕这一主题召开的班会。主题班会的召开在内容上，要有针对性和思想性；在组织上，要有计划性；在形式上，要有艺术性和感染力。

"良好学习习惯的养成"主题班会设计

①主题班会的形式。漫谈、座谈、对话、讨论等形式；演唱比赛、故事会、诗歌朗诵等形式；参观、访问、瞻仰等形式；报告会的形式；系列主题班会。

②主题班会组织过程。包括四个环节：a. 设计。主题班会内容新颖，针对性强，面向学生实际，具有时代感。b. 准备。制造气氛，引发学生的兴趣和积极性。c. 实施。注意布置会场，融情于景，既要生动活泼，又要兼顾教育性。d. 深化。班主任要善于总结经验，要能抓住学生产生的细微变化，加以引导，使其升华，达到教育效果。

### 2. 组织和指导课外活动

（1）主要形式：班级的群体活动、小组合作性活动、个人活动。

（2）主要内容：观察活动、小实验、小制作等。

（3）基本要求：①鼓励和发挥学生的独立性与创造性；②班主任应具有科技、音乐、美术等某方面的基本知识和基本技能。

### 3. 组织和指导社会实践

（1）主要形式与内容：到工矿、农村、部队、学校等进行社会考察、体验生活、参加劳动、军事训练，也包括走访各类典型人物。

（2）基本要求：①具有明确的目的性和针对性；②要掌握组织社会实践的方法；③选择实践场所，联系有关单位，做好实践活动前的具体准备工作；④在偶发事件发生的时候，能够妥善地进行处理。

## 三、学生品德教育

### （一）品德教育概说

我国著名心理学家林崇德教授说："德育为一切教育之本，是教育内容的生命所在，德育工作是整个教育工作的基础。"思想品德是人们在社会生活中，通过处理与自身、与他人、与集体、与国家和社会的关系，而逐渐培养起来的做人做事的稳定的思想方式和行为习惯。在现代社会，社会成员的思想品德状况对社会的发展具有关键的作用。当前，我国正处于实现中华民族伟大复兴关键时期，社会对人才的素质提出了新的标准要求，而小学生是未来社会发展的中坚力量，他们的思想品德状况如何，直接关系到中华民族的伟大复兴。因此，必须加强和改善对小学生的思想品德教育。

品德教育即思想品德教育，在我国通常简称德育，是指教育者按照一定社会的要求，有目的、有计划、系统地对受教育者施加思想、政治和道德影响，通过受教育者积极的认识、体验、身体力行，以形成他们的品德和自我修养能力的教育活动。它的内涵包括政治教育、思想教育和道德品质教育。政治教育是培养学生正确的政治方向，包括政治立场和政治态度。思想教育是培养学生对待事物正确的思想观点。道德品质教育是培养学生形成社会所需要的道德观念和道德行为规范。其中，政治教育和思想教育要以道德品质教育为基础，道德品质教育又要以政治教育和思想教育为导向。在小学阶段，由于小学生的年龄特征和知识经验的局限，政治教育和思想教育应渗透在道德品质教育中进行。因此，小学阶段品德教育重点是培养学生形成良好的道德观念和行为习惯。

小学德育目标是，培养学生初步具有爱祖国、爱人民、爱劳动、爱科学、爱社会主义的思想感情和良好品德；遵守社会主义公德的意识和文明行为习惯；良好的意志、品格和活泼开朗的性格；自己管理自己、帮助别人、为集体服务和辨别是非的能力，使他们成为有理想、有道德、有文化、有纪律的社会主义公民。

### （二）品德教育策略

#### 1. 明确德育的内容

德育的内容是指用什么样的政治思想观念及思想体系、道德规范来教育学生，它是进行德育的依据，实现德育的保证。

（1）爱国主义教育。爱国主义教育内容十分广泛，概括起来有：国家观念教育、悠久历史和优秀传统文化教育、社会主义建设成就教育、中国国情教育。

（2）社会主义民主与法制教育。社会主义民主教育的主要内容有：公民基本权利和义务教育；民主与法治观念教育及刑法、宪法、青少年保护法等法律知识教育。

（3）社会主义道德和日常行为规范教育。在道德教育方面，主要侧重于道德认识、道德规范和道德评价能力的培养。道德认识包括自尊心、仁爱心、同情心、羞耻心、是非感、荣誉感、责任感等。在基本道德规范方面，要教育学生孝敬父母、尊敬师长、团结同学、尊敬他人、遵守公德、诚实公正、拾金不昧、见义勇为、严于律己、宽以待人等。基本道德评价能力包括辨别是非的能力、道德判断能力和自我修养能力。

（4）理想教育。理想教育在于帮助学生树立正确而远大的理想。小学生作为未来社会的建设者，应该确立共产主义的远大理想，并为之奋斗。把社会追求的奋斗目标转化为学生的内心信念，把学生的志向引导到为共产主义事业奋斗的轨道上来。

（5）集体主义教育。具体来说，包括以下教育内容：关心热爱班集体，主动承担班级工作，自觉维护班级荣誉，能与危害班集体的行为作斗争；正确处理个人与集体的关系，在个人与集体利益发生冲突或矛盾时，要以个人利益服从集体、社会利益；要与同学和睦相处，团结友爱，互相帮助，划清友情与江湖义气之间的界限。

（6）劳动教育。劳动教育的主要内容有：尊敬和热爱劳动人民的教育；劳动光荣、不劳而获可耻的教育；热爱劳动和良好劳动习惯的养成教育；珍惜劳动成果的教育等。

### 2. 掌握德育的原则

德育原则是指对学生进行思想品德教育必须遵循的基本准则和要求。它是制订德育计划，选择德育内容和方法的重要依据。

（1）知行统一原则。知行统一原则是指在德育教育中，教师既要进行思想政治观念和道德规范的教育，提高道德认识，又要指导学生进行实践锻炼，把提高道德知识和培养道德行为结合起来，使学生成为知行统一、言行一致的人。贯彻知行统一原则要符合以下要求。

第一，要知。班主任要把思想政治观念和道德规范的教育作为德育的首要内容，使学生知道该做什么，为什么要做，应该怎么做。

第二，要行。新课程改革加大了对综合实践活动的重视，突出了学生的自我检验和自我实践，着重培养各种能力及合作、分享、责任感等良好品德。学校要保证综合实践课的落实，将认识与行为真正统一起来。同时，班主任要有计划地组织学生参加丰富多彩的校内活动和社会实践活动，把道德认识转化为行为，形成道德行为习惯的信念。

第三，要评。在德育教育中，对学生的综合评价既要着眼于包括道德认知、情感、意志等内在的观念形态的形成和发展，更要重视外显的道德实践。既看行为的动机，也看行为的效果。通过综合评价来提升学生的道德意识水平，并让学生以此来指导自己的道德实践。

第四，要树。要从小培养树立言行一致的作风。表里不一，说一套做一套的风气应及时制止，否则难以纠正。班主任要为学生做出言行统一的榜样、示范。

（2）严尊结合原则。严尊结合原则是指进行德育要把对学生的思想和行为的严格要求与对他们的尊重和信赖结合起来，使教育者对学生的影响与要求易于转化为学生的品德。贯彻严尊结合原则要求班主任要爱护、尊重和信赖学生，并在班级管理工作中形成民主、平等、尊师爱生的师生关系。班主任只有热爱学生、尊重学生的人格和主体地位，师生之间才能有效沟通，学生才愿意向班主任吐露心声，从而使班主任真正摸准学生的思想脉搏，使德育工作更具有针对性和实效性。班主任在尊重、爱护、信赖学生的基础上还要严格要求学生。班主任要敢于或善于提出规范学生行为的各种严格的要求。这种要求应当是科学的、简明的、分层的和坚定的。"科学的"是指提出的要求应科学合理，符合学生年龄特征，切合实际，令人信服；"简明的"是指要求易被学生理解、掌握；"分层的"是指对学生的要求每次不能提得过多，要由易到难，循序渐进提出；"坚定的"就是对学生的缺点和错误不能姑息，要注意防微杜渐，而且对学生的要求一旦提出，就要不折不扣坚持不懈地引导与督促学生做到，丝毫不能放松，这样才能形成学生的良好品德。

学生的良好品德。

（3）集体教育与个别教育相结合原则。集体教育与个别教育相结合原则，是指班主任在德育工作中，既要通过集体的力量教育个别学生，又要通过对个别学生的个别教育，影响全班学生。苏联教育家马卡连柯指出："只有建立了统一的学校集体，才能在儿童的意识中唤起舆论的强大力量，这种舆论的力量，是支配儿童行为并使它纪律化的一种教育因素。"班集体一旦形成，它便能成为教育的主题，具有巨大的教育力量。它能向其成员提出要求，指出努力方向，并通过集体的活动、纪律与舆论来培养其成员的品德。

贯彻这一原则需要从两方面做起。第一，引导学生关心、热爱集体，为建设良好的集体而努力。教育学生一切以集体利益为重，个人利益服从集体利益，使学生对班集体产生荣誉感、自豪感、依恋感。第二，通过集体教育学生个人，通过学生个人转变影响集体。要发挥集体的教育作用，首先，应向集体提出要求，然后让集体再去要求、教育和帮助它的成员。马卡连柯称这种方式为"平行教育影响"。这种方式把学生集体和个人都摆在教育主体的地位，能充分调动他们参加教育活动的积极性，所以它的效果和效率都胜过教师对学生的单个教育。其次，也要注意通过学生个人转变来影响和培育集体。通过宣扬单个学生的优点，批评缺点，教育全班每一名学生，促进正确的集体舆论和良好班风的形成。通过集体教育个别学生；又通过个别学生的转变教育、影响集体，使集体和个人互相促进，共同提高。

（4）教育影响一致性和连贯性原则。教育影响一致性和连贯性原则，是指班主任在教育学生的过程中，主动协调教师、家长、学校与社会及其他教育力量，统一行动，使学生按照教育方针和培养目标，并前后连贯地去发展。

要做到教育影响的一致，第一，要确保班主任教育与其他科任教师教育影响的一致性，班级教育与学校各方面教育力量影响的协调一致性。不管学生思想多么复杂，不管学生的行为有多大的偏差，只要班主任善于协调校内各种教育力量，就一定能取得良好的教育效果。所以，班主任要经常与科任教师沟通，使他们提出与班级相一致的教育要求。第二，要确保学校教育与家长、社会教育影响的一致性与连贯性。班主任是联系学生与学生家长，联结学校与社会的必不可少的桥梁与纽带。正因为有班主任这种桥梁与纽带的协调作用，才使得学校、家庭、社会逐步形成三结合的教育网络，并确保这一教育网络的教育目标保持一致，从而齐心合力地始终朝着一个目标努力，以确保整个教育过程的一致性与连贯性。班主任要经常联系家长，介绍并共同分析学生情况，共同做好德育工作。第三，要确保班主任教育要求的一致性。对学生进行德育教育是一项系统工程，必须有计划、有目的、分段进行，绝对不能违背学生成长规律，更不能朝令夕改，让学生无所适从。

（5）正面教育、启发疏导原则。正面教育、启发疏导原则就是坚持正面传授知识，讲清道理，启发学生正确识别真、善、美与假、恶、丑，积极引导学生自觉调控自己的思想、言论和行动。

第一，班主任要树立正确的学生观，全面了解学生，坚持一分为二原则，既要看到学生的优点，也要看到学生的缺点，特别要善于挖掘后进生的闪光点，要扬长避短。第二，班主任要善于引导启发学生，使学生正确认识自己，善于自我教育。通过耐心细致的正面教育，通过摆事实、讲道理，教给学生分析、思考问题的正确观点和方法，使学生心悦诚服地接受教育。

（6）全员激励、表扬为主原则。此原则是指班主任用鼓励和表扬的方法，激励全体成员，调动全体学生的自觉性与主动性，充分发挥全班学生的智力和体力潜能，从而更好地完成班级工作任务。表扬为主就是要用"多赏识，少批评"的方式教育学生。人生中最本质的需求就是渴望得到别人的尊重和欣赏。班主任一定不要吝惜自己的赞美语言，因为它是教育中最奏效、最受学生喜欢的教育方式。

班主任要公正对待每位班级成员，使班干部与非班干部学生、男生与女生、先进生与后进生都能得到成功的机会、成功的体验。班主任要善于挖掘学生的闪光点，并给予及时的鼓励与表扬，善于用班级共同目标激励所有成员，为最终实现班级总目标而不断努力。

（7）自主参与和纪律约束相结合的原则。此原则是指不仅尊重学生的主体性，发挥班级集体成员积极性、主动性，以主人翁的态度，积极主动地参与班集体的建设和管理，还应加强纪律约束，防止产生自由主义。

贯彻这一原则，班主任要做到：第一，要使每名学生在集体中拥有自己的地位，有集体服务的岗位。第二，要正确处理个人与集体的关系。个人要积极参与决策，但又要善于服从集体的意志，自觉遵守集体的纪律。第三，要把自主参与同受纪律约束结合起来。主体行为既要反映个人需要，又要符合集体规范，每个学生都应该自觉接受"守则""规范""规章""公约"的约束。第四，要正确处理自主性与指导性的关系。需要学生参与班级管理的自主性，但这一自主性必须有班主任的指导，自主参与不是自发性行为，而是有指导的自主参与，有一定约束的自主参与。

### 3. 德育的途径

德育的途径是指学校为了向小学生施加教育影响而组织的、不同形式的活动和工作。德育的途径是德育活动的载体。

德育的主要途径有：①思想政治课教育；②学科教学渗透；③班级活动；④团队活动；⑤社会实践和生产劳动；⑥家庭教育。

### 4. 德育的方法

思想品德教育的方法是指为了达成教育目标和实施教育内容，所采用的具体手段。班主任应根据教育内容和学生特点，灵活地运用教育方法。目前，大多数班主任采用的教育方法大致有以下几种。

（1）说服教育法。说服教育法是指通过摆事实、讲道理的方式教育学生，使学生提高思想认识、形成正确的观点和思想。说服教育法在德育方法体系中是运用最广泛、最经常的一种基本方法。它又有以下几种形式：

①讲解法。班主任通过向学生讲解社会主义道德规范，说明某项规章制度和行为要求，对学生进行教育。讲解法最适合对全班同学的普遍教育。

②谈话法。当个别学生出现思想问题或有心理障碍的时候，当有的学生犯了错误的时候，班主任通常采用个别谈话的教育方法。谈话可以沟通情感、交流思想，有针对性地对学生进行教育，保护学生的自尊心不受伤害。

③讨论法。当学生对某些社会或道德问题有看法，对学校或班级的一些问题有不同见解，特别是产生了严重分歧和对立的看法时，常采用辩论或讨论的方法，以求问题的解决。

④报告或讲座法。当班级出现一些带有普遍性的问题需要解决时，班主任可以通过报告会、讲座的形式，开阔学生视野、激励情感、活跃思想、提高认识。报告者可以是教师、校领导，也可以是校外党政领导、战斗英雄、劳动模范等。

⑤参观体验法。这是一种用事实说服教育学生的方法。班主任可以通过组织学生参观各类博物馆、纪念馆、烈士陵园等，对学生进行革命传统教育；参观重大建设工程、城乡先进单位，对学生进行社会主义建设成就教育；浏览自然风光、文物古迹、名胜景点等进行爱国主义教育。

（2）榜样示范法。榜样示范法是以他人的模范行为作为榜样，影响学生的思想、情感和行为的一种德育方法。榜样的力量是无穷的。榜样可以为学生提供思想、言行规范要求的物化模式，它对学生的思想和行为具有激励、调节和矫正作用，具有生动、直观、鲜明的特点。作为少年儿童学习的榜样，有老一辈无产阶级革命家、革命先烈、英雄人物；有著名的科学家和优秀分子；有自己身边的同学、教师和家长。班主任可以根据教育内容，选择不同的榜样示范，以提高教育的针对性。

（3）情感陶冶法。情感陶冶法是通过创设良好的情景，对学生进行潜移默化、耳濡目染的熏陶、感化的一种方法。情感陶冶法主要分为以下几种：

①班主任的人格感化。班主任以自己高尚的品德和人格，以自己对学生无私的爱和深切的希望感化学生，这是最有效的感化方法。班主任对学生真诚无私的爱和对学生的关怀、尊重、理解和信任，是班主任教育学生的感情基础，学生一旦体会到这种感情，就会"亲其师"，从而"信其道"。

②环境陶冶法。良好的周边环境可以陶冶学生的品德。树立良好的班风班貌，美化室内外的教育环境，可以净化学生心灵、陶冶学生的情操，从而达到教育的目的。

③艺术陶冶法。通过组织各种艺术活动对学生进行情感陶冶。例如，组织诗歌朗诵会、音乐会、美术作品展，观看电影电视节目等，让学生受到艺术的熏陶和感染，进而引起情感共鸣。

（4）实践锻炼法。实践锻炼法是班主任根据教育任务精心组织各种实践活动，有目的、有计划地训练学生优良品德和行为习惯的一种教育方法。班主任通过组织各种公益活动、劳动，让学生接受锻炼，提高品德修养；通过班级规章制度的制定，培养学生的组织性、纪律性、顽强意志和严格要求自己的好习惯。

（5）自我教育法。自我教育是指学生自己教育自己，以形成社会所要求的思想品德的教育方法。自我教育方法有很多，例如，通过学习提高自己的思想觉悟；在学习和生活中，吸取精神养料，增强提高个人修养的信心和决心，养成不断提升个人修养的能力和习惯。

（6）奖励与惩罚。奖励是班主任对学生已经形成的或正在形成的优良品德或品德方面已经取得的进步和成绩的肯定的评价，用以巩固和发扬他们的优良行为。奖励的方式有口头表扬、颁发奖品、通报表扬、授予光荣称号等。惩罚是班主任对学生个体或集体的不良行为做出的否定的评价，用以克服和改正他们的不良行为的一种教育方式。惩罚是学校德育的辅助方法之一。合理、适时的惩罚，有助于学生改正错误，维护校规校纪，也有助于巩固集体组织，维护集体利益和集体荣誉。惩罚的方式有警告、记过等。班主任在运用惩罚手段时，一定要注意方法，在尊重学生人格的前提下，做好教育工作。

（7）操行评价。操行评价是对学生思想、行为作出判断，予以褒贬，以激励上进，预防和克服不良思想品行的教育方式。操行评价是对学生进行德育的行之有效的途径。班主任一定要在全面了解学生的前提下，对学生进行公正、客观、实事求是的评价，使学生深刻地认识自我，更好地发扬成绩，纠正错误，弥补不足，找到进步的方向。

## 四、日常行为规范教育

学生日常行为规范训练，又可称为学生日常管理，其目的是使学生具有良好的学习习惯、生活习惯和行为习惯，具有基本的自理能力、自治能力和独立生活能力，使得学生愉快地学习，健康地成长，对各种不良倾向能自觉地抵制。日常行为规范教育是养成教育的奠基工程，也是学校教育的重要组成部分，同时也有助于班主任自身素质的提高。

### （一）执行学生日常行为规范的意义

"行为"一般是指人们在一定理智、情感和意志支配下的活动，简单地说，是一个人的所作所为。这里的"规范"指社会价值期望和社会标准。少年儿童正是长知识、长身体的时期，随着年龄的增长、知识的积累及参加社会实践活动逐渐增多，正在逐步形成判断是非、荣辱、善恶、美丑的道德观念，并以此来指导和约束自己的言行。有的学生平时讲话粗野、肮脏；有的言行不一；有的行为不端，甚至违法犯罪。因此，在加强思想政治道德品质教育的同时，进行日常文明行为规范教育和训练是十分及时和必要的。

### （二）《小学生日常行为规范》训练内容

#### 1. 思想品德指导

小学生的品德发展是通过在生活中实践一定的道德认识，体验一定的道德情感，操练一定的道德行为来逐渐实现的。学生践行道德活动，过有道德的生活，需要班主任来指导。其任务主要有：

（1）巩固和加强小学生在品德课上获得的认识。班主任在班级管理活动中的言论，要能够支持小学生在课堂上获得的道德认识。班主任在与小学生的日常交流中，要潜移默化引导其提高道德认识。班主任还要适当创设提高小学生道德认识能力的情境。

（2）丰富小学生的道德情感体验。班主任自己要成为小学生体验道德情感的对象，可以在日常学习生活中适当采用榜样示范法来引导小学生的道德行为，使之养成道德习惯。

#### 2. 学习管理

学习管理是班主任管理工作中的重要内容，包括课上、课下，课内、课外，校内、校外。其主要任务有：

（1）促进小学生非智力因素的发展。促进小学生非智力因素的发展，重点需要教师善于激发学习动机；帮助小学生明确学习目标，提高小学生学习积极性；善于调动小学生的学习兴趣，增强小学生的求知欲；使小学生看到自己学习的进步；培养学习的意志品格。

（2）指导小学生掌握学习方法。需要教师培养小学生学习的自我规划能力，指导小学生掌握具体的学习方法，指导小学生学会思维，培养小学生良好的学习习惯，指导小学生学会合理安排时间，指导小学生学会阅读与笔记，指导小学生养成参与实践活动的习惯。

#### 3. 安全与法规指导

安全与法规指导是小学班主任必须予以重视的班级日常管理工作。一方面，班主任要以自己的安全与法规意识影响学生；另一方面，班主任可以结合思想品德教育，进行安全与法规教育。

### 4. 健康指导

保护学生的健康是班主任的责任，班主任进行健康指导的任务包括生理健康指导和心理健康指导。小学生生理健康指导主要包括小学生的生理卫生健康、饮食健康，以及性健康等方面。小学生心理健康指导，应从如下两个方面进行：一方面是帮助小学生逐步认识自己、认识他人、认识环境、认识自己与环境的关系，从而使学生能逐步主动地把握自己的心理健康；另一方面是小学班主任应创造班级的健康心理氛围。

## （三）班主任对学生进行行为规范训练的注意事项

### 1. 学生行为规范训练过程也是培养其知、情、意、行的过程

从心理学的角度来看，德育过程是对学生知、情、意、行的培养的提高过程。只有在知、情、意、行这四个心理成分都得到相应发展的条件下，良好的行为习惯才能形成。

### 2. 训练要坚持循序渐进原则，从日常生活中的点滴行为做起

《小学生日常行为规范》对小学生的行为规范具有普遍性，但又由于各年级学生在年龄、思想、文化知识等方面存在不同的特点，各校不同年级的学生可以按规范的基本要求，从实际出发，由低到高，由易到难，有针对性地进行行为规范的教育与训练。在对学生进行训练时，班主任应从生活中的点滴做起。例如，如何值日、如何爱护公物、如何尊敬师长、如何准备好课前学习用品等等，班主任都要精心指导，耐心教育，有目的地训练。

### 3. 在尊重、信任的基础上，对学生行为进行严格要求和训练

班主任对学生进行日常行为规范训练时，一定要坚持高标准、严要求。高标准强调训练要以《小学生日常行为规范》为准绳。只要明确要求、严格训练，学生都可以做到。班主任绝不可以因"小"而不为，降低对学生日常行为规范训练的标准。严格要求指对学生行为训练要严格。班主任一定要严把训练关，做到严而有格、严而有度、严中有爱。

### 4. 充分调动各方力量，形成合力

对学生来说，家庭是个教育场所，父母是孩子的第一任老师。教师应通过家长会、家庭教育系列讲座等形式，向家长宣传《小学生日常行为规范》，介绍、交流行为规范教育与训练的方法，通过填写"学校联系手册"等手段及时反馈信息。此外，还要充分依靠学校各种力量，并实行校内外相结合，使家庭、学校、社会协调一致，共同用规范严格要求学生。只有全社会齐抓共管，使学生不论走到哪里都有人教育监督，形成"学校—家庭—社会"三位一体的教育网络，才能确保学生养成良好的行为习惯。

### 5. 培养学生自我教育和训练的能力

在对学生进行日常行为规范的教育与训练中，教师应培养学生在生活上、学习上、思想上具有自己管理和塑造自己的能力，要在毫无任何形式的外在监督的情况下，对自己进行自我督促，自觉地把"规范"中的基本要求内化成自己的行为习惯。

### 6. 训练要不怕反复，持之以恒

行为规范训练是一个长期的、反复性的工作，必须做到持之以恒。良好行为习惯的养成不是一蹴而就的事，不能期望通过一次班会、一次活动、教师的一次说教就能完成。特别是那些

已经形成不良习惯的学生，要去掉不良习惯并养成良好行为习惯，需要班主任做大量的、反复的训练工作。

### 7. 训练最好采用学生喜闻乐见的方式进行

班主任要根据学生年龄特点，选择形式多样、时代感强、学生愿意接受的训练方式。例如，组织学习《小学生日常行为规范》知识大赛、讨论会、辩论会、文艺表演（如小品、相声、短剧）等，让学生在自己喜欢的活动中，接受教育，分辨是非，培养品质，养成习惯。

## （四）学生日常行为规范训练的策略

### 1. 伦理性谈话

伦理性谈话是提高学生行为规范认识的一种方法，可分为个别谈话和集体谈话，依据任务又可分为系统谈话与即兴谈话。系统谈话是将学生日常行为规范归纳成若干单元，有目的、有顺序地进行系统教育，帮助学生形成道德判断能力。即兴谈话是当班级里突然出现重大事件或有教育意义的事例时，教师应抓住时机进行谈话，从而教育学生明辨是非。教师向学生进行伦理性谈话要有可信性、情感性。可信性即以理服人，让学生心悦诚服；情感性即与学生心心相印，情理相通。

### 2. 活动教育

活动是班级生命力所在，活动也是表扬学生良好品行的有效办法。班主任应该有计划、有目的、有组织地开展各种活动，让学生在活动中接受教育，在活动中锻炼自己，在活动中认识和克服不良行为。例如，高年级教师可以把社会福利院作为"学雷锋义务奉献点"，定期组织学生去那里为孤寡、残疾老人和儿童服务。通过开展学雷锋义务奉献活动，培养学生关心他人、乐于奉献的良好社会公德。

### 3. 环境陶冶法

环境陶冶法，是指教师有目的、有计划地创设一定的有利于日常行为规范化的教育环境，对学生进行潜移默化、耳濡目染的熏陶、感化。家庭环境、社会环境、学校环境对学生日常行为习惯都会产生影响。其中，学校环境的好坏对学生行为习惯的养成影响最大。良好的环境对不文明的行为也会起到一种无形的约束作用，促使学生规范行为的养成。运用环境陶冶法，班主任首先要创造一个有利于学生良好品质、文明习惯养成的班级环境。这个环境既包括班级物质和文化环境，也包括班风和道德舆论环境。环境教育的力量，比起简单的说教和训练更有成效。

### 4. 榜样示范法

心理学研究表明，小学生心理特点之一是善于模仿。根据这一特点，班主任要充分利用英雄人物、先进模范、周围典型，从正面教育学生，以他们为榜样，规范自己的言行。

### 5. 行为规范教育课

上好行为规范教育课必须坚持以学生为主体，教师为主导。教师应引导学生参加行为规范课的备课活动，共同研究教育内容，设计教育方案，这样有利于把规范要求内化为学生的自觉行动。

在行为规范课备课之前，必须先认真分析学生思想行为实际，调查了解学生思想品德状况，掌握学生思想脉搏和行为规范的现实情况。在此基础上，根据教育目的和要求，确定教育训练的教案。教学设计要有科学性、针对性、实效性，为学生喜闻乐见。

# 第三节　小学班级中的个别教育技能

## 一、班主任了解学生技能

### （一）班主任了解学生的原则

班主任在了解学生时，应遵循以下原则。

#### 1. 客观性原则

作为班主任要抓好了解和研究学生的时机，尽量扭转自己不冷静的个人态度，用客观、冷静的眼光去看待每一名学生。在处理学生与学生的关系时，要秉承公平、公正、公开的原则。

#### 2. 全面性原则

班主任在了解学生时，要贯彻全面性原则，既要从大局上把握班级的整体情况，了解整个班集体的思想动向和精神面貌，又要全面了解每名学生的德、智、体、美、劳等各个方面。

#### 3. 校内、校外相结合的原则

班主任不但要了解学生在校内的表现，而且要了解学生在社区、家庭中的表现，如学生经常涉足的校外场所，在社会上的朋友及其结交方式等。尤其要了解学生家庭教育的状况，如家庭的类型、家长的职业和文化水平，学生在家庭中的地位，学生零用钱的来源，在家庭中的学习和生活习惯、劳动习惯等。

#### 4. 科学性原则

在了解学生时，要综合运用多种方法，结合生理学、心理学、教育学、社会学等理论全面分析了解到的学生情况。但也要注意，不能把某种理论直接应用到学生身上，要时刻注意学生是具有主观能动性的。

#### 5. 及时性原则

及时性原则，即在第一时间掌握第一手材料。班主任在接班后，要尽快了解全班学生的基本情况；在日常的管理中，要随时把握班级脉搏，时刻掌握学生的思想动向；及时发现问题、解决问题，抓住教育的有利时机，以便取得最佳的教育效果。

#### 6. 经常性原则

学生作为成长中的个体，每时每刻都在变化，班主任对学生的全面了解并非一朝一夕之事，要经常性地、深入持久地进行，做到持之以恒。

### （二）班主任了解学生的内容

班主任要了解学生过去的学习状况、家庭状况、思想状况，尤其要了解影响学生发展的重要事件，了解学生成长过程中的主要影响因素（包括过去的教师、家庭关系、个人的遭遇、特殊情况等），为现实工作提供借鉴。重点了解学生的现实情况和学生的发展潜力，科学地预见学生的成长，帮助他们树立适合的发展目标；同时，还要了解小学生的智力因素和非智力因素，了解其自我意识和人际交往；了解学生的闪光点、成功点和薄弱点，以便适时地肯定、赞扬，客观、巧妙地警示、训诫，提高个体教育的实效性。

### （三）班主任了解学生的方法

#### 1. 观察法

观察法是了解学生的主要方法。班主任越善于利用观察法，就越能深刻地认识自己的学生。班主任运用观察法了解学生，必须有明确的观察目的，制订观察计划，对观察的情况进行详细记录，积累观察的资料，在观察结束后，还要进行适时的分析和概括。运用观察法的具体要求如下：

（1）班主任要善于在课堂上观察学生。班主任在上课和听课的时候可以观察学生的学习表现、口头表达能力、听课的注意力及精神面貌、情绪变化等，还可以了解学生对各科学习的兴趣，对待分数的态度及学习中成功与失败的表现。

（2）班主任要善于在课外观察学生。比如有的学生在教师面前显得很拘谨，而在另外场合却十分活跃；有的学生在教师身边不露锋芒，离开教师却能表现出十分惊人的组织能力和号召力。通过课外观察，能够了解学生课外所表现出来的思想品德、行为作风、精神面貌、爱好特长、友谊情感；发现学生彼此间的关系和对集体的态度；了解学生课外活动的状况等。

（3）班主任要学会创设情境观察学生。为了了解个别学生的行为表现，班主任可以把学生放在某些特定的环境里进行观察，通过创设课堂教学活动、班级例会、文体活动、公益劳动、社会实践等观察学生的表现，进而分析和研究学生的思想状况、兴趣爱好、才能特征等，有的放矢地进行教育。

（4）班主任要善于在日常生活中观察学生。学生在日常生活中的言谈举止是其个性的自然表露，是其内心最真实的表现。班主任在日常生活中要能够走进学生的生活，"蹲下身来和学生一起玩"，在共同活动中成为学生的良师益友，在最自然的状态下与学生交往。

#### 2. 谈话法

谈话法是班主任通过有目的、有计划地与学生或学生的家长、亲友、同学等交谈，了解学生并确定教育策略的方法，它是班主任进行个体教育时常用的一种沟通、交流的方法。谈话可以单独谈，也可以和几个人一起谈。为了使谈话取得良好的效果，在谈话前，班主任要认真做好准备。在谈话中，态度要自然、诚恳、亲切、循循善诱，同时，还要考虑谈话对象的个性特点。谈话后，要把所得到的情况及时记录下来，以便结合平时观察得到的信息进行分析。

谈话法的种类很多，有交友式谈话、求同式谈话、商谈式谈话、点拨式谈话、触动式谈话、突击式谈话、渐进式谈话、循导式谈话、谈心式谈话等。班主任不管运用哪种方法谈话，都要起到传递情感、改变心境、诱导善意、启发见解、密切师生关系的作用。

#### 3. 调查访问法

调查访问法就是班主任通过问卷、访谈等方式深入了解学生的方法，它不受时空的限制，不必直接感知调查对象，间接地通过现场、邮寄或电话等

了解学生情况表

手段，以问卷、访谈等形式大量地、迅速地收集学生的信息，具有简单、快速、便捷等特点。

从调查内容看，有一般情况的调查和专门问题的调查；从调查对象看，可以向班级学生、科任教师、学生家长、学生的朋友、街道社区干部、邻里亲属进行调查；从调查方式看，有个别访问、开座谈会、书面问卷等方式；从调查途径看，有直接调查、间接调查等。

班主任在调查前，要根据调查的内容列出提纲，确定调查的对象，拟好调查的具体步骤，选择调查的方法。采用问卷调查法时，要掌握问卷的设计技术，不管是封闭式问卷，还是开放式问卷，问题的表达要中心明确、措辞准确、通俗易懂，提出的问题不要具有暗示性，不要引起异议，要有指导语或详细的答卷说明，能够引导被问对象实事求是地回答问题，避免产生厌烦心理。问卷的结果要便于运用统计学方法进行定量和定性分析。

### 4. 书面材料分析法

书面材料分析法是指班主任在了解学生情况时，借助班级学生的各种书面材料来获取信息，从而对学生的思想、学习、生活态度、个人爱好、班级基本状况进行间接了解的方法，是班主任初步认识班级和学生，了解学生基本情况的最简易的方法。

学生的入学登记表、作业、日记、答卷、笔记、班级日志、体检表、成绩通知单及记载学生情况的各种表格，都是班主任了解和研究学生的重要书面材料。班主任运用书面材料分析法时，要将研究学生的书面材料与学生的现实表现结合起来，随时掌握学生"活"的材料，对学生过去的鉴定、评语，不能看得过死、过重，要用发展的眼光，通过随时掌握的材料了解学生的进步，预测学生的发展。

## 二、分类教育技能

### （一）先进生的培养

先进生是一个相对的概念。先进生，是与本班或本校学生相比较而言的。先进生有鲜明的特点：他们在思想上品德端正，有远大的理想和抱负；学习刻苦，成绩优异；具有强烈的竞争意识和拼搏精神；自制能力强；具有强烈的荣誉感。先进生在学生中所占比例并不大，一般在10%左右。但他们确是班级中的骨干、班主任的助手、学生学习的榜样，在班级工作中起着重要作用。对先进生的培养要坚持以下原则。

#### 1. 坚持"响鼓要用重槌敲"的教育思想

对先进学生要高标准、严要求，使他们百尺竿头，更进一步。有的班主任担心"重槌"敲"响鼓"，会把"鼓"敲破，挫伤他们的积极性。这种顾虑是不必要的，只要敲得适时、适度，提出的要求符合学生实际，工作中做到严而有理，严而有度，严而有方，严慈相济，"响鼓"就能够发出铿锵有力的音符，奏出和谐的乐章。

#### 2. 对先进生要褒贬适当

对待先进生，班主任要全面分析。一方面，要看到先进生的长处，对他们的优点给予及时的鼓励；另一方面，对他们潜在的和已经暴露的缺点和错误决不能姑息迁就，更不能只看到优点，忽视缺点。

### 3. 要教育先进生正确对待掌声和荣誉

班主任要教育先进生在掌声和荣誉面前保持清醒的头脑，严于解剖自己，不能只看到自己的优点和成绩，还要看到自己的缺点和不足，明白"尺有所短，寸有所长"的道理，学会"以人之长补己之短"。同时，还要使先进生懂得成绩和荣誉只属于昨天，如果自己骄傲自满，就会落后，只有谦虚谨慎、不骄不躁，才能不断进步。

## （二）中等生的提高

中等生，又称一般学生或中间生，他们在班级中学习处于中等水平，行为表现不出众，优缺点不明显。这些学生既不像先进生那样深得教师关注、同学羡慕，又不像后进生那样让教师伤透脑筋。他们不显山露水，不惹是生非，对他们的思想教育工作往往成了班级、学校教育工作中的空白。作为班主任，要拿出相当多的精力了解、关心、理解和帮助中等生，走进他们的内心世界，帮助他们解决思想上、心理上、学习上及其他方面的困惑，使他们成长为班级的中坚力量。对中等生的培养要坚持以下原则。

### 1. 培养中等生的自信心和进取精神

中等生一般缺乏自信心和进取心，班主任应积极采取措施，给他们一些锻炼和表现的机会。例如，在班集体活动中，让他们承办力所能及的工作，给他们以自我表现和充分显示自己才能的机会，让他们在工作中不断增强集体主义精神和荣誉感，增强自信心和进取精神。

### 2. 热情关心，积极引导

班主任应主动接近他们，热情关心他们的思想和学习，帮助他们解决思想上和学习上的困难，引导他们向先进生转化。

### 3. 多表扬，少批评，鼓励进步

在某些情况下，对学生进行教育、表扬，也许比批评更有效。班主任应密切关注中等生的变化，当他们取得进步的时候，班主任应及时表扬、鼓励，使他们体验成功的喜悦，使他们的上进心得到强化，潜能得以开发，能力得以提高，向着先进生的行列迈进。

## （三）后进生的转化

后进生是指思想行为、学业成绩、智力发展等方面低于合格水平，存在着这样或那样的问题和缺陷的学生。后进生往往学习动机不足；是非观念模糊；意志薄弱，自制能力差；自尊心强，自卑感重。后进生人数虽不多，但能量都不小，他们有一定的影响力和破坏性，给班主任工作增加了不小难度，影响着整个班集体建设。班主任教育转化一名后进生的社会价值要超过培养一名先进生。为此，班主任要掌握后进生的特点、产生的原因，采取有效措施，帮助后进生尽快进步。对后进生的引导要坚持以下原则。

### 1. 关爱后进生

后进生普遍存在的问题，就是以往得到的温暖太少。由于他们缺点毛病多，往往受人歧视、遭人冷落，在批评、训斥、打骂声中长大。因此，他们的性格往往变得粗野孤僻。这就需要班主任用真情去感化他们，让他们消除"心理防线"，用教师的关怀和爱护在师生心灵之间筑起情感交流的桥梁，使教育和接受教育成为可能。班主任对待后进生，要像母亲对待体弱多病的婴儿那样加倍呵护。

班主任要尊重和信任后进生。尊重后进生是班主任关爱后进生的具体表现。"教育成功的秘密在于尊重学生"。班主任在帮助教育后进生时，切记不要揭短，不要伤害他们心灵中最敏感的角落——自尊心。要尊重他们的人格，做他们的朋友，使他们消除疑惧和对抗，以便"亲其师，信其道"。班主任还要信任、同情、理解后进生，要给他们改正缺点和错误的机会，鼓励他们的点滴进步，做一名大家期待的好学生。

### 2. 要用放大镜找优点

人们常常戴着有色眼镜看待后进生，只看到他们身上的缺点、毛病，甚至以点带面，对学生全盘否定。久而久之，他们对自己也就失去了信心，自甘落后，这样非常不利于对他们的教育转化。教育后进生，班主任要转变观念，要全面地看待他们，要从过去用放大镜找缺点变为找优点，对于优点要加以赞美和表扬。只要教师不断强化，学生就会把优点当成自身固有的东西，不断发扬光大，从而树立"我能行"的信念。

### 3. 激发学习兴趣

要教育转化后进生，把他们培养成对社会有用的人，班主任首先要激发他们对学习的兴趣。后进生的厌学心理以及很差的学习成绩，需要班主任做大量的、深入细致的思想教育工作。用自己的热情、真诚感化后进生，把他们的兴趣吸引到学习上来。班主任可以组织丰富多彩的课外活动，如兴趣小组等，让后进生动手动脑，发挥他们的特长，使他们树立自信心，对学习产生兴趣，进而产生学习欲望。

### 4. 分析原因对症下药

每个后进生都有其各自的特点，他们的表现程度、表现方式、形成原因、问题症结各不相同，班主任必须分析原因，对症下药。例如，对头脑灵活、成绩较差的思想品行后进生，班主任要通过谈心等帮教手段，让他们看到自己的优点，引导他们参加各种有益活动，克服和抵制不良思想的侵蚀；班主任也可以帮助他们补习功课，使他们树立学习信心。对于"顽皮型"的后进生，班主任要利用他们聪明、机灵、讲义气、重感情等特点，通过疏导、迁移等方法，将他们的兴趣吸引到学习上来。

### 5. 抓住转化契机

班主任需要把握以下转化契机。

（1）环境变化时。当新学期开始，或由一个学校进入另一个学校，或调换班主任及科任教师，后进生往往会产生从头开始的心理，希望告别昨天，迎头赶上。班主任要善于了解他们此时的心理，主动亲近他们，帮助他们，鼓励他们，促使他们进步。

（2）长期遭受失败，偶尔成功时。后进生学习成绩差，每次考试总是落在别人的后面，他们对学习失去兴趣，对自己失去信心。如果他们偶尔得了一次高分或主动回答了教师的提问，班主任应及时鼓励，使他们增强信心，再接再厉。对于思想品行后进生，当他们参加有意义的集体活动或为他人做了一件好事后，班主任要抓住教育契机，因势利导，使他们向好的方向转化。

### 6. 持之以恒，常抓不懈

正确地对待后进生的反复，是教育转化后进生的关键。首先，班主任要有充分的思想准备，正视反复。在反复中进步，在前进中反复，这是后进生在转变过程中的一条普遍规律。其次，要常抓不懈，毫不放松。

### 三、班级偶发事件处理技能

偶发事件，又称突发事件，是班主任在教育教学活动中遇到的事先难以预料、出现频率较低，但必须迅速作出反应，加以特殊处理的事件。它主要是指违反学校教育教学管理制度且具有偶然性、突发性、破坏性、紧迫性等特点的整件。偶发事件往往是班级棘手的事件，对班级工作往往产生负面影响，要求班主任在遇到偶发事件时，要遵循快速应对、调查为先、因势利导、教育为本等原则。

#### （一）处理偶发事件的方法

班主任处理偶发事件的方法选择，体现了班主任的教育机智，也反映了班主任的工作能力和水平。

##### 1. 降温处理法

发生偶发事件后，学生多半情绪不稳，头脑发热，这时很难心平气和地接受教育。班主任也容易心理失衡，做冷静细致的深入分析，这时如果急于处理，难免出现失误或无法取得最佳教育效果。此时，班主任可以采取淡化的方式，暂时"搁置"或稍做处理，留待以后再从容处理，这种处理偶发事件的方法就是降温处理法，也叫"冷处理"。实施冷处理，并不是对事件不做处理，也不是不及时处理，而是尽量减少偶发事件的负面影响，争取调查了解的时间，等待最佳的教育时机。

##### 2. 以退为进法

许多偶发事件，事情本身并不大，但需要处理。此时，班主任可不必急于解决，而是巧妙地反过来把事情抛给学生处理，引导学生自我教育。以退为进，不是不处理，而是充分地相信学生，引导学生自我教育，自我管理，从而达到自我提高的目的。

##### 3. 幽默化解法

有些偶发事件，形成了一定的尴尬局面，但却不值得争个曲直长短，如果非追究下去不可的话，结果只能是越搞越糟。遇到这种情况，聪明的办法就是用幽默来调节情绪，缓解冲突，解除尴尬局面。幽默是智慧的表现，它本身就是教育的武器。幽默也许能将一场冲突消于无形。

##### 4. 虚心宽容法

虚心宽容是处理课堂偶发事件的心理基础。但宽容绝不意味着放纵、无原则地偏袒与迁就。教师的宽容能给学生提供一个真实的体验、比较、思考、选择等自我教育的时空。在宽容的班级气氛里，学生有了逃避责任如坐针毡的体验；在宽容的班级气氛里，学生有了逃避责任的尴尬恐慌与承担责任的被理解、受赞许的比较；在宽容的班级气氛里，学生有了如何对待自己和别人的思考；在宽容的班级气氛里，学生有了"下一次我该怎么做"的选择。这些体验、比较、思考、选择的过程就是可贵的自我教育的过程。学生是需要管教和指导的，但是如果他们无时无刻和处处事事都在管教和指导之下，是不大可能学会自制和自我指导的。宽容就要使学生在心灵深处反省，要使学生体会到教师的仁厚和良苦用心，应给予学生更多的爱心和理解，促使学生自我反省、自我教育。

### 5. 爱心感化法

偶发事件经常发生在一些"后进生"身上，他们自尊心强，但同时自卑心理也较重，他们十分渴望得到教师的信任和尊重，即使有了差错，也希望得到原谅。作为教师，应坚信每名学生都是可以教育好的。在处理偶发事件时，注意把严肃、善意的批评与信任、鼓励结合起来，把尽量多的要求与尽可能多的尊重结合起来，切不可感情用事，用批评、训斥，甚至是体罚或变相体罚等方法简单粗暴地处理，以免激起师生之间的矛盾，造成师生之间对立情绪的扩大。这正如苏霍姆林斯基所说的："教育，首先是关怀备至地、深思熟虑地、小心翼翼地触及年轻的心灵。在这里，谁更有细致和耐心，谁就能获得成功。"

### 6. 巧妙暗示法

暗示是在无对抗条件下，通过手势、眼神、语言和行动等形式，使他人的态度、情感和信念发生改变的过程。在教育教学过程中，暗示是无声的教育，是"润物细无声的教育"。有些课堂偶发事件，特别是不显著的、影响不大的、涉及面不广的，教师就不要中断教学进程，停下课来处理，最好采用暗示的方法，在无声无息中进行处理。如语调的变化、目光的注视、走到身边轻轻拍一下肩膀、让他回答问题等，点到为止。这样，既可使学生的问题行为得到纠正，又不影响整个课堂，不影响其他学生，更保护了学生的自尊心，保证了课堂教学的顺利进行，而且对全班学生也会起到"隐蔽性"的强化作用。长此以往，教师就会树立起自己的威信，赢得学生的尊敬和爱戴，并为解决其他偶发事件打下良好的心理基础。

总之，学生由于各方面因素的影响发生的突发事件是层出不穷的，处理突发事件是一个灵活、复杂的过程，班主任要迎难而上，要有满腔的热情、万分的耐心，一切从学生的发展出发，应用现代教育心理学知识，努力增强处理突发事件的艺术性。

## （二）处理偶发事件的要求

### 1. 沉着冷静，果断机智

偶发事件往往都是在学生情绪波动、思想冲动的情况下发生的。一个缺乏机智的班主任当偶发事件出现后，往往因事情突如其来没有心理准备而情绪激动，因考虑到事件的危害性而急躁不安，不能冷静地分析问题并作出恰当的处理决策。主观臆断、草率行事可能会给日后的工作带来隐患。一个机智的班主任，当碰上偶发事件时，会冷静对待，深入调查，进行耐心、细致的分析，找出事件发生的根源，得出较为合理的结论，并根据事件的性质或进行"冷处理"，或当机立断，果断作出处理决定。

### 2. 尊重事实，掌握分寸

班主任在处理偶发事件时，切忌不明真相、简单粗暴，这样不仅不利于问题的解决，还会使问题严重化。在偶发事件发生以后，班主任要注意调查研究，及时全面地了解事件的内容、性质，还要结合学生平时的表现，正确区分犯错误学生身上的优点和问题，做到心中有数，并根据掌握的情况审时度势，采取有针对性的教育措施，不滥用惩罚手段。在处理过程中，班主任要及时了解学生的心理状态，利用教育感化的时机，如果学生表现出后悔，就要从他们身上发现闪光点，扬善抑恶，调动他们的内部动力使其向着教师希望的方向发展；如果学生表现出消极对抗，班主任则应帮助他们分析事实，使其认识到自己的错误，加强其后悔、自愧等心理定式，弱化其抗拒心理，并在此基础上给予适当的批评、引导，以达到理想的教育效果。

### 3. 依靠集体，以理服人

偶发事件对班级工作具有消极影响作用，但如果处理得好，往往又是班主任教育学生个人或集体的良好时机，会促进学生个体的健康成长，使班集体建设得到检验、巩固和发展。因此，班主任要善于依靠集体的力量，运用集体的舆论和智慧来处理偶发事件，使全体学生从偶发事件中受到教育。在偶发事件的处理过程中，要充分信任学生，尊重学生的人格，力争使其心悦诚服。

### 4. 总结经验，探索规律

偶发事件的出现看似偶然，其实蕴藏着必然的因素。班主任要善于总结反思，从偶然性中找出必然性，探索出规律，尽量减少工作的盲目性和随意性，把偶发事件的发生减少到最低限度。必要时，可以将处理偶发事件的过程和感受在班主任群体中进行交流，也可以写成案例进行积累或研讨，以此促进班主任专业成长。

## 四、操行评定技能

操行评定是班主任按照《小学生守则》和《小学生日常行为规范》的要求，通过平时对学生的观察和了解，对学生在一定时期内的思想品德、学习表现、组织纪律、劳动态度、文体活动、身心健康等各方面发展情况所作的一个全面的评价。评定学生操行主要是帮助学生认识自己，明确自己一学期的成绩与进步，了解自己存在的问题与不足，知道自己今后努力的方向，争取不断进步。同时，也可以帮助家长了解自己子女在学校的表现情况，以便更好地配合学校共同教育和帮助学生。

### （一）操行评定的方法

一般情况下，小学生的操行评定由班主任根据学校的评定指标要求，结合本班学生的特点，采用学生自评、小组评定、班委会鉴定、综合评定的方法。

#### 1. 学生自评

由学生本人根据自己的实际表现，对照评定指标，实事求是地对自己进行评定。

#### 2. 小组评定

在班主任指导下，以小组为单位，对学生自评的情况进行讨论、确认（或订正）。

#### 3. 班委会鉴定

由班主任通过征求科任教师的意见，以及和班干部共同讨论，对每名学生的评定表逐一进行鉴定并做出结论。

#### 4. 综合评定

近年来，许多班主任在工作中尝试运用综合评定的方式对学生进行操行评定，取得了一定成效。所谓综合评定，就是对每一名学生在学校和家庭中的思想品德、学习、劳动、生活等各方面的表现作一个比较全面、客观的评定，以促进学生的发展。综合评定包括学生互相评定、家长参与评定和班主任综合评定三部分。

（1）学生互相评定。这种方法一般适用于小学高年级。班主任引导学生全面、客观地认识评价对象，然后采用多种方式进行操行评定。例如，采用竞赛式，即让几名学生同时评定一名学生，写出书面评语，写完后，请被评的学生当裁判，评出写得最符合自己实际情况的评语；采用自评式，即学生进行自我评定，深刻剖析自己的优点和缺点，写出客观、公正的评语；等等。

（2）家长参与评定。让家长参与评定是引导家长教育孩子的有效方法，同时，也能使学校更好地了解学生在家的表现，促进家校合作，增强家长家庭教育的责任感，进而增强学生的自我约束能力，养成良好的学习、生活、文明等行为习惯。班主任可在开学初把任务布置给家长，在学期中或学期末进行学生操行评定时，请家长将自己对孩子的评定由孩子交给班主任，将其作为学生操行综合评定的一部分内容。

（3）班主任综合评定。班主任综合学生自评、小组互评、科任教师和学生家长的参评，以及自己对学生各方面的了解，对学生进行德、智、体、美、劳的综合评定并写出操行评语。

### （二）小学操行评定的基本要求

操行评定是班主任引导学生正确认识自己，激励学生发扬优点，改正不足，不断进步的平台，是德育工作的重要内容之一，也是班主任不断反思工作的契机。班主任在操行评定过程中，需要符合以下要求。

表扬单的发放

#### 1. 调查研究，了解学生

只有深入了解学生，操行评定中才能做到全面评价。这就要求班主任在平时工作中，要做有心人，要随时留心观察学生的日常生活、学习和活动，通过家访、个别谈心等了解和研究学生的思想品德、学习态度、学习成绩、兴趣爱好、才能特长、性格特征、劳动态度、身体状况等方面的情况，做到对每名学生心中有数，以保证操行评定时能够客观、公正地评价学生。

#### 2. 民主评议，实事求是

班主任在组织学生进行操行评定前，先要组织学生学习《小学生守则》和《小学生日常行为规范》等材料，明确操行评定的要求，实事求是地开展民主评议。要在动员的基础上，让学生写出小结，班主任过目并加以修改和补充之后，开展小组互评；班主任在小组评议之后，广泛征求科任教师、学生家长、班干部的意见，以保证操行评定客观、公正。

#### 3. 撰写评语，恰如其分

为学生撰写操行评语是班主任一项繁重而又需要耐心、准确、细致的工作，小学班主任在撰写学生的操行评语时，要注意以下几点：

（1）内容具体，抓住特点。给学生写操行评语时，要对学生进行具体分析，抓住主要问题进行评定，不可罗列现象，不分主次，笼统下结论。例如，同是热爱集体，有的表现在干好班级工作，当好教师的助手方面；有的表现在为集体做好事方面；有的表现在积极参加各种活动，为学校和班级争光方面。班主任在撰写评语时，应将"热爱集体"具体化、情境化和个性化。

（2）针对性强，突出个性。操行评语要因人而异，有针对性，写出学生的鲜明个性，能准确地反映学生思想品德、学习、工作等主要表现和发展趋向；要充分肯定学生的进步，适当指出他们的主要缺点，指明他们努力的方向。从心理学角度看，学生期待班主任对自己有独到、新颖的评价。而传统评语的通病在于空泛而雷同，千篇一律，缺乏个性。如果班主任评语能够符合学生的实际情况，反映出学生的个性特点，效果将大不一样。

（3）用语亲切，情感激励。撰写操行评语，本身就是师生之间的一种交流。学生在读评语时，就像教师在与他们促膝谈心，虽只有只言片语，却意味深长，音容笑貌犹在眼前，感觉可亲、可近。班主任要通过富有感情色彩的评语与学生心灵进行对话，让学生感受班主任的爱心。

写作评语时，宜用"你——我"的温馨式评语。用"你——我"的温馨式评语，可以瞬时缩短教师与学生之间距离，使学生充分体会到班主任的关爱与尊重。"你——我"温馨式评语的娓娓道来，宛如与学生促膝谈心，也会让学生家长倍感亲切，学生的上进心、自信心自然而然会得到增强。

（4）把握分寸，满怀期望。班主任给学生写操行评语，除了要对学生在某一时期内的学业、品行进行评定外，还应体现对学生未来的预测，引导学生对未来的憧憬，指导学生对未来的规划。因此，要求班主任从学生实际出发，考虑学生的年龄特点和心理因素，用辩证和发展的眼光分析学生的优点和缺点，尊重学生的个性和人格，多运用鼓励性的语言，即使是批评、点拨，也要恰如其分，让学生看到自己的优点、发展潜力和努力方向，帮助学生树立自信、激发学生进步的愿望。如果评语将学生写得一无是处，这只会加深教师与学生之间的隔阂，难以达到教育目的。好的评语应是对学生发展及其所取得成绩的积极认同，又能将其缺点通过隐含的语言信息委婉表达出来。这样，学生会更易于接受教师教育，形成健康的自我认知，更好地把握自己的未来发展。

（5）语言简练、具体贴切。操行评语的语言要具体、贴切、有分寸，更要简洁明了，要根据学生的年龄特点和心理特征，抓住每一名学生的兴趣、爱好和特长，用概括性的语言进行有针对性的评价，写出学生的个性。

（6）评语中可以赠送警句、格言。格言是人类思想宝库的瑰宝和人类智慧的结晶。评语中赠送警句、格言，不仅融入了班主任对人生哲理的独到思考，而且实现了评语的美育功能，既含蓄隽永，又耐人寻味。对学生进行评价时，恰当地使用格言、警句，可以使其迷途知返，弃"暗"投"明"，其激励鞭策作用显而易见。

总之，班主任为学生做鉴定、写评语是一件看起来比较简单但做起来十分复杂而又意义重大的工作。评语不仅仅是评价学生，它作为一面镜子也在无声地折射出对班主任工作的评价，反映出一个班主任的学识、素质和品德。所以，班主任应认真贯彻落实素质教育思想，不断更新教育观念，力争写出词美意深、直入人心的好评语，并以此活画出学生一幅幅生动的面孔、一颗颗活泼的心灵。

# 第四节　心理健康教育技能

## 一、心理健康概说

### （一）心理健康的概念

关于心理健康的概念，我国的一些专家学者认为，心理健康是指具有良好的心理品质，即个体具有良好的心理状态、健全的个性特征和规范化行为，而且无明显的心理异常表现。概括来说，心理健康至少应当包括三个方面：正常的心理状态、协调的人际关系、完善的社会适应能力。

## （二）青少年心理健康的标准

要判断青少年是否具有健康心理，就要看其心理状态是否符合一定的心理健康标准。我国教育工作者依据我国青少年心理特点和学生实际，制定了如下心理健康标准。

### 1. 满意的心境

心理健康的青少年对自己、对自己的生活、对自己的学习感到满意。他们总是比较乐观，乐于学习、生活和工作。能充分发挥自己的智慧和才能，并能取得一定的成绩，获得一种满足和成功的喜悦。而这些又促进他们对学习、生活和工作产生更浓厚的兴趣。相反，如果他们羞愧于自己容貌不漂亮、身体有缺陷而怨天尤人，或者终日抱怨自己没有机会施展才华，自怨自艾，苦闷失望，以至于把学习、生活和工作看成是负担而无法发挥自己的聪明才智，就是心理不健康了。

### 2. 统一的人格

心理健康的青少年都有正确的人生观和信念，并以它为中心把需要、愿望、思想、目标和行动统一起来。相反，如果欲望背弃了信念，行动与思想互相矛盾，主体的自觉意识统一不了这一切，就会导致人格分裂（所谓人格分裂，就是一个人有两重或多重相互对立人格的特征，随着个人心境、所处环境的变化而交互出现，分别表现其片面人格），这就是不健康的心理。

### 3. 正确的自我观念

心理健康的青少年应有健全的自我意识，能够正确地认识自我，即有良好的自知力，能对自己做出客观的评价，能以客观的态度观察和对待事物，适应不断变化的环境。能做到客观地认识自己，能够悦纳自己。如果自我观念不正确，那么，他有可能自以为了不起，去做他力所不能及的事件，做不好就归咎于环境和别人的不支持，甚至把过失推诿给别人；他可能自轻自贱，对自己的命运漠不关心；他也可能自觉形成心理负担。这样的青少年的心理就不是健康的心理。

### 4. 和谐的人际关系

心理健康的青少年人际关系良好，有自己的朋友，总乐于同别人交往。在与别人相处时，对人的态度总是尊敬、信任多于厌恶和怀疑。他们热爱自己的集体，愿意为集体工作，个人能为集体利益做出牺牲。相反，如果缺少朋友或根本不去交往；或在交往中不会以诚恳、谦虚、公平、宽厚的态度对待别人，不能宽容别人的短处和过失，不尊重别人；或没有充分的证据就轻易地怨恨、敌视他人，总认为别人是靠不住的；或认为别人是可以欺侮的，总想糟蹋别人以取乐，那么就不能说是心理健康了。

### 5. 个人与社会的协调一致

心理健康的青少年能够适应社会环境的变化，同社会保持良好的接触，认识社会，了解社会。其思想、信念、目标、行动能跟上时代的发展，与社会要求相符合。如果发现自己的需要、愿望与社会的要求、别人的幸福发生冲突，能够主动放弃或修改自己的行动计划，以谋求与社会的协调一致。如果不是这样，而是为了实现个人的欲望而不惜采取反社会的态度，不顾社会道德规范与法律的约束，妄取强求，那么这种不健康的心理可能会使他们走上犯罪的道路。

### 6. 行为符合年龄特征

心理健康的青少年的思想和行为应与其年龄特征相一致。例如，少年时期应天真活泼；青年时期则应朝气蓬勃，更有独立的见解和行为。

## 二、小学生心理健康问题

小学生入学以后，学习成为其主要任务。因此，小学生的心理健康与他们的学习活动、学校生活紧密相连。他们的心理状况也可以从学习活动、品德行为等方面得到反映，并受它们的影响和制约。

### （一）学习方面的心理健康问题

#### 1. 妄自尊大，不尊重他人

一些优秀的学生，他们认真、刻苦、积极、自信的健康心理，使他们有着优异的学习成绩、特殊的班级地位、在教师心目中良好的形象。由此，他们可能会产生骄傲、自满、浮夸和不尊重他人的心理，造成同学关系紧张，缺少合作意识等问题。

#### 2. 消极、自卑

一些学习成绩较差的学生，由于成绩不好，经常受到同学们的冷遇、家长的训斥，自尊心、自信心荡然无存，往往表现为消极、自卑。

#### 3. 学校恐惧症

一些学生，受学习压力过重的影响，害怕教师和学校，害怕考试和公布成绩，出现神经生理疾病（呕吐、头痛、胃疼、腹痛）、不敢接触教师和同学的退缩症、害怕去学校的恐惧症。

### （二）思想品行方面的心理健康问题

#### 1. 疑惧和对立

小学生有不良表现时，遭到家长的指责、教师的批评和同学们的耻笑，他们感到别人对自己的轻视和厌恶，从而产生对教师、家长的疑惧和对立情绪，躲避教师和家长，不轻易暴露思想，与成人形成严重的心理隔阂。

#### 2. 自暴自弃和破坏

小学生在受到批评和指责后，有的会产生自卑和抵触情绪，严重的会出现"破罐子破摔"的心理状态。在行为上放任自流，出现破坏公物，破坏纪律，寻衅闹事等行为。

#### 3. 粗暴和侵犯

小学生受到父母或社会的不良影响，形成对人态度粗暴、野蛮，说脏话、盛气凌人、欺凌弱小的不良品行。

#### 4. 说谎和偷窃

由于小学生认识发展水平较低，在思维、记忆、想象、判断等方面会出现与事实不相符合的情况而造成说谎。最初的偷窃行为的发生往往是为了满足某种需要，或者与他人发生冲突，以偷窃对方的东西作为报复手段，数次得手后就成为习惯。

### 5. 胆小和孤僻

小学生在缺乏温暖、遭受压抑或神经类型属于弱型的情况下，容易形成胆怯、抑郁和孤僻的不良人格。

## 三、影响小学生心理健康的因素

认真分析影响小学生心理健康的因素，是为了更有针对性地对心理不健康的学生进行教育。影响学生心理健康的因素很多，也有不同的归纳方法。具体来看，大致有以下几个方面。

### （一）生理因素

生理因素是指包括遗传、解剖结构、生理、生化、细菌、病毒等对精神疾病产生和发展起作用的因素，是指影响人的心理健康的物质根源。从遗传因素看，父母近亲结婚，可能导致儿童生下来就有躯体和智力上的缺陷。从儿童生长发育看，儿童在母体发育期间，母亲的保健状况、情绪、营养等及在分娩过程中出现早产、难产、产儿窒息等异常情况，也影响儿童未来的心理健康。此外，由于中毒、外伤、内分泌失调及躯体疾病等原因引起的大脑机能活动失调，以及脑组织损伤，也会引起暂时性或永久性的心理障碍。

### （二）家庭因素

家庭是学生的第一个学校，父母是学生的第一任教师。家庭所处的经济地位，父母的教育观点、教育方式及家庭成员的关系等，对学生的心理健康都有不可忽视的影响。例如，家庭不和睦、父母教育方式不统一或素质低下、单亲家庭等等，都会给学生造成心理压力，甚至会导致学生心理变态，影响学生的健康成长。

### （三）社会因素

学生接受的教育、受到的影响，不光来自学校和家庭，社会对其的影响也与日俱增。随着科学技术的进步和社会的发展，一个崭新的信息时代展现在学生面前。受不健康的报纸、杂志、书籍、游戏等大众媒介的传播和影响，一些好奇心强、天真幼稚、判别能力和自控能力差的学生会受其影响，从而导致心理异常。同时，社会的不良风气和环境，对那些辨识能力尚低的学生的心理健康也构成威胁。

### （四）学校因素

通过分析心理不健康的学生，可以发现，学校教育失当也是学生产生心理疾病的一个原因。学校是培养和造就一代新人的场所，学校办学思想、教师素质、教育方法等都直接影响学生的成长。在学校教育中，对学生心理健康影响比较显著的有两个因素：一是校风班风的影响。学校、班级中如果存在某些不利于学生发展的因素，将会对学生产生深刻而持久的消极影响。例如，个别学生在班级中地位偏低，长期受到忽视或排斥，容易形成严重的自卑心理、敌对情绪和逃避倾向，可能导致交往障碍及同学关系紧张等。又如，在一些班级中存在不健康的小群体和严重的欺负行为，如果教师不能及时发现和解决，很可能使部分学生产生紧张、恐惧等不良情绪。而到最后，不论是欺负人的学生还是被欺负的学生，都会形成一些不良的性格特征，如蛮横、霸道、怯懦、虚伪等。二是学校教育方法失当。例如，教师在传授知识时，大多沿用传统的"教师讲，学生听"的教学方法，不利于学生学习积极性的调动；有的班主任在教育犯错误的学生时，态度粗暴、方法简单，伤害学生的自尊心。学校教育方法失当，往往会使学生产生消极、恐惧、不信任的心理，影响正常的学习，严重者会出现心理异常。

### （五）心理学因素

心理是感觉、知觉、记忆、思维、情感、意志、性格、意识倾向等心理现象的总称。在客观世界里，无论是家庭、社会，还是学校，种种因素都要通过学生个人的内部心理活动产生作用。当小学生的各项心理素质的发展水平不完善时，就不能很好地解决生活中的问题，这样会影响其心理健康水平，小学生就很容易出现心理障碍。

## 四、小学生心理健康教育

开展心理健康教育是社会发展的客观要求。当今的小学生，面临纷杂多变的世界，面临考试、升学、就业等带来的诸多问题，心理上会有沉重的压力，会产生许多心理问题、心理障碍，继而影响身体健康。学校是为社会培养全面发展的人才，德、智、体、美等方面的全面发展与心理健康是密不可分的。心理健康是青少年走向现代化，走向世界，走向未来，建功立业的重要条件。具有健康的身心，已成为社会发展的客观要求。

目前，学校心理健康教育有三种基本方法：心理咨询；心理辅导；建立心理档案，开展案例研究。其中，最适合班主任对学生进行心理健康教育的方法是心理辅导。如果说，心理咨询是在给有心理障碍的咨询对象以帮助、启发和指导，那么，心理辅导则是帮助学生提高自我意识水平，避免由于困惑、焦虑等心理问题而造成的失误或盲动。前者侧重治疗，后者侧重预防；前者注重解决个别问题，后者使大多数学生心理都能获得良好的发展。这里重点介绍心理辅导的有关内容和方法。

### （一）小学班主任心理辅导的内容

小学班主任心理辅导的基本内容主要有以下几方面。

#### 1. 培养学生积极的自我意识

积极的自我意识是学生人格发展的核心，拥有健全的自我，才能拥有健全的人格。而自我的确立离不开社会和人际环境，因为个体往往是在对他人、对自己的态度和评价中产生自信、自尊或自卑心理的。班级环境是学生在学校学习生活的一个主要环境，所以，利用班级这一特殊的人际环境培养学生健全的自我意识是班主任心理辅导的一个基本内容。

#### 2. 培养学生健康的情绪

健康的个性有助于学生的身心健康成长。小学生的个性千差万别，个性又与个体情绪联系紧密。一个人的情绪好坏不仅对身体健康有积极的作用，而且对形成健康的个性也有重要的影响，所以健康的情绪是心理健康的重要标志。小学生在学校面临着学习、生活和人际交往的压力，经常会表现出一定程度的焦虑情绪，进而引发恐惧、嫉妒等心理，这对小学生健康个性的形成极为不利。因此，注重班级学生健康情绪的培养，对学生的成长有重要意义，是班主任开展心理辅导的又一重要内容。

### 3. 帮助学生解决学习困难

学生在学校的主要任务是学习。一个称职的教师，不仅要把知识教授给学生，更重要的是激发学生的求知欲，培养学生的探究精神、创造力和积极的思维方式。只有这样，才能促进学生全面发展，实现学校教育的最大成功。厌学心理是学校教育中客观存在的事实，严重影响了学生的智力发展和学校教育效果。虽然厌学原因是多方面的，但有许多资料表明，学生的厌学心理大多与学习有关，特别是学习上的困难。所以，作为班主任，要努力帮助学生解决学习困难，克服学习障碍，消除厌学情绪。

### 4. 帮助学生重建适应性行为

由于家庭、学校、社会等方面的原因，总存在部分程度不同的行为问题学生，而行为问题学生对班级良好心理环境的形成会造成非常消极的影响。但是，行为问题学生并不是"差生"，他们的行为问题仅是儿童在发展过程中出现的暂时障碍，表现为与班级、学校环境的不相适，这是可以通过心理辅导加以解决的。所以，班主任要积极帮助问题学生重建适应性行为。

### 5. 帮助学生学会人际交往

人际交往是儿童社会化的重要途径，学会合群与合作是儿童社会化的重要标志。交往是基于社会需求而产生的一种行为。通过交往，可以得到友谊和爱，获得他人的接纳或赞许，从中体验到自己存在的价值和生活的乐趣。但是，进入小学后的儿童，由于作为独生子女在家庭教育中养成的自我为中心或家庭的解体等原因，给本来就对新环境感到陌生的学生带来了更大的交际冲突。因此，作为班主任，应重视对学生的人际交往能力的指导，帮助学生学会人际交往。

### 6. 帮助学生乐观地面对生活

当今社会急剧变迁，使得学生成长的环境也产生巨大变化，不利的环境因素复杂多变。例如，自然灾害、社会恶性事件、校园暴力和伤害事故、家庭暴力和虐待儿童、留守儿童等。这些不利因素容易造成学生对生活的悲观情绪。因此，班主任要把帮助学生学会乐观面对生活作为心理辅导的一项重要内容。

## （二）小学班主任心理辅导的方法

### 1. 以自身的健康心理影响学生

只有班主任自身具有正确的人格，才能去塑造学生健康的心灵。因此，班主任在学生健康成长的道路上有着至关重要的作用。教师建立良好的心理素质系统，保证健康的心理状态，才能出色地扮演好班主任的心理辅导工作。少年时期是不稳定的时期，正确的价值观、正确的目标方向，与师生关系及教师在学生心中所营造的良好形象有很大的关系。假如教师自己心理不健康，学生的心理健康就绝对没有保证。因此，作为班主任，要时刻提醒自己提升自我修养和健康心态，这样才能胜任教育赋予班主任的职责。

### 2. 营造良好的班级心理氛围

每一个班集体都有它自己的心理特征，如班级凝聚力、学习风气、交往风格、合作与竞争、挫折应对方式等。学生身处其中，自然会受到潜移默化的影响，打上或深或浅的班级"心理印记"，班主任应充分发挥班级环境这本隐性、无声的"育人教科书"的作用。健康心理环境的内容主要包括：积极严整的班风，丰富高雅的班级文化，和谐的人际关系，和谐的师生关系和互助、友爱的生生关系，良好的课堂心理气氛（课堂心理气氛，指课堂上的情绪状态；所谓良好的课堂心理气氛，就是要让课堂氛围符合学生的求知欲和心理特点）。

### 3. 寓心理辅导于团体活动中

团体活动法是以小组或班级为单位，通过对话、讨论、娱乐、运动、训练等方式对学生进行心理辅导的一种方法。团体活动面向全体，突出了心理辅导的重点。因此，该方法是班主任开展心理辅导的重要方法。采用团体活动法时，班主任须做到：①有明确的指导思想。因为这不同于一般的班队活动，它需要有系统的心理学理论做指导。②教师要根据学生的心理确定好团队活动的核心。活动设计既要符合学生自身发展特点，又要符合心理学原则。③要培养学生积极的参与意识。只有学生积极主动参与，才既不至于让学生感觉负担加重，又达到了提高学生心理素质的目的。④要与其他班、队活动有机结合。这样既可减轻学生参加过多活动的负担，又可实现对学生的心理健康教育。

### 4. 重视个别学生的心理辅导

当班级中个别学生出现了一定的心理行为问题时，需要班主任及时进行心理辅导与干预。个别心理辅导可分为发展性和补救性两种类型。发展性的个别心理辅导主要是针对学生中存在的个别差异，为了使不同特点的学生获得最好发展而进行的个别心理辅导；补救性的个别心理辅导是指教师运用心理健康的原理和方法，对学生在学习和生活中出现的问题给予直接指导，帮助学生排解心理困扰，并对有关的心理问题进行诊断、矫治的一种帮助活动。补救性的心理辅导需要用到心理健康的原理和方法，有较强的专业性，班主任需要在学校专职心理辅导人员的指导下进行。

### 5. 建立"学校—家庭—社会"心理健康教育网络

家庭心理健康环境和教养方式、社会中的各种因素都直接影响学生的心理发展。要让家庭和社会各因子与学校、班级心理健康教育形成教育合力，班主任必须努力构建"学校—家庭—社会"心理健康教育网络。一方面，要重视对学生家庭教养方式的了解，及时帮助家长改进教育方式，提高家庭心理健康教育的质量；另一方面，要关注社会各种心理健康教育资源，积极地加以筛选利用，让这些社会资源在班级学生心理健康教育中发挥出最大作用。

## 第五节　沟通技能

### 一、与学生沟通

班主任经常要对学生进行教育，因此，与学生沟通的技能是班主任重要的基本功。班主任要与学生进行平等、双向的沟通，建立价值平等的对话性关系，以促使学生的主动性、创造性和民主精神及社会知觉、交往技能和自我意识的发展，对学生学会理解、尊重同伴、接纳他人、包容差异、克服自我为中心等有着非常重要的意义。班主任在教育学生，特别是讲解道德原理和道德规范时，应该尽可能地使用"对话法"，以平等的对话者的态度参与到学生的世界中，多当听者，不断地倾听学生的声音，了解和理解学生的意愿，实现师生间的沟通与融洽。

### （一）与学生沟通的策略

#### 1. 创建良好沟通氛围

有效的沟通要先建立和谐的关系，创造良好的氛围。营造和谐气氛可以采用"先跟后带"的技巧，即先配合对方，创造和谐气氛，建立接受与信任的关系，让对方"愿意听你讲"，然后才说出自己的意思，带领对方"去你想去的地方"。对于班主任来说，所谓"先配合对方"，是指班主任进入学生的价值参照体系，从对方的信念、价值观角度看事情，找出从这个角度看到的正面的意义。对学生话语中可以接受的部分给予肯定（肯定学生的感受，肯定学生的正面动机，肯定学生可以肯定的观点，从学生角度肯定，等等），然后班主任再说出自己的意思（避免使用"但是"和"不过"这两个词）。"先跟后带"还包括在声调语气和身体语言方面的配合。要注意学生声调之高低、快慢及声音大小，并且与之配合。如果学生怒气冲冲地说话，班主任回应时的最初几个字要用同样高的声调。然后渐渐地把声调调低、调慢及调软，这样就把学生带回平静的状态。要观察学生的面部表情、说话态度及身体语言的变化，并且考虑学生内心状态有怎么样改变；配合学生的坐立姿势，若为一般性质的谈话，每当学生的眼睛接触自己的眼神时，给学生一个点头（表示"我明白"的意思）和笑容。

#### 2. 学会倾听

（1）用心倾听。首先，班主任要用集中注意力的耳朵和包含关切的心去倾听，给别人以尊重的态度和友好的感情。要整体地、全面地倾听，学生讲话的内容和其个人的情绪都应受到关注。其次，班主任要边听边思考。再次，班主任要根据话语内容进行推测、判断，并对不同的话语内容进行归类、组合，从而能抓住学生的话语中心，推断真意，即透过话语表面的含义，了解其内在的真实含义；从一些表面上微不足道的谈话细节，如语气与手势中，发现学生的立场和目的、主观愿望等有价值的信息。最后，班主任要耐心听，特别是对所谓的"差生"，不应表现出厌恶、不耐烦等情绪，不要随便打断其讲话。

（2）巧妙引导。说话是说者与听者双方的事，成功的沟通有赖于双方积极地参与。在教育谈话中，班主任运用一些技巧，对学生进行巧妙的引导，是与学生沟通非常有效的一种策略。

①在教育谈话中，班主任要善于运用一些倾听用语，表明其作为倾听者的态度，诱导学生大胆、深入地表达自己的意思。第一种倾听用语是"唔"，通常表达"我在听呢，请继续说吧"的意思；第二种是"对""是""是啊"等，表示"你说的对，往下说吧"的意思；第三种是"哦""真的啊""还有这事儿"等，表示"原来是这样，我还不知道呢，你请说吧"的意思。此外，还可以通过非言语的信息，如借助一定的态势语，包括点头、目光注视、眼神、面部表情及前倾姿势等，对学生传递"我正在倾听"的信息。

②班主任在听的过程中，把听到的话原封不动地或稍做变化地重复一遍，也是一种有效的引导。在学生进行情绪性表达、宣泄时，这种方法特别有效。如当学生说出自己的情感时，班主任可以以"你的意思是不是……"开始，用相似或相近的话语把学生的中心话语重述一遍，这样，学生的感情得到了充分抒发。当学生没有说出或说清自己的情感时，班主任可以用"听

起来你说的是……"开始，运用恰当的话语引导学生把情感表达出来。当班主任不能判断自己的理解是否准确时，可以以尝试性、探索性的语气，用"……是不是这样""能不能再举些例子说明你的感受"等句式引导学生更深入、具体地表达。

班主任在倾听过程中的引导，客观上不应打断学生的话语，而是鼓励其往下说；形式上简单；内容上不提供新信息。听起来好像班主任在说话，但它仍然是倾听的一个组成部分。总之，班主任在与学生的言语沟通中，要强化倾听的意识，明确认识到学生的言语表达受自己倾听态度和倾听反应的影响，学会运用倾听时的反应技巧，鼓励、引导学生大胆表达。

### 3. 巧妙表达

在班主任与学生的沟通中，教师的表达是决定沟通效果的关键环节。从沟通技巧的角度看，教师的言语表达最重要的是要亲切自然，简洁易懂，针对性强，启发性大，表达方式委婉而有分寸，言语刺激讲究时效并恰到好处。在学校教育中，一些班主任的言语表达只停留在空洞的说教和劝诫上，如"学生应该遵守纪律，以学习为重"，或者是简单的判断和评价，如"我认为那是错的""你太骄傲自大了"，甚至是"贴标签"，如"你在班上是表现最差的学生"等等，这些都不可能获得好的沟通效果。其实，沟通中的语言并非只是知识、思想的载体，它和情感密不可分。因此，班主任在言语沟通过程中，必须渗透真实的情感体验，且表达要讲究技巧，才能提高沟通的有效性。

（1）感性回应。班主任在沟通中，当其身心放松的时候，听到学生的话语时，其内心会有某种感觉，或有一些联想，觉察并说出这些感觉或联想，就是一种感性回应。这种表达会让学生感到亲切自然，愿意继续沟通。

（2）真诚表达。不仅要表达社会一般的道德标准和风俗习惯及自己作为教师角色的规范，而且要表达自己作为"人"的真实感受，即班主任应以"真正的我出现"，没有防御式的伪装，不把自己藏在专业角色的后面，不戴假面具，不是在扮演角色或像完成例行公事一样，而是表里一致、真实可信地投身于学生的交往之中。这既是师生平等沟通关系的体现，也是教师真诚态度的表现。

### 4. 掌握提问的艺术

在班主任与学生的沟通之中，教师通常处于引发谈话或讨论的位置。因此，通过直接提问来引导学生表达是非常必要的，这样能使学生根据教师的要求，理清思路，表达自己的所感、所想。而提问技巧的使用，将有助于提高引导的效果。

（1）多用"什么""怎么样"，少用"为什么"。在人际交流、协商、教师指导和有纪律约束等场合中，当事情没有向班主任期望的方向发展时，班主任可能会情不自禁地问：为什么？你为什么这样做？你为什么迟到了？你为什么管不住班上的学生？你为什么恼火？等等。当班主任用"为什么"提问时，总是涉及学生的动机，或分析学生的行为意图，而有时学生对自己的行为动机并不清楚，或难以马上清晰地表达出来，就会出现沉默。而且，在"为什么"这种问题后面，往往带有很强的道德谴责语气，学生会因此而拒绝回答，或因这种感受而感到窘迫。当以"怎么样"和"什么"提问时，给人的感觉是想要了解更多的情况，获得更多的信息。因此，班主任如果以这种中性的方式进行提问，就消除了对学生潜在的威胁，学生会比较乐意回答。在学校里，有时会出现学生违纪的情况，这时，教师使用正确的提问方式显得尤其重要。善于运用提问方式的班主任，带着对问题的好奇，用"发生什么事情啦"，而不用"为什么"来询问事情的起因。引导学生说出事情的经过和想法、感受，从而把情况了解得更加清楚，也能使班主任和学生双方都能有较平静的心态。气氛平和，言行不会出格，既顾及了双方的面子，又能使学生容易接受班主任的意见。

（2）把提问句改为陈述句。有时，班主任的问句并不是表达一种询问，而是一个要求，如"你写完了吗？"其意思可能是"我有事要出去"；或者是强调某种语气，如"你怎么能那样做？"在上述两种情况下，把提问改成陈述句，效果会更好。一些班主任习惯以提问的方式来表达他们的要求，认为以建议的方式说话比使用祈使句显得更礼貌一些，能够使说话人避免承担把自己的意思强加在他人身上的责任，但有时效果并不一定很好。比如，班主任说："请你停止说话，好吗？"这句话很可能导致学生回答"不"，而班主任的本意是想说："我要求你停止讲话。"

班主任在处理学生的违纪事件时，不可避免地要直接表达自己的真实感情，但这样做的时候，使用陈述的方式比提问的方式要好。例如："你做这件事让我很生气！"这是一个对情感比较真实的表达，这比"你怎么敢那样做"效果要好，因为后者实际上是一个质问。

5. 及时提供信息和接受反馈信息

在教育活动中，班主任常常需要提供和接受反馈信息，包括批评意见，以帮助学生改进。

（1）班主任提供信息的技巧。

①提供正面信息，肯定学生可以肯定的地方。

②所提供的信息是通过观察，而不是通过推测（请比较"我看到大家都去搞卫生时，你悄悄走开了"和"你肯定是想偷懒"的区别）得出的。包括正面和负面的观察结果。

③对于结果不是作出评估、判断，而是进行描述，描述要具体精确，而不要笼统；用描述的字词，不用批评的字词（请比较"这次考试10道题你错了5道"和"你这次考试一塌糊涂"的区别）。

④语言简洁，并尽可能简短，制定清晰、有效的改善目标，并找出班主任能帮助学生的地方。

⑤与学生交流不同观点时，先让学生提出他们的看法。

⑥要求学生复述所听到的内容，确保其听到正、负两方面的反馈意见。

⑦反馈意见以鼓励的方式提出，可运用反馈"三明治"的策略：先提出正面反馈，再提出有建设性的负面反馈，以正面反馈结束。

（2）班主接受反馈的态度和听取反馈意见的技巧。

①主动积极地倾听，向学生表示重视。

②明确理解学生的意思，如果不明确和不理解，可提问进行核对。

③班主任不要试图为自己辩护，只需回答"谢谢你，我知道你的意思"（因为其实是由班主任自身决定哪些反馈信息可以接受，哪些可以摒弃）。

（3）班主任提供负面反馈信息时的语言技巧。班主任应利用"我的信息"来提供负面的反馈信息，所谓"我的信息"，是指个人自己的情感。利用"我的信息"提供负面的反馈信息的好处有：首先，一个人对另一个人的评价和判断是个人的推测和猜想，它可能符合实际情况，也可能并不符合实际情况，而"我的信息"是自己确实知道的，并不用猜想，也不会弄错。表达"我的信息"，就避免了因对别人的直接评价或判断不符合实际而造成对方的反感。其次，当表达对别人的评价时，是在说一些有关别人的事情，而当诉说自己的感情时，则是在表露自己的事情，这样不会刺激别人的防御机制，较容易被接受。因此，班主任应善于利用"我的信息"来提供负面的反馈信息，表达自己的态度观点，通过明确而友善的沟通来教育学生。

### （二）处理学生情绪的技巧

#### 1. 快速处理学生情绪的技巧

当学生表现出有情绪但暂时没有足够的时间进行处理时，可以先说："我看到（听到）……我觉得你内心有些情绪，是不是？"不论他怎样回答，都尽快回到该谈的事情上。运用这个技巧的目的不是化解学生的情绪，说这两句话是使他认识自己的情绪状态，并且感到班主任接受了他，从而防止学生的情绪对当下的事情或环境造成障碍。

#### 2. EQ型处理学生情绪的技巧

在班主任与学生沟通的过程中，当学生处于愤怒、激动、悲伤等情绪状态时，如果不先处理情绪，谈话将难以进行下去。EQ型处理他人情绪的技巧是一个可以参考的模式，在使用EQ型处理学生情绪的技巧时，可以分为以下四个步骤。

第一步，接受。所谓接受，指的是"我注意到你有情绪，我接受有情绪的你"。班主任可以说一些话去表示这份接受，如："看到你这样悲伤，一定有不好的事情发生了，可以告诉我吗？""你脸上的表情告诉我，这件事对你的打击一定很大，告诉我你的感受，好吗？"

第二步，分享。要引导学生，先分享他的感觉和感受，然后分享有关事情的细节。关键是引导学生说出几句描述内心情绪的话，然后才把注意力放在事情上。如果学生回应第一步"接受"说的话，说出了事情的内容、始末、谁对谁错等，班主任可以用下面的话将他引导回来，让他先分享感受："原来是这些事让你这样不高兴。来，先告诉我你内心的感觉怎样。""哦，怪不得你这样反应。你心里现在觉得怎样？"当引导学生说出内心的感受时，班主任观察学生的声调和表情渐转温和，便可以引导他说事情的内容和对事情的看法了。如果先让学生说出事情的内容而不先化解他的情绪，学生很容易越说越激动或越愤怒、越悲伤，情况会变得更难处理。

第三步，设范。一些学生往往一时冲动，造成破坏性的后果，但事后仍不能从中吸取教训。因此，需要引导学生去了解怎样的行为最符合他们的利益。"范"是框架，设范是设立正确行为的范畴，让学生明白怎样做才符合他的最佳利益。要把可以接受的（如深层的需要）和不可接受的（如行为）分开，先说出事情中可以接受的部分，再引导学生注意事情中并不能真正满足自己需要的、没有效果或有害的做法，也就是人们一般说的不应该做的部分。班主任可以再多说一句话去表示对学生情绪的理解，然后指出学生一些不适当的行为，再说出不适当的理由，例如："我明白了，换成是我也会生气。可是你这么一言不发就走了，其他人根本不知道是什么原因，不知道他们伤害了你，还会认为你没有礼貌。"

第四步，策划。当学生已经知道了正确行为的范畴时，班主任可以接着引导学生思考更有效或预防事情再次发生的方法，使他在将来类似情况出现时能更好地应对。班主任可以说："如果重来一次，你可以想到其他的处理方法吗？""下次出现同样的情况，你会怎样使效果更理想呢？""为了避免同样不如意的情况出现，你可以做哪些预防工作呢？"等等。

## 二、与家长沟通

学生的成长和发展是学校、家庭、社会相互作用的结果，其中最主要的是学校教育。要使学校教育更有成效，还要得到家庭和社会的配合和支持，尤其是家庭教育对学生的影响作用更为突出。班主任的工作，得到学生家长的密切配合，目标一致地对学生进行教育，能有效地提高教育效果。但是，由于班主任与家长对学生的期待不同，观察、了解和处理问题的角度不同，思想、文化水平和职业不同，教育思想与教育方法也不一定相同，难免产生一些矛盾。由于班主任"闻道在先，学有专攻"，故在处理双方关系时，应起主导作用，应负主要责任。班主任要从教育规律出发，处理好与不同类型家长的关系。

### （一）班主任与不同类型家长的沟通策略

#### 1. 与积极主动型家长的沟通

积极主动型家长都是信任班主任，对班主任的工作给予积极支持和密切配合的。他们比较重视对孩子的教育，具有较强的教育能力。他们会主动向班主任了解孩子在校的表现，也向班主任提供孩子在家庭中的表现和多方面的信息，能全面、客观地分析、评价孩子，与班主任配合默契，有较高的一致性。与这种类型的家长沟通时，班主任应将学生的实际表现如实向家长反映，虚心征求他们对班主任所采取教育措施的意见，充分肯定和采纳他们的合理化建议，并适时提出自己的看法，与学生家长交流，以便形成教育合力，有效促进学生的全面发展。

#### 2. 与专制型家长的沟通

这一类型的家长也能与班主任配合，但却是以简单粗暴的方法代替细致的思想工作，对孩子的管教属于严厉型，在他们身上，家长制作风较重。他们把"严厉"认为是"严格"，对孩子的要求较高，甚至苛刻。发现问题，不分青红皂白就大声训斥、指责，甚至体罚，造成孩子与家长的对立。遇有这种情况，班主任要采取措施，融洽家长与孩子的关系，增进两代人的理解。班主任如能使学生尊敬他们的父母，树立家长的威信，会使家长信服班主任而紧密配合工作。如召开"夸夸我们的好爸妈"主题班会，邀请家长参加，利用一些学生对父母的夸奖，而感化其他家长，使这部分家长认识到，孩子出了毛病是家长自身做得不够好。还有一些家长，在对待孩子的教育态度、教育方式上会和班主任产生分歧，甚至产生误解。他们望子成龙、望女成凤，和班主任沟通时，只是为了了解孩子的学习情况，而对孩子的思想、品德、纪律、劳动等方面则不闻不问，对学校组织孩子参加公益劳动、社会服务不予支持，有的家长甚至找借口不让孩子参加，严重阻碍了学生德智体美劳的全面发展。但如果他们一旦理解了班主任的意图，误会消除后，也会很好地与班主任配合的。对于这样的家长，班主任要仔细寻找他们意见中合理的部分，帮助他们纠正错误的教育观和人才观，调整他们对孩子的期望水平和教育方法。如果简单地把家长的意见驳回，容易冷落了家长的热情，当然也就不会主动地配合班主任对学生实施教育。

#### 3. 与"护短型"家长的沟通

所谓"护短型"家长，是指对学生缺点、不良倾向不重视，甚至为其辩解、维护的家长。班主任最容易与这样的家长发生矛盾。班主任与家长关系处理不善，既伤害家长的自尊心，也损害班主任在学生和家长心目中的形象，不仅给班主任工作带来困难，同时也会引起班主任的苦恼与焦虑。班主任与这类家长的交往必须慎重，要注意与这类家长的交往艺术。

（1）维护家长的自尊心，主动承担责任。"护短型"家长普遍具有一种心理：希望自己的孩子比别人的强。他们往往把孩子的行为与自己的面子联系在一起，认为孩子是家长的一面镜子，自己的孩子有了过错，他们感到难堪。班主任在协调与他们的关系时，要主动联系，承担责任，在任何情况下都不要损伤家长的感情，给足他们"面子"。在交换意见时，选择不使他们难堪的环境，避免用刺激性的语言，而要多用鼓励性的语言，对一些敏感的问题要采取恰当的方法处理，千万不要咄咄逼人，缓解他们因防御心理引起的消极情绪，增进彼此间的理解。

（2）耐心等待，交给方法。在与"护短型"家长的交往中，班主任要有信心和耐心。但有耐心并不只是消极地等待，而是在不断地向家长宣传教育孩子的重要性的同时，帮助家长了解教育孩子及与班主任配合的方法，这是家长十分需要，也是非常欢迎的。因为他们之所以"护短"，是不希望孩子有短，怕别人揭短。待他们掌握了教育孩子的方法后，也会主动地教育孩子。

（3）以高度的责任感和忍耐力感动家长。对待"护短型"家长，班主任要保持极大的克制力，不计较他们的态度和过头话，要以宽广的胸怀，去对待家长和学生，并以满腔热忱、真心诚意和对学生极其负责的态度去影响他们，班主任坚持这样做，对增进家长与班主任的信任感和心理相容是极有成效的。

### 4. 与"放任型"家长的沟通

这类家长对子女往往是养而不教，他们固执地认为"人的命，天注定"，家长只要负起孩子衣、食、住、行的责任就行了，教育孩子应该是学校的事。因此，对孩子的思想和学习完全任其自然，不加任何干涉。针对此特点，班主任在与家长沟通时，应多讲孩子的优点，少谈问题，使家长看到孩子发展的希望，激发家长对孩子的爱心与期望心理，从而改变其过去对孩子撒手不管的状况，使他们主动参与到孩子的教育活动中。同时，还要委婉地指出放任自流对孩子的危害，使家长认识到，学校教育固然十分重要，但学校教育的效果是建立在良好家庭教育的基础上的，家长长期和孩子生活在一起，应及时根据他们的思想品德、行为表现进行有针对性的教育，而且还应让家长明白，生活中缺少爱的孩子，心理上往往是不健全的，家长应加强与孩子间的感情沟通，为孩子的健康成长创造一个良好的环境。

## （二）班主任与家长沟通的形式

### 1. 家访

家访是班主任与学生个别家庭进行交流，以协调班级与家庭教育的一种方式。通过家访，班主任不仅可以深入了解学生的家庭环境及其在家的表现，也可以了解学生的家庭教育情况，同时，班主任去家访容易拉近班主任与学生及家长之间的心理距离，从而有助于家校之间的有效合作。班主任在进行家访时，应注意以下几点。

（1）班主任在家访前要明确家访目的。班主任在家访前要对被家访的学生做深入的了解，包括学习状况、在学校守纪律的情况和生活习惯等，更要明确通过这次家访需要解决什么问题，达到什么效果。另外，还要制订详尽、可行的计划，考虑好与学生家长交谈的问题，如怎样谈，如何针对心态层次不同的家长进行交谈，做到有的放矢。

（2）把握好家访时机。班主任要从学生的表现来捕捉家访的时机，从学生的表现来确定家访的主题。比如，班主任发现班级的一名学生成绩连续出现下滑的情况，与其谈话后依然解决不了问题时，班主任就应该想到家访了。通过家访，与家长共同分析这名学生成绩下滑的原因，与学生家长一起帮助学生端正态度，弥补不足，努力把学习成绩提升起来。如果学生情绪异常的原因来自家庭，班主任就要及时通过家访告知家长，与家长共同商议帮学生矫正异常情绪的办法和措施，引导学生尽早度过情绪波动期。

（3）家访时，班主任、家长、学生要互动沟通心灵。家访时，班主任要留给家长和学生发表自己观点的时间和机会。首先，班主任要站在家长的角度上家访。班主任在家访时，除了向家长通报学生在校的表现情况外，还要充分听取家长意见。其次，班主任要站在学生的角度进行家访。班主任要洞察学生心理，要急学生所急，想学生所想。在充分肯定成绩的基础上，委婉指出其不足，这样给学生和家长都留足脸面，交谈中要让学生成为主角，要给学生充分的说话时间。

（4）通过家访深化教育，巩固效果。班主任家访后，要结合家访中了解和掌握的资料，对学生重新分析评估，制定新的教育方案和措施，不失时机地对学生进行深化教育，这是家访中一个至关重要的环节。因为家访必定引起学生心理不同程度的震动，学生心里正在进行着"积极思想"与"消极因素"的对抗，正急需外部动力的辅助，以达到思想上的净化和改良。

家访工作是班主任工作的一个重要方面，是学校教育在校外的继续，要使家访取得良好的效果，必须根据学生、家长不同的心理特点，以情感心、以理服人，真正实现家庭教育与学校教育的完美结合。

### 2. 书面沟通

为了让家长全面了解孩子的情况，同时也为了能够及时收集家长的反馈信息，不断改进学校工作的方式，书面沟通不失为一种很有效的家校合作方式。在教学实践中，班主任可使用便条、喜讯单、家校联系卡、家长意见表、告家长书、学生品行表现联评单、学生素质报告单等方式建立起与学生家长的书面沟通与交流。如学生综合素质报告单是每学期期末班主任对学生的综合素质的评价，向家长汇报学生在校一学期的学习、生活等综合情况，其中不仅有教师的评语、同学的评语，还有家长的反馈意见。书面沟通，要努力做到实事求是，客观公正；鼓励为主，重在教育；避免空泛，写出个性；重视现实，注意历史，从发展变化的角度去评价学生。

### 3. 家长会

家长会是连接学校与家庭之间桥梁的最佳途径，家长一般是比较重视的，作为班主任一定要做好充分的准备。

（1）科学合理地安排家长会时间非常重要，它是保证家长能否正常出席的关键所在。因此，班主任要合理安排家长会的时间，一要考虑到每年的三月份和九月份，正是开学的时间，班主任要把学期的安排和要求向家长说明；二要考虑到在上班的家长，利用大多数家长的下班时间或双休日召开家长会比较好；三要考虑到遵循节约时间的原则，尽量压缩每次家长会的时间和内容，把那些易于理解的学习内容印成书面材料，让家长回家后进行理解；四要考虑到控制家长会的召开次数，集体的家长会每学期不超过两次，小型个别家长会可另行安排。

（2）召开家长会的内容、形式要新颖别致。家长会的形式要昂扬向上，给家长以愉悦轻松之感。班主任要一改以往"告状式""总结式"的家长会风格，多采用"夸奖式"的激励模式。家长会应是双向交流的过程。一是采取"开放式"教育，请家长为学校教学工作"挑刺"。二是采取"大家乐"形式，向家长汇报学校的素质教育成果。家长会时，请家长与孩子一起亲眼见证孩子的各项能力的发展，让其了解孩子的智能发展情况，使其充满自信心，以便更具体地为自己的孩子制定培养目标。三是以家长委员会的形式汇报班级工作，还可以接受家长委员会的批评和建议，使班主任的工作取得家长的理解和支持。比如，采用座谈会的形式，把教室里的桌椅围成一个圆桌，拉近彼此的距离；再比如，请家长代表发言，交流经验，比教师空洞的宣讲更有说服力；还可以请孩子对家长说说自己的心声，或者给家长写信，请家长回信，架起沟通的桥梁；等等。不同形式的家长会，会带给家长不同的感受，给大家留下美好的回忆，也会成为下一次相聚的期待。

（3）在开家长会时，班主任要学会临时调控。当家长们发言热情高涨或频频提问时，班主任要抓住共性问题，发挥自己的才智和教学经验，耐心细致地解答，个别的问题再作个别解答。这样，既抓住了整体，又不遗漏少数，使全体家长都有所得。对于一些特殊学生的家长，班主任若找他们谈话，可以委婉地请他暂留下来进行个别沟通，这样，既达到了教育目的，又保护了家长的自尊心。

（4）班主任要把家长会上讲话的内容事先准备好。准备讲哪些问题，一定要在心里有一个设计，使家长听后感到班主任对班级工作认真负责，关心爱护学生，把孩子交给这样的班主任，家长放心。讲话时，态度一定要谦虚、和蔼、谨慎、推心置腹。班主任准备家长会上的讲话内容时，应注意以下几方面：第一，在家长会筹备阶段，要详尽准确地掌握学生和家长的情况，比如家长的文化程度、工作性质等，考虑怎样讲话才能引起家长的共鸣，这样发言才会有的放矢。第二，在家长会上，班主任向家长阐述自身的工作思路和教育理念，让家长认同，并接受这样的工作方法。第三，把开学至今的班级情况、孩子们的表现做一个大致的汇报。以上这些都要写出详细的发言稿，讲的时候最好能够脱口而出。

（5）家长会上，班主任不仅要向家长汇报学生的成绩，更应该提醒家长重视孩子的身心健康，包括品德言行的进步、综合素质的提高等。家长会上，展示的不仅仅是学生的考试成绩，还应该有具有典型意义的事例、学校举行的各项活动、学生在活动中的表现和收获等，让家长们感受到孩子们的成长。有的家长因为工作忙碌，疏忽了孩子的心理需求，班主任应该把这项内容也纳入家长会。家长更多的还是喜欢听有关孩子的具体行为表现，而不是空洞的说教和指责。所以，班主任平时要留心学生的行为细节，把要阐述的观点融入一个个小故事中。平时的班主任工作日记，其优越性就显示出来了，学生的事例越是有根有据、真实可信，家长就越爱听，班主任在家长心目中的威信自然而然就提高了。

（6）每次开完家长会后，班主任要主动与其他科任教师认真讨论，整理资料，做好总结，把实践中的感性认识上升到理性认识，为有的放矢地开展工作提供依据。

### 三、协调校内教育力量

#### （一）协调科任教师

科任教师又称任课教师。本班科任教师与班主任一起共同组成班级教师集体，负责对学生进行培养教育工作。与班主任不同，科任教师不是班级的主要负责人，他们主要是通过自己所教学科的教学活动来实现教育培养责任。科任教师的敬业精神、教学思想和方法、教学水平，都直接影响着学生的发展。因此，班主任要保证把全班学生培养教育好，就必须协调统一科任教师的力量，以获取高质高效的教育效果。

### 1. 召开班会介绍教师情况

为了使学生更深入地了解科任教师，更快地适应科任教师的教学方式和方法，班主任应在科任教师上课之前召开班会，向学生介绍每位科任教师的情况，包括教师的教学年限、教学特长、教学习惯、教学态度及以往取得的教学科研成果等，促使师生双方尽快地相互适应。对于那些刚刚走上教学岗位、教学经验不足、教学水平可能不是很高的年轻教师，班主任要教育学生尊重他们的劳动。班主任要有意识地在学生中树立科任教师的威信，教育学生尊敬科任教师，树立尊敬师长的良好班风。

### 2. 主动向科任教师介绍本班学生情况

了解学生是因材施教的前提。班主任应主动把学生的思想情况、学习情况、生活情况、身体情况、家庭情况、社会关系及兴趣爱好等主动介绍给科任教师，使科任教师心中有数，为更好地教育学生奠定基础。

### 3. 召开师生座谈会交流教与学的情况

教学过程是师生双向的信息交流过程，教学效果好坏直接取决于师生双方的努力和配合情况。如果教师对学生的要求和意见知之甚少，学生对教师的要求不能及时得到反馈，就会影响教学效果。因此，班主任可以定期或不定期地召开师生座谈会，让学生与科任教师面对面地交流，畅谈教与学的感受，共商教学对策，增进感情，消除障碍，为改善师生关系创造条件。

### 4. 邀请科任教师参与班级教育工作

班主任在制订班级工作计划、确定班级奋斗目标、研究学生思想动态时，一定邀请科任教师参加，倾听他们的意见和建议。班主任只有与科任教师相互协调，统一认识，才能形成合力，齐抓共教，取得良好的效果。

### 5. 协调各科教学妥善安排各种活动和课业负担

科任教师大多是从本学科的教学出发去布置作业，进行辅导和考试，这样难免会出现学科之间作业轻重不均、考试集中或频繁等问题，致使学生的课业负担加重。班主任要统筹兼顾，在调整各科作业量及考试次数等方面起到调度作用，合理安排学生的自习和辅导，避免出现几位教师占用同一时间等问题。

## （二）配合协助团队组织

### 1. 配合团队组织开展教育活动工作

团队组织是学校德育工作中一支最有生气的力量。班主任要教育学生积极参加团队活动，并热情支持他们参加团队活动。活动前，要了解团队活动内容、活动目的、活动计划和活动方式，做好动员准备工作。活动中，尽可能地参加并给予协助，同时观察本班学生在活动中的表现。活动结束后，要帮助他们做好活动总结。班主任要经常与学校的团队组织保持联系，使班级与团队在教育上保持一致。

### 2. 协助团队组织做好发展新队员工作

班主任最了解班级学生情况，有向团队组织推荐积极分子的责任。班主任要做好团队积极分子的培养教育工作，把班级中最优秀的学生推荐给团队组织，使他们成为团队组织的有生力量，更好地成长和进步。

### （三）协调学校其他部门

班集体建设、学生健康成长，需要来自学校方方面面的关心和帮助。学校的教务处、总务处、办公室、图书馆、政教处、保卫科、医务室等，在管理和服务学生的过程中，不仅和学生发生千丝万缕的联系，也肩负着培养人、教育人的任务。班主任要经常与各部门沟通学生情况及时掌握学生思想和活动脉搏，齐抓共管，共同完成对学生培养教育工作。班主任要教育本班学生尊敬学校各部门的领导和教职工，尊重他们的人格，尊重他们的劳动，支持和协助他们开展工作。班主任要组织好学生参加各部门安排的活动，认真完成学校各部门布置的任务。

### （四）协调班级之间关系

在班主任工作中，总会遇到与其他班级的关系问题，需要班主任协调和处理。要处理和解决好各种矛盾与关系，班主任必须具备过硬的基本功。第一，要克服本位主义思想，教育学生团结友爱，互敬互让，与其他班级学生搞好团结。第二，当本班学生与其他班级学生出现矛盾时，班主任要及时教育本班学生，并会同有关部门处理和解决好矛盾。第三，为了与兄弟班级建立良好的关系，班主任可以建议班级之间开展活动，如各种体育比赛、文艺联欢、学习竞赛等，以便在活动中增进友谊，取长补短，互相学习，共同进步。

## 四、与校外团体或个人的沟通

### （一）与校外团体或个人沟通的意义

班主任带领班集体与校外团体或个人的沟通联系，应当本着受教育的原则，建立经常性往来关系。校外团体主要指社区、街道、政府、机关、文教卫生、艺术团体、科研学术部门等，与其建立经常性的沟通联系，便于开展班集体教育活动；此外，还可以聘请英雄人物、劳动模范等来班级作报告、讲演、座谈等，亦可聘他们做学生的课外辅导员。这种沟通不但能活跃学生紧张的学习气氛，而且对促进学生优秀思想品德的顺利养成，对学生树立起远大奋斗目标，不断取得学习进步，都能形成强大的推动力。

### （二）与校外团体或个人沟通的注意事项

（1）与校外团体或个人沟通，需要事前了解该团体或个人的详细状况，认为确有教育作用才能进行沟通。必须开展有计划、有目的、有实效的活动；应恰当安排活动时间，若非十分必要，要尽量少占用或不占用上课时间。与校外团体等组织活动，要有活动记录，以备学校考核和班级工作总结。

（2）是否需要与校外团体沟通，要根据学生具体需要来合理选择，科学安排。既可有长期计划，也可短期安排，临时性任务安排尤其不可盲目、随意。应在学年伊始或学期初制订具体的中、长期沟通联系计划。

（3）在与校外团体或个人沟通过程中，对学生具有积极教育意义的内容要认真组织学生吸收并内化，成为促进学生成长有用的"养料"；对不良的内容则要坚决抵制，并由此注意培养学生辨是非、明善恶的认识能力。

班主任本人可以与校外团体或个人建立广泛交往，这对班级工作有利，对教师成长有利，对于学校物质文明与精神文明建设也是有利的。

## 实训设计

1. 从伦理性谈话、活动教育及行为规范教育课等策略中任选其一，设计一次小学生日常行为规范训练活动。

2. 根据你对小学班级活动形式和内容的了解，自拟题目，在你所实习的班级组织一次真实的班集体活动。

3. 设计一个主题班会。所设计的主题班会应紧扣主题，有鲜明的思想教育性，形式新颖，富有创造性、趣味性。

4. 在小学教育实践中，观察小学生并将观察情况记录下来。

5. 设计一个家长会方案，并写出发言提纲。要求方案设计合理，思路正确，主题鲜明，形式新颖。

6. 以寝室为单位进行家长会模拟训练，在训练中应注重模拟班主任与不同类型家长的沟通方式。

7. 案例分析：

小兰（化名）半年前从西部农村转入深圳某公立小学五年三班。刚转学时，班主任与小兰进行了一次亲切的交谈，了解到小兰基础不错，上进心较强，对新的学生生活充满期待，就是口音太重，与老师和同学们交流起来不太方便。

过了一段时间，班主任发现小兰上课时总是心不在焉，下课也不与同学交流，总是若有所思地独自待在教室里，作业也越来越不认真。班主任严肃地批评了小兰，希望她能主动融入班集体，努力学习，力争成为优秀学生。

但是半年过去了，小兰的情况不但没有好转，反而越来越严重。班主任心里很着急，于是决定再找小兰深入交谈一次。师生沉默了一会儿，谈话开始了，没想到小兰回答李老师的第一句话是："李老师，我想回我的家乡，我想在那儿的学校读书！"话音未落，小兰已是泪流满面……

李老师惊呆了，一连串的"为什么"涌入李老师的脑海，她感到了问题的严重性，也因作为班主任没能对小兰做到真正的关心而深感自责。李老师决定，一定要帮助小兰重新找回对生活的美好憧憬，树立自信，安心在这所学校、这个班集体快乐地学习和生活。

问题：请结合所学知识，为李老师设计一个帮助小兰的心理辅导方案。

# 第十一章

# 教师资格考试

一

本章导语

教师资格证书制度是国家对教师实行的特定职业许可制度，是对专门从事教育教学人员职业准入的基本要求，是公民获得教师工作岗位的法定前提条件。为加快我国教师队伍建设，推进教育事业健康发展，严把教师从业资质，自2011年起，我国开始实行由国家统一命题的教师资格国家标准化考试制度，以湖北、浙江两省展开教师资格全国统考试点，此后陆续拓展到其他省份。2015年，我国开始全面推行教师资格全国统考，提高教师入职门槛，并打破教师资格终身制，实行定期注册制度。

师范生要想入职教师行业，必须考取教师资格证。为此，在大一新入学时就应清楚了解国家教师资格证考试政策及内容，尽早进入状态，按照考纲要求，科学备考。

目标引导

了解教师资格考试政策；了解教师资格考试笔试、面试纲要；了解笔试、面试的考试题型、方式；了解笔试科目一综合素质教育写作要求，掌握教育写作审题立意、谋篇布局方法，能够写出合格的教育论文；了解面试简案写作方法，了解虚拟教学步骤，能够按照考试要求设计教学简案，能够按照试讲要求进行虚拟教学。

思政小课堂

科学家爱因斯坦说过："第一流人物对于时代和历史进程的意义，在其道德品质方面，也许比单纯的才智成就方面还要大。"这句话虽然不是为严修而讲，但用在严修身上却同样合适。严修是我国近代著名的学者和教育家，也是革新封建教育、推进教育现代化的先驱。作为爱国教育家，严修先生毕生矢志不渝致力于中国近代教育改革，筚路蓝缕、呕心沥血地创办南开系列学校，作出了不朽业绩和卓越贡献。

南开大学作为在中国教育近代化进程中，以中国人自己的力量创办新式大学的成功典范，严修为南开的早期发展做出了重大贡献。他为南开大学的筹建殚思竭虑、身体力行。他亲自赴美国走访各地大学，参观考察。他为筹办南开大学风尘仆仆地奔波于京津两地，敦请有关方面鼎力相助。为了筹款，他不知挨过多少次白眼。他不仅以个人财力、物力给予南开大学很大支持，而且南开大学接受的几笔大的社会捐款，也无不缘自他的名望和关系。他为南开大学提出了正确的办学理念。南开大学初建时，严修就和张伯苓一起提出了"文以治国、理以强国、商以富国"的办学理念，主张"讲中学以通经致用，讲西学以强国富民"，强调德、智、体、美四育并进，特别注重人格修养和校风建设。其教育思想和办学理念对学校早期的办学宗旨、专业设置、教学内容和人才培养模式等无不有着重要的指导作用。严修先生慧眼识英才，是他爱才如命、义无反顾地资助和培养了周恩来成为国家的栋梁之材，他是相中周恩来这匹千里马的伯乐。这是严修先生对国家，也是对中华民族的巨大贡献。

严修对教育的极大热情和无私奉献精神，使人感怀和钦敬。张伯苓高度评价严修的办学功绩，他说："严先生道德学问，万流共仰！个人追随颇久，深受其人格陶冶。南开之有今日，严先生之力尤多。严公逝世，在个人失一同志，在学校失一导师，应尊严先生为校父。"

教师资格考试
政策概说

小学教师资格
考试内容纲要

# 第一节　小学教师资格考试笔试备考指导

小学教师资格笔
试考查内容简介

## 一、小学教师资格考试笔试备考建议

### （一）正确认识教师资格考试，建立信心

教师资格考试笔试的通过率在30%左右。面对这样的通过率，一些师范生缺乏自信心，认为难度太高，自己难以通过。师范生一定要理性地面对自己的专业。既然学了师范专业，不考取教师资格证，将来是无法进入教育行业的。师范生要努力培养积极心态，树立自信，激发自己的意志，提高学习效率，相信只要下功夫，就一定能"天道酬勤"。

### （二）从自身实际出发，制订合理的学习方案

当师范生决定从事教师这一职业时，就需要为这一目标不懈奋斗，提前做好"筑基"工作。第一，从大一开始，充分了解相关方面的信息，了解考取教师资格证需要哪些条件，如普通话证书等，并在大学期间主动、积极参与考试，拿到相关证书。第二，加强专业知识学习。以教师资格考试改革内容为导向，有针对性地学习。如教育学、心理学等考核内容，学校会进行课程教学，在上课过程中要认真听讲，做好笔记，不懂的地方要积极请教，争取在课堂上消化相关知识，并在课下加以巩固，将陌生知识转化为熟悉知识，将复杂难懂知识转化为简单易懂知识，提高知识获取效率。此外，充分利用网络资源，积累文化素养，扩大知识面。

### （三）研究真题，把握考试脉搏

考纲是了解考点的依据，真题是掌握考情的关键。在备考之初，要仔细研读教师资格考试的最新考试大纲和近几年的考试真题，对教师资格考试的基本内容、考试情况、命题特点进行大致的了解。

### （四）学记结合，强化记忆效果

从教师资格考试历年真题来看，考试所涉及的知识点考查范围广。不仅考查教育理念、教育法律、职业道德和拟任教学科的教育教学知识，还要求考生具备一定的阅读理解能力、逻辑推理能力、写作能力、教学情境分析能力、教学设计能力，并具备一定的科学文化素养。要牢

记辅导教材上的全部内容，是具有一定的挑战性的，可以利用笔记将"厚"书读"薄"，提高学习效率。一是对教材的重点内容做摘要笔记，概括其要点；二是在复习过程中，在教材相应位置做好批注，加强记忆；三是对所学内容做好心得笔记，将学习过程中的思考、分析、体会等随手记下来，巩固对知识点的理解。

### （五）系统总结，梳理知识脉络

教师资格考试各个科目的模块分明，内容体系完备。在对教材基础知识有了基本的掌握之后，要在理解的基础上系统梳理每个模块知识的脉络，在笔记本上整理出清晰明了的框架结构，打开深层记忆回路，加强识记效果，以便在考试中看到相关题目时能快速在记忆中搜索到相关知识点，得出合理的答案。

### （六）强化练习，及时查缺补漏

多做练习是检测复习效果的有效手段。在大量的知识记忆和系统的脉络梳理之后，要结合辅导材料每个章节后的能力提升训练，进行适当的练习，以及时查验对所学知识点的掌握情况。对记忆模糊的知识点要重新记忆，对薄弱环节要进一步巩固，查缺补漏，稳步提升，才能达到最佳的复习效果。

## 二、教育写作指导

### （一）教育写作概说

教育写作在教师资格考试笔试科目—综合素质中占整个卷面 150 分的三分之一，是分值最大的一项，也是考查考生能力等级最高的一项——应用与创新能力。因此，考生应给予足够的重视，积极进行教育写作训练。

教师资格考试教育写作备考建议

#### 1. 教育写作的含义

教育写作专指源自教育生活或与教育生活相关的写作实践。比如，教学大纲、教学设计、教案、实验报告书、毕业论文、听课笔记、课题研究报告、教学论文等，这些反映教育教学管理等的内容，都属于教育写作。本节的教育写作，仅指教师资格考试中涉及的教育论文的写作。

#### 2. 教育写作与高考作文的异同

教育写作作为教师资格考试的必考项目，与其他的考场作文要求有很大区别。在此，将教育写作与高考作文加以比较，旨在让大家明晰教师资格考试教育写作的考查目的和特点。

教师资格考试的教育写作和高考作文都属考场应试作文，对写作者的语言文字功底，写作中表现手法、表达方式的运用要求几乎是一致的。以往个别年份的教师资格考试题目就来源于高考作文题。

### 📖 微案例

2013 年上半年中学教师资格考试教育写作真题：

总统当选后不久，记者采访他的母亲："有哈里这样的儿子，您一定感到十分自豪。"母亲赞同地说："是这样。不过我还有一个儿子，也同样使我感到自豪，他现在正在地里挖土豆。"

要求：用规范的现代汉语写作；自定立意，自拟题目；观点明确，分析具体，条理清楚，语言流畅，写一篇议论文，不少于1000字。

2004年高考作文（辽宁卷）：

记者采访一位名人的母亲时说："您有这样出色的儿子，一定会感到十分自豪。"母亲赞同地说："是这样。不过，我还有一个儿子，也同样使我感到自豪，他正在地里挖土豆。"这位母亲的话令人深思。功成名就，确实让人骄傲；但平凡充实，也足以令人自豪。请结合自己的经历和感受，就"平凡与自豪"这个话题写一篇文章。

可以看出，虽然教师资格考试的写作题目借鉴了高考的作文题目，但是，二者还是有区别的。最大的不同有以下两点：首先，二者的题材不一样，高考考查的侧重点是考生的"三观"（世界观、人生观、价值观）问题和逻辑思维及创新能力；而教师资格考试考的是有关"教育""教师"的问题，主要考查考生的教育理念、教师职业道德及是否具备教师职业所需要的专业素质和能力。其次，写作者的身份不一样，高考的考生是高中毕业生，而参加教师资格考试的考生是"准教师"。参加教师资格考试的考生在拟题、立意、选材时，一定要注意转换身份，以教育工作者的视角从专业角度来分析、理解题目要求，写出符合考试要求的教育论文。

### 3. 教育写作的命题规律

（1）命题方式是以材料作文为主。教育写作的命题方式基本上是以材料作文为主，只有个别年份出现了话题作文和命题作文。作文题型强化材料，就使得试题更具开放性，更能启动考生的发现能力、理解能力、分析判断能力和思辨能力。

（2）考查内容具有职业导向。教育写作除了考查考生分析材料的能力、谋篇布局的能力、语言表达能力等常规写作技能外，更重要的是考查考生是否具有正确的教师职业理念、高尚的教师职业道德、专业的反思能力等。从历年的教育写作真题来看，出题的材料内容具有高度的职业导向。大致可分为以下几大类。

①教学话题：所给材料能够给教师以教学方法上的启迪。

**微案例**

如2017下半年幼儿园教师资格考试作文真题：

20世纪30年代，梅兰芳先生初到上海，虽然他唱功绝佳，誉满京华，但要在大上海一下子出名也难。当时想在报纸上打广告，但广告要怎么写才能引起人们的注意呢？经过一番筹划，戏班子决定在报纸上只印三个字——梅兰芳，当时上海的市民并不知道梅兰芳是谁，因为好奇都在互相打听。连登了一周之后，报纸上登出了一个详细的广告："梅兰芳——京剧名旦，今晚在上海某戏院登台献艺，欢迎观看。"就这样，梅先生在上海一唱走红。

这则材料本身反应的是"好奇心"问题，从中我们教师可以得出这样的启示，就是"在向幼儿传授新知时，要充分调动幼儿的好奇心，让好奇陪伴幼儿成长"。像这样的考题，其实就是考查考生对幼儿教育教学知识的理解和掌握能力，以及如何将理论运用到教学实践中。针对此类考试题目，行文中要做到既有一定的教育理论支持，也要有自己明确的观点及做法。

②教师话题：所给材料主要考查考生对教师这一职业的正确认识。

**微案例**

2013年下半年小学教师资格考试教育写作真题：

"学高为师，身正为范"是著名教育家陶行知对教师的期望，也是他师范教育实践的指导思想。有人说："教师要教给学生知识，培养学生能力，所以'学高'太重要了。"也有人说："教师以育人为天职，是人类灵魂的工程师，所以'身正'最重要。"那么，你的看法呢？请联系实际，写一篇议论文。

针对此类考题，考生在行文时，一定要结合优秀教师的素质进行写作，这样才符合新型教师的标准，也能契合材料的要求。

③教育话题：所给材料能够给教师以教育方法上的启迪。

**微案例**

2017年上半年小学教师资格考试教育写作真题：

德瑞克·朱伯特、贝弗利·朱伯特夫妇是著名的野生动物纪录片的制作者，在长达30年野外生活的拍摄中，拍摄了25部震撼人心的纪录片，8次获得艾美奖。有人曾这样问朱伯特夫妇："当肉食动物在捕杀弱小动物时，你们也眼睁睁地看着，不去帮忙吗？"朱伯特夫妇回答："是，我们能做的，只能是'无动于衷'"。

这样的材料作文很明显是将教育现象转化成一则材料，以引发考生的深度思考。考生在审题立意时，应将材料与考试性质进行有机结合，从教育角度立意。

④观点探究类话题：结合某一社会现象给出几种观点，需要考生从教师教育的专业角度反思材料，得出启示。

**微案例**

2018年上半年幼儿园教师资格考试教育写作真题：

近日，某市地铁运营公司发布检修数据，发现95%的自动扶梯右侧梯级链磨损严重。这再次引发公众对于自动扶梯"右立左行"规则的反思。有人认为：安全重于效率，为了安全应该改变"右立左行"的规则。有人认为：在效率至上的时代，高效就是一切，磨损严重就要加强检修，别把问题甩给大众。有人认为：没有哪一项法律允许在高速路拥挤时，废除应急车道来提高效率，规则的存在是有道理的。

像这类考题，貌似与教育无关，考生要认真审题，结合考试的性质确定文章立意角度和写作思路。毕竟这是教师资格考试，有其自身的专业特点，考生要善于揣摩考官的意图，准确理解题意，紧扣教育视角，写出有个性、有思想的考场作文。

（3）紧扣时代脉搏。近几年的教师资格考试教育写作命题趋势，越来越趋于紧扣时代脉搏，贴近现实生活。作文材料所反映的内涵主要有：弘扬中国精神、发掘文化资源、增强文化自信、关注未来与发展；引导当代青年坚定理想信念、厚植家国情怀、培养奋斗精神、增长知识见识等。

**微案例**

2020年下半年小学教师资格考试教育写作真题：

材料1："人的一生应当这样度过：当他回首往事时，不因虚度年华而悔恨，也不因碌碌无为而羞愧……"《钢铁是怎样炼成的》主角保尔·柯察金以其钢铁般的意志和为理想而奋斗的精神，激励了一代代青年投身社会主义建设。

材料2："生活不能等待别人来安排，要自己去争取与奋斗！"《平凡的世界》里的农村青年孙少平，在苦难面前咬牙坚持，积极抗争，让一代代人从中获得精神的力量，增添了克服困难的勇气。

2019年上半年小学教师资格考试教育写作真题：

材料1：过草地时，饥寒交迫，一位红军战士实在挺不住了，将他的战友叫到身边，以微弱的声音说："我不行了，你们继续前行，把红旗插遍全中国。"

材料2：一位老革命家晚年时，曾有人问他，参加长征最大的感受是什么，他不假思索，操着浓重的乡音回答："跟着走！"

以上两个真题材料的主旨就是对理想信念的坚守，以及为初心和使命的不懈奋斗。

（4）与实事"并肩而行"。近几年的教师资格考试教育写作题联系实事、联系社会热点的倾向越来越明显。如2021年下半年幼儿园教师资格考试教育写作题是"《中国诗词大会》"话题；2020年下半年中学教师资格考试教育写作题是"抢红包"话题；2017年下半年中学教师资格考试教育写作题是"共享单车"话题等。可见，教师资格考试教育写作题目也在与时俱进，与实事"并肩而行"。

厘清了教育写作的命题规律，不难得出，从出题内容上看，教育写作题一般涉及教育理论和教育实践，要求考生具备扎实的教育理论基础，对教育学、心理学、新课改、教师职业道德、教育法规等内容都烂熟于心；写文章时，则要综合专业知识背景，对理论常识及各类写作素材信手拈来，内化贯通。考生还需结合已有的实际经验，使文章内容深入透彻，而不流于表面。写作时，要根据需要按照选定的文体写作，依据文章中心组织、剪裁材料，要合理布局谋篇，安排文章结构。

近几年的教育写作文体要求一般有两种，一是文体不限；二是明确要求考生写议论文。下面的教育写作辅导，将从议论文文体出发，分别从"审题立意"和"谋篇布局"两个方面进行专门指导。

## （二）教育写作审题立意

### 1. 教育写作审题立意的含义

审题，就是深入思考和反复推敲作文题目（材料），以求理解其含义，弄清写作的具体要求，把握命题的意图，确定下笔的角度，明确写作方式和方法的过程。立意，就是确立写作中心，即确立论点。

鲜明的论点是议论文的灵魂。理解材料时稍有偏误，就会导致文章论点偏题跑题，所以，审题立意是写好作文的第一要务。阅卷老师最看重的就是作文的立意，可以说作文立意决定作文分数。在教师资格考试中，作文的文采并不是获取高分的决定性因素，文采的作用不过是锦上添花，绝大多数考生都只有普通的写作水平，但是只要观点到位，即立意准确，仍可取得二类文及以上的成绩。

"一千个读者心中有一千个哈姆雷特。"同样，同一则作文材料从不同角度思考，会得出不同的启示，进而确定不同的立意。但在众多立意之中，一定会有一两个是"主流观点"，也就是最契合材料主旨、最契合出题人意图的观点。如果从评分的角度来看，主流观点必然是高分。因此，考生无论从材料中读出几个立意角度，一定要学会选择、筛选，力争确定一个最接近"主流观点"的立意。而对于大多数考生来讲，可能难点不在于筛选，而是在于如何能从材料中分析出材料给考生的一般的启发，也就是分析出基本正确的立意。

要记住，考生参加的是教师资格考试，因此，无论是材料作文、话题作文，还是命题作文，都应该尽量从教育的角度、教师的视角出发，抓住材料表达的核心思想，找准材料的意图，明确立意。在教师资格考试的复习当中，大多数考生都对相关的教育理论、观点，职业道德规范等有了一定的掌握，也背记了不少内容。其实，在考场上这些知识点不只能应对与教育理论有关的选择题、问答题等，还能在教育写作中派上用场。

📄 **微案例**

2017年上半年幼儿园教师资格考试教育写作真题：

一个小女孩的玩具车刮倒了一位老人，老人坐在地上与家长理论，有人录下来现场视频传至网上，不少人认为是碰瓷，老人被检查后，确诊是桡骨骨折。事实是，老人并非碰瓷，还婉拒了女孩家人更多的赔偿和照顾。

【立意分析】

上述材料说的是围观者没有认真倾听老人的诉求，导致对老人产生误解。迁移到教育工作中，就是幼儿园教师要理解幼儿的思想和行为，不要先入为主，要信任和倾听幼儿；或者从"诚信立人"角度出发，确定"教育应培养学生的诚信品质"立意也可。

教育写作与教育理论密不可分，考生要学会灵活地把教育理论的内容运用到教师资格考试的教育写作中，运用教育观、教师观、学生观等来准确把握作文的立意。

### 2. 教育写作立意的原则

（1）立意要准确。对教育写作的立意而言，"符合题意"并不难，但契合考试性质却是一个颇有难度的问题。

📄 **微案例**

2016年下半年中学教师资格考试教育写作真题：

在一次网络访谈中，国家邮政局市场监管司某领导谈到，快递业务的便捷，形成了邮政的一种新业务：为高校学生服务，可把积攒的脏衣服寄洗，再通过快递寄回。这一现象引发社会热议。

【立意分析】

有的考生把眼光盯在邮政开拓的新业务上，立意为"与时俱进"；有的考生选择了"脏衣服寄洗会给父母带来负担"这一角度；还有的考生甚至赞同脏衣服寄洗业务，认为这样可以为在校大学生节约更多的时间。这些立意，都没有很好地理解材料，有的角度不对，没有考虑出题人的意图；有的局限于材料表面；有的甚至不符合正确的人生观价值观，失之肤浅。较佳的立意应该从教育角度出发，即"加强对学生的素质教育，培养学生独立意识是教育的关键"。

要想立意最佳，一是角度要恰当，二是见解要允当。教师资格考试的教育写作不仅考查考生基本的写作能力，还要考查考生能否站在专业的角度去分析材料，用自己掌握的教育理论知识去审视材料，自觉以一名教育工作者的身份去反思材料所反映的社会问题或现象，得出教育角度的启示，进而体现出自己的教师职业素养。因此，教师资格考试考场作文的立意不仅要符合基本的世界观、人生观、价值观，还要从教育观、教师观、学生观等出发。

（2）立意要深刻。作文水平的高低，不仅取决于考生语言表达水平的高低，同时也取决于考生思维水平的高低。浅尝辄止、隔靴搔痒的议论分析是多数考生文章难以取得高分的根源，故要注重理性，提升内涵，见解要深刻。见解深刻是高分作文的一个重要特征。

## 微案例

2016 年上半年幼儿园教师资格考试教育写作真题：

常言道："上山容易，下山难。"这句话是说，上山虽然费力，但不容易发生危险；下山虽然省力，但却容易失足跌下山。其实，这简单的话语蕴含着丰富的人生哲理。

### 【立意分析】

考生如果在作文中大谈上山、下山的艰难，显然角度不对。"上山、下山"是一个比喻，喻指一个过程——人生之路、求学之路、职业生涯等，如果与考试性质联系起来，立意可从教师的职业生涯谈起，如"教师应勇于攀登，敢于面对挑战"。但这只能算是较佳立意，因为没有与"省力""容易失足跌下山"这些关键的信息点紧密联系起来。最佳的立意是把关键信息点所反映的问题与教师职业结合起来，即教师的从教之路并不会一帆风顺，会遇到顺境，也会遇到逆境、挑战，那么教师应该以一种怎样的心态来面对教师职业生涯的挑战呢？联系社会现实，随着互联网＋的推进，信息化高速发展，人工智能广泛应用，教育改革不断推进，基于此，可以从"教师要居安思危，常备不懈，做好教育工作"的角度立意。这样的立意，符合考试性质，能够深刻反映所给材料的启示，具有时代感，可谓既准确又深刻。

须知，立意深刻的文章只可能出自思想深刻的作者。这就需要考生扎实学习有关教育、教学及教师专业成长的相关知识，多读陶行知、杜威、苏霍姆林斯基等教育家的作品，并注意观察社会生活中的热点新闻、教育现象，积极思考，如：教育的本质是什么？学生的身心发展规律是什么？教师的困惑是什么？等等。在对知识的借鉴、吸收与反思中，不断提高自己的思想认识水平。

（3）立意要新颖。新颖的立意，不是无端的标新立异，而是源自考生对现实的新发现、新认识、新体验，源自对人们熟视无睹的事物的新解读、新感悟，源自对人生富有个性的新思考、新表达。

## 微案例

帕夫雷什中学校园的花房里开出来一朵很大的玫瑰花，每天都有很多学生来欣赏。这天早晨，苏霍姆林斯基在校园里散步，看到一个小女孩摘下了那朵玫瑰花，拿在手中。苏霍姆林斯基很想知道她为什么要摘花，于是弯下腰，亲切地问："你摘这朵花是送给谁的？能告诉我吗？"小女孩害羞地说："奶奶病得很重，我告诉她学校里有这样一朵玫瑰花，奶奶有点不信，我现在摘下来送给她看，看过后我就把花送回来。"听了女孩天真的回答，苏霍姆林斯基的心颤动了。他牵着小女孩，从花房里又摘下两朵玫瑰花，对她说："这一朵是奖给你的，你是一个懂得爱的孩子；这一朵是送给你妈妈的，感谢她养育了你这样的好孩子。"

### 【立意分析】

试看这三种立意：第一种，宽容成就美丽；第二种，爱的花园；第三种，倾听花开的声音——苏霍姆林斯基的"折腰"。这些立意都契合材料的主旨，但如果求新的话，很明显还是第三种。因为第三种立意不仅体现了教育者的包容、怜爱之情，更体现了人性之美、人情之美，而且从语言表达上看，意蕴含蓄，因而相比来讲是最新颖的。

在考场审题立意时，考生千万不要让自己的思维囿于材料，要把作文试题材料作为一个平台，结合社会现实，结合教师职业特点，结合自己的人生体验，充分联想，尽力做到"言他人所未言，发他人所未发"，思路宕开了，准确、深刻、新颖的立意自然就出来了。

注意，在追求立意准确、深刻、新颖的同时，还要注意从自己熟悉的、能够驾驭的范围内立论，不要过大、过深，否则论证起来力不从心，容易弄巧成拙。

### 3. 教育写作立意的方法

（1）关键词解析法。关键词解析法一般适合分析观点哲理类材料。关键词解析法的立意步骤如下。

第一步：找关键词。

第二步：找关键词之间的逻辑关系。

第三步：解析关键词含义，得出材料的启示。

第四步：教育角度立意。

**▷ 微案例**

2017 年上半年中学教师资格考试教育写作真题：

一位著名演员在一次表演课上，对即将成为职业演员的学员们说："上山的人永远不要瞧不起下山的人，因为他们曾经风光过；山上的人不要瞧不起山下的人，因为他们不定什么时候就能爬上来。"

**【参考立意解析】**

第一步：找关键词。

"上山的人""下山的人""山上的人""山下的人""瞧不起"。

第二步：找关键词之间的逻辑关系。

分析"上山的人永远不要瞧不起下山的人，因为他们曾经风光过；山上的人不要瞧不起山下的人，因为他们不定什么时候就能爬上来"可以得出，"上山""下山""山上""山下"这四种状态不是一成不变的，可以相互转换。

第三步：解析关键词含义，得出材料的启示。

解析关键词含义：文中的"山"，可以联想成人类社会生活中要"攀登的山峰"，它可以指各种事业、学业、生活等意义上的高峰；文中的"人"，可以是个人，也可以是一个团队，乃至一个国家；"上山的人"，指处在人生上升势头的人；"下山的人"，指虽然有下滑的趋势，但曾经风光过的人；"山上的人"，指正处在人生巅峰时期的人；"山下的人"，指此时虽处在低谷，但有可能很快就会赶上来的人。

从材料的逻辑关系出发厘清材料含义：身处顺境时（上山的人），对于那些目前衰落但曾经风光过的人（下山的人），不要轻视，因为他们也曾经辉煌过；处于人生巅峰的人（山上的人）对刚刚起步的人（山下的人）要尊重，因为后者有无限潜力、无限可能性，通过努力，很快就会赶上来。

由对材料中关键词逻辑关系及含义的分析，可以得出材料的启示：一个人，首先应做好自己，其次，对待他人要尊重，因为每个人都有自己的位置，都有无限发展的潜能。

第四步：教育角度立意。

将这一启示迁移到教育角度考虑：作为教师，要做好自己的本职工作，不断提升自己的专业素养，做一名合格的人民教师；对待学生，要尊重学生，要用发展的眼光看待学生。最后得出教育角度立意：教师要不断加强自身的专业素养，尊重不同学生的成长过程，把学生看作是发展中的人，不断成长、进步中的人，对学生要多元评价，要有所期待。

（2）主体分析法。主体分析法一般适合分析有人物叙述或情节描写的作文材料。主体分析法的立意步骤如下。

第一步：找主体人物。

第二步：对应材料看人物做了什么，做法是什么，目的是什么。

第三步：分析出材料的启示。

第四步：确定教育角度立意。

## 微案例

2018年上半年小学教师资格考试教育写作真题：

当年济南老火车站被拆，是这座历史文化名城长久的痛，这一建于100多年前的哥特式建筑，被誉为"20世纪初世界优秀的交通建筑，是当时中国可与欧洲著名火车站相媲美的建筑作品"。最近，当地媒体就复建展开新一轮调查投票，想弥补当年的遗憾。

**【参考立意解析】**

主体人物一定要找准。分析材料时，要字斟句酌，找到材料的关键信息。本则材料可分为两个层次，一是介绍济南老火车站的历史，二是说当地媒体就复建展开调查投票。这里如果关键信息把握不准，就会影响立意的角度。有些考生归纳出的线索是这样的——

主体人物：媒体。

人物做了什么：展开调查投票。

目的：弥补遗憾。

根据上述分析，只要进一步思考，就会得出这样的结论："既然是为了弥补遗憾，那么直接复建就可以了，还展开调查投票干什么？"显然，上面分析的路径是不对的。考生在分析材料时，一定要细心研读材料，不要只观察到材料的表面，要打开思路，形成深度思考。考生可以沿着这个思路做深度思考：媒体调查投票的目的是什么？应该是为是否复建火车站而征求民意，再结合材料中"展开新一轮调查投票"中的"新"字，可以得出调查投票已进行过不止一次，由此可见，媒体调查投票的目的是为了"充分尊重民意"，那么回过头来看"主体"，这个调查投票的最终发起者不是媒体，应该是济南政府，据此考生可以再次厘清材料的思路——

**【参考立意解析】**

第一步：找主体人物。

主体人物：济南市政府。

第二步：分析做法和目的。

分析做法：就是否复建展开多次调查投票。

分析目的：为了充分尊重民意。

第三步：分析材料的启示。

分析材料的启示：材料本身反映的问题是"就火车站是否复建展开调查投票，表现了济南市政府'以人为本、人民至上、讲求民主'的执政理念"，启示是：在一个集体中，应充分发挥民主作风。

第四步：确定教育角度立意。

教育角度立意：作为教师也应该充分尊重学生，以学生为本，做到教育民主。

（3）关键词解析法和主体分析法结合使用。有时，在分析教育写作材料时，需要将关键词解析法和主体分析法结合起来使用。因此，需要考生灵活把握这两种方法。

💬 微案例

2017年下半年幼儿园教师资格考试教育写作真题：

20世纪30年代，梅兰芳先生初到上海，虽然他唱功绝佳，誉满京华，但要在大上海一下子出名也难。当时，戏班子想在报纸上打广告，但广告要怎么写才能引起人们的注意呢？经过一番筹划，戏班子决定在报纸上只印三个字——梅兰芳，当时的上海市民并不知道梅兰芳是谁，因为好奇都在互相打听。连登了一周之后，报纸上登出了一个详细的广告："梅兰芳——京剧名旦，今晚在上海某戏院登台献艺，欢迎观看。"就这样，梅兰芳先生在上海一唱走红。

【参考立意解析】

第一步：找主体人物。

主体人物：戏班子。

第二步：对应材料看人物做了什么，做法是什么，目的是什么。

做了什么：打广告。

做法：第一次只印了三个字，第二次则登了一个详细的广告。

目的：推出梅兰芳及其京剧。

第三步：抓关键词，分析材料的启示。

通过关键词"好奇"得出，梅兰芳之所以一唱走红，是因为戏班子利用广告充分调动了上海市民的好奇心。可见，好奇是人们接受新事物的催化剂。

第四步：确定教育角度立意。

作为教师，也应充分调动儿童的好奇心，激发儿童的求知欲，让好奇伴儿童成长。

对于上面的材料，找准主体人物很关键。如果把梅兰芳作为主体人物去分析，就不易得出材料的主旨，进而就有可能将立意偏题。材料中，梅兰芳喻指"新知"，戏班子要推出"新知"，就是充分调动了受众的"好奇心""求知欲"，最后得以成功推出"新知"。最好是根据人物的做法、目的，回过头来再确认主体人物，进而厘清事件的线索。此外，在厘清线索的过程中，善于抓关键词也很关键。本则材料就是抓住了关键词"好奇"，并将其与人物的行为、目的联系起来，分析其结果，进而得出材料所给的启示，并由此向教育角度迁移，因此得出了较佳立意。

（4）"由物及人"联想法。作文材料有时候会出现对"物"的描写，这时可以采用"由物及人"的横向联想法进行立意，即由材料中的物联想到人，进而联想到与材料内容相类似的人生哲理、社会现象、教育现象等，从而提炼出作文的立意。

💬 微案例

2015年下半年中学教师资格考试教育写作真题：

许多植物自身都有对自然界灵敏的反映，并且不断调整自身的生存状态，如干旱可让植物根植于泥土中，风力大地区的植物长得更牢固，肥沃的土地上生长的植物往往材质松软，贫瘠的土地上生长得慢的植物常常材质坚硬，植物如此，人也一样。

【参考立意解析】

第一步：找主体。

主体人物：不同地区的植物。

第二步：找人物的行为、行为的结果（目的）。

行为：不同生长环境的植物不断调整自身的生存状态。

结果：越是恶劣的生长环境，植物的生命力越顽强。

第三步：得出引申含义。

含义：越是艰苦的环境越能锻炼人。

第四步：确定教育视角立意。

立意：教师应加强对学生的挫折教育。

注意，如果根据植物"不断调整自己的生存状态"，得出"我们要善于调节自己"这样的立意，或根据植物生长的环境不同，导致生长状态不同，得出"我们要善于选择合适的生长环境"这样的立意，那就是抓小放大，没有看到材料反应的主要矛盾。材料主要表达的是植物越是在艰苦的环境中，越是生长得出色。艰苦的环境代表的是挫折、困难、逆境。看到这一层之后，接下来选择角度切入。有的考生仅仅站在一般人的角度，写的是"挫折使人进步"——这是不契合教师资格考试对考生的要求的。教师资格考试是选拔符合教师任职资格考生的考试，必然青睐于熟稔教育理论，能够从教育角度思考问题的人。因此，作文的较佳立意是"教师要加强对学生的挫折教育"。

### （三）教育写作谋篇布局

谋篇布局是指对一篇文章的整体结构所做出的安排。文章结构指的是文章中组织材料和编排内容的具体形式。它就好比是一篇文章的骨架，没有它，各种材料就犹如一团乱麻，不能形成一篇完整的文章，主旨也无从揭示。文章的结构主要包括标题、开头、主体和结尾。师范生进行教育写作训练时，可从以上四个方面练习谋篇布局。

#### 1. 标题要"抢眼"

"题好文一半。"好的标题，或概括全文的内容，或蕴涵全文的主旨，或表明全文的特色，总能给人清新脱俗的感觉，会瞬间抓住阅卷老师的注意力，激发起阅读兴趣。因此，决不可等闲视之。

（1）议论文的拟题原则。

①在准确的基础上，力求醒目。题目要紧扣文章主旨，形象生动，简洁别致。

②题目要符合文体特征。议论文的题目要符合文体特征，观点鲜明，使人见其题而知其旨。观点鲜明的题目最受阅卷老师的欢迎，因为它具有清澈感和透明感，能够传达出文章内容之大概，便于阅卷老师准确而快速地把握整篇文章的基本内容。

（2）拟写标题的基本方法。

①点论点。点论点是议论文题目拟定最常用的一种方法。用中心论点做标题，可以鲜明地告诉阅卷老师考生的见解和观点，考生赞成什么、反对什么，都可以一目了然。此种标题多用判断句或陈述句形式表达。如《以爱之名》《愿做红烛，为汝之光》《师者仁心谱华章》《能独，才能立》《受之流离，方为狮王》。

②点论题。论题往往是从作文所用材料中提炼概括出的材料的共同主题。点论题，也就是标题要告诉阅卷老师该文的论述范围。如《谈我的教师观》《教育的阿喀琉斯之踵》《牵着蜗牛慢慢走》。

（3）标题的基本形式。标题是"面子"，是议论文的第一个亮点，具有"提示论点，揭示论题"的作用，考生在写作前必须掌握标题拟写的基本方法。从形式上看，常见的作文标题主要有以下几种类型。

①并列短语：如《言与行》《读书·理解·运用》《忘记与铭记》。

②偏正短语：如《崇高的价值》《我的教师梦》《乐之人生》。

③动宾短语：如《说"细节"》《做一个有梦想的人》。

④疑问句式：如《你准备好了吗？》《你是巨人吗？》。

⑤单、复句式：如《勤能补拙》《成就皆从辛勤来》《最可贵的是好奇心》《其身正，不令而行》《非学无以广才，非志无以成学》《诚以养德，信以修身》《不忘初心，守护精神家园》《莫以"望子成龙"的名义绑架了孩子》。

（4）优化标题的方法。

①妙用修辞求文采。修辞能够增强语言的说服力和感染力，能够生动鲜明地表达思想。运用修辞手法拟出的标题，既别出心裁，吸引眼球，又巧妙地揭示了文章的写作核心。

a. 引用。引用法，是指在拟定标题时，由于其论述的主题或范围与某些名言警句、成语典故、古诗文句、影视片名、歌曲名等意思相吻合，直接把它们引过来做标题的一种拟题方法。如《学高为师，身正为范》《赠人玫瑰，手有余香》《言必信，行必果》《阳光总在风雨后》。

b. 比喻。比喻是用相似的事物打比方去描绘事物或说明道理的一种辞格。如《创新，教育事业发展的基石》《最后的烛泪》《微笑是一把神奇的钥匙》《诚信，现代社会的精神梁柱》《是谁雕刻了孩子的"玻璃心"？》。

c. 借代。借代指不直说某人或某事物的名称，借同它密切相关的名称去代替，如用"红领巾"指代少先队员。标题如《"范跑跑"跑掉了良心》《腹有诗书气自华》。

d. 双关。双关是利用语音或语义条件，有意使语句同时关顾表面和内里两种意思，是"言在此而意在彼"的一种辞格。如《填鸭添压》《因材施教还是因"财"施教》《教育部门合作有"形"更要有"行"》《生命"诚"可贵》。

e. 对偶。结构相同或基本相同、字数相等、意义上密切相联的两个短语或句子对称地排列，这种辞格叫对偶。如《严中有爱，爱中要严》《营造温情氛围，呵护学生自尊》《夯实知识基础，培养实践能力》《"抢"人才不易，"聚"人才更难》。

f. 有时也可用反问、反语、呼告等辞格来拟定。如《近朱者必赤？》《教语文要学会"偷懒"》《隐形翅膀助我起飞——做教师，我准备好了》。注意，表达反问语气，句末问号不可省；使用反语辞格，最好加上引号特殊强调，否则容易引起误解。

②逆向思维求新意。对事物的认识，人们常采用辩证的方法。对作文话题，同样也可以从正、反两面去思考，摒弃惯用的思维定式，对已成定论的事理反过来构思标题。如《失败是种难言的美丽》《近朱者未必赤，近墨者未必黑》《小题何妨大作》《读书未"破"岂能有神》。

③点化翻新求个性。将现成的名言警句、成语、广告词等稍加改动后赋予其全新的寓意，或者反其意而用之，这样的标题鲜活别致，颇具吸引力。如《为师者，当日三省吾身》《师者慎独》《要留奉献满乾坤》《爱是这样炼成的》《人生自古谁无"挫"》《教育不是小买卖——做一位专家型教师》《将奉献进行到底》《爱要说出来——春风化雨也有声》《诚信所至，金石为开》《没有"异想"，哪来"天开"》《近水楼台"贤"得月》。

### 2. 开头要精彩

（1）议论文开头的要求。议论文的开端起笔，要为全文铺展文路，所以，开头要讲究"短、快、靓"。

①开头要短。短，即要简捷，最好三五个短句成段，引入本论。开头短，可避免头重脚轻、冗长之赘，而且短句成段，可以在空间上突出其内容的重要性。

②开头要快。快，即入题要快，最好三言两语就点明文章的基本观点或议论的话题。开篇确定中心，有利于考生展开论述，不至于出现主旨不清、中途转换论题等作文大忌。

③开头要靓。靓，即要精彩。这也是传统议论文写作中所说的"凤头"。作文精彩的开头，最突出的效果是吸引阅卷老师，给阅卷老师留下鲜明印象。

**📗 微案例**

创新是一个民族进步的灵魂，是一个国家兴旺发达的不竭动力。随着科技革命和知识经济的迅速崛起，创新及创新教育已成为时代关注的焦点。越来越多的人已充分认识到创新教育对国家发展和人类文明进步的重要意义。如何实施和推进创新教育，培养创新型人才，已成为每个教育工作者亟待解决的问题。

在上述案例中，开头连用三句话层层铺垫，最后自然引出中心论点，从教育角度提出所要论述的问题，既简明，又自然贴切。

（2）议论文开头的方法。

①设问式开头。在文章开头，设置悬念，以疑问的方式去引起阅卷老师的兴趣，引发思考。

**📗 微案例**

教育是什么？如哲人所言，教育即生长。教育是发展人的好奇心和理性思考的能力，而不是灌输知识；教育是要鼓励一个人崇高的理想追求，而不是灌输规范；教育是要培育丰富的灵魂，而不是灌输技艺。

**📗 微案例**

金无足赤，人无完人，成人都经常犯错，更何况是身心发展还不成熟的学生。我们应该如何处理学生的错误？是声嘶力竭的责骂，还是喋喋不休的数落？其实，面对学生，最重要的是宽容。教育需要宽容，宽容让教育更有温情，宽容给学生带来心底的温暖。

②排比式开头。借助一系列与观点一致的语句、事例构成排比，进而水到渠成地引出中心论点。如此，开篇即可让阅卷老师感到一股迎面而来的不可遏止的气势。

**📗 微案例**

宽容，犹如黑夜里的一盏明灯，点亮征程；宽容，犹如严冬里的一缕阳光，温暖人心；宽容，犹如迷途中的一处路标，指引方向……教育正是因为有了宽容，才变得更加贴心和有效。

在上述案例中，运用了结构相同、字数大致相等的语句排比，使文章的开头既文采斐然，又观点突出；既增强了文章的气势，又给人一种先声夺人的感觉，十分具有吸引力。

③引用式开头。在阐述观点之前，先选用与主题有密切关系的名人名言、诗词歌赋、俗语谚语或名人事例等作为开头，可以为文章主题的出现营造一种哲理氛围，使文章中心突出，耐人寻味，发人深思，同时也体现了考生的理论功底、文学素养。

> 微案例

自古以来，多少仁义之士以"天下兴亡，匹夫有责"为己任，为天下之危而忧，乃至洒热血以扶大厦。文天祥，面对侮辱和虐待誓死不屈，留下"人生自古谁无死，留取丹心照汗青"的光辉；杨靖宇，不屈服于日寇的淫威，牺牲时肚里只有棉絮和草根。作为新时期的人民教师，我们不需要抛头颅、洒热血，但分内的职责应牢记心间，并身体力行之。

④ 结合材料开头。开头简单概括所给材料的主旨或启示，再提出自己的观点，将材料的主旨或启示与自己的中心论点自然衔接，既体现出考生的概括能力，又显得论点有所指向。

> 微案例

材料：一块冰在撒哈拉沙漠被太阳融化得只剩小小一块。冰感叹道："沙漠是冰的地狱，北极才是冰的天堂。"沙对冰说："冰在沙漠里才最珍贵，冰在北极是最不值钱的东西。"

你从上面的文字中获得了怎样的感悟？请在正确理解材料含义的基础上，选择合适的角度，自拟标题，写一篇不少于800字的议论文或记叙文。

开头：沙漠里的冰是不幸的，它需要忍受阳光灼烤的煎熬，以及慢慢被吞噬的恐惧；可它又是幸福的，它如同茫茫黑夜中流光四溢的钻石，那么珍贵。正如司汤达曾为自己写下的墓志铭——"活过，爱过，写过"。作为一名教育工作者，不求与别人雷同，但求彰显自己本色，挥洒生命之极，如此便能不负造物者的期望，此生无悔。

结合材料开头，切忌生搬硬套，直接摘抄，或写"从以上材料我们可以得知……"这类套话。所引述的材料要高度浓缩、概括材料的主旨，作为引子简单交代材料即可，应尽快进入正题。

注意，无论使用哪种方式开头，最后一定要引出教育这个话题，站在教师的角度阐明中心论点。

### 3. 主体部分论证透彻

文章结构是否严谨，条理是否清楚，论证是否严密，说理是否透彻，关键在于主体部分的写作。主体部分的写作需注意以下几方面。

（1）设计好分论点。

①用教育理论充实分论点。分论点可以从所给材料当中分析得出，也可以自己思考得出。最好的办法就是运用学过的教育理论拆分出作文的分论点。

如2013年上半年幼儿园教师资格考试"成长"话题，若写教师的专业化成长，可结合教育理论中关于"教师专业发展的方法"来提取分论点。教师专业发展的方法有：终身学习、教育反思、教育研究等，可以直接把这三点作为三个分论点。又如考查主题"什么样的教师才是理想的教师"，在教育理论中，教师职业角色主要包括：传道者的角色、授业解惑者的角色、示范者的角色、管理者的角色、（父母）朋友的角色、研究者的角色。分论点就可以从中任选三四个进行写作。

在设计分论点时，要善于将自己背诵过的教育理论灵活运用。但切忌大段抄写，把分论点写成简答题。确定分论点的角度应量力而为，既要能紧扣中心论点，又要确保自己所选定的分论点都能有相应的理论论据、事实论据作支撑，以免出现论点鲜亮、内容空泛的情况。

②分论点的形式要整饬。根据教师资格考试对作文字数的要求，文章主体部分建议采用三段模式，将每一自然段的开头第一句话设计成分论点。分论点的拟定一定要艺术。具体来说，

有短句式、复句式、比喻式等。几个分论点在形式上尽量设计得整饬，比如句式一样、字数差不多。三个分论点领起三个自然段，直接勾勒出文章的脉络，这样方便阅卷老师在最短时间内把握文章的整体脉络。

🗩 微案例

　　中心论点：阅读对教师意义重大。

　　分论点一：读书能开阔教师视野。

　　分论点二：读书能陶冶教师品格。

　　分论点三：读书能提升教师专业素养。

　　③分论点的层次要井然。设计论证层次的关键在于寻找和排列分论点。这固然有赖于考生认识水平、思维品质、分析能力的提高，非经过一段时间的学习、揣摩、实践、锤炼不可。但是，分论点之间的逻辑关系还是有处理技巧可言的。分论点的设计可以从提出问题（是什么）、分析问题（为什么）、解决问题（怎么做）这三个角度出发。既可以从任意某一个角度出发，产生几个并列式分论点，也可以从三个角度各分析出一个，最后形成递进式的分论点。一般来说，从"怎么做"角度出发确定分论点，论据会更多一些。

　　a. 分论点并列法。分论点并列，其实是一种化整为零式。几个并列式逻辑关系的分论点，论述的是同一个问题。注意各分论点之间一定是并列关系，而不应该是交叉关系或包含关系。这样的文章，层次清楚，非常便于阅卷老师在短时间内把握试卷。

🗩 微案例

　　中心论点：尊重学生的"不完美"。

　　分论点一：教师要正视学生身上的"不完美"。

　　分论点二：教师在教育教学中应做到因材施教。

　　分论点三：教师要根据学生发展的个体差异性进行多元评价。

　　b. 分论点层递法。此法又称递进式。后面的论证是在前面论证的基础上进行的，由前到后是逐层深入的关系，前后顺序不能随意改动。

🗩 微案例

　　中心论点：教育应培养学生的创新精神。

　　分论点一：创新是独立自主地创造新事物的本领和才干。（是什么）

　　分论点二：创新是民族进步和国家富强的不竭源泉。（为什么）

　　分论点三：教师应将学生创新精神的培养贯穿于教育教学活动中。（怎么做）

　　c. 分论点混合式关系。这是将以上两种形式结合起来使用，或者在并列式基础上有递进，或者在递进式基础上有并列。

🗩 微案例

　　中心论点：教师要加强对学生的挫折教育。

　　分论点一：挫折是走向成功的垫脚石。

　　分论点二：挫折是精彩人生的调剂品。

　　分论点三：教师要适时对学生进行挫折教育。

　　（2）中间段常用的论述模式。中间段常用的论述模式为：①分论点＋②引语（解说）+③分析说理（事实论据/理论论据）+④小结。即：

a. 首句概括性提出分论点，作为领起句；

b. 针对分论点进行扣题性的解说；

c. 围绕分论点，运用恰当的事实、理论论据，结合教育现象分析说理；

d. 回扣分论点，结合论述内容写一句小结语。

### 🗨 微案例

（第一层，提出分论点）作为教师，我们要给予学生信心。

（第二层，解说分论点）有过错行为的学生由于常常受到教师的批评、指责，同学们的取笑、歧视，其心理总是比较心虚、敏感的，对教师和周围的同学也存有戒心。

（第三层，结合教育现象说理）要消除这些有过错行为学生的恐惧心理和敌对情绪，应设法给予他们自信，谅解他们的过错，相信他们能改正过来，从根本上改善同他们的关系。如果师生关系不融洽，学生对教师不抱有信任感，那么无论教师怎么做，也难以收到预期的效果。这项细水长流的工作具有长期性、复杂性、反复性的特点，但终究教师会收获学生的信任与改变。

（第四层，小结）教师认识到这一点，就能满怀热情，培养学生的自信心，稳定和强化学生良好的行为习惯。

（3）内容要充实。内容要充实，就是要求作文不能只枯燥地说理，或者像记叙文那样只讲教育实践，而是应当把教育理论和教学实践结合起来，做到有理有据。教育写作中常用的教育理论有教育观、教师观、学生观、德育原则、教师职业道德规范等，可以重点背一下这部分内容并将其灵活、恰当地用于教育写作中。教学实践，即教学过程中怎样开展课堂教学，怎样了解学生、引导教育学生等。如果考生没有实际的教学经验，可以在网上搜索教学案例，也可以多看一些范文，从中寻找可资借鉴的实践经验。此外，还要善于引经据典，可以引用一些古今中外的教育家，如孔子、陶行知、苏霍姆林斯基等的教育名言及事例。这方面，考生从备考之始，就要注意细心搜集积累。

（4）思想要深刻。所谓思想深刻，就是行文中不能只从教师个人角度谈见解主张，文章的格局应放大，除了谈教师个人看法，还可从学生、家庭、社会、国家等更高、更广的层面谈一谈自己的理性思考。如论述中心为"教育公平"，就可以结合国家、社会层面谈一谈；又如论述"培养学生的感恩之心""素质教育""学生的全面发展"等话题，就可以结合社会、家庭来论述。

#### 4. 结尾有力，照应开头

结尾是全文内容发展的必然结果，是文章的重要组成部分。好的结尾应响亮有力，令人警醒，催人奋进。由于阅卷老师看完结尾即打分，因此，它的好坏直接影响到阅卷老师的评分心理。明末清初文学家李渔曾说："终篇之际，当以媚语摄魂，使之执卷留连，若难遽别，此一法也。"结尾有如此效果，整篇文章将增色不少。议论文的结尾，要能归纳总结全篇内容，照应开头，再次点明主旨，使文章结构完整。

教师资格考试教育写作的结尾可以采用"总结全文+升华"的方式。

（1）总结全文。结尾对分论点进行总结概括，做到首尾呼应，但不可简单重复开头提出的论点。可以在结尾加上"总之""总而言之""因此"等表示结束性的词语，也可不加。

（2）升华（表决心+展望未来）。升华即是用形象或哲理性的语言阐述自己的见解，发表评议，警戒世人，给人以启迪，引人深思。

### 📘 微案例

作文《好师德，好老师》的结尾：

总之，良好的师德，是一种强有力的教育因素，是教书育人的一种动力，是教师从事教育劳动时必须遵循的各种道德规范的总和。每个教师都要努力把自己培养成为具有良好师德的教育工作者，才能完成"传道授业解惑"这一光荣而伟大的任务。

作文《宽以待生》的结尾：

教师的胸怀应该是最博大的，因为心中承载着满满的爱。因为爱，所以宽容；因为宽容，所以博爱。宽容是一种教育的智慧，是化解矛盾的钥匙，但宽容也要讲究原则。让我们少一分责备，多一分宽容，用宽容的魅力照亮孩子幼小的心灵，成就他非凡的人生！

同时，文章的结尾也要注意表达技巧，讲究文采，给阅卷老师留下回味的空间。

### 📘 微案例

作文《因材施教才能充分发挥孩子的特长》的结尾：

贫瘠的土地适合坚强的胡杨，富饶的田野有麦子飘香，柔弱的蝴蝶徜徉在美丽的花海，矫健的雄鹰振翅于苍穹之上。人人都各有所长，只有因材施教，才能让孩子的特长得以发挥，才能不荒废国家的栋梁。

## （四）议论文常用的论证方法

议论文为了使说理明晰、透彻、深刻，还需使用一些论证方法。下面介绍几种常用的证明方法。

### 1. 例证法

例证法，就是列出观点之后举出具体实例证明观点的论证方法。例证法是议论文写作中常用的一种推理方法，事实胜于雄辩，最具有说服力。运用例证法需要注意的是，一是要对事例进行高度精炼概括；二是不能只把例子摆在论点后而不分析。为了密切所举例子和观点的关系，突出事例所蕴含的道理，叙述完事例后，一定要加以充分的分析、说理，才能把观点阐述清楚，才算是用事例帮助说理。否则，文章不仅变得简单化，缺乏内在的逻辑力量，还有讲故事凑字数的嫌疑。

### 📘 微案例

法国化学博士别涅迪克抓住了烧瓶落地裂而不碎的机遇，发明了不会划伤人的挡风玻璃；意大利天文学家伽利略在教堂里观察到悬挂着的吊灯来回摆动的时间相同，经过仔细研究制作出了人们广泛使用的摆钟；德国气象学家魏格纳观看世界地图时提出了大陆漂移学说（概括性叙述），这些发明创造都是与他们用心观察，努力探索分不开的（评析）。

要用好例证法，首先，要长期积累。事实论据的获取要靠长期的积累习惯和善于发掘、思考的头脑，有了长期积累的铺垫，才能在关键时刻做到运用自如。其次，要精心选择。论据是为论点服务的，论点确立以后，必须进行精心选择，从大脑的储存库中挑选出合适的事例。最后，选用的事实论据要新颖。尽量用别人不常用的和用发生在不久前的。

### 2. 引证法

引证法就是引用已知的公认的道理、原理、名人名言、古诗名句、格言警句、俗言谚语、权威数据等经典性言论作论据来论证中心论点的方法。由于引用的这些论据大多已被事实证明是正确的，且能深刻地反映事物的本质。因此，除了具有说服力以外，还常常能起到画龙点睛的作用。

要注意直接引用和间接引用的区别。直接引用是指直接摘录原文原材料的有关词句，务求文字，甚至标点均准确无误，引用时用引号表示；间接引用是指摘引或概述原材料中有关词句的大意，不必用引号，但要注意人称的转换。无论是直接引用还是间接引用，都必须与所论述的中心论点一致。对于引用的词句，一定要根据文章的观点加以分析，其方法可以是先引后议，也可以先议后引，还可以边引边议。

💬 微案例

法国作家雨果曾经这样感叹："世界上最广阔的是海洋，比海洋更广阔的是天空，比天空更广阔的是人的胸怀。"古老的东方，人们也世代传承着一句浅显易懂的俗语——宰相肚里能撑船。法国人的浪漫和中国人的实在碰撞在一起，于是人们发现：包容，超越了国家、语言、民族和文明的界限；包容，是这个美丽星球的子民所共同拥有和赞美的品德。

用引证法说理需要注意：①引言要准确，即所引言论、事理要注意内容的科学性、理解的正确性、运用的针对性。引用概括性强或含蓄的言论作为论据，有时候需要进行一些分析解释，才能更好地发挥其论据作用。②引证的内容应该少而精，不可连篇累牍，堆砌言论事理，而缺乏生动实例和具体分析。要明白引言是为论述服务的，不是为了引言而引言，更不是为了炫耀而引言，应根据论述需要引用相关的格言名句。

### 3. 对比法

所谓对比，就是把正反两方面的论点或论据加以剖析对照，达到否定错误观点，树立正确论点的目的。用正面的或正确的观点同反面的材料或观点进行对比，作者肯定什么，否定什么，就能得到直露显豁的表现，具有很强的论证力量。

💬 微案例

有一份调查报告显示，现在80%的孩子不会洗衣、做饭等家务。在我国18岁以下的青少年中，大约有17%受到各种情绪障碍和行为问题的困扰，突出表现为人际关系、情绪稳定性和学习适应方面的问题。不少人难以应对逆境，在受到打击或不如意时，有的竟然选择自杀。

我认识一位父亲，他给5岁的女儿一个小布包，里面装有一张写有电话号码的纸片、一部手机、20块钱，然后让她自己去幼儿园。最初一段时间，他每天跟在女儿后面。后来，女孩就自己上幼儿园了。很多人都在背后说："天下哪有这样不负责任的父亲？"但很少有人看到，这是一种与众不同的教育。

运用对比论证要注意以下几个问题：①要有正确而鲜明的观点，只有这样才能对事物（现象）进行正确的剖析与判断，否则就可能陷入以误为正、以非为是的泥潭，或者在论述时蒙上似是而非、模棱两可的迷雾。②论述中引用的材料除了要与论点有内在的联系，还须具有鲜明的对比性，以加强论证效果，避免产生歧义。③引文中应有意识地加强正与反、是与非的对比，以达到令人一目了然的效果。

### 4. 喻证法

喻证法就是比喻论证法，是用生动、形象、贴切的比喻来阐明道理的方法。运用比喻说理，能够把比较抽象深奥的道理形象化、浅显化，从而使阅卷老师更易领悟理解，乐于接受。

**微案例**

教师的人格魅力首先体现在渊博的知识、灵动的智慧上。知识是水，魅力是舟，魅力需要知识的承载方能显出迷人的风采。当今世界，知识更新日新月异，教师作为知识的重要传播者和创造者，只有不断学习，才能掌握最新学术动态，更新、优化自身的知识系统，使自己在教学和科学活动中更具主动和优势，才能为学生的发展提供最优的精神食粮。

运用喻证法论证要注意以下几点：①以小见大，就近取譬。精选生活中那些细小的、人们熟悉的事物作为设喻的喻体。②喻体不求形似，求神似。作为喻证的喻体与作为比喻的喻体不同。比喻的喻体是为了强调特征，描绘事物，侧重形似，以形比形；而喻证的喻体是为了阐发观点，以正视听，力求神似，以义取形。因此，一定要对所要论证的对象和用来设喻的事物之间的对应关系进行细致入微的体味与揣摩，找准比喻和道理的契合点。③多方面挖掘喻体含义，恰如其分地加以利用。例如"指南针"，有人将它比喻成为"理论"，指导实践，而在别的文章中，有人将它比喻为"理想"，指引着人生的道路。

**微案例**

有些成功的得来，往往看似一蹴而就，带有一定的"机遇"，实际上并非一朝一夕之功。它宛如一粒种子，深深埋在土壤之中，不断地吸收养料水分，苦熬过严寒和干旱，日益具备了破土而出的条件，而这时，"机遇"便宛如适时的春雨，使种子得以顺利地发芽、开花。我认为成功与机遇的关系就是如此。

### 5. 假设分析法

假设分析法，即假设材料中能达到某种结果的条件不存在，将会出现什么样的结果。还可以同时与原条件下的结果进行比较，通过比较来论证论点的成立。常用关联词："如果（假如）没有……就……"

**微案例**

苏联伟大的无产阶级文学奠基人高尔基，青年时代一度希望成为一名歌唱家。他曾去报考一个著名的合唱团，竟被录取了。可是，他经过再三考虑，最终放弃了歌唱事业，拿起了战斗的笔，成为一代文学大师。可见，正确的选择使他的青春无悔，人生无悔。

上述文章中在叙述完事例之后，就得出了"可见，正确的选择使他的青春无悔，人生无悔"的结论，使得事例和结论之间衔接不紧凑，结论也显得太突兀，没有说服力。如果在得出结论之前进行假设性分析：

苏联伟大的无产阶级文学奠基人高尔基，青年时代一度希望成为一名歌唱家。他曾去报考一个著名的合唱团，竟被录取了。可是，他经过再三考虑，最终放弃了歌唱事业，拿起了战斗的笔，成为一代文学大师。如果高尔基没有作出这样的选择，也许几十年后，世界上只会增加一名平庸的歌唱家而失去一位文学巨匠了。可见，正确的选择使他的青春无憾，人生无悔。

上述文章进行假设性分析后，结论就显得自然妥当，富有说服力。

**微案例**

司马迁受了腐刑之后，没有去死，是完成《史记》的信念支撑着他，使他有了继续活下去的勇气和决心，让他最终完成了《史记》。如果司马迁没有一定要完成《史记》的信念，那么他绝没有那样顽强的意志活下去，司马迁其人也不会广为后人所知，而今天还会有这么完整而珍贵的、被誉为"史家之绝唱，无韵之《离骚》"的历史资料《史记》吗？正是信念，支撑着司马迁，使之成为一位伟大的文学家、史学家。

进行假设性分析，有一个最基本的要求：如果所举的例子是正面的，那么就从反面来假设分析；如所举的例子是反面的，那么就从正面来进行假设。

### 6. 辩证说理

辩证思维是用联系的、发展的、一分为二的观点去认识事物、认识世界、认识社会的一种思维方式。运用辩证说理，可以对事物作出合乎事实的评价，达到以理服人的目的。清代文学家彭端淑在《为学》中写道："天下事有难易乎？为之，则难者亦易矣；不为，则易者亦难矣。人之为学有难易乎？学之，则难者亦易矣；不学，则易者亦难矣。"这段话是说：世界上没有绝对"难"和绝对"易"的事，"难"与"易"是可以相互转化的，转化的条件就是"为"与"不为"。在这里，彭端淑正是运用了辩证说理的方法，才把道理说得如此清楚、透彻。为了在议论文写作中深刻地阐明观点，可以采用辩证分析进行说理。

（1）用联系的观点分析问题。用联系的观点分析问题就是分析问题时，要看到该事物与其他事物之间的联系。

**微案例**

……可见，苦难有它的时代性。这个时代是苦难的东西，下个时代或许成了游戏；上个时代的苦难，放在今天不一定是不幸；下个时代的幸福，放在上个时代也不一定就意味着好运。每个时代的人都在体验着各自的苦难，完全没有必要用自己时代的苦难去磨砺别人。因为他们都有各自的苦楚。

上述案例中的文章论述的是"苦难教育的误区"，将苦难的含义与时代联系起来进行阐述，使得论述客观、全面、有说服力。

（2）用发展的观点分析问题。用发展的观点分析问题就是要从不同时间或事物发展的不同阶段去看待问题。

**微案例**

……世界上的一切事物都处在永不停息的运动、变化、发展过程中。科学发展史表明，地球有一个产生、发展的过程，太古代、远古代、古生代、中生代、新生代……社会发展史表明，社会有一个产生、发展的过程，原始社会，经过了多少万年的发展才进入奴隶社会，此后是封建社会、资本主义社会和社会主义社会，乃至共产主义社会。发展和变化是永无止境的。人不也是如此吗？身体的发育，思维的形成，世界观、人生观的更改，知识体系的深化，在这之中谁能保证，自己一定会变得怎么样？

昨日种种，那不过是今天的起点；明日种种，还要看今日的汗水几何。狭隘的一成不变的观点是一种腐蚀剂，消磨了意志，消磨了自信，也就消磨了前进的动力。连动力都丧失了，你的明天就真的销毁了。从这点看，我很庆幸巴尔扎克小时候没有静止的一成不变的狭隘观点，否则人间就不会有《人间喜剧》了。

上述案例中的文章以《世界一天一个样》为题，在行文之中，作者列举科学发展史和社会发展史，来表明发展和变化是永无止境的。通过列举巴尔扎克的典型事例，雄辩地证明静止地一成不变地看问题的错误所在。

（3）运用一分为二的观点分析问题。一分为二观点是指想问题、办事情要全面分析，既要看到它的正面，也要注意它的反面，防止孤立片面地看问题。事物都是一分为二的，既有正面，又有反面；既有主流，又有支流；既有成绩，又有问题；既有长处，又有短处……分析问题时，不可抓住一点，不及其余，只见树木，不见森林。只有这样，才能避免片面，避免走向极端。

### 📗 微案例

我们看待问题要全面客观，切不可以己之长攻人之短。有这样一个故事：一位哲学家乘渔夫的船过河，他嘲笑渔夫不懂数学失去了三分之一的生命，不懂哲学又失去了一半的生命。风浪来了，船将沉没。渔夫对哲学家说："你不会游泳，全部的生命将没有了。"在这个故事中，哲学家确实知识渊博，他懂数学又精通哲学，这是他的长处。而渔夫这类知识贫乏，这是他的短处。但哲学家虽有长处，也有短处，而他的短处恰恰是渔夫的长处。哲学家没有全面地看问题，不懂得"尺有所短，寸有所长"的道理，片面地用自己的长处去攻击他人的短处，其结果自然是被渔夫反唇相讥。

上述案例的文章中一分为二地分析问题，使得观点既有说服力，也有意蕴。

使用一分为二法最忌"平分秋色""各打五十大板"。在辩证思维的过程中，要看到事物的两面性，但在写作过程中，就"一面"谈深、谈透，文章同样具有思辨性，只要言之有理，持之有据就行了。

### 📗 微案例

位置之于价值也是一把双刃剑。高的位置固然可以让我们"会当凌绝顶，一览众山小"，却也会让我们"高处不胜寒""浮云遮望眼"。一方面，高位能使我们如鱼得水，才华尽展。春秋管仲之所以能助齐桓公成就千秋霸业，源于鲍叔牙荐其为相；汉时韩信之所以能领兵百万击溃西楚霸王赢得良将美名，得益于刘邦授予的大将军之位。另一方面，高位也能让人心存自满，不思进取。英国科学家牛顿是近代物理学的奠基人，他创立了三大定律和微积分，就在他的成就如日中天之时，财政大臣的位置让他的后半生庸庸碌碌、一事无成。有人惋惜：假如牛顿当初放弃了官位，近代科学史上可能会再多一些惊天动地的发现。由此可见，一个人位置的高低，并不能代表价值的轻重，关键在于能否用好位置，创造价值。

## 第二节　小学教师资格考试面试备考指导

### 一、小学教师资格考试面试语言艺术

教师资格考试面试是严格按照流程进行的考试，在考试过程中对"问答"的控制非常严格。在第一个环节结构化面试时，考官会连续提出两道"规定问题"；在第三个环节答辩环节时，考官会根据考生的试讲内容提出两个相关问

教师资格面试考
察内容简介

题。在这两个环节中，考官只提问题，不做任何解释、指导性的说明和评价。所以，考生和考官的交流是有局限性的，是在符合考试要求下进行的。因此，考生要把握好有限的交流机会，在互动时，注意以下几方面。

### （一）对考官的称呼

交流中怎样称呼别人十分重要，称呼恰当，能使对方产生相容心理，感情就比较融洽；称呼不当，可能会招致对方的不满或反感。在面试中，进入考场后要向考官问好，一般就直接称呼"各位考官"，问好一般用"各位考官好（上午好或下午好）。我是××号考生"，离场时一般用"各位考官辛苦了"。

### （二）对自己的称呼

面试过程中，尽量避免频繁地使用"我"，当考生要表达自己的观点时，可以把"我"改成"我们"，把"我想""我觉得"改成"我认为""我建议""如果……（列举出具体做法）会不会更妥当些"等，以此来谦虚地表达自己的观点。在某些情况下，也可以把"我"字省略。要在明确主体、承担责任的语义下，巧用"我"字。

### （三）认真倾听

善于倾听，是对说者的一种尊重，也是自身修养的一种表现。在与考官交谈的过程中，考生要集中精神，自然流露出敬意，并用目光注视正在说话的考官，专心听其说话，抓住考官的提问要点，正确理解考官的意思。考官未说完，绝不能打断考官说话或乱插话，不论是胸有成竹知道怎么回答，还是没听清楚考官的问题，都要听对方把话说完，这是一种基本的礼节。

### （四）礼貌提问

在结构化面试或答辩环节，考官给出问题后，考生如果没听清楚，可以请求考官再重复一次问题。尽管要求考官再次重复问题是考生的权利，把问题读清楚是考官的义务，但考生也要礼貌地请求考官。比如说："可否麻烦考官再重复一遍刚才的问题？"在考官重复完毕后，考生要谢谢考官。

### （五）注意细节

在面试考场上，要展现作为一名准教师的礼貌和教养。如在答题完毕后，考生应主动向考官说："考生作答完毕，谢谢考官。"当考官问："考生是否需要补充回答？"考生如果没有比较明显的遗漏，最好不要再补充回答，这样显得具有充分的自信，此时可以说："不需要补充，谢谢考官。"此外，面试过程中，考生还需要用相应的态势语与考官沟通。如在倾听考官提问和回答问题时，一定要用自然的微笑和温和热情的眼神与考官交流，一是可以拉进与考官的距离，二是可以展现考生的亲和力。在试讲过程中，眼神不要飘忽、游离，或望向屋顶，不敢看考官，这样会显得没有底气。可以大方地看向座位第三排前后的位置，假想考官也是授课对象的一部分，大方面向台下授课。

## （六）语言表达要有逻辑性和说服力

逻辑性指结构严谨，层次分明，前提完备，概念确切，推理严密，分析透辟，判断准确。语言的逻辑性是信息有效传递的根本保证，这就要求考生在作答时语言要简洁、精练，思路清晰，表达流畅。

考生要根据考题内容需要，确定好表述中心，然后有条理，按照层次，简洁明了地陈述观点。可以交错运用长短句，适当使用时间词或序数词。表达观点时，适当地使用时间词，比如"首先、其次、再次、最后"；使用序数词，比如"第一、第二、第三"，可以增强语言的逻辑性，使表达内容更加清晰明确。在回答结束时，可以作一个小结，总结一下论述的观点。考生平时应加强语言表达训练，养成良好的说话习惯，切忌使用过多的"啊、啦、吧、吗"等语气词，以及"然后、嗯"之类的口头禅。

## 二、结构化面试备考指导

### （一）结构化面试概说

#### 1. 结构化面试的含义

结构化面试也称标准化面试，是根据所制定的评价指标，运用特定的问题、评价方法和评价标准，严格遵循特定程序，通过测评人员与被试者进行语言交流，对被测试者进行评价的标准化过程。

#### 2. 结构化面试的题型

结构化面试的题型可以分为七类：综合分析、职业认知、教育实践、应急应变、活动组织、人际关系、时政热点。

#### 3. 结构化面试的提问方式及解答思路

结构化面试的问题主要有两种提问方式：观点阐述（怎么看）、问题解决（怎么办）。具体的答题思路如下。

（1）观点阐述：表明立场（对或错、辩证或片面）、说明理由（背景、原因、影响等）、重申观点（提出对策）。

（2）问题解决：表明态度（阐述意义）、分析原因（分析原因，提出对策）、总结提升（再次表明态度）。

结构化面试的时间为5分钟，考官读完题目后，考生可认真思考后作答，但是要注意把控好时间，如果思考时间过长，会导致后面回答问题的时间不够。一般情况下，两道题的回答时间需要4分钟，那么思考的时间就不能超过1分钟。平时大家在备考时，可以借用秒表来找答题的时间感。注意回答问题时的语速，快慢要适中，要能够让考官听清楚回答的内容。

### （二）结构化面试应答策略

#### 1. 综合分析类问题

综合分析类问题所涉及的面比较广，命题方向为国家倡导的教育理念、教育教学中存在的现象、教育思想、教育观点及国家教育改革政策等。此类题目可直接考查出考生的洞察力及思维是否具备全面性、深刻性、辩证性、创新性。

虽然此类问题种类多，题目也五花八门，但是只要厘清答题思路，回答起来并不难。一般来说，第一步，先点题，摆明自己的观点、看法；第二步，分析观点或题干中现象的成因和影响，可从社会、家庭、学校、教师等多个角度进行分析；第三步，根据此观点应该怎么做或针对原因提出解决对策，视情况结合自身实际进行表达。例如，说明"如果我是一位教师应该怎么办，在今后的工作中又会如何做"。

### 🗨 微案例

综合分析类问题示例：家长认为，把孩子送到学校就不用管了，作为班主任你应该怎么办？

【参考答案】

①（摆明观点）孩子的教育受学校、家庭、社会的影响，尤其是学校和家庭教育，对学生的健康成长、发展成才起着至关重要的作用。

②（分析原因）虽然学校在学生身心发展中起着主导作用，但学校的老师不可能时时刻刻地关注每一名学生的发展，所以还需要家长来协作。

③（具体怎样做）如果我是班主任，我会给家长们开一个以"家校合作，促孩子健康成长"的主题班会，与家长们交流家庭教育对孩子性格、品质、学习、习惯等方面的重要影响。学校教育会从整体上增进学生智慧，提升学生品德，加强学生体魄，并努力做到因材施教。但家长对孩子的了解远远多于学校，对于促进孩子优点的发挥、缺点的改正等方面可能比学校更容易做到。通过家校联合，互通孩子的成长情况，联手教育孩子，可谓是最好的方法。

回答此类问题时，应做到观点正确，现象或成因分析到位，解决措施合理，思维严谨，表达清晰。

#### 2. 职业认知类问题

教师资格考试面试的出发点是筛选出具有教师潜质的教育人才，需要考生具备相应的职业素养与教师的岗位相匹配。职业认知评测从两个方面进行，一方面是考生的自我认知，如是否真的热爱教师这份职业，是否对自身有清晰的认知，是否明白具备哪些优势才能从事教师这个职业；另一方面是考生对教师岗位的认知，如是否了解教师职业的性质、任务、作用、意义等。回答这类题目时，考生需要对自己的学识、能力、素养、性格、爱好等各方面进行梳理，再将自己的优点与教师岗位的需求挂钩，找到两者的契合点，说明自己能够胜任即可。但是要实事求是，以真情打动人，不能浮夸，给人虚假感。

### 🗨 微案例

职业认知类问题示例：你认为一名合格教师应该具备哪些基本素质？

【参考答案】

我认为做一名合格教师所要具备的基本素质，首先是要充满爱心。一名教师首先应该是一个充满爱心的人，把塑造心灵、传承知识当成人生的最大追求。关爱每一名学生，关心每一名学生的成长进步，努力成为学生的良师益友，成为学生健康成长的指导者和引路人。其次，要努力钻研，学为人师。要想给学生一杯水，自己必须先有一桶水。教师要坚持与时俱进，不断学习新知识、新科学、新技能，不断提高教学质量和教书育人的本领。要积极投身教学改革，用最先进的方法、最现代的教育理念充实自己。最后，教师还要做到以身作则，行为示范。教育是心灵与心灵的沟通，灵魂与灵魂的交流，人格与人格的对话。教书者必先强己，育人者必先律己，坚持以德立身，以德立教，以自己高尚的情操和良好的思想道德风范教育和感染学生，以自身的人格魅力和卓有成效的工作赢得社会的尊重。

回答这类题目时，要想得高分就不能随大流，说"教师是人类灵魂的工程师，是太阳下最光辉的职业"等这样的套话，显得虚夸。应该"言为心声，以情动人"，将理论与现实生活实际相结合，还要结合高层次的成就动机，这样答题的格次就被"拔高"了，评分会较高。

### 3. 解决问题类问题

小学教师工作任务繁杂，每天所要面对的工作对象是6—12岁的儿童，这个年龄段的儿童身心都处于生长发育阶段，对万物充满好奇，世界观、人生观、价值观还在形成阶段，要管理好他们不是一件易事。不仅如此，教师还需要经常和学生家长、同事、领导打交道，碰到教育教学问题如何解决是一个客观存在避免不了的问题。教师资格考试面试中的"解决问题类问题"，就是把工作中可能发生的事件以提问的方式"搬到"考场上，来考查考生的随机应变能力、心理素质、办事能力、人际交往、处事风格、语言表达等素质，以此来检测考生是否具备当一名教师所需要的基本素养。

根据问题出现的表征形式，把解决问题类的问题分为教育实践类问题、应急应变类问题、活动组织类问题、人际关系类问题、时政热点问题等。

（1）教育实践类问题。教育实践是指教师在教育活动中的具体做法。教育实践类问题常常围绕学校教育、课堂教学、学生管理和指导中出现的问题来考查考生。教育实践类问题很多都是直接让考生以"班主任"的身份去处理，从而考查考生是否具有班级管理能力。一般答题思路是：首先摆明态度；然后针对问题分析成因，把成因一一罗列出来；最后再根据成因提出解决对策。也可在摆明态度后，直接具体陈述对策。

**微案例**

教育实践类问题示例：对于学生上课时把书包里的东西全部倒出来找上课所需书本等的做法，你觉得应该怎样教育？

【参考答案】

（总体认识）良好学习习惯的养成，也是良好生活习惯的引申，对于未来生活和工作是非常有益的。中小学是少年儿童形成良好习惯的重要时期，需要老师采取适当措施加以引导。

（具体措施）首先，在课堂上，通过观察或举荐，对上课前提早拿出学习用具的学生进行表扬或奖励，运用教育智慧对拖沓、遗忘的学生进行适当的批评或鼓励。通过多次的行为强化，学生会更好地养成课前做好准备的好习惯。其次，培养小学生的规则意识。老师可与学生讨论，制定一些必要的规则，使学生感受到有了这些课前准备规则，他们的学习生活会更有秩序、更有品质。同时，教给学生一些整理的技巧和方法，比如动手操作进行分类的游戏，然后对学习用具进行细分，以便更好更快地进行书包、书桌的整理。最后，重视家庭教育，请家长参与进来，紧抓孩子良好习惯的养成。例如，对于孩子在家中卧室里和书桌前面的东西，建议家长可以教给他们整理的办法，让孩子做自己力所能及的事情，但是不要代劳。还可以在家长会上组织开展关于培养孩子良好习惯的讨论会，相互之间进行交流学习。

（总结提升）通过家校合作，相信习惯成自然，以后倒翻书包找东西的现象就会很少出现或消失了。

（2）应急应变类问题。这类题目把突发情况作为出题素材，考查考生是否具备机智应变能力。一般围绕课堂教学、学生管理、校内外安全事故等来设置问题。比如，以教育教学中出现的常规性问题为素材来出题：①在示范课上，有学生睡着了，你怎么办？②上课时，一名学生的手机突然响了，你会怎么处理？③你在书写板书时，学生小明搞了一个恶作剧，你该怎么办？由于是突发情况，所以答题思路应该围绕"保持冷静—明确表态—解决问题"来进行。

### 💬 微案例

应急应变类问题示例：如果在上公开课的时候，有一名学生突然问了你一个问题，但是你不知道怎么回答，你会怎么办？

【参考答案】

首先，我会先稳定住自己的情绪保持冷静。其次，我会面带微笑表扬这名学生的积极和勇敢，不会浇灭他学习的积极性，并对他说："你说的这个问题很值得探讨，下课的时候，我们再一起研究。"下课后，我会积极查阅资料，或者请教有经验的教师将这个问题解决，并及时解答这位学生的疑惑。最后，我要对自己进行反思，在以后的教学活动中，提高自己的教学技能，改进教学方法，丰富自己的知识储备，做一名知识广博的教师。

（3）活动组织类问题。在班主任的常规工作中组织活动是必不可少的，所以面试将活动的组织纳入了出题范畴，常考类型有主题班会和家长会等。考生在回答这类题时，要保证活动流程设计清晰。

### 💬 微案例

活动组织类问题示例：如果要组织一次以"珍惜生命"为主题的班会，请问你作为班主任如何组织？

【参考答案】

开展以"珍惜生命"为主题的班会，有助于引导学生正确面对困难和挫折，形成敬畏生命、珍爱生命的正确人生观。为此，我将从以下几个方面组织好此次主题班会。

首先，我会将班会的主题"珍惜生命"利用自习时间传达给学生，让学生根据班会的主题搜集相关案例和材料，做好班会之前的准备工作。与此同时，安排班委会做好前期的筹备和组织工作。

其次，班会召开时，由我进行班会开场白后宣布班会正式开始，先播放准备好的一系列短片，以一个个鲜活的案例引发学生的深思。接下来，一是由学生代表发言，充分发表自己的意见，畅谈个人心得体会；二是由小组辩论，我会给予一些建议性点拨，避免出现辩论导向性的偏颇，进一步加深学生对于生命的理解；三是由我总结，对案例进行适度的分析和总结，激励学生勇于接受挑战，阳光自信地面对人生。

最后，我会以此次班会为契机，组织一次征文活动，让每一名学生都将自己对生命的理解写出来与大家分享，从而巩固班会的教育意义。

（4）人际关系类问题。处理不同类型的人际关系是教师必备能力之一。这类考题正是以此为切入口，一般出题思路是身为教师的"我"如何处理与学生、家长、同事、领导、社会等的关系。题目通常呈现的是不好的方面，如"不理解""不配合""不支持""投诉"等。此类题目主要是考查考生的人际交往能力，是否能够尊重对方、换位思考，妥善处理矛盾。抓住出题意图，可以把解题思路定为：①冷静对待，换位思考；②真诚沟通，解决矛盾；③认真反思，避免再现。

### 微案例

人际关系类问题示例：有家长对老师说自己工作比较忙，希望老师不仅能在学习上照顾学生，还要在生活上照顾学生，对此你怎么看？如果你是老师，你怎么回答家长？

【参考答案】

由于现在生活压力大，父母忙于工作而疏于对孩子的管理和教育是如今社会上的普遍现象，出现这种现象的原因是多方面的：第一，社会的原因。生活节奏快，生活压力大。第二，家庭的原因。父母外出打工或工作，不在孩子身边。第三，个人的原因。有的家长不知道怎么教育孩子，无法平衡工作与生活。

作为老师，既要做好教书育人的本职工作，又要协调好与学生、与家长等各方面的人际关系。因此，面对家长的要求我会这样做。

首先，对于家长的处境和这种心情表示理解。由于社会发展速度快、生活压力大，家长为了给孩子创造更好的生活条件而忙于工作是可以理解的，但是孩子正处于心智和身体全面成长的关键时期，不仅需要老师的照顾，更需要家长的关心和鼓励，只有双方合力，才能促进孩子的健康发展。

其次，学生的成长与良好的家庭教育环境密不可分。孩子在学校有老师的监督和引导，但回归家庭的时候，给孩子营造适宜的学习和生活环境，则需要家长去创造。所以，家庭教育是教育人的起点与基点。

再次，我会向提出要求的家长举例说明家庭教育的重要性，希望他们再忙也不要忽视与孩子的沟通交流，只有家庭和学校都重视孩子、关爱孩子，才能塑造健全的人格和向善的心灵。

最后，我会对家长表明，作为老师，我自然会竭尽全力去帮助和照顾每一个孩子，希望家长在信任的同时更加主动配合。

（5）时政热点类问题。从2018年开始，结构化面试的题目类型出现了时政热点问题，里面包括了教育教学方针政策、热点话题和事件、习近平总书记关于教育的重要讲话等。这就要求考生平时要多关注时政热点，并且对这些时政形成自己的见解。

### 微案例

时政热点类问题示例：请谈谈对习近平总书记提出的"四有好老师"的理解。

【参考答案】

教师要做"四有好老师"，具体表现为：有理想信念、有道德情操、有扎实学识、有仁爱之心。

有理想信念，这是实现中国梦的思想基础，体现了思想育人的导向。教育作为百年大计之本，教师作为教育之本，首先要在思想上保持先进性、纯洁性。只有全体教师树立了正确的思想观念，才能把这种观念传递给每一位学生，进而让每一名学生坚定理想信念，树立远大理想，立志报效祖国。

有道德情操，这是教书育人的前提条件，体现了道德育人的导向。学高为师，德高为范。一个道德情操高尚的教师，才能为人师表。因此，要立师德以为范，重德育以树人，教书育人爱在先，修身养性德为本。以爱生为师德之魂，让学生亲其师，敬其行，听其言，信其道。

有扎实学识，这是对教师的起码要求，体现了知识育人的导向。掌握扎实的知识，需要教师与时俱进，终身学习。在这个知识爆炸的时代，教师要甘当学生，不仅要学习书本的知识，更要加强研究学习课外的知识，不断丰富自己的学识，提高自己的认知能力，这样才能得到学生的尊重。

有仁爱之心，这是教师的职业所需，体现了和谐育人的导向。仁爱之心，既是对教师的要求，也是对教师的挑战，要想有仁爱之心，必须挚爱教师这个职业，把学生当亲人，与学生和谐相处，成为良师益友。

如果我成为一名教师，我会牢记习近平总书记对教育工作者的新要求、新期待，认真学习习近平总书记提出的"四有老师"，并积极践行，成为一名党和人民满意的合格教师。

考生在明确了结构化面试各类题型的答题思路后，在考场上还应结合专业理论和教育教学实践，整合自己的理解，科学作答。千万不要死记硬背答案，这样只会适得其反。

### 三、试讲备考指导

试讲（或演示）是教师资格考试面试最为核心的内容，它占考试总成绩70%以上的分值比例，考生务必高度重视。

小学语文、数学：
说课、试讲案例

#### （一）试讲的含义

试讲也叫模拟授课，是对常规课堂教学的一种模拟，要求考生根据指定的教学内容，在规定的时间内进行教学设计，考生通过口语、态势语、教学组织与教学技能展示自己的课堂教学能力。

#### （二）试讲与常规课堂教学的区别

##### 1. 教学对象不同

常规课堂是面对学生，师生有交流互动。试讲无学生，需要考生假设有学生在听课。试讲面对的是考官，但考官仅仅作为第三方去观察考生的试讲。

##### 2. 教学目的不同

常规课堂教学是通过教学活动来达成教学目标。而试讲是根据指定的试讲要求完成教学任务，必须在10分钟内把最优秀的一面展示给考官，目的是为了表现出自己有当教师的潜质。

##### 3. 教学时长不同

常规课堂时长是40或45分钟，试讲时长是10分钟。试讲不是将一堂常规课堂教学内容压缩到10分钟讲完，而是让考生根据制定的具体试讲要求来完成教学内容，因为时间有限，一定要把控好时间，导入要简单、课堂容量要合适，课堂节奏要紧凑，重点要突出。

##### 4. 组织教学不同

常规教学师生互动频繁，课堂氛围容易调动，教师更容易进入角色，而试讲时没有学生，考生需要假设情境，调整自己的状态。

### （三）试讲的基本流程

#### 1. 导入

导入要新颖、切题，切忌拖沓。

#### 2. 新授

考生要根据给定的试讲要求确定教学目标。教学时，应紧紧地围绕教学目标，针对不同的要求设定不同的课堂活动和教学方法激发学生的学习兴趣。

#### 3. 巩固

巩固练习是为了加深新授知识的掌握。练习设置要精巧，要紧扣教学目标。

#### 4. 小结

课堂教学即将结束时，对本堂课的知识点再次梳理，能使学生更好地掌握本课的重难点。

#### 5. 作业

作业的布置要有梯度，难、中、易相结合，要适度、适量。

## 四、答辩备考指导

教师资格考试面试答辩环节是考官根据考生 10 分钟的试讲，对考生教案设计的各个环节（核心内容）或是关于教师职业理念的追问。答辩环节考查考生的素养主要包括：语言表达能力、逻辑思维能力、是否具备良好的心理素养、人际交往能力及对教案设计的解读能力。答辩环节针对授课内容的提问非常灵活，主要考查考生对教学目标、教学重难点的把握，以及考查考生能否在教学组织过程中灵活使用教学方法。例如：

（1）请问你这节课的情感目标是什么？在教学过程中是如何体现的？
（2）你将教学难点定为什么？难在哪里？
（3）在课堂教学过程中，你是通过哪些教学活动来完成教学重点的学习的？
（4）你在本课采用了什么教学方法？你为什么运用这些教学方法？
（5）你刚才讲的例题中，解题最关键的一步是什么？
（6）你讲的这首诗是白居易所作，请你简要介绍一下他。

## 实训设计

1. 仔细研读最新中小学教师资格考试大纲，明确考试要求及考查方向、内容。
2. 结合本章内容，谈谈你认为该从哪些方面备战教师资格考试。
3. 你认为，作为一名新入职教师需要具备哪些素质，才能赢得学生的喜欢、家长和同事的认可？
4. 广泛搜集与教育教学相关的名人名言、事例，与爱国、励志、勤奋、守信、实干、创新等正能量相关的优秀语段，建设一个教育写作素材库，注意分门别类。
5. 网上搜集近几年教师资格考试笔试、面试真题，提前感知考试的出题方式及难度，为自己设定"拿证"目标，明确努力的方向，制订备考计划。

# 参考文献

［1］ 王桂波，王国君. 教师职业技能训练教程［M］. 北京：清华大学出版社，2012.

［2］ 蒋海春. 教师职业技能简明教程［M］. 北京：北京师范大学出版社，2010.

［3］ 廖春艳，刘奕，裴卉. 师范生教学技能教程［M］. 成都：电子科技大学出版社，2020.

［4］ 吴姿，熊学敏，李丹. 小学教师口语［M］. 长沙：湖南师范大学出版社，2020.

［5］ 孙惠欣，赵玉霞. 教师语言［M］. 北京：高等教育出版社，2016.

［6］ 程培元. 教师口语教程［M］. 3 版. 北京：高等教育出版社，2019.

［7］ 赵忠军，任金凤. 普通话水平测试教程［M］. 北京：教育科学出版社，2012.

［8］ 王素贞，李红霞，王晓雅. 教师口语［M］. 上海：上海交通大学出版社，2016.

［9］ 周霞，廖春艳，田春. 教师职业口语技能训练［M］. 成都：电子科技大学出版社，2020.

［10］罗润生. 教育科学研究方法［M］. 北京：教育科学出版社，2013.

［11］岳强，王梅，赵晓霞，等. 小学语文课程与教学［M］. 镇江：江苏大学出版社，2021.

［12］吉春亚. 吉春亚"本真语文"课堂：小学高年级［M］. 沈阳：白云出版社，2015.

［13］《人民教育》编辑部. 新课程优秀教学设计与案例：小学语文卷：第 2 辑［M］. 海口：海南出版社，2004.

［14］毛丽. 教师口语［M］. 北京：人民教育出版社，2010.

［15］孟宪恺. 微格教学与小学教学技能训练［M］. 北京：北京师范大学出版社，1998.

［16］刘艳如. 优秀教师课堂情绪管理的智慧［M］. 北京：世界图书出版公司，2010.

［17］吴雪青. 小学教师口语［M］. 2 版. 上海：华东师范大学出版社，2015.

［18］皮连生. 小学语文教学设计与实施［M］. 上海：华东师范大学出版社，2018.

［19］张锐，万里. 教师口语训练手册［M］. 北京：北京师范大学出版社，2017.

［20］郑明江，高乃松. 小学语文教学活动设计案例精选［M］. 北京：北京大学出版社，2012.

［21］王宗海，肖晓燕. 小学语文教学技能［M］. 上海：华东师范大学出版社，2020.

［22］吴忠豪. 吴忠豪与小学语文名师磨课［M］. 北京：高等教育出版社，2018.

［23］黄伯荣，廖序东. 现代汉语［M］. 增订 6 版. 北京：高等教育出版社，2016.

［24］黄伯荣，李炜. 现代汉语［M］. 2 版. 北京：北京大学出版社，2016.

［25］毛玖学，张泓平. 教师职业技能教程［M］. 沈阳：辽宁教育出版社，2011.

［26］徐阳春，刘纶鑫. 现代汉语［M］. 北京：高等教育出版社，2008.

［27］王问靖. 书写教程［M］. 北京：高等教育出版社，2004.

［28］冷和平. 三笔字教程［M］. 北京：首都师范大学出版社，2020.

［29］李颖. 小学班主任工作专题［M］. 北京：教育科学出版社，2013.

［30］郑绿洲. 师范生教师职业技能训练的理论与实践［M］. 北京：中国原子能出版社，2016.

［31］李清雁，于胜刚. 班级管理［M］. 北京：教育科学出版社，2012.

［32］周军辉. 现代教育技术［M］. 西安：陕西师范大学出版总社有限公司，2013.

［33］周桂珍，王江虹. 现代教育技术［M］. 北京：教育科学出版社，2012.

［34］王梅. 应用文写作［M］. 北京：首都经济贸易大学出版社，2018.

［35］齐学红. 新编班主任工作技能训练 [M]. 上海：华东师范大学出版社，2007.

［36］中公教育教师资格考试研究院. 国家教师资格考试小学面试一本通 [M]. 北京：世界图书出版公司，2019.

［37］沈曙. 数学课堂教学结束语琐谈 [J]. 小学教学参考，2000（9）：36–37.

［38］黄桂林. 提高语文课教学效果的几种追问方法 [J]. 演讲与口才，2001（4）：37.